JN020892

TOEIC® L&Rテスト 精選模試 リスニング3

中村紳一郎/Susan Anderton［監修］
小林美和/Bradley Towle［著］

100 questions × 5 sets

ESSENCE
エッセンス マテリアル
エッセンスイングリッシュスクールの教材を使用しています

the japan times 出版

TOEIC の本質を追い続ける模試 ── まえがきに代えて

本書は、2017 年の発刊以来、公式問題集に次ぐ TOEIC 対策書の定番として、のべ 20 万人を超える皆さまにお使いいただいた「TOEIC (L&R) テスト精選模試」シリーズの第 3 弾です。

このシリーズの執筆陣の母体であるエッセンス イングリッシュ スクールは、1993 年の学校創立以来、25 年以上の長い年月をかけて TOEIC の本質を追ってきました。その間に、日本人とネイティヴ講師陣は、のべ 1,000 回以上 TOEIC を受験し、出題傾向をつぶさに分析してきました。本書は、そうして蓄積された経験と知識を最大限に活かし、Bradley Towle が中心になって問題の作成と編成を行った模擬問題集です。

TOEIC は、英文が長文化し、語彙問題の難易度が上がるという全体的な変化が見られるものの、テスト設計の背後にある理念は一貫しています。それは受験者の英語コミュニケーション能力をなるべく深く正確に測るというものです。

本書は、TOEIC の出題パターンの変化を最大限に反映しつつ、本試験で根本的に試されている力が身につくよう組まれた 5 つの模試を収めています。TOEIC の長年の出題傾向から逸脱しない範囲で、真の英語力を養う問題を織り込みました。ですから、これらの模試に徹底的に取り組むことで、どのような問題が出題されても十分に得点を上げられる力をつけていただけるものと自負しています。

作成した問題は、「出版用プレテスト」の形で、のべ 300 人以上の方に受験していただき、信頼性と妥当性を検証し、修正と差し替えを重ね、模試としての質を最大限に向上させました。同時に、プレテストで得られた解答データを設問の解説にも活かしました。受験者（学習者）が選びやすい誤答には、とくにていねいな説明を加えています。

「990 点講師の目」と「これがエッセンス」というコラムも、つまずきやすいポイントを再確認し、解答の戦略を練るうえで、おおいに役立つことと思います。また、姉妹編の『TOEIC® L&R テスト 精選模試リーディング 3』とあわせて取り組むことで、効果はよりいっそう大きくなることでしょう。

本書の製作が佳境に入ったころ、コロナ禍が世界を襲いました。外出自粛要請が行われる事態となりましたが、私たち執筆陣にとっては、静かに編集作業に向き合える貴重な時間でもありました。この事態が完全に終息するにはまだしばらく時間が必要かもしれません。このような状況下で本書を手に取ってくださった皆さまが、ピンチをチャンスに変えるべく、次の TOEIC に備え、本書で実力を磨いてくだされば、私たちにとって、それ以上の喜びはありません。

2020 年 6 月

エッセンス イングリッシュ スクール 学校長

中村紳一郎

本書の構成と使い方

この問題集は、問題編と解答・解説編に分かれています。

問題編

■ 別冊の問題編には、リスニングセクションの模試（100問）が5回分収録されています。MP3ファイルを再生して、テストに取り組んでください。また、MP3ファイルは、音声再生アプリ「OTO Navi」もしくはBOOK CLUBから無料でダウンロードすることができます。MP3ファイルの再生方法についてはviページをお読みください。
ファイルの割り当ては右の表のようになっています。

TEST	ファイル名
TEST 1	V3_T1-01 ~ V3_T1-58
TEST 2	V3_T2-01 ~ V3_T2-58
TEST 3	V3_T3-01 ~ V3_T3-58
TEST 4	V3_T4-01 ~ V3_T4-58
TEST 5	V3_T5-01 ~ V3_T5-58

■ 解答用紙（Answer Sheet）は巻末についています。切り離してお使いください。

解答・解説編

■ 本冊が解答・解説編です。解答・解説は以下の要素で構成されています。

① スクリプトとその訳　音声で流れる英文とその全訳です。

② ナレーターの発音の区別　スクリプトの左にある国旗のマークは、ナレーターの発音の区別を表しています。
アメリカ発音　カナダ発音
イギリス発音　オーストラリア発音

③ 音声ファイル番号　MP3ファイルのファイル番号です。

④ 語注　TOEICテストで頻出する語句を中心に選んでいます。語彙力増強にお役立てください。

⑤ 設問・選択肢とその訳　復習がしやすいように、Part 3とPart 4の設問と選択肢を再掲載してあります。

⑥ 正解　正解の選択肢の記号です。正解一覧は、各テストの最後に掲載しています。

⑦ 正答率　すべての設問に、本書用に実施したプレテスト受験者のデータをもとにした「正答率」が記してあります。この数値が低ければ低いほど、受験者が間違えやすい難易度の高い問題だと言えます。

⑧ 解き方	すべての設問について、正解を導くために聞き取るべき部分とその意味を示し、選択肢と照合しながら、解法を説明しています。
⑨ コラム 1 「990点 講師の目」	学習者の弱点を知り尽くしている講師が、とくに注意すべきポイントがある設問について、解き方のアドバイスをしています。
⑩ コラム 2 「これがエッセンス」	スコアアップのためのパート全体に関する戦略や学習のポイントを伝授します。TOEIC に頻出する表現も紹介しています。

■ 巻末には、各テストの正答数から、実際の試験でのスコアを予測できる「予想スコア算出表」が掲載されています。学習記録欄を設けてありますので、実力の推移を見るためのツールとしてご活用ください。

音声の聞き方

本書の音声は MP3 形式でダウンロードすることができます。

■ スマートフォン

1. ジャパンタイムズ出版の音声アプリ「OTO Navi」をインストール

2. OTO Navi で本書を検索
3. OTO Navi で音声をダウンロードし、再生

3 秒早送り・早戻し、繰り返し再生などの便利機能つき。学習にお役立てください。

■ パソコン

1. ブラウザからジャパンタイムズ出版のサイト「BOOK CLUB」にアクセス
   https://bookclub.japantimes.co.jp/book/b511162.html
2. 「ダウンロード」ボタンをクリック
3. 音声をダウンロードし、iTunes などに取り込んで再生

＊ 音声は zip ファイルを展開（解凍）してご利用ください。

無料ダウンロード特典について

本書には、より効果的な学習をサポートする以下の特典教材がついています。

① 頻出語彙リスト（MP3 音声つき）
② 質問または発言と正解応答の MP3 音声（Part 2）
③ 問題（TEST 1 ～ 5）の MP3 音声

いずれも BOOK CLUB の本書の内容紹介ページよりダウンロードしてください。

解答・解説編 ―― 目次

編集協力：大塚智美／千田智美／硲允　**スコアデータ分析協力**：神崎正哉
装丁：竹内雄二　**本文デザイン・DTP 組み版**：清水裕久（PescoPaint）
録音：ELEC 録音スタジオ　**ナレーター**：Jack Merluzzi（米）／Deirdre Ikeda（米）／Neil Demaere（加）／Emma Howard（英）／Brad Holmes（豪）
ナレーター（特典音声）：Peter von Gomm（米）／Karen Haedrich（米）

990点講師直伝

リスニングセクションのパート別攻略法

リスニングセクションの問題構成

パート	問題内容	問題数
Part 1	写真描写問題	6 問
Part 2	応答問題	25 問
Part 3	会話問題	39 問（3 問× 13）
Part 4	説明文問題	30 問（3 問× 10）

2016 年 5 月に導入された新形式のリスニングセクションでは、文脈のない単調なやり取りが続く Part 2 の問題数が減り、会話問題である Part 3 の割合が増えた分、日ごろから英語に触れる機会のある受験者にとってはむしろ取り組みやすくなったと言えます。発話スピードは全体的に速くなり、テンポよく問題が進んでいきます。よって、**1 つの問題が終わったら、すぐに気持ちを切り替えて、次の問題に臨む姿勢が大切です。**解答に迷っていつまでも考えていると、あとに続く問題を聞き逃してしまいます。

また、リスニングの最中にリーディングの問題を見ることは禁止されています。リスニング各パートの最初にDirections（指示文）が放送されますが、その間は目の前の問題に集中するようにしましょう。

Part 1 攻略法

読み上げられる (A) ~ (D) の選択肢の中から、写真の内容を最も適切に表現しているものを 1 つ選びます。

- □ 写真の種類は、**1 人の写真**（1 人の動作や状態を問う）、**グループの写真**（全員に共通する動作や状態、グループの中の 1 人の動作を問う）、**人のいない写真**（モノの状態や位置、景色の様子を問う）の 3 つです。Directions が流れている間に 6 枚の写真をよく見て、**「だれが何をしているところか」「何がどこにあるのか」**を確認しておきましょう。
- □ **写真の中心に人が写っていても、周辺にあるモノを描写した文が正解になることもあります。**選択肢の文が放送される前に、写真を細部まで見ておくことが大切です。
- □ 流れてくる音声に合わせて、解答用紙にある選択肢を順に鉛筆でたどっていき、正解だと思う選択肢が出てきたら、そこで鉛筆を止めます。そして、すべての選択肢を聞き終えた後で、鉛筆が止まっている、つまり正解だと思われる選択肢を塗りつぶします。
- □ working と walking のような発音が似ている単語や、has/have been ＋過去分詞（~された状態）とis/are being＋過去分詞（~されている最中）の聞き分けに注意してください。

□ 比較的シンプルな描写文が多いのが特徴です。ただ、まれに一般学習者にはなじみの薄い単語や言い回しが出てくることがあります。問題演習を通じて、Part 1 特有の表現に慣れておきましょう。

Part 2 攻略法

問いかけ、または発言に対する応答として最も適切なものを、読み上げられる (A) ~ (C) の選択肢の中から1つ選びます。

□ **Directions は 30 秒弱しかありません。** Directions が流れている間は、無理に Part 3 や Part 4 の先読みをするのではなく、体を楽にして何度か深呼吸し、Part 2 に対する集中力を高めておきましょう。

□ **Who、What、When、Where などの疑問詞で始まる問いかけが、Part 2 全体の 4 ~ 5 割を占めます。** 問いかけの最初の数語を絶対に聞き逃さないようにします。また、たとえば When に対し、〈時〉を答える選択肢が複数あることもありますので、一文全体のメッセージを把握することが大切です。

□ **問いかけに対して、必ずしも直接的に答えるとは限りません。** You should ask the manager. とほかの人に尋ねるよう促す場合や、遠回しな答え方をしたり、質問し返すこともあります。会話の場面をイメージしながら、自然な応答になっているものを選びましょう。

□ 問いかけの文と同じ語や発音の似た語 (tired と retired など) が含まれる選択肢は、ひっかけであることがよくあります。「同じ音が聞こえた」という理由で答えを選んではいけません。ただし、同じ語をあえて正解の選択肢で繰り返す場合もあるので、あくまでやり取りが成立するかどうかで判断します。

□ Part 2 は、質問 (発言) と応答のみが淡々と繰り返されるため、最も集中力を要します。(A) を聞いて明らかに正解だと思ったら、残りの選択肢は聞き流すつもりで、メリハリをつけながら問題を解いていくのが、集中力を保つコツです。

Part 2 に登場する疑問文

(1) Wh- 疑問文	疑問詞で始まり、時や場所など具体的な情報を尋ねる
(2) Yes/No 疑問文	Are we ...? や Do you ...? など、「はい」か「いいえ」で答えられるもの
(3) 否定疑問文	Aren't you や Didn't we など否定形で始まる Yes/No 疑問文で、「~ではないのですか」という驚きや苛立ちを表す
(4) 付加疑問文	文末に isn't it や don't you などを付けて、「~ですよね」と確認をとる言い方

(5) 選択疑問文	A or B? の形で、2つのうちどちらかを尋ねる
(6) 慣用的な疑問文	How about ...? や Could you ...? など、提案や依頼などを表す慣用的な問いかけ

Part 3 攻略法

2人または3人の会話を聞き、問題用紙に印刷されている設問と (A) ～ (D) の選択肢を読んで、答えを選びます。やり取りのパターンは従来の A → B → A や A → B → A → B だけでなく、A → B → A → B → A (→ B) などさまざまです。設問は会話1つにつき3問あり、音声も流れます。

- □ 会話が流れる前にできるだけ設問を読み、聞き取るべきポイントを頭に入れておきましょう。時間がなければ、選択肢まで無理に読む必要はありません。冒頭の読み上げ (Question XX through YY ...) が聞こえたら先読みをやめ、会話の中に出てくるヒントを待ち構えるようにして聞きます。
- □ 多くの場合、**3つの設問のうち1つは、トピックや話し手の職業など、全体の内容に関する問題**です。**そのほかは、依頼の内容や次の行動といった「細かい情報」を問うもの**です。場面を想像しながら会話を聞くことで、内容が記憶に残りやすくなります。たとえ設問の先読みができなくても焦らず、音声に集中しましょう。
- □ 冒頭で Questions XX through YY refer to the following conversation with three speakers. と流れたら、**3人の会話**が続きます。一人ひとりの発言が短く、やり取りの回数が増えますが、2人の会話と大差はありません。細かい情報よりも全体の流れに注意して聞くようにしましょう。
- □ **話し手の発言の意図を問う問題が2～3問**登場します。That's it. のような慣用的な言い回しの意味合いを問うものと、Ten thousand dollars is a lot of money. のような一般的な発言の、その文脈における話し手の真意を問うものがあります。引用されている文の文字どおりの意味にこだわらず、前後の会話の内容を意識して答えを判断します。
- □ **最後の2～3題は、図表（リスト・スケジュール・広告など）を見て答える問題**です。会話が始まる前に Look at the graphic. で始まる設問と選択肢、図表の情報を照らし合わせ、何を聞き取るべきかを予測します。ある程度「正解のパターン」が決まっているので、対策しておけば、恐れる必要はありません。

Part 3のおもな設問パターン

《トピックを問うもの》

- ☐ What are the speakers talking about? 「話し手たちは何について話していますか?」
- ☐ What are the speakers discussing? 「話し手たちは何について話していますか?」
- ☐ What is the topic of the conversation? 「会話の話題は何ですか?」

《目的を問うもの》

- ☐ Why is the woman calling? 「女性はなぜ電話をしていますか?」
- ☐ What is the purpose of the man's call? 「男性の電話の目的は何ですか?」

《場所を問うもの》

- ☐ Where are the speakers? 「話し手たちはどこにいますか?」
- ☐ Where does the conversation take place? 「この会話はどこで行われていますか?」

《職業を問うもの》

- ☐ Who most likely is the man? 「男性はどういう人物(だれ)だと思われますか?」
- ☐ Where does the woman work? 「女性はどこで働いていますか?」
- ☐ What type of business do the speakers work for? 「話し手たちはどんな業種で働いていますか?」
- ☐ What is the man's job/occupation/profession? 「男性の職業は何ですか?」

《問題を問うもの》

- ☐ What is the problem? 「問題は何ですか?」
- ☐ What is the man's concern? 「男性の心配事は何ですか?」
- ☐ What is the woman worried/concerned about? 「女性は何について心配していますか?」

《依頼・要求の内容を問うもの》

- ☐ What does the man ask the woman to do? 「男性は女性に何をするよう頼んでいますか?」
- ☐ What does the man request? 「男性は何を求めていますか?」
- ☐ What does the man ask for? 「男性は何を求めていますか?」

《申し出の内容を問うもの》

- ☐ What does the man offer to do? 「男性は何をすると申し出ていますか?」

《提案の内容を問うもの》

- ☐ What does the man suggest the woman do? 「男性は女性に何をするよう提案していますか?」
- ☐ What does the woman recommend/suggest/propose? 「女性は何をすすめていますか?」

《次の行動を問うもの》

- ☐ What will the man probably do next? 「男性はおそらく次に何をしますか?」
- ☐ What does the woman say she will do? 「女性は何をすると言っていますか?」

《発言の意図を問うもの》

- ☐ Why does the woman say, "..."? 「女性はなぜ『…』と言っていますか?」
- ☐ What does the man mean when he says, "..."? 「男性が『…』と言っているのはどういう意味ですか?」
- ☐ What does the man imply when he says, "..."? 「男性の『…』という発言にはどういう意味の含みがありますか?」

Part 4 攻略法

40 ～ 50 秒程度のトーク（電話メッセージやアナウンスなど）を聞き、問題用紙に印刷されている設問と (A) ～ (D) の選択肢を読んで、答えを選びます。1 つのトークにつき、3 つの設問が出題され音声も流れます。

- □ Part 4 の攻略法は、Part 3 と基本的に同じです。トークが流れる前に、設問をできるだけ読むようにしましょう。「日時」や「行き先」を尋ねる問題は、選択肢にもあらかじめ目を通しておくと聞き逃さずにすみます。

- □ 冒頭の読み上げが始まったら、設問に目を通すのをやめ、内容に全神経を集中させます。初めに Questions XX through YY refer to the following telephone message. の下線部を聞き、トークの種類をつかみましょう。
《トークのおもな種類》
telephone message（電話メッセージ）、recorded message（録音メッセージ）、announcement（アナウンス）、advertisement（広告）、introduction（紹介）、speech（スピーチ）、talk（話）、excerpt from a meeting（会議の抜粋／一部）、radio broadcast（ラジオ放送）、news report（ニュース報道）など

- □ Part 3 と同様、**話し手の発言の意図を問う問題や、図表を見て答える問題が、Part 4 全体でそれぞれ 2 ～ 3 問**登場します。この手の問題が苦手な場合は、残りの設問を確実に正解するよう意識を切り替えましょう。

- □ 正解の選択肢は、トークと同じ語がそのまま使われる場合と、**言い換え表現（パラフレーズ）が用いられる**場合があります。たとえば、トークでは projector（プロジェクター）という単語が使われ、選択肢ではそれが equipment（機材）に言い換えられます。

- □ 一部、長い設問や選択肢が登場します。よく出題される設問パターンを押さえ、限られた時間の中で設問や選択肢を速読するリーディング力を磨いておくことが大切です。

Part 4 のおもな設問パターン

《トピックを問うもの》

□ What is the speaker calling about? 「話し手は何について電話をしていますか？」
□ What is the speaker announcing? 「話し手は何をアナウンスしていますか？」
□ What is being announced? 「何がアナウンスされていますか？」
□ What is the message about? 「このメッセージは何に関するものですか？」

《目的を問うもの》

□ What is the purpose of the talk? 「トークの目的は何ですか？」
□ Why is the speaker calling? 「話し手はなぜ電話をしていますか？」

《場面を問うもの》

- ☐ Where is the announcement being made? 「アナウンスはどこで行われていますか?」
- ☐ Where does the talk most likely take place? 「この話はどこで行われていると思われますか?」

《話し手の会社・職業を問うもの》

- ☐ Who is the speaker? 「この話し手はどういう人物(だれ)ですか?」
- ☐ Where does the caller work? 「電話をかけている人はどこで働いていますか?」
- ☐ What kind of business is being advertised? 「どのような業種が宣伝されていますか?」

《聞き手・対象者を問うもの》

- ☐ Who are the listeners? 「聞き手はどういう人たち(だれ)ですか?」
- ☐ Who is the caller contacting? 「電話をかけている人はだれに連絡をしていますか?」
- ☐ Who is the speaker addressing? 「話し手はだれに向けて話していますか?」
- ☐ Who is the intended audience for the talk? 「この話の対象者はだれですか?」
- ☐ Who is the advertisement most likely for? 「広告はだれに向けたものだと思われますか?」

《依頼・要求の内容を問うもの》

- ☐ What does the speaker ask listeners to do? 「話し手は聞き手に何をするよう頼んでいますか?」
- ☐ What are listeners asked to do? 「聞き手は何をするように頼まれていますか?」

《提案・指示の内容を問うもの》

- ☐ What does the speaker suggest the listeners do? 「話し手は聞き手に何をするよう提案していますか?」
- ☐ What does the speaker recommend? 「話し手は何をすすめていますか?」
- ☐ What are listeners advised to do? 「聞き手は何をするよう助言されていますか?」
- ☐ What are listeners encouraged to do? 「聞き手は何をするよう促されていますか?」
- ☐ What are listeners reminded to do? 「聞き手は何をするよう念を押されていますか?」
- ☐ What are listeners instructed to do? 「聞き手は何をするよう指示されていますか?」

《次の行動を問うもの》

- ☐ What will listeners probably do next? 「聞き手はおそらく次に何をしますか?」
- ☐ What does the woman say she will do? 「女性は何をすると言っていますか?」

《具体的な情報を問うもの》

- ☐ What does the speaker say about ...? 「話し手は…について何と言っていますか?」
- ☐ What is mentioned about ...? 「…について何が述べられていますか?」

《話し手の発言の意図を問うもの》

- ☐ Why does the speaker say, "..." ? 「話し手はなぜ『…』と言っていますか?」
- ☐ What does the speaker mean when he says, "..." ? 「話し手が『…』と言っているのはどういう意味ですか?」
- ☐ What does the speaker imply when he says, "..." ? 「話し手の『…』という発言にはどういう意味の含みがありますか?」

テストの前日にもう一度確認しておきたいこと

会場へ持っていくもの

- □ 受験票　写真（縦 4cm × 横 3cm）を貼り付けます。
- □ 写真つき身分証明書　運転免許証、個人番号カード、学生証など。
- □ 筆記用具　鉛筆数本またはシャーペン、消しゴム。
- □ 腕時計　試験会場に時計がない場合があります。
- □ 軽食・飲み物　試験中に眠くならない程度のもの。もちろんテスト中の飲食は禁止です。
- □「がんばろう！」という気持ち　今までの学習の成果を信じましょう！

テストの流れ

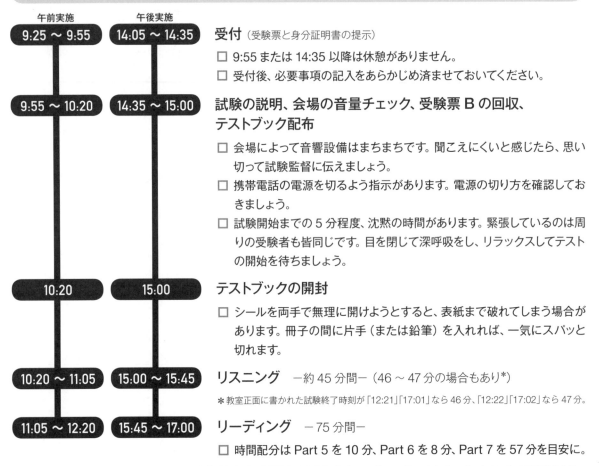

午前実施	午後実施	
9:25 ～ 9:55	14:05 ～ 14:35	**受付**（受験票と身分証明書の提示）
9:55 ～ 10:20	14:35 ～ 15:00	**試験の説明、会場の音量チェック、受験票 B の回収、テストブック配布**
10:20	15:00	**テストブックの開封**
10:20 ～ 11:05	15:00 ～ 15:45	**リスニング**　―約 45 分間―（46 ～ 47 分の場合もあり*）
11:05 ～ 12:20	15:45 ～ 17:00	**リーディング**　―75 分間―

受付（受験票と身分証明書の提示）

- □ 9:55 または 14:35 以降は休憩がありません。
- □ 受付後、必要事項の記入をあらかじめ済ませておいてください。

試験の説明、会場の音量チェック、受験票 B の回収、テストブック配布

- □ 会場によって音響設備はまちまちです。聞こえにくいと感じたら、思い切って試験監督に伝えましょう。
- □ 携帯電話の電源を切るよう指示があります。電源の切り方を確認しておきましょう。
- □ 試験開始までの 5 分程度、沈黙の時間があります。緊張しているのは周りの受験者も皆同じです。目を閉じて深呼吸をし、リラックスしてテストの開始を待ちましょう。

テストブックの開封

- □ シールを両手で無理に開けようとすると、表紙まで破れてしまう場合があります。冊子の間に片手（または鉛筆）を入れれば、一気にスパッと切れます。

リスニング　―約 45 分間―（46 ～ 47 分の場合もあり*）

*教室正面に書かれた試験終了時刻が「12:21」「17:01」なら 46 分、「12:22」「17:02」なら 47 分。

リーディング　―75 分間―

- □ 時間配分は Part 5 を 10 分、Part 6 を 8 分、Part 7 を 57 分を目安に。

※新型コロナウイルス感染状況に伴い、変更の可能性があります。最新情報は公式サイト（https://www.iibc-global.org/toeic.html）をご確認ください。

試験中の禁止行為

- □ テストブックへの書き込み（○や✓、下線を含む）
- □ リスニングテスト中にリーディングセクションを見ること、またはリーディングテスト中にリスニングセクションを見ること

TEST 1の解答・解説

V3_T1-02

1 (A) They're working in a garden.
(B) They're stepping off a curb.
(C) They're approaching a signpost.
(D) They're planting trees along a path.

(A) 彼らは庭で作業をしている。
(B) 彼らは縁石から下りているところだ。
(C) 彼らは道路標識に向かって歩いている。
(D) 彼らは道に沿って木を植えている。

正解 C ［正答率 11.8%］

人物たちの進行方向に signpost（標識）が写っているので、彼らが標識に近づいて行っていることがわかる。よって (C) が正解。(A) は work と walk の聞き間違えを狙った誤答。道沿いに木が植えてあるが、この二人が植林している最中ではないから (D) も誤り。

Vocab.
- □ **step off**「～から下りる」
- □ **curb**「縁石」
- □ **approach**「～に近づく」
- □ **signpost**「道路標識」

990点 講師の目

work と walk は聞き間違えやすいペアです。work は「ウァーク」(wə:rk)、walk は「ウォーク」(wɔ:k) と発音します。work は、口はあまり開けず、舌を引き、宙に浮かせて [were-k]。walk は口を大きめに開け、リラックスさせた舌を、下の前歯に触れるか触れないかの位置で [waaa-k]。繰り返し聞いて練習しましょう。

V3_T1-03

2 **(A) The man is hanging some artwork.**
(B) The man is painting the wall of a room.
(C) The man is drawing a picture.
(D) The man is setting a book on a shelf.

(A) 男性は芸術品を壁に掛けている。
(B) 男性は部屋の壁を塗っている。
(C) 男性は絵を描いている。
(D) 男性は棚に本を並べている。

正解 A ［正答率 88.2%］

男性が絵画を壁に設置している様子を (A) が適切に描写している。(A) の artwork（美術品）は furniture（家具）、cake（ケーキ）などと同様、不可算（数えられない）名詞。不特定の可算（数えられる）名詞、たとえば (C) の picture（絵）の前に a が付くように、ここには some が付いている。次の例文のように some が可算名詞の前に付くと「いくつかの」と「複数」を表す点に注意したい。I am going to watch some Olympic events this summer.（私はこの夏、いくつかのオリンピックゲームを見るつもりだ）

Vocab.
- □ **hang**「～をかける、つるす」
- □ **artwork**「芸術作品」
- □ **draw**「～を描く」
- □ **shelf**「棚」

V3_T1-04

3 (A) Some people are looking at photographs.
(B) Some people are entering a building.
(C) One of the people is putting on a jacket.
(D) One of the people is kneeling on the pavement.

(A) 人々が写真を見ている。
(B) 人々が建物の中に入って行っている。
(C) 人々の一人が上着を着ているところだ。
(D) 人々の一人が石畳にひざまずいている。

正解 D ［正答率 58.8%］

カメラを構えた女性が舗道に片膝をついているので (D) が正解。pavement を「歩道」(sideways) と捉えたかもしれないが、ここでは「石畳」(the area covered by flat stones) の意味。ほかに、One of the people is taking a picture.（人々の一人が写真を撮っている）でも正解。(C) の put on は「～を着る」という〈動作〉を表す点に注意。上着を着用している人はいるが、羽織る最中の人はいない。

Vocab.
- □ **enter**「～に入る」
- □ **put on**「～を身につける」
- □ **kneel**「ひざまずく」
- □ **pavement**「歩道、石畳」

V3_T1-05

4 (A) He's loading a truck with some tires.
(B) He's driving an off-road vehicle.
(C) He's opening the back of a car.
(D) He's replacing the wheels on an automobile.

(A) 彼はトラックにタイヤを積んでいる。
(B) 彼はオフロード車を運転している。
(C) 彼は車のバックドアを開けている。
(D) 彼は車のタイヤを交換している。

正解 **B** [正答率 94.1%]

男性が車のハンドルを握っているので、(B) が正解。ほかの選択肢は、(A) loading（積み込んでいる）、(C) opening（開けている）、(D) replacing（交換している）という〈動作〉が写真の描写と合わない。

Vocab.
- □ **load A with B**「AにBを積む」
- □ **vehicle**「乗り物」
- □ **replace**「～を取り換える」
- □ **wheel**「車輪」

V3_T1-06

5 (A) A woman's typing on a keyboard.
(B) A woman's positioning a bench.
(C) A woman's playing from sheet music.
(D) A woman's carrying an instrument.

(A) 女性はキーボードをタイプしている。
(B) 女性はベンチを配置している。
(C) 女性は楽譜を見て演奏している。
(D) 女性は楽器を運んでいる。

正解 **C** [正答率 76.5%]

女性がいすに座って五線譜を見ながらピアノを弾いている様子を (C) が正しく描写している。(B) の bench は写真に写っているが、positioning a bench（ベンチを配置している最中）ではないので不適切。

Vocab.
- □ **position**「～を配置する」
- □ **sheet music**「楽譜」
- □ **instrument**「楽器」

V3_T1-07

6 (A) Monitors have been mounted to the ceiling.
(B) Files are being taken out of a cabinet.
(C) An office worker is seated at a desk.
(D) Documents are stacked on top of a machine.

(A) モニターが天井から吊るされている。
(B) ファイルが戸棚から取り出されているところだ。
(C) オフィスのスタッフが机の席に着いている。
(D) 書類が機械の上に重ねられている。

正解 **D** [正答率 91.2%]

書類の束が機械の上に置かれている様子を、(D) が的確に表している。(A)の ceiling は「天井」のこと。モニターは天井でなく、机の上に置かれているので (A) は不適切。(B) の are being taken は「今取り出されている最中」という〈動作〉を表している。写真には人物が写っていないので〈動作〉の表現は不適切。

Vocab.
- □ **mount**「～を固定する」
- □ **ceiling**「天井」
- □ **take out of**「～取り出す」
- □ **stack**「～を積み重ねる」

V3_T1-09

7 What type of work do you do?
(A) No, I won't.
(B) I'm a construction contractor.
(C) Outside of regular working hours.

どのようなお仕事をしていますか？
(A) いいえ、私はやりません。
(B) 建設請負業者です。
(C) 通常の勤務時間外で。

正解 B ［正答率 88.2%］

What type of ...? で仕事の〈種類〉を尋ねているので、「建設請負業者です」と職業を答える (B) が適切な応答。〈時〉を答えている (C) は、What type と音の類似している What time との聞き間違えを狙った誤答なので注意。

Vocab.
□ **construction**「建設」
□ **contractor**「請負業者」

V3_T1-10

8 When'll the concert be held?
(A) Friday night.
(B) Due to the weather.
(C) At City Auditorium.

コンサートはいつ開かれますか？
(A) 金曜日の夜です。
(B) 天候のために。
(C) 市立ホールでです。

正解 A ［正答率 88.2%］

When will の短縮形 When'll ...で「いつ…ですか」と未来の〈時〉を問う相手に対し、適切に〈時〉の情報を答えているのは (A) のみ。(B) は Why で〈理由〉を、(C) は Where で〈場所〉を聞かれた場合の応答となる。

Vocab.
□ **due to**「～が原因で」
□ **auditorium**「公会堂、ホール」

990点 講師の目

比較的はっきりと発音され、受験者の記憶にとどまりやすい名詞や動詞を利用して混同を誘う選択肢に注意しましょう。(B) は聞き取りが容易な動詞 held が、put A on hold（A を一時中止にする）を連想させることで誤答を誘っています。

V3_T1-11

9 Where is the customer service desk?
(A) From 8 A.M. to 10 P.M.
(B) Near the front entrance.
(C) It's for Mr. Tanaka.

お客様サービスデスクはどこですか？
(A) 午前 8 時から午後 10 時までです。
(B) 正面玄関の近くです。
(C) 田中さんあてです。

正解 B ［正答率 94.1%］

疑問詞 Where を使い〈場所〉を尋ねているので、near（～の近くに）で場所の情報を返している (B) が正解。問題番号がコールされたら、前の問題で迷っても、それを引きずらず、文頭の Wh 疑問詞を聞き落とさないよう集中力のスイッチを入れ直そう。(A) は When に対する〈時〉、(C) は Who に対する〈人〉の情報を答えている。

Vocab.
□ **near**「～の近くに」
□ **entrance**「入口」

V3_T1-12

10 Did you receive my e-mail?
(A) Mainly by text message.
(B) Yeah—I just read it.
(C) They're from the post office.

私からのメールを受け取りましたか？
(A) おもにテキストメッセージで。
(B) はい――ちょうど読んだところです。
(C) 彼らは郵便局から来ている。

正解 B ［正答率 89.7%］

Did you ...? は○×式の問題のように二択を与える Yes/No 疑問文。Yeah（＝○）と応じている (B) が正解。(A) は by（～によって）を用いて〈手段〉を伝える表現。(A) では text message、(C) では post office（郵便局）といった、問いかけで使われた単語 e-mail との関連性を匂わせる語を使うことで誤答を誘っているので注意しよう。

Vocab.
□ **receive**「～を受け取る」
□ **mainly**「おもに」
□ **post office**「郵便局」

V3_T1-13

11
Would you like another cup of coffee?
(A) I made some extra copies.
(B) An express shipping service.
(C) Thanks — that would be great.

コーヒーのおかわりはいかがですか？
(A) 余分にコピーしました。
(B) 即配サービスです。
(C) ありがとう——ぜひお願いします。

正解 **C** ［正答率 94.1%］

Would you like ...? (…はいかがですか) は、人に何かをすすめるときに使われる表現。ここでは、飲み物 (coffee) のお替わり (another cup) をすすめているので、"Thanks" と礼を述べて申し出を受けている (C) が適切な応対。(A) は coffee と音が似ている copy、(B) は「～を少しずつ飲む」という意味の動詞 sip と発音が近い ship (～を輸送する) を用いた誤答。

Vocab.
□ **extra**「余分の」
□ **express**「急送便の」
□ **shipping**「配送」

V3_T1-14

12
Why did you come in so early this morning?
(A) To finish up an assignment.
(B) I used the side entrance.
(C) Sure, that won't be a problem.

今朝はなぜこんなに早く来たのですか？
(A) 仕事を終わらせるためです。
(B) 通用口を使いました。
(C) もちろん、問題ないですよ。

正解 **A** ［正答率 88.2%］

「なぜ～したのか」と Why で〈理由〉を尋ねる問いかけに対し、「～するため」という〈目的〉を表す不定詞を用いて適切に応じている (A) が正解。(B) は How で〈方法〉を聞かれた場合の答え方。(C) は May I come in a little early tomorrow morning? (明日少し早く来てもよいですか) のように〈許可〉を求められた場合であれば、適切な返答となり得る。

Vocab.
□ **finish up**「～を仕上げる」
□ **assignment**「割り当てられた仕事」

V3_T1-15

13
The job opening is being advertised online, isn't it?
(A) On two different sites.
(B) No, I work in marketing.
(C) Our usual opening times.

求人広告はオンラインに載っているんですよね？
(A) 2 つの異なったサイトに載っています。
(B) いいえ、私はマーケティング部で働いています。
(C) 通常の営業時間です。

正解 **A** ［正答率 47.1%］

文末に isn't it が付いた問いかけは、自分の認識が正しいことを確認する付加疑問文。Yes/No 疑問文で問いかけられた場合と同様に、Yes か No かで応じることができるが、(A) のように「2 つのサイトに掲載されている」という補足情報を提供することで、相手が正しく認識をしていると知らせる応じ方でも会話が成立する。

Vocab.
□ **job opening**「(仕事の) 空きポスト」
□ **advertise**「～の広告を出す」

V3_T1-16

14
I can meet with you on either Tuesday or Thursday of this week.
(A) Where were you at the time?
(B) I'm free on both those days.
(C) Just two weeks, actually.

今週の火曜日か木曜日にお会いできます。
(A) その時どこにいましたか？
(B) 私はどちらの日も空いています。
(C) 実は、2 週間だけです。

正解 **B** ［正答率 85.3%］

肯定文に対する適切な応答を判断する問題。火曜か木曜であれば会えると都合を伝える相手に対し、Can you meet with me on either Tuesday or Thursday ...? (火曜日か木曜日に会えますか) という相手の「言外の疑問」をくんで、「両日とも予定がない」と応じる (B) が正解。

Vocab.
□ **either**「いずれか一方の」
□ **actually**「実は」

これがエッセンス

Part 2 では、話者の発言の意図や真意を素早く、正しくとらえる理解力・推察力も試されます。発言者が知りたいことは何なのか？ 聞き手に何を求めているのか？ 相手の真意を把握する訓練は、日本語の日常会話を通じても行えますから、日頃から訓練をしておきましょう。

V3_T1-17

15

When will the new computers be available?
(A) To make a couple of upgrades.
(B) I'm afraid he's busy right now.
(C) Not until next month.

新しいコンピュータはいつ利用可能になりますか？
(A) いくつかのアップグレードをするためです。
(B) あいにく彼は今忙しいようです。
(C) 来月に入るまで使えません。

正解 C [正答率 91.2%]

Whenでコンピュータが使えるようになる〈時〉を尋ねているので、「来月までは使えない」と〈時〉の情報を与えている(C)が正解。問いかけに人物を表す語は用いられていないため、(B)のようにだれを指すか不明な代名詞 he は返答に使えない。

Vocab.
□ **a couple of**「2、3の～」

990点 講師の目

問いかけの available は When will Mr. X be available?（X氏はいつお手すきになりますか）のように、〈人〉が主語の場合にも使われ、「手が空いている、応対できる」という意味を表します。反意語には、unavailable（応対できない）や(B)の busy（忙しい）などがあります。

V3_T1-18

16

Isn't Raj Patwari conducting the next training session?
(A) The next one leaves at 11:30.
(B) From all the new employees.
(C) Yes, he's been looking forward to it.

ラージ・パトワリは次の研修会を担当しないのですか？
(A) 次の便は11：30に出発します。
(B) 新しい従業員全員からです。
(C) はい、彼はそれを楽しみにしています。

正解 C [正答率 58.8%]

Isn'tで始まる否定疑問文の問いかけは、〈確認〉や〈同意〉を求めたり、〈驚き〉を表したりする表現。ここでは、パトワリ氏が次回の研修担当であることを〈確認〉するために使われている。普通の疑問文と同じく、基本的にはYes/Noで応じる疑問文なので、Yesでパワトリ氏が担当することを肯定している(C)が正解。

Vocab.
□ **conduct**「～を行う」
□ **employee**「従業員」
□ **look forward to**「～を楽しみに待つ」

V3_T1-19

17

How much is admission to the museum's new exhibit?
(A) About 200 visitors per day.
(B) It's free for our members.
(C) A collection of historic artwork.

博物館の新しい展示への入場料はいくらですか？
(A) 1日あたり200人ほどの来場者です。
(B) 会員は無料です。
(C) 歴史的な美術品のコレクションです。

正解 B [正答率 50.0%]

How much ...? は〈金額〉や〈量〉を問う疑問文。Admission（入場料）を聞かれ、free（無料）と答える(B)が正解。(A)は How many people visit the exhibit?（展示の来場者は何人ですか）などと How many で〈数〉を、(C)は What is the museum's new exhibit?（博物館の新しい展示は何ですか）などと What で〈内容〉を問われた場合の答え方。

Vocab.
□ **admission**「入場料」
□ **exhibit**「展示」
□ **per**「～につき」

V3_T1-20

18

Should we ask Shelley to take charge of the department?
(A) Shelley's a great choice.
(B) I'd say the elevator.
(C) Is everything on sale?

シェリーに部署の責任者になってもらうようお願いしてみましょうか。
(A) シェリーは適任ですね。
(B) エレベーターだと思います。
(C) すべてセール中ですか？

正解 A [正答率 41.2%]

Should we ...? は「…しましょうか」と〈提案〉をする表現。シェリーに責任者の役割を担ってもらおうという提案に対し、a great choice（素晴らしい人選だ）と同意を示している(A)が自然な応答。department store（デパート）の話題と勘違いをすると、elevator や on sale（セール中）といった関連語を用いる誤答に惑わされるので注意しよう。

Vocab.
□ **take charge of**「～の管理を引き受ける」
□ **department**「部門」

これがエッセンス

「3つの選択肢のうち、2つの選択肢に共通項を発見した場合、もう1つの選択肢は誤答！」といった小手先の解答テクニックは通用しません。「(A)が正解だと思ったものの、(B)と(C)を聞いて不安になった」という方は、odd one out（仲間外れ）の罠に注意しましょう。

V3_T1-21

19 Weren't you offered a supervisory position at the new branch?
(A) That's good advice.
(B) Please put it with the other résumés.
(C) I was, but I turned it down.

新しい支店での管理職をオファーされませんでしたか?
(A) それはいいアドバイスですね。
(B) ほかの履歴書と一緒にしておいてください。
(C) そうですが、断わりました。

正解 C [正答率 50.0%]

Weren't you で始まる否定疑問文で「あなたは~ではなかったのか」と自分の認識が間違っていないことを〈確認〉する相手に、I was (私はそうでした) と認識が正しいことを伝える (C) が自然な応答。問いかけの position (役職) を「位置」という意味で捉え、「置く」という意味の put を用いた (B) を選ばないように注意。聞きとりやすい単語と関係のある単語を含む選択肢に飛びつかない習慣をつけよう。

Vocab.
□ **supervisory**「監督の」
□ **résumé**「履歴書」
□ **turn down**「~を断る」

V3_T1-22

20 This was an excellent choice of color for the new logo design.
(A) To widen our selection.
(B) It's quite eye-catching.
(C) They're shown on this graph.

これは新しいロゴのデザインに最適な色のチョイスでしたね。
(A) 選択の幅を広げるためです。
(B) すごく目を引きますよね。
(C) このグラフに示されています。

正解 B [正答率 64.7%]

新しいロゴの色の選択 (choice of color) を称賛する発言が、暗に〈同意〉を求めていることをくみ取れば、同じく eye-catching (目立つ) と褒めている (B) が会話を成立させる応答だとわかる。(A) は choice の類語 selection (選択) を用いた誤答であることを確認しておこう。

Vocab.
□ **excellent**「素晴らしい」
□ **widen**「~を広くする」
□ **eye-catching**「人目を引く」

V3_T1-23

21 Can I ask you a question about my current work assignment?
(A) Go right ahead.
(B) I can sign it for you.
(C) They didn't give me an answer.

現在の私の業務について質問をしてもいいでしょうか?
(A) ええ、どうぞ。
(B) 私があなたの代わりにサインしてもいいです。
(C) 答えてくれませんでした。

正解 A [正答率 79.4%]

Can I ...? (…してもいいですか) と〈許可〉を求める問いかけに対し、Go right ahead (どうぞ) と〈快諾〉をしている (A) が正解。(B) は、問いかけの assignment と音が類似している sign を用いて、(C) は、問いかけで使われた question と関連のある語 answer を用いて誤答を誘っている。

Vocab.
□ **current**「現在の」
□ **go right ahead**「ええ、どうぞ」

V3_T1-24

22 Who's leading the orientation for the new staff?
(A) I left mine at the office.
(B) Only if sales improve substantially.
(C) Probably the personnel director.

だれが新入社員へのオリエンテーションを担当するのですか?
(A) 自分のものは会社に置いてきました。
(B) 売上が大幅に改善されれば。
(C) おそらく人事部長です。

正解 C [正答率 89.7%]

Whoでオリエンテーションを担当する〈人〉を尋ねる相手に、personnel director (人事部長) と人物を答える (C) が適切。なお、問いかけの staff (従業員) は従業員のグループ全体を指す集合名詞なので、通例 staffs などと複数形で用いない点を確認しておこう。音の似ている stuff (もの) との混同にも注意しよう。

Vocab.
□ **improve**「改善する」
□ **substantially**「大幅に」
□ **personnel**「人事 (課)」

V3_T1-25

23 Why does everyone look so busy?
(A) We're getting ready for an inspection.
(B) Then we'll need to postpone the project.
(C) Sure, I have time to take a look.

なぜ、みんなそんなに忙しそうなのですか？
(A) 検査に備えているのです。
(B) それなら、プロジェクトを延期しなくてはいけませんね。
(C) もちろん、見る時間はあります。

正解 A ［正答率 70.6%］

Why で忙しさの〈理由〉を尋ねているので、getting ready for an inspection（検査に備えている）と状況を説明する (A) が適切な応答。Everyone looks so busy.（みんな忙しそうだ）などと期限に遅れそうな事態を知らされた場合であれば (B)、Why don't you ...?（…してくれませんか）などと手助けを打診された場合は (C) で会話がつながる。

Vocab.
□ **inspection**「検査」
□ **postpone**「～を延期する」
□ **take a look**「見てみる、調べる」

990点 講師の目
Why ...? や How come ...? で〈理由〉を尋ねられた場合の返答に、because や to 不定詞を含む表現が用いられるとは限りません。状況や背景を説明することで〈理由〉を伝え、会話を成立させることができるという点を確認しておきましょう。

V3_T1-26

24 How is work on the marketing campaign coming along?
(A) We're in the final phases.
(B) Most likely by myself.
(C) Absolutely.

販促キャンペーンの作業の進み具合はどうですか？
(A) 最終段階です。
(B) おそらく私だけで。
(C) もちろんです。

正解 A ［正答率 73.5%］

How で〈様子〉が問われている。「仕事の進み具合」を in the final phases（最終段階にある）と報告する (A) が正解。(B) は、Who will handle the marketing campaign?（だれが販促キャンペーンを手がけますか）などと〈行為者〉を問われた場合の答え方。(C) の absolutely（もちろんです）は、yes や sure, of course と同様に、単独で賛同の意思が伝わる表現。

Vocab.
□ **come along**「順調に進む」
□ **phase**「段階」
□ **absolutely**「もちろん」

V3_T1-27

25 Do you know if Ms. Tucker will be chairing the committee?
(A) Are many of them members?
(B) Let me check.
(C) We all got equal shares.

タッカーさんが議会の議長を務めるのかしら。
(A) 彼らの多くは会員ですか？
(B) 確認させてください。
(C) 平等に分担しました。

正解 B ［正答率 88.2%］

Do you know if ...?（…かどうかご存じですか）は、if 以下の内容の真偽を尋ねる間接疑問文。形式上は Do you ...? 型の通常の疑問文と同じ Yes/No 疑問文だが、相手が知っているか否かだけを知りたいわけではない点に注意しよう。「タッカーさんが議長を務めるか否か」を知りたいという質問者の疑問点に的確に答えているのは、「確認しましょう」と応じている (B)。

Vocab.
□ **chair**「～の議長を務める」
□ **committee**「委員会」
□ **share**「分け前」

V3_T1-28

26 Where do you want these extra copies of the brochure?
(A) Set them on the file cabinet.
(B) Thank you very much.
(C) By 5:00, if possible.

パンフレットの余りはどこに置きますか？
(A) 書類キャビネットの上に置いてください。
(B) ありがとうございます。
(C) 可能であれば５時までに。

正解 A ［正答率 59.6%］

Where でパンフレットを置く〈場所〉を尋ねているので、On the file cabinet（書類キャビネットの上）と応じる (A) が適切な返答。When で〈時〉を聞かれている場合は、by 5:00（5 時までに）と時刻を答える (C) が自然な応答になる。

Vocab.
□ **brochure**「パンフレット」
□ **possible**「可能な」

V3_T1-29

27 Which venue did you decide on?
(A) Robert designed the menu.
(B) We'll use the same place as last time.
(C) Throughout the entire weekend.

どの会場に決めましたか?
(A) ロバートがメニューを作りました。
(B) 前回と同じ会場を使います。
(C) 週末中ずっと。

正解 B [正答率 61.8%]

Which +〈名詞〉で、「どの〈名詞〉なのか」を尋ねている。ここでは、Which の後に venue(会場)が続き、どの会場に決めたのかを聞かれているので、会場を特定できる情報を与えている (B) が適切な返答。(B) の as last time は、as we used last time の we used が省略された形。(A) は decide と design の音の類似を利用した誤答。

Vocab.
□ venue「会場」
□ decide on「~に決める」
□ entire「全体の」

V3_T1-30

28 Are there any orders waiting to go out?
(A) The last one was shipped this morning.
(B) I've been here all day.
(C) In order to reduce waiting times.

出荷待ちの注文はありますか?
(A) 今朝最後のものを出荷しました。
(B) 一日中ここにいました。
(C) 待ち時間を減らすためです。

正解 A [正答率 50.0%]

Are there ...? は存在の有無を問う Yes/No 疑問文だが、Yes/No を使わなくても、有無が伝わる情報を伝えれば自然な会話が成立する。The last one was shipped(最後のものを出荷しました)と答えることで No(もう出荷待ちの注文はない)だと伝えている (A) が的確な応答となる。問いかけの go out を「外出する」と解釈してしまうと (B) に惑わされてしまう。

Vocab.
□ ship「~を発送する」
□ reduce「~を縮小する」

V3_T1-31

29 Will the workshop take place here or at the downtown branch?
(A) He didn't place an order.
(B) The store opened rather recently.
(C) I was told the downtown branch.

ワークショップが行われるのはここですか、それとも都心の支店ですか?
(A) 彼は注文しませんでした。
(B) そのお店はごく最近オープンしました。
(C) 都心の支店と聞いています。

正解 C [正答率 85.3%]

問いかけは、A or B の形で、ここと都心の支店のどちらでワークショップが実施されるのかを聞く選択疑問文。これに対し、the downtown branch、つまり都心の支店で行われることを伝える (C) が正解。 (A) は、問いかけで使われた単語 place を繰り返して誤答を誘っている。問いかけには主語 He にあたる三人称単数の男性への言及がないことからも、(A) は誤答だとわかる。

Vocab.
□ rather「かなり」
□ recently「最近」

V3_T1-32

30 Where do we keep the maintenance manuals for our office equipment?
(A) Well, until the warranty expires.
(B) I believe he went out.
(C) Is something not working?

オフィス機器の保守マニュアルはどこに保管していますか?
(A) ええと、保証が切れるまでです。
(B) 彼は出かけたと思います。
(C) どこか故障しているのですか?

正解 C [正答率 50.0%]

問いかけは、Whereで保守マニュアルの保管場所を尋ねる Wh 疑問文。マニュアルを探していると聞いて、「何か不具合があるのか」と心配して質問で返す (C) のような応答でも会話は成立する。(A) は When で始まる疑問文に対する〈時〉の情報を伝えている。(B) は he の所在という〈場所〉に関する情報を述べてはいるが、この he は問いかけと無関係。

Vocab.
□ equipment「機器」
□ warranty「保証」
□ expire「有効期限が切れる」

V3_T1-33

31

Don't you need to prepare for the board meeting?
(A) It's about our new safety guidelines.
(B) Oh, thanks for reminding me.
(C) I already have a pair.

取締役会の準備をしなくていいのですか?
(A) 新しい安全基準についてです。
(B) そうだ、思い出させてくれてありがとう。
(C) はい、私はすでに1組持っています。

正解 B [正答率 85.3%]

問いかけは、Don't you ...?(…しないのですか)で始まり、「取締役会の準備をしていない」という意外な状況に対する〈驚き〉を伝えている否定疑問文。これに対し、thanks for reminding me(思い出させてくれてありがとう)と謝意を述べる(B)が自然な会話。(C)はI've already done it.(もう終えました)であれば応答として適切。

Vocab.
□ **prepare for**「~の用意をする」
□ **board**「役員会」
□ **remind〈人〉**「〈人〉に思い出させる」

V3_T1-35 **Questions 32 through 34** refer to the following conversation with three speakers

W1: Hello, you've reached Fun & Games.
M: Hi. I'd like to set an appointment to visit your store and speak with whoever's in charge of purchasing.
W1: The store manager handles that. Hold on, and I'll put her on the line.
W2: Hello. Jillian Blanche speaking.
M: Hello, Ms. Blanche. This is Brent Weaver from Zeta Incorporated. We produce a variety of educational toys for children. I was hoping to arrange a time to show you our product line.
W2: Sure, Mr. Weaver, but I'll have to check my schedule before I can set a time. Let me take down your number and I'll call you right back.

32-34 番は次の 3 人の会話に関するものです。
女 1: もしもし、ファン・アンド・ゲームズです。
男: もしもし。貴店に伺って購買のご担当者様とお話できる日を伺いたいのですが。
女 1: 店長が担当しています。お待ちください、おつなぎいたします。
女 2: こんにちは。ジリアン・ブランチです。
男: こんにちは、ブランチ様。ゼッタ・インコーポレイテッドのブレント・ウィーバーと申します。弊社はお子さま向けのさまざまな教育玩具を製造しています。弊社の製品をお見せするお時間を設定していただけると幸いです。
女 2: 承知しました、ウィーバー様。ですが、時間を決める前に当方の予定を確認しなければなりません。御社のお電話番号を書き留めて、折り返しご連絡させてください。

Vocab. 本文 □ **reach**「～に連絡をとる」 □ **appointment**「予約」 □ **in charge of**「～の担当の」 □ **purchasing**「(原料、備品などの) 仕入れ」 □ **handle**「～を扱う」 □ **hold on**「電話を切らないでおく」 □ **put 〈人〉 on the line**「〈人〉を電話口に呼び出す」 □ **product line**「製品ライン」 □ **take down**「～を書き留める」
選択肢 □ **inquire**「問い合わせる」 □ **charge**「料金」 □ **purchase**「購入」 □ **retail**「小売り」 □ **developer**「開発者」 □ **supervisor**「監督者」 □ **administrator**「管理者」 □ **preferences**「好み、希望」

32 Why is the man calling?
(A) To inquire about a charge
(B) To schedule a visit
(C) To request a payment
(D) To make a purchase

男性はなぜ電話をしていますか?
(A) 料金について問い合わせるため
(B) 訪問の予定を決めるため
(C) 支払いを頼むため
(D) 購入するため

正解 B
[正答率 38.2%]

男性が電話をした理由として、I'd like to set an appointment to visit your store and speak with whoever's in charge of purchasing. (貴店に伺って購買のご担当者様とお話できる日を伺いたいのですが) と発言している。よって、set an appointment (〔面会などの〕約束をする) を schedule と言い換えた (B) が正解。

33 Who most likely is Jillian Blanche?
(A) A retail manager
(B) A video game developer
(C) A factory supervisor
(D) A school administrator

ジリアン・ブランチとはどういう人だと思われますか?
(A) 店長
(B) テレビゲーム開発者
(C) 工場の監督者
(D) 学校の管理者

正解 A
[正答率 38.2%]

会話の中ほどで Jillian Blanche speaking. (ジリアン・ブランチです) と女性が発言するが、その直前に別の女性が The store manager handles that. Hold on, and I'll put her on the line. (店長が担当しています。お待ちください。おつなぎいたします) と発言していることから、正解は (A)。retail は「小売商の」という意味で、store と同義である。

990点 講師の目
解答のための手がかりが、聞き取るべきキーワードより前にある場合があります。本問では Jillian Blanche という人物名が聞こえたときには The store manager という手がかりはすぎてしまっています。問題で問われるキーワードを聞き取るミクロ的な努力も大切ですが、発言全体、会話全体の流れを捉えるマクロ的な注意力も必要です。

34 What does Jillian Blanche ask the man to provide?
(A) Time preferences
(B) A customer code
(C) Contact information
(D) An invoice number

ジリアン・ブランチは男性に何を提供してもらえるよう頼んでいますか?
(A) 時間の都合
(B) 顧客コード
(C) 連絡先
(D) 請求書番号

正解 C
[正答率 64.7%]

Jillian Blanche の Let me take down your number and I'll call you right back. (御社のお電話番号を書き留めて、折り返しご連絡させてください) という発言から、男性の電話番号を尋ねていることがわかる。(C) の Contact information はメールアドレスや電話番号などの連絡先という意味なので、これが正解。

これがエッセンス
3 人の会話では、それぞれの人物の関係性をつかむと理解しやすくなります。この問題では一人のセールスパーソンに対して二人の店員が応じる会話ですが、3 人の同僚同士が話し合っている会話の出題もあります。

V3_T1-36 **Questions 35 through 37** refer to the following conversation.

W: Excuse me, I'm thinking about leasing one of the one-bedroom units here. I'd like to know more about the recreational facilities available in the complex.

M: Of course. There's an outdoor pool and two tennis courts. We also have a fitness room with a variety of exercise equipment and an indoor sauna. I'd be happy to give you a tour if you'd like.

W: Thanks, but I'm afraid I don't have enough time for that right now. I can come back anytime tomorrow. Could you show me around then?

M: Certainly. I'd recommend coming in the afternoon. That's when most people use the facilities, so you could ask our residents how they like it here.

35-37 番は次の会話に関するものです。

女：すみません、こちらで寝室が1つある部屋を借りることを考えています。建物のレクリエーション施設についてもっと聞かせていただけませんか。

男：かしこまりました。屋外プールが1つとテニスコートが2面あります。さまざまな運動器具を備えたフィットネスルームと屋内サウナもございます。よろしければご案内いたします。

女：ありがとうございます、でもあいにく今時間がありません。明日でしたらいつでも伺えます。その時にいろいろと見せていただくことはできますか？

男：もちろんです。午後にお越しになることをおすすめします。ここにお住いの方々の大半がこの時間に施設をご利用なさるので、感想を聞くことができますよ。

Vocab 本文 □ **facility**「施設」 □ **complex**「総合ビル、複合施設」 □ **equipment**「装備」 □ **resident**「居住者」
選択肢 □ **consider**「～についてよく考える」 □ **enroll in**「～に加入する」 □ **sign up**「申し込む」 □ **premises**「敷地、構内」

35 What does the woman say she is considering doing?
(A) Enrolling in a class
(B) Renting an apartment
(C) Joining a fitness club
(D) Purchasing sports equipment

女性は何をすることを考えていると言っていますか？
(A) クラスに申し込むこと
(B) アパートを借りること
(C) フィットネスクラブに入会すること
(D) スポーツ器具を購入すること

正解 B
[正答率 35.3%]

女性は考えていることについて、I'm thinking about leasing one of the one-bedroom units here.（こちらで寝室が1つある部屋を借りることを考えています）と発言している。よって正解は (B)。unit は「（ある構造の中の）1区画」を意味し、apartment と同義である。また、lease は「（土地や家屋）を賃借する」という意味で、rent と同義である。

990点 講師の目

Part 3 で頻出する不動産業者との会話では、アメリカやイギリスの賃貸住宅に関する表現を知っておく必要があります。Apartment や Condominium などの住居タイプ、1 bedroom や 4-plex（4世帯用住宅）といった間取りの表現を覚えておきましょう。

36 What does the man invite the woman to do?
(A) Visit a Web site
(B) Sign up for a trial membership
(C) Take home a sample
(D) Tour the premises

男性は女性に何をするようにすすめていますか？
(A) サイトにアクセスする
(B) 体験入会に申し込む
(C) サンプルを持って帰る
(D) 施設を見学する

正解 D
[正答率 82.4%]

男性の I'd be happy to give you a tour if you'd like.（よろしければご案内いたします）という発言から、女性に施設の見学をするようすすめていることがわかる。よって正解は (D)。premises は「建物」や「店舗」を意味する。

37 When will the woman most likely return?
(A) In about an hour
(B) Tomorrow afternoon
(C) A few days from now
(D) The start of next month

女性はおそらくいつ戻ってきますか？
(A) 約1時間後
(B) 明日の午後
(C) 数日後
(D) 来月の初め

正解 B
[正答率 91.2%]

I can come back anytime tomorrow.（明日でしたらいつでも伺えます）と言う女性に、男性は I'd recommend coming in the afternoon. と午後の再訪をすすめている。女性は翌日の午後に訪問することが推察されるので、正解は (B)。

これがエッセンス

会話は相手の発言を受けて自分の意見を投げ返すキャッチボールのようなものです。発言が賛成、反対、疑問、非難、お礼など、何を伝えるためのものなのかを把握しながら聞き取りましょう。

V3_T1-37 **Questions 38 through 40** refer to the following conversation with three speakers.

M: There sure have been a lot of customers at the store today.
W1: Yeah, everyone's buying groceries to get ready for the holiday weekend. Oh, here comes Ms. Fung.
W2: Hi, Tom. Hi, Carol. I need one of you to run a cash register for a while. There's a long line of customers waiting to check out.
W1: I'll do it, Ms. Fung.
W2: Thank you, Carol. Here's the key to register six.
M: Should I go and help out at the registers too, Ms. Fung?
W2: Thanks for offering, Tom, but no. Please just keep restocking the shelves and displays with merchandise. We don't want them to look empty.

38-40 番は次の 3 人の会話に関するものです。
男：今日は本当にたくさんのお客様が来ていますね。
女 1：はい、皆さんが週末の祝日用に食料品を買っています。あら、ファンさんが来ました。
女 2：ああ、トム。ああ、キャロル。しばらく二人のうちの一人にレジを担当してもらわなければなりません。会計を待っていらっしゃるお客様の長い列ができています。
女 1：私がやりますよ、ファンさん。
女 2：ありがとう、キャロル。これが 6 番レジの鍵です。
男：ファンさん、私もレジを手伝いに行きましょうか？
女 2：申し出てくれてありがとう、トム。でもいいですよ。棚と展示商品の補充を続けてください。空っぽに見られたくないので。

Vocab. 本文 □ **grocery**「食料雑貨類」 □ **run**「（機械など）を動かす」 □ **restock A with B**「A に B を補充する」 □ **display**「陳列」 □ **merchandise**「商品」 □ **empty**「空の」 選択肢 □ **clerk**「店員」 □ **storage**「保管場所」 □ **fill out**「～に必要事項を記入する」 □ **form**「書式」

38

Who most likely are the speakers?
(A) Electronics store staff
(B) Bookstore clerks
(C) Gift shop employees
(D) Grocery market workers

話し手たちはどういう人物だと思われますか？
(A) 電器店の従業員
(B) 書店員
(C) ギフトショップの店員
(D) スーパーの店員

正解 D
［正答率 85.3%］

女性の everyone's buying groceries to get ready for the holiday weekend.（皆さんが週末の祝日用に食料品を買っています）という発言から食料品を扱う店にいること、二人目の女性の Here's the key to register six（6 番レジの鍵です）という発言から店員であることがわかるので、正解は (D)

990点 講師の目
話し手の素性を問う問題では、会話中のキーワードを聞き取る必要があります。選択肢と同じ単語の聞き取りが正解に結びつく問題だけでなく、断片的なヒントを統合させて解答する問題もあります。

39

What does Carol agree to do?
(A) Work extra hours
(B) Operate a register
(C) Answer the telephone
(D) Check a storage area

キャロルは何をすることに同意していますか？
(A) 残業する
(B) レジを扱う
(C) 電話対応をする
(D) 倉庫エリアを確認する

正解 B
［正答率 82.4%］

女性は Tom と Carol に対し、I need one of you to run a cash register for a while.（しばらく二人のうちの一人にレジを担当してもらわなければなりません）と発言し、Carol が I'll do it.（私がやりますよ）と返答していることから、Carol はレジを担当することに同意したとわかる。よって正解は (B)。

40

What will the man most likely do next?
(A) Assist a customer
(B) Fill out a form
(C) Look for a key
(D) Restock displays

男性は次におそらく何をしますか？
(A) 顧客を手伝う
(B) 用紙に記入する
(C) 鍵を探す
(D) 陳列品を補充する

正解 D
［正答率 76.5%］

二人目の女性が最後に、Please just keep restocking the shelves and displays with merchandise.（棚と展示商品の補充を続けてください）と男性に指示していることから、男性は依頼された補充作業をすることが推察できる。よって正解は (D)。

これがエッセンス
3 人の関係性を把握する際は、呼びかけ方をヒントにしましょう。この問題では here comes Ms. Fung.（あら、ファンさんが来ました）という発言の後で Hi, Tom. Hi, Carol. と続き、指示を出していることから、ファンさんがほかの二人より目上の立場にあることがわかります。

V3_T1-38 **Questions 41 through 43** refer to the following conversation.

W: That book you've been reading lately sure seems to be holding your attention.

M: Yes, it's the newest in a series of mystery novels by Kyle Seth. The story is so intriguing that it's impossible to put down. I only bought it two days ago and I'm already halfway through it.

W: I've heard of Kyle Seth. My coworker owns a complete collection of his works. I haven't read any of them myself, though.

M: Well, I'd suggest borrowing his first book, The Tipoff, from your coworker. Then, if you like that one, you should read the rest in order. Some characters appear throughout the series, and certain aspects of the original storylines continue into the sequels.

41-43 番は次の会話に関するものです。

女：あなたが最近読んでいるその本は、あなたを話に引き込んでいるようですね。

男：そうなんです、これはカイル・セスのミステリー小説のシリーズの最新作です。ストーリーがとてもおもしろくて読むのをやめられません。2日前に買ったばかりなのに、もう半分まで読み終えました。

女：カイル・セスは聞いたことがあります。私の同僚が彼の作品をすべて持っていますよ。私自身はどれもまだ読んだことがありませんけどね。

男：それなら彼の処女作『ザ・ティップオフ』をその同僚から借りることをおすすめします。そして、それが気に入ったら残りの作品を順番に読んでください。一部の登場人物はシリーズを通して登場しますし、話の筋は次の作品へとつながっているんです。

Vocab. 本文 □ **intrigue**「興味をそそる」 □ **coworker**「同僚」 □ **suggest**「～を提案する」 □ **the rest**「残り（のもの）」 □ **in order**「順番どおりに」 □ **appear**「登場する」 □ **aspect**「局面」 □ **storyline**「（小説などの）筋」 □ **sequel**「続編」
選択肢 □ **personally**「個人的に」 □ **acquaintance**「知り合い」 □ **colleague**「同僚」 □ **available**「入手可能な」 □ **purchase**「～を購入する」

41 What does the man say about his book?
(A) He has read half of it.
(B) He did not bring it today.
(C) He has two days to return it.
(D) He knows the author personally.

男性は彼の本について何と言っていますか？
(A) 半分読み終わった。
(B) 今日は持ってこなかった。
(C) 返却までに2日ある。
(D) 著者を個人的に知っている。

正解 A ［正答率 64.7%］
最近読んでいる本について話しかけられた男性の I'm already halfway through it.（もう半分くらい読み終えました）という発言を has read half of it（半分読み終えた）と言い換えている (A) が正解。halfway は「中間で」という意味。

42 What does the man recommend the woman do?
(A) Meet one of his acquaintances
(B) Borrow a book from her colleague
(C) Purchase series of novels
(D) Watch a mystery movie

男性は女性に何をするようにすすめていますか？
(A) 彼の知り合いに会う
(B) 彼女の同僚から本を借りる
(C) シリーズ小説を購入する
(D) ミステリー映画を見る

正解 B ［正答率 85.3%］
男性の終盤の発言に Well, I'd suggest borrowing his first book, The Tipoff, from your coworker.（それなら彼の処女作『ザ・ティップオフ』をその同僚から借りることをおすすめします）とあることから、正解は (B)。coworker（同僚）を同義語の colleague で言い換えている。

43 What does the man say about the works of Kyle Seth?
(A) They have been made into films.
(B) They are available at the library.
(C) They should be read in order.
(D) They can be purchased online.

男性はカイル・セスの作品について何と言っていますか？
(A) 映画化されている。
(B) 図書館で入手できる。
(C) 順番に読むべきである。
(D) オンラインで購入できる。

正解 C ［正答率 64.7%］
Kyle Seth の作品について if you like that one, you should read the rest in order.（それが気に入ったら残りの作品を順番に読んでください）と発言していることから、正解は (C)。in order は、in alphabetical order（ABC 順に）や in chronological order（年代順に）、in numerical order（番号順に）などの形で覚えておこう。

これがエッセンス

人物によっては返答だけでなくいくつかの情報を付け加えて相手に投げかけることがあります。相手もまた、それに応じたうえでいくつかの情報を付け加えます。したがって、一人の発言のポイントをつかむ作業と、二人の会話全体の流れをつかむ作業が必要になります。

V3_T1-39 **Questions 44 through 46** refer to the following conversation.

W: There's only one week left before Mr. Dale transfers to the London branch. It won't be the same around here without him.

M: You're right. He's provided us with so much support. I think we should get him something special to say thanks. I'm just not sure what.

W: Why don't we make a photo album? We can each have a portrait taken and include a personal message to express our appreciation.

M: That sounds perfect. Let's see what the rest of the employees think about that suggestion. If everyone agrees, we can look into making appointments at a photo studio.

44-46 番は次の会話に関するものです。

女：デールさんがロンドン支社に異動されるまであとわずか1週間です。彼がいないと、ここも同じようにはいかないでしょうね。

男：そうですね。本当に私たちの力になってくれました。感謝を込めて何か特別なものを贈りたいと思っているのですが、何がいいのかわかりません。

女：アルバムを作りませんか？ 私たち一人ひとりが写真を撮ってもらって、そこに個人的な感謝のメッセージを添えるのです。

男：完璧ですね。ほかのスタッフがどう思うか確かめてみましょう。もしほかのみんなが賛成してくれたら、撮影スタジオが予約できるか調べてみましょう。

Vocab. 本文 □ **transfer**「転任する」 □ **branch**「支店、支社」 □ **provided 〈人〉 with ～**「〈人〉に～を提供する」 □ **express**「～を表す」 □ **appreciation**「感謝」 □ **look into**「～を調査する」 選択肢 □ **competition**「コンテスト」 □ **depart**「(組織) を去る」 □ **opportunity**「機会」 □ **evaluate**「～を評価する」 □ **submission**「提出物」 □ **consulting with**「～に相談する」

44 What are the speakers mainly discussing?
(A) A branch opening
(B) A photography competition
(C) A departing colleague
(D) An employment opportunity

話し手はおもに何について話していますか？
(A) 支店の開設
(B) 写真コンテスト
(C) 去っていく同僚
(D) 雇用の機会

正解 C ［正答率 55.9%］

女性の冒頭の There's only one week left before Mr. Dale transfers to the London branch. (デールさんがロンドン支社に異動されるまであとわずか1週間です) という発言に、男性は He's provided us with so much support. (本当に私たちの力になってくれました) と応答していることから、二人は異動する Mr. Dale を話題にしていることがわかる。よって正解は、Mr. Dale を colleague (同僚)、transfer を depart (～を去る) で言い換えた (C)。

45 What are the speakers trying to decide?
(A) Where to hold an event
(B) What to present as a gift
(C) When to make an announcement
(D) How to evaluate submissions

話し手は何を決めようとしていますか？
(A) イベントをどこで開催するか
(B) 何を贈るか
(C) いつ発表するか
(D) 提出物をどう評価するか

正解 B ［正答率 70.6%］

男性の I think we should get him something special to say thanks. (感謝を込めて何か特別なものを贈りたいと思っています) という発言に対し、女性が Why don't we make a photo album? (アルバムを作りませんか) と提案していることから、二人は何を贈るか決めようとしていることがわかる。よって正解は (B)。

46 What does the man suggest?
(A) Changing a schedule
(B) Writing an agreement
(C) Consulting with staff members
(D) Looking through brochures

男性は何を提案していますか？
(A) 予定を変更すること
(B) 同意書を書くこと
(C) スタッフに相談すること
(D) パンフレットに目を通すこと

正解 C ［正答率 64.7%］

男性は最後に Let's see what the rest of the employees think about that suggestion. (ほかのスタッフがどう思うか確かめてみましょう) と提案している。see what 〈人〉 think about (～について〈人〉がどう思うか確かめる) を端的に consult (意見を求める) で言い換えている (C) が正解。

これがエッセンス

There's only one week left ... というように、発言の中に数字があると、どうしてもその情報を忘れまいと身構えてしまいます。設問で問われている情報こそが聞き取るべき重要な情報ですから、設問の先読みを常に心がけましょう。事前に目を通すことで、どのような情報を聞き取るべきかを認識でき、不要な情報に惑わされにくくなります。

Questions 47 through 49 refer to the following conversation

V3_T1-40

M: Hello, Brenda? It's Tom. I'm calling to see whether all of the materials are ready for our presentation to the board of directors tomorrow.

W: Hi, Tom. I was just about to call you. We're having some trouble with our printer. It's working for anything in black, but not in color. I went ahead and printed out the results of the marketing research and the handouts containing only text. But I can't produce the colored graphs until we fix the problem.

M: In that case, don't worry about the graphs. I'll stop by Lone Valley Copy Center on my way to the office and print them out there.

47-49 番は次の会話に関するものです。

男：もしもし、ブレンダ？ トムです。明日の役員会でのプレゼン用の資料が全部用意できているか確認するために電話しました。

女：こんにちは、トム。ちょうど電話をしようと思っていました。プリンタに問題が発生しています。モノクロはどれも上手くいくんですが、カラーが駄目です。テキストだけの市場調査の結果と配布資料は先に印刷をしました。でも色つきのグラフは、この問題を直すまで出せません。

男：そういうことなら、グラフのことは気にしないでください。会社に行く途中でロン・バレー・コピーセンターに立ち寄って、そこで印刷します。

Vocab. 本文 □ **material**「資料」 □ **board of directors**「重役会、取締役会」 □ **be about to *do***「～しようとする」 □ **handout**「配布資料」 □ **contain**「～を含む」 □ **fix**「～を修理する」 選択肢 □ **device**「装置」 □ **promotional**「販売促進の」 □ **flaw**「不備」 □ **properly**「適切に」 □ **store**「～を補完する」 □ **securely**「安全に」 □ **essential**「不可欠の」

47 What are the speakers preparing to do?

(A) Meet with company directors
(B) Conduct marketing research
(C) Manufacture a new device
(D) Produce promotional posters

話し手たちは何をする準備をしていますか？

(A) 役員たちに会う
(B) 市場調査を実施する
(C) 新しい機器を製造する
(D) 販売促進ポスターを作成する

正解 A ［正答率 64.7%］

冒頭の I'm calling to see whether all of the materials are ready for our presentation to the board of directors tomorrow.（明日の役員会でのプレゼン用の資料が全部用意できているか確認するために電話しました）という男性の発言から、役員会の準備をしていることがわかる。「役員会」を「役員に会う」と表現した (A) が正解。

48 What is the problem?

(A) Some results are not available.
(B) A design flaw has been found.
(C) The wrong colors were used.
(D) A machine is not working properly.

何が問題ですか？

(A) いくつかの結果が得られない。
(B) デザインに不備があった。
(C) 間違った色が使われた。
(D) 機械が正常に動いていない。

正解 D ［正答率 50.0%］

女性の発言に We're having some trouble with our printer. It's working for anything in black, but not in color.（プリンタに問題が発生しています。白黒はどれも上手くいくんですが、カラーが駄目です）とある。printer を machine と言い換え、問題を端的に not working properly と表した (D) が正解。色使いを間違えたのではないので (C) は不正解。

49 What does the man mean when he says, "don't worry about the graphs"?

(A) Some files are stored securely.
(B) The woman is not required to perform a task.
(C) Illustrations are not essential.
(D) The woman should not feel bad about her mistake.

男性が「グラフのことは気にしないでください」と言っているのはどういう意味ですか？

(A) いくつかのファイルは安全に保管されている。
(B) 女性は作業をしなくてもよい。
(C) イラストは必要ではない。
(D) 女性は間違いを申し訳なく思う必要はない。

正解 B ［正答率 35.3%］

男性の発言は、プリンタの不具合により色つきのグラフを出力できないという報告に応じたもの。この後に I'll stop by Lone Valley Copy Center ... and print them out there. と自分が印刷すると説明を続けている。よってこれを「女性が作業する必要はない」と表現した (B) が正解。

990点 講師の目

話し手の意図を問う問題は、会話の中で使われる英文を事前に確認できますから、聞き取りのヒントとして役立てましょう。この問題では、graphs（グラフ）が話題になることが予測できるはずです。

これがエッセンス

会話の中で使われる and や but といった接続詞は、話の流れをつかむのに役立ちます。とくに but のような逆接の接続詞は、その後、話し手の伝えたい情報が続きます。また、but の前後は反対のことが述べられますから、どちらか一方を聞き逃しても発言内容を類推できるのです。

V3_T1-41 **Questions 50 through 52** refer to the following conversation.

W: There's a new exhibit at the science museum that I'd really like to see. They have a lot of illustrations and models on display showing the earliest attempts at inventing flying machines. Since we have the day off on Monday, I was thinking about going then. Would you care to join me?

M: Sounds interesting, but I wonder if they'll be closed for the holiday as well.

W: Oh, you're right. I hadn't thought about that.

M: Well, I'm sure they'd have that posted on their site. Why don't you go online and look into it? If they're open, I'll definitely come along.

50-52 番は次の会話に関するものです。

女：見に行きたいと思っている新しい展示が科学博物館であるんです。航空機発明の最初期の試みを示した多くの図版やモデルを展示しています。月曜日は休日なので、その日に行こうと考えていました。一緒に行きませんか？

男：おもしろそうですね。でも、博物館も祝日に閉館していないでしょうか。

女：ああ、そうですね。それは考えていませんでした。

男：ええと、きっと博物館のサイトに掲載されていると思いますよ。オンラインで調べてみたらどうですか？ 開いていれば、必ず一緒に行きます。

Vocab. 本文 □ **attempt**「試み」 □ **invent**「～を発明する」 □ **wonder if ...**「…ではないかと思う」 □ **post**「～を掲載する」 □ **definitely**「間違いなく」 選択肢 □ **invention**「発明」 □ **ancient**「古代の」 □ **architecture**「建築、建築様式」 □ **reschedule**「～を変更する」 □ **look for**「～を探す」

50 According to the woman, what is being shown at the museum?
(A) Nature photography
(B) A documentary film
(C) Historical inventions
(D) Models of ancient architecture

女性によると、博物館で何が展示されていますか？
(A) 自然の写真
(B) ドキュメンタリー映画
(C) 歴史的な発明
(D) 古代建築物の模型

正解 C
[正答率 35.3%]

女性が冒頭で They have a lot of illustrations and models on display showing the earliest attempts at inventing flying machines.（航空機発明の最初期の試みを示した多くの図版やモデルが展示されています）と発言していることから、博物館では発明にまつわる展示をしていることがわかる。よって正解は (C)。

990点 講師の目
内容語と呼ばれる意味を伝える語はやや強くゆっくり発音され、機能語と呼ばれる文法的な役割を表す語はやや弱く速く発音されます。聞き取りやすい内容語は確実に押さえましょう。

51 What do the speakers indicate about Monday?
(A) It is the opening day of an exhibit.
(B) It is a holiday.
(C) It is the day a museum is usually closed.
(D) It is a busy day at the office.

話し手は月曜日について何と述べていますか？
(A) 展示の初日だ。
(B) 祝日だ。
(C) 博物館の通常の休館日だ。
(D) オフィスが忙しい日だ。

正解 B
[正答率 47.1%]

月曜日に博物館に行こうという誘いに対して男性が I wonder if they'll be closed for the holiday as well.（博物館も祝日に閉館していないでしょうか）と発言していることから、月曜日が祝日であることがわかる。よって正解は (B)。博物館の通常の休館日は会話から判断できないため (C) は不正解。

52 What does the man suggest?
(A) Accessing a Web site
(B) Rescheduling a visit
(C) Make a phone call
(D) Looking for a newspaper

男性は何を提案していますか？
(A) サイトにアクセスする
(B) 訪問日を変更する
(C) 電話する
(D) 新聞を探す

正解 A
[正答率 52.9%]

男性は、休館日は博物館のサイトに掲載されていると思うと述べた後で Why don't you go online and look into it?（オンラインで調べてみたらどうですか）と発言していることから、博物館のサイトにアクセスして休館日を調べることを提案していることがわかる。よって正解は (A)。

これがエッセンス
曜日も押さえたい情報の 1 つです。then、yesterday、tomorrow、the next day、that day などが曜日とともに使われたら、それぞれ何曜日を指すのか把握しながら聞きましょう。

V3_T1-42 **Questions 53 through 55** refer to the following conversation.

M: Molly, do you remember the date that Mr. Dryden specified for having the survey responses organized? I'm afraid I've misplaced the instruction list that he gave me.

W: Well, he said he wants them the day he gets back from his trip to Berlin, so that's the day after tomorrow.

M: That soon? I'm not sure I can get them all organized by then. The number of people who filled out questionnaires during the product trials was much higher than expected.

W: Well, I'll print you another copy of the instructions so you can get started. You just need to group them according to the age range of the respondents, so it shouldn't take you long.

53-55 番は次の会話に関するものです。

男：モリー、ドライデンさんが指定した調査の回答をまとめる期日を覚えていますか？ あいにくもらった手順表を失くしてしまいました。

女：ええと、彼がベルリン出張から帰る日に欲しいと言っていたので、明後日ですね。

男：そんなにすぐにですか？ それまでに全部まとめられるかわかりません。商品のお試し期間にアンケートに答えてくれた人が予想よりずっと多かったので。

女：では、とりかかれるように、手順表をもう１部印刷しますね。回答者を年齢層ごとにグループ分けするだけなので、それほど長くはかからないと思いますよ。

Vocab. 本文 □ **specify**「～を指定する」 □ **survey**「調査」 □ **organize**「～をまとめる」 □ **misplace**「～を置き忘れる、置き間違える」 □ **instruction**「指図、指示」 □ **questionnaire**「アンケート」 □ **expect**「～を予期する」 □ **age range**「年齢層」 □ **respondent**「回答者」 選択肢 □ **deadline**「締め切り」 □ **participation**「参加」 □ **supervisor**「上司」 □ **sort A into B**「A を B に分類する」

53 What is the man concerned about?
(A) Meeting a deadline
(B) Negative comments
(C) Creating a survey
(D) Lack of participation

男性は何を心配していますか？
(A) 締め切りに間に合うこと
(B) 否定的なコメント
(C) 調査書の作成
(D) 参加者の不足

正解 A ［正答率 20.6%］

男性は指定された期日を尋ねた後で I'm not sure I can get them all organized by then.（それまでに全部まとめられるかわかりません）と発言している。期日までに仕上げられるか心配していることがわかるので、正解は (A)。

54 How does the woman offer to help the man?
(A) By printing out a document
(B) By conducting some trials
(C) By filling out a form
(D) By speaking to his supervisor

女性はどのように男性を手伝うと申し出ていますか？
(A) 書類を印刷することで
(B) 品質検査を実施することで
(C) 用紙に記入することで
(D) 彼の上司に話をすることで

正解 A ［正答率 50.0%］

手順表をなくしてしまったために調査の回答を期日までにまとめられないという男性に対して、女性は I'll print you another copy of the instructions so you can get started.（とりかかれるように、手順表をもう１部印刷しますね）と述べている。よって正解は (A)。

55 What does the woman say the man must do?
(A) Print out some questionnaires
(B) Create a list of instructions
(C) Sort responses into groups
(D) Prepare for a business trip

女性は男性が何をしなければならないと言っていますか？
(A) アンケートを印刷する
(B) 手順のリストを作成する
(C) 回答をグループごとに分ける
(D) 出張の準備をする

正解 C ［正答率 47.1%］

女性は男性に対し、You just need to group them according to the age range of the respondents.（回答者を年齢層ごとにグループ分けするだけです）と言っていることから、正解は (C)。動詞の group（～をグループ化する、分類する）を同義の sort で言い換えている。

これがエッセンス

女性は最初の発言で、so を使い、理由の後で結論を述べています。その結果、男性の do you remember the date ... という問いに対する直接的な回答は that's the day after tomorrow ですが、その前に明後日がどのような日なのかの説明があるため、話の流れがつかみにくいかもしれないので注意が必要です。

V3_T1-43 **Questions 56 through 58** refer to the following conversation.

M: Trenton Consolidated. How may I help you?
W: Hello, my name is Rebecca Capri. I applied for the sales position advertised on the joblinks.com Web site. Your human resources director Mr. Bell left me a voicemail message asking me to contact him to set up an interview.
M: Mr. Bell is busy speaking to another candidate right now, but I'll tell him you called. He should be finished within the next half hour. Will he be able to reach you then?
W: Yes, but not at the number he called before. He'll need to call my mobile phone. That number's on my résumé also, but let me give it to you again, just in case.

56-58 番は次の会話に関するものです。
男：トレントン・コンソリデイティッドです。どのようなご用件でしょうか？
女：こんにちは。レベッカ・カプリと申します。joblinks.com のサイトに掲載されていた御社の営業職の求人に応募しました。人事部長のベル様から面接日を決めるために連絡するようにと留守電にメッセージが入っていました。
男：ベルはただ今ほかの応募者と話をしておりますが、あなたから電話があったことをお伝えします。30 分以内に終わるはずです。その時にお電話すればつながりますか？
女：はい、しかし以前おかけいただいた番号ではなく、携帯にかけてください。その番号も履歴書に載っていますが、念のため再度お伝えします。

Vocab. 本文 □ **apply for**「～に申し込む」 □ **human resources**「人事（部）」 □ **set up**「～を設定する」 □ **interview**「面接」 □ **candidate**「候補者」 □ **just in case**「万が一に備えて」 選択肢 □ **reply to**「～に返答する」

56 Why is the woman calling?
(A) To ask about a product
(B) To report a problem with a Web site
(C) To reply to a voicemail
(D) To change an appointment time

女性はなぜ電話をしていますか？
(A) 商品について問い合わせるため
(B) サイトの問題を報告するため
(C) 留守電のメッセージに返答するため
(D) 予約の時間を変更するため

正解 C
［正答率 61.8%］

電話で用件を聞かれた女性は Your human resources director Mr. Bell left me a voicemail message asking me to contact him to set up an interview.（人事部長のベル様から面接日を決めるために連絡するようにと留守電にメッセージが入っていました）と述べていることから、女性が電話をかけた理由は留守電のメッセージへの返答であることがわかる。よって正解は (C)。

57 Why most likely is Mr. Bell currently unavailable?
(A) He is making a sales call.
(B) He is at a staff meeting.
(C) He is out of town.
(D) He is conducting an interview.

ベルさんは今、なぜ手が空いていないと思われますか？
(A) 営業の電話をしている。
(B) スタッフ会議に出ている。
(C) 町から離れている。
(D) 面接をしている。

正解 D
［正答率 61.8%］

男性が Mr. Bell is busy speaking to another candidate right now（ベルはただ今ほかの応募者と話をしております）と述べていることから、ベルさんは応募者の面接中であることがわかる。よって正解は (D)。conduct は「（事業・調査・取引など）を行う、実施する」という意味。

990点 講師の目
設問文に most likely というフレーズが使われていたら注意が必要です。決め手となるフレーズが会話あるいは選択肢にそのまま使われているわけではなく、文脈からの判断が要求されるからです。

58 What does the woman say she will provide?
(A) An updated résumé
(B) A telephone number
(C) An e-mail address
(D) A work schedule

女性は何を提供すると言っていますか？
(A) 最新の履歴書
(B) 電話番号
(C) メールアドレス
(D) 仕事のスケジュール

正解 B
［正答率 67.6%］

女性が携帯電話に連絡をしてほしいと応答した後で let me give it to you again（再度お伝えします）と述べていることから、この後女性は電話番号を提供することがわかる。よって正解は (B)。

これがエッセンス
設問文の先読みは、会話の流れや内容の予測に役立つことがあります。この問題では、ある女性が電話をかける（設問 56）ものの、ベルさんは手が空かない（設問 57）ので、女性は何か（の情報）を提供する（設問 58）という会話の流れ、会話を聞く前に把握できます。

V3_T1-44 **Questions 59 through 61** refer to the following conversation.

M: I thought I would see you at the seminar this morning, but you weren't there. What happened?
W: There was a problem in my apartment. I had to wait for a maintenance worker to come and make repairs.
M: Oh, that's too bad. The seminar was quite informative, and the instructor, Susan Chung, was exceptional. She focused on some very practical management techniques.
W: Sounds great. I'm really disappointed I couldn't be there.
M: Well, Ms. Chung is scheduled to teach similar sessions in other departments throughout the week. Why don't you check with human resources? Maybe you can attend one of those.

59-61番は次の会話に関するものです。
男：今朝のセミナーで会えると思っていましたが、あなたを見かけませんでした。何が起きたのですか？
女：アパートで問題があったんです。修理の人が来て作業するのを待っていなくてはいけませんでした。
男：それはお気の毒に。セミナーはとても有益で、講師のスーザン・チャンさんが格別でした。彼女はとても実用的な経営手法を重点的に扱っていました。
女：いいですね。行けなくて本当に残念です。
男：実は、チャンさんはこの1週間ほかの部署でも同様のセミナーを行う予定です。人事部に確認してみてはどうですか？ どれかに出席できるかもしれませんよ。

Vocab. 本文 □**maintenance**「メンテナンス、整備」 □**repair**「修理」 □**informative**「有益な」 □**exceptional**「特に優れた」 □**focus on**「～に焦点を絞る」 □**practical**「実践的な」 □**disappointed**「がっかりした」 □**attend**「～に参加する」
選択肢 □**equipment**「装置」 □**complain about**「～について不満を言う」 □**absence**「欠席」 □**educational institution**「教育機関」 □**reception**「受付」

59 Why does the woman say, "I had to wait for a maintenance worker to come and make repairs"?
(A) To point out a problem with some office equipment
(B) To complain about an assignment
(C) To explain her absence from an event
(D) To give her reason for attending a workshop

女性が「修理の人が来て作業するのを待っていなくてはいけませんでした」と言ったのはなぜですか？
(A) オフィスの設備の問題を指摘するため
(B) 課題についての苦情を言うため
(C) イベントに欠席したことを説明するため
(D) ワークショップに出席した理由を説明するため

正解 C
［正答率 47.1%］

女性の発言は、男性の I thought I would see you at the seminar this morning, but you weren't there.（今朝のセミナーで会えると思っていましたが、あなたを見かけませんでした）という発言に続く What happened?（何が起きましたか）という質問に応じたもの。seminar を event に言い換え、「欠席理由を説明するため」とした (C) が内容と一致する。

990点 講師の目
抜粋文についての出題があると、その英文が会話中に表れるのを待ち構える人が多いかと思います。しかし、気構えすぎて会話の流れに注意が向かなくならないよう注意しましょう。この設問でも解答の手がかりは抜粋文より前にあります。

60 What does the man say about Susan Chung?
(A) She used to work in his department
(B) She taught management methods.
(C) She will return next year.
(D) She arrived late this morning.

男性はスーザン・チャンについて何と言っていますか？
(A) かつて彼と同じ部署で働いていた。
(B) 経営の方法について教えた。
(C) 来年戻ってくる予定だ。
(D) 今朝、遅く到着した。

正解 B
［正答率 85.3%］

男性は Susan Chung がセミナーの講師だったと述べた後で She focused on some very practical management techniques.（彼女はとても実用的な経営手法を重点的に扱っていました）と加えている。よって正解は (B)。

61 Who does the man suggest contacting?
(A) An educational institution
(B) Building maintenance
(C) The reception desk
(D) Human resources

男性はどこに連絡するよう提案していますか？
(A) 教育機関
(B) ビルの管理課
(C) 受付
(D) 人事部

正解 D
［正答率 82.4%］

セミナーを欠席したことを悔やむ女性に、男性はセミナーの予定を伝え Why don't you check with human resources?（人事部に確認してみてはどうですか）と発言している。よって正解は (D)。Why don't you *do* ...? や How about *doing*? などの提案の表現を確認しておこう。

V3_T1-45 **Questions 62 through 64** refer to the following conversation and illustration.

W: Bryan, I'm trying to decide which of these graphics to use for my new business cards, but I can't make up my mind. Can I get your input?

M: Sure. Well, this simple, circular design would seem to make sense. It resembles a globe, which relates to your job field. But to be honest, I prefer this triangular design. It's very unique, and it really grabs your attention.

W: I agree. And I think it's most important to have something that's eye-catching and memorable. The travel industry is very competitive, so I want something distinctive that'll help set me apart.

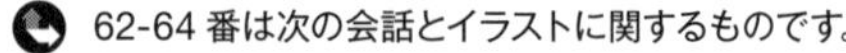

62-64 番は次の会話とイラストに関するものです。

女：ブライアン、新しい名刺にどの図形を使おうか決めようとしているのですが、決められません。あなたの意見を聞かせてくれますか？

男：もちろん。ええと、このシンプルな円形のデザインは理にかなっていると思います。地球のようで、あなたの仕事の分野に関連していますね。でも正直に言うと、私はこの三角形のデザインのほうが好きです。とても個性的で、実に目を引きます。

女：私も同感です。そして、何か目立って記憶に残るものであることがいちばん大事だと思います。旅行業界はとても競争が激しいので、特徴的で、自分を差別化できるものがほしいのです。

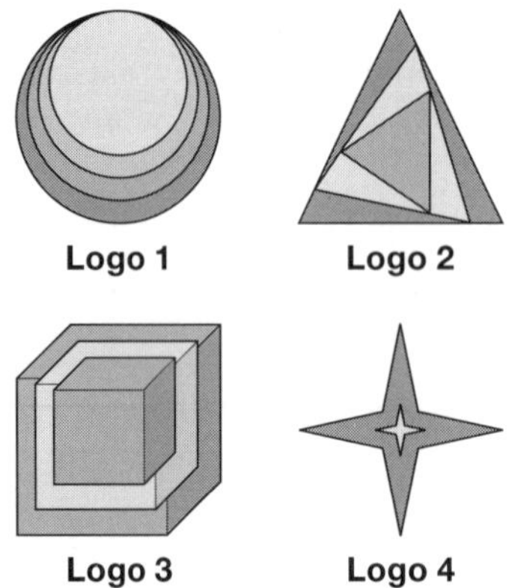

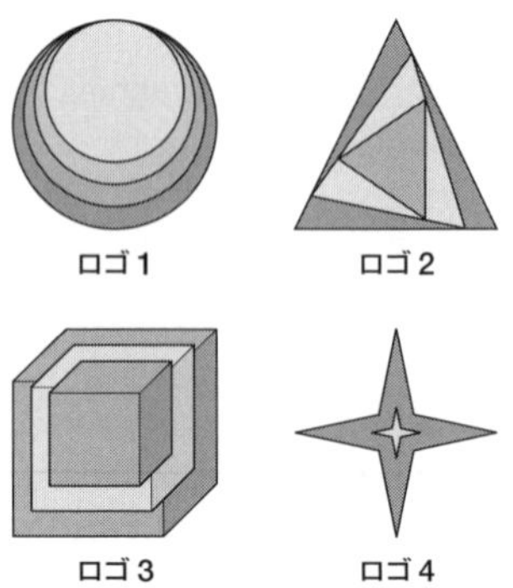

Vocab. 本文 □ **make up *one*'s mind**「決断する」 □ **input**「(アイデアなどの) 提供」 □ **circular**「円形の」 □ **make sense**「筋が通る」 □ **resemble**「～に似ている」 □ **globe**「地球」 □ **relate to**「～に関連する」 □ **to be honest**「正直に言うと」 □ **prefer**「～のほうを好む」 □ **triangular**「三角形の」 □ **grab**「～をつかむ」 □ **competitive**「競争的な」 □ **distinctive**「明確に区別できる、独特の」 □ **apart**「別にして」 選択肢 □ **require**「～に要求する」 □ **intend to *do***「～するつもりである」 □ **depart on**「～に出発する」

62 What is the woman in the process of designing?

(A) A sign
(B) A package
(C) Promotional brochures
(D) Business cards

女性は何をデザインしているところですか？

(A) 看板
(B) 包装
(C) 販売促進用のパンフレット
(D) 名刺

正解 D
［正答率 82.4%］

女性は冒頭で I'm trying to decide which of these graphics to use for my new business cards.（新しい名刺にどの図形を使おうか決めようとしています）と述べていることから、名刺のデザインをしていることがわかる。よって正解は (D)。

63 Look at the graphic. Which logo does the man say he prefers?
(A) Logo 1
(B) Logo 2
(C) Logo 3
(D) Logo 4

図形を見てください。どのロゴを男性は好きであると言っていますか?
(A) ロゴ1
(B) ロゴ2
(C) ロゴ3
(D) ロゴ4

正解 **B**
[正答率 61.8%]

意見を求められた男性は、this simple, circular design would seem to make sense.(このシンプルな円形のデザインは理にかなっていると思います)と言った後で、But to be honest, I prefer this triangular design.(でも正直に言うと、私はこの三角形のデザインのほうが好きです)と述べている。よって三角形のデザインである(B)が正解。

990点 講師の目

意見を述べる際、建前と本音、一般論と自分の主張などの対比にすることがあります。このような対比される内容をつなぐのがbutやhoweverといった逆接の接続詞で、その後には話し手の本音や主張などが来ることが多いです。この問題ではcircular designとtriangular designが対比されています。

64 What does the woman imply about her job?
(A) She has a lot of competition.
(B) She is required to have a license.
(C) She intends to relocate her office.
(D) She will soon depart on a business trip.

女性は彼女の仕事について何を示唆していますか?
(A) 彼女には競争相手がたくさんいる。
(B) 彼女は免許を持つことが求められる。
(C) 彼女はオフィスを移転するつもりだ。
(D) 彼女はすぐに出張に出かけるだろう。

正解 **A**
[正答率 61.8%]

彼女は目立って記憶に残る名刺がいいと考える理由として、The travel industry is very competitive(旅行業界はとても競争が激しい)と述べている。よって正解は(A)。competitive(競い合っている)をhave a lot of competitionで言い換えている。

これがエッセンス

Part 3で図表を見ながら答える問題は、会話の中に図表に関する言及があると思って聞くようにしましょう。余裕があれば、それぞれの図形がどのように表現されるかを考えておきましょう。

V3_T1-46 **Questions 65 through 67** refer to the following conversation and coupon.

W: I wish we could postpone this afternoon's departmental meeting. Everyone's been so busy lately. They all look pretty tired. It doesn't seem like the best time to introduce new procedures.

M: Well, we really can't afford to wait. Still, I understand what you mean.

W: Hey, why don't we order pizza for after the meeting as a reward for all the hard work?

M: Hmm ... OK. Sure. Why not? Oh, and you know what? I have a coupon from Pablo's Pizza here in my desk. Hold on a second ... yeah, here it is.

W: Ooh ... That's a good deal! I think ten large pizzas will be enough.

65-67 番は次の会話とクーポンに関するものです。

女：午後の部署の会議を延期できるといいのですが。最近皆とても忙しいんです。皆かなり疲れているようです。新しいやり方を伝えるのに適した時期ではないように思います。

男：ええと、実は、遅らせる余裕がないんです。でも、言いたいことはわかります。

女：そうだわ、会議の後、皆の努力に対するご褒美としてピザを注文するのはどうですか？

男：ええと、わかりました。そうしましょう。あ、それに、パブロズ・ピザのクーポン券が私のデスクにあるんです。ちょっと待っててくださいね。はい、ありましたよ。

女：あら、これはお得ですね！ Lサイズのピザが 10 枚あれば十分だと思います。

Pablo's Pizza

Eat More Pizza, Save More Money!

Buy 2 Large Pizzas	– **10% Off!**
Buy 3 Large Pizzas	– **15% Off!**
Buy 4 Large Pizzas	– **20% Off!**
Buy 5 or more Large Pizzas	– **25% Off!**

パブロズ・ピザ

ピザを食べれば食べるほどお得！

ピザ大２枚	–10%割引
ピザ大３枚	–15%割引
ピザ大４枚	–20%割引
ピザ大５枚以上	–25%割引

Vocab. 本文 □ **introduce**「～を紹介する」 □ **procedure**「手続き」 □ **afford to *do***「～する余裕がある、～できる」 □ **reward**「報奨」
選択肢 □ **retirement**「引退」 □ **celebration**「祝賀会」 □ **potential**「起こり得る」 □ **reward**「～に褒美を与える」
□ **effort**「努力」 □ **particular**「特定の」 □ **order**「注文」

65 What most likely is the purpose of the afternoon meeting?
(A) To introduce new staff members
(B) To plan a retirement celebration
(C) To announce new procedures
(D) To discuss a potential delay

午後の会議の目的はおそらく何ですか？
(A) 新しいスタッフを紹介すること
(B) 送別会を計画すること
(C) 新しいやり方を発表すること
(D) 遅れの可能性について話し合うこと

正解 C
［正答率 73.5%］

女性は午後にある部署の会議を延期したいと述べた後で、It doesn't seem like the best time to introduce new procedures.（新しいやり方を伝えるのに適した時期ではないように思います）と続けている。このことから会議の目的は新しいやり方を伝えることであると推測できる。よって正解は (C)。

66 What does the woman suggest doing?
(A) Changing a training process
(B) Rewarding employees for their efforts
(C) Paying for faster service
(D) Buying from a particular business

女性は何をすることを提案していますか？
(A) 研修の手順を変更する
(B) 従業員の努力に報奨を与える
(C) より速いサービスに代金を支払う
(D) 特定の会社から購入する

正解 B
［正答率 70.6%］

女性は中盤で why don't we order pizza for after the meeting as a reward for all the hard work?（会議の後、皆の努力に対するご褒美としてピザを注文するのはどうですか）と述べ、従業員の努力に報いる方法を提案している。よって正解は (B)。

67 Look at the graphic. How much of a discount will the speakers receive on their order?
(A) 10 percent
(B) 15 percent
(C) 20 percent
(D) 25 percent

図表を見てください。話し手は注文時にどのくらいの割引を受けますか？
(A) 10 パーセント
(B) 15 パーセント
(C) 20 パーセント
(D) 25 パーセント

正解 **D**
[正答率 91.2%]

女性が最後に I think ten large pizzas will be enough.（L サイズのピザが 10 枚あれば十分だと思います）と述べていることから、L サイズのピザを 10 枚注文するものと考えられる。図表によれば、L サイズのピザを 5 枚以上注文すると 25% 割引とある。よって正解は (D)。

これがエッセンス
数字入りの図表を見ながら答える問題では、「数字が表す事柄」と「その関係性」を把握しておきましょう。この問題では「ピザの枚数」と「割引率」が示されていることがわかります。会話の中では、少なくともいずれかの数字が話題に出ることが予想できます。

V3_T1-47 **Questions 68 through 70** refer to the following conversation and floor plan.

M: Hello, Alvin Woodard speaking.
W: Hi, Alvin. This is Mika Chernovski. Our new audiovisual system was delivered this morning. Can you come in and do the installation on Wednesday evening after we close?
M: Sure, Wednesday night is fine.
W: Great. I'll let the security guard know you're coming so he can let you in. We're putting the system into a large conference room on the sixth floor, the one by the elevator. Are there any supplies you'll need?
M: No, I just need an electrical outlet in the room for my power tools. I'll handle everything else.
W: Thanks, Alvin. We really appreciate this.

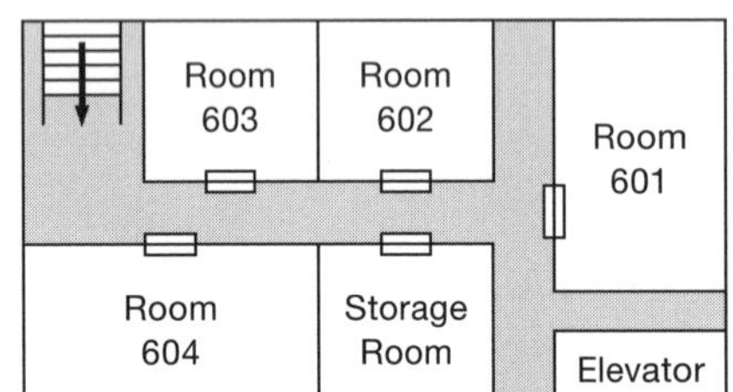

68-70 番は次の会話と見取り図に関するものです。
男：もしもし、アルヴィン・ウッダードです。
女：ああ、アルヴィン。ミカ・チェルノヴスキーです。新しい視聴覚機器が今朝届きました。水曜日の夜、会社が閉まった後に、こちらで設置していただけますか？
男：はい、水曜日の夜ならいいですよ。
女：よかった。入館できるように、警備員にあなたが来ると伝えておきますね。6 階のエレベーターのすぐ近くにある大きな会議室に設置する予定です。何か必要な備品はありますか？
男：いいえ、電動機具を使うために、部屋にコンセントが必要なだけです。そのほかはすべて自分でできます。
女：ありがとう、アルヴィン。本当に助かります。

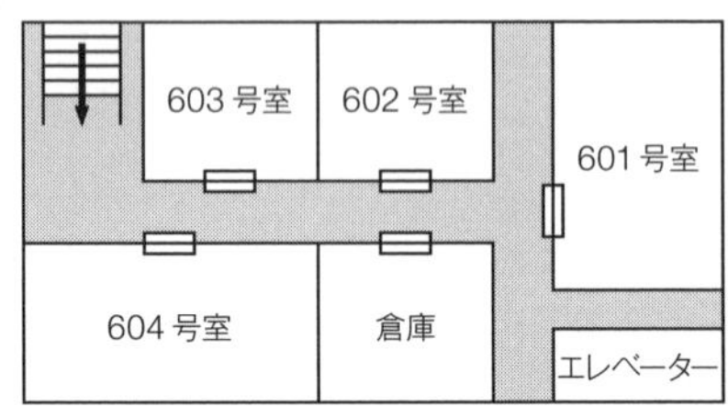

Vocab. 本文 □ **deliver**「～を配送する」 □ **installation**「設置」 □ **conference room**「会議室」 □ **supply**「必需品」 □ **outlet**「コンセント」 □ **power tool**「電動工具」 □ **handle**「(仕事など) をこなす」 □ **appreciate**「～に感謝する」
選択肢 □ **install**「～を設置する」

68 What will the man most likely do on Wednesday?
(A) Deliver some merchandise
(B) Make a presentation
(C) Install some equipment
(D) Check an alarm system

男性は水曜日におそらく何をしますか？
(A) 商品を配達する
(B) プレゼンテーションを行う
(C) 機器を設置する
(D) 警報装置を確認する

正解 C
[正答率 76.5%]

女性は冒頭の発言で視聴覚機器が今朝届いたことを伝え、Can you come in and do the installation on Wednesday evening after we close? (水曜日の夜に会社が閉まった後、こちらで設置していただけますか) と依頼している。男性が Sure, Wednesday night is fine. (はい、水曜日の夜ならいいですよ) と承諾していることから、男性は水曜日に視聴覚機器を設置すると考えられる。よって正解は (C)。

990点 講師の目
TOEIC では、キーワードさえ聞き取れれば正解できる問題もありますが、この設問のようにキーワードを含む発言全体を聞き取らないと正解できない場合もあります。この設問では、Wednesday というキーワードが聞こえる前に正解の根拠となる情報が提示されています。

69 Look at the graphic. To which room does the woman direct the man?
(A) Room 601
(B) Room 602
(C) Room 603
(D) Room 604

図表を見てください。女性は男性をどの部屋に案内していますか？
(A) 601 号室
(B) 602 号室
(C) 603 号室
(D) 604 号室

正解 A
[正答率 73.5%]

女性は視聴覚機器について We're putting the system into a large conference room on the sixth floor, the one by the elevator. (6 階のエレベーターのすぐ近くにある大きな会議室に設置する予定です) と述べている。図表によれば、エレベーターのそばにある部屋は Storage Room (倉庫) と 601 号室であることから、「6 階の大きな会議室」は 601 号室のことだとわかる。よって正解は (A)。

70 What does the man say he needs?
(A) A security password
(B) A piece of software
(C) A power outlet
(D) A key to a room

男性は何が必要だと言っていますか?
(A) セキュリティパスワード
(B) ソフトウェア
(C) コンセント
(D) 部屋の鍵

正解 **C**
[正答率 64.7%]

男性は最後にI just need an electrical outlet in the room for my power tools.(電動器具を使うために、部屋にコンセントが必要なだけです。)と述べ、電源コンセントが必要だと言っている。よって正解は(C)。電源プラグの差込口を「コンセント」と言うのは和製英語であり、英語では(wall) socketまたは(electrical) outletと言う。

これがエッセンス
見取り図を見ながら答える問題では、隣り合うもの、向かい合うものなど図の中にあるものの位置関係を把握したうえで会話を聞くようにしましょう。ここではあるフロアの部屋と設備が載っています。位置関係を表す単語は多様なので、とくに注意して聞き取りたいものです。

V3_T1-49 **Questions 71 through 73** refer to the following advertisement.

71-73 番は次の広告に関するものです。

In the fast-paced world of modern business, it's important to have office equipment that can keep up. That's why so many companies choose Drummond copy machines. Our high-volume copiers are the fastest in the industry—we guarantee it! But don't just take our word for it. Visit us online at www.drummond.com and read testimonials about our products from some of our thousands of satisfied customers worldwide. Or, visit a showroom in your area for a demonstration. See for yourself why our customers say, "When there's a need for speed, Drummond is a name you can trust."

めまぐるしいペースで進む現代のビジネスの世界では最先端のオフィス機器を備えることが重要です。それこそが、多くの会社がドラモンドのコピー機を選ぶ理由です。当社の大容量コピー機は業界最速であることを保証します！ ですが、私どもの言葉をうのみにする必要はありません。オンラインで www.drummond.com にアクセスし、世界中にいる数多くの愛用者が書いた、商品の推薦文をお読みください。または、お近くのショールームへお越しになり、機器の実演をご覧ください。「スピードが必要ならドラモンドが信頼できる」とお客様が口をそろえておっしゃる訳をご自身の目でお確かめください。

Vocab. 本文 □ **keep up**「遅れずについていく」 □ **high-volume**「量の多い」 □ **copier**「コピー機」 □ **industry**「業界」 □ **guarantee**「～を保証する」 □ **take … for it**「…をそのままに受け取る」 □ **testimonials**「お客様の声」 □ **product**「製品」 □ **satisfied**「満足した」 □ **customer**「顧客」 □ **demonstration**「実演」 □ **for *one*self**「自分で」
選択肢 □ **advertise**「～を宣伝する」 □ **emphasize**「～を強調する」 □ **obtain**「～を得る」

71 What is being advertised?
(A) Computers
(B) Audio equipment
(C) Photocopiers
(D) Internet service

何が宣伝されていますか？
(A) コンピュータ
(B) オーディオ機器
(C) コピー機
(D) インターネットサービス

正解 C ［正答率 70.6%］

冒頭で広告の対象が office equipment（オフィス機器）であることが把握でき、その具体的な機器が Drummond copy machines であると聞き取ることができれば、コピー機が宣伝されていることがわかる。よって正解は (C)。

72 What is emphasized in the advertisement?
(A) High speed
(B) Durability
(C) Technical support
(D) Low prices

広告では何が強調されていますか？
(A) 速さ
(B) 耐久性
(C) 技術サポート
(D) 低価格

正解 A ［正答率 67.6%］

Our high-volume copiers are the fastest in the industry—we guarantee it!（当社の大容量コピー機は業界最速であることを保証します！）という発言の fastest、When there's a need for speed（スピードが必要なら）というフレーズの speed から速さを強調していると判断できる。よって正解は (A)。

73 According to the speaker, why should listeners visit the Web site?
(A) To obtain a discount
(B) To see demonstration videos
(C) To find branch locations
(D) To read customer testimonials

話し手によると、聞き手はなぜウェブサイトを見るべきですか？
(A) 割引を受けるため
(B) 実演ビデオを見るため
(C) 支店の場所を見つけるため
(D) お客様の声を読むため

正解 D ［正答率 64.7%］

Visit us online at www.drummond.com が聞こえたら、その後にウェブサイトの詳細な情報が来ることを予測したい。read testimonials about our products（商品の推薦文をお読みください）と商品の推薦文を読むように言われているので、正解は (D)。

これがエッセンス

Part 4 では冒頭に述べられる説明文の種類を聞き洩らさないようにしましょう。説明文の種類がわかれば、どのような情報が続くか、心の準備ができます。この問題では advertisement とありますから、商品やサービスの特徴が述べられるものと予測できるでしょう。

Questions 74 through 76 refer to the following talk.

V3_T1-50

Everyone, I appreciate your willingness to work extra shifts this past week here at the restaurant. We had a great opening week and did much more business than expected. Many customers spoke to me personally to compliment the quality of our food and service. For a new business owner ... well ... there's nothing more satisfying. It looks like our establishment is a hit, so I'll be hiring more staff right away. In the meantime, thanks again for your efforts.

74-76番は次の話に関するものです。
皆さん、この1週間、レストランでの勤務シフトを快く増やして働いてくださってありがとうございます。オープンからの1週間は順調で、予想をさらに上回る売上でした。多くのお客様から料理とサービスの質について直接お褒めの言葉をいただきました。新しい店主にとっては、ええと、これ以上の喜びはありません。このレストランはうまくいっているようなので、すぐにスタッフを追加採用したいと思います。それまでの間、引き続きご協力をお願いします。

Vocab. 本文 □ **willingness to *do***「快く～すること」 □ **extra**「追加の」 □ **personally**「個人的に、直接」 □ **compliment**「褒め言葉」 □ **quality**「質」 □ **satisfying**「満足な」 □ **establishment**「店、(設立された) 組織」 □ **hit**「成功、ヒット」 □ **hire**「～を雇う」 □ **right away**「すぐに」 □ **in the meantime**「しばらくの間は」 選択肢 □ **take place**「行われる、起こる」 □ **personnel**「人員」

74 Where is the talk probably taking place?
(A) At a school
(B) At a retail store
(C) At a restaurant
(D) At a factory

この話はおそらくどこで行われていますか?
(A) 学校で
(B) 小売店で
(C) レストランで
(D) 工場で

正解 C
[正答率 94.1%]

話の冒頭で at the restaurant というフレーズが聞き取れれば、レストランが話題に含まれることがわかる。その後も the quality of our food and service (料理とサービスの質) というフレーズがあるので、料理とサービスを提供している場所で話をしているものと判断できる。よって正解は (C)。

75 What does the speaker mean when she says, "there's nothing more satisfying"?
(A) She is pleased with some feedback.
(B) She wants to offer more choices.
(C) She prefers one particular dish.
(D) She expected better results.

話し手が「これ以上の喜びはない」と言っているのはどういう意味ですか?
(A) いくつかの意見に喜んでいる。
(B) より多くの選択肢を提供したい。
(C) 特定の食事を気に入っている。
(D) よりよい結果を期待していた。

正解 A
[正答率 52.9%]

there's nothing more satisfying. (これ以上の喜びはありません) というフレーズは、Many customers spoke to me personally to compliment the quality of our food and service. (多くのお客様から料理とサービスの質について直接お褒めの言葉をいただきました) という発言に続いて述べられている。お客様からお褒めの言葉をもらうことほどうれしいことはないと喜んでいるので、正解は (A)。

76 What does the speaker intend to do?
(A) Submit a recommendation
(B) Establish an additional branch
(C) Employ more personnel
(D) Remodel a facility

話し手は何をしようとしていますか?
(A) 推薦状を提出する
(B) 新たな支店を設立する
(C) 従業員をさらに雇う
(D) 施設を改装する

正解 C
[正答率 70.6%]

話し手が意志を述べているのは I'll be hiring more staff right away (すぐに追加のスタッフを採用したいと思います) という部分である。ここが聞き取れれば、話し手がすぐにもレストランの従業員を追加採用しようと思っていることがわかる。よって正解は (C)。personnel は「人事部」という組織だけでなく「職員や社員」といった人材を表す場合にも使われる。

これがエッセンス

この説明文の分類は talk ですから、さまざまなことが話される可能性があるのでしっかり内容を捉える必要があります。しかし、設問を先読みできれば、どのような情報を聞き取ればよいかを事前に確認できます。

V3_T1-51 **Questions 77 through 79** refer to the following excerpt from a meeting.

Thank you for attending this month's meeting of the Amberwell Foundation. I'm pleased to announce that the city has decided to help us with our current project, the Rothstein House on Maple Avenue. The addition of public funding to the private donations we've gathered will allow us to begin renovating the property by as early as next month. We want to use this project to attract support for the foundation's mission to restore the city's historic neighborhoods. That's why we're planning to generate publicity by producing an Internet video that will show the different steps of the process from start to finish.

77-79 番は次の会議の一部に関するものです。
アンバーウェル財団の今月の会議にご出席いただきありがとうございます。メープル通りにあるロススタイン・ハウスに関する現行のプロジェクトに、市が支援を決めたことをよろこんでお知らせします。私たちが集めた個人の寄付金に公的資金が加わるため、早ければ来月にも建物の修復を始めることができます。このプロジェクトで市の歴史的地区を復旧させるという財団の目標への支持を集めたいと思っています。そのために、私たちは修復プロセス全体のさまざまな過程を記録したオンラインビデオを制作し、広報活動を行う予定です。

Vocab. 本文 □ **announce**「~を発表する」 □ **public funding**「公的資金」 □ **private**「個人の、民間の」 □ **donation**「寄付」 □ **gather**「~を集める」 □ **renovate**「~を改修する」 □ **property**「物件、地所」 □ **attract**「~を集める」 □ **restore**「~を改修する」 □ **historic**「歴史的な」 □ **generate publicity**「注目を高める、宣伝効果を生む」 □ **produce**「~を制作する」 選択肢 □ **renovation**「改修、改装」 □ **create**「~を創る」

77 What is the speaker mainly discussing?
(A) A renovation project
(B) A budget proposal
(C) A new business
(D) A local politician

話し手はおもに何について話していますか？
(A) 改修計画
(B) 予算の提案
(C) 新事業
(D) 地元の政治家

正解 A
[正答率 76.5%]

発言の冒頭で the city has decided to help us with our current project（現行のプロジェクトに市が支援を決めた）と述べている。プロジェクトの内容について、begin renovating the property というフレーズや the foundation's mission to restore the city's historic neighborhoods（町の歴史的地区を復旧させる財団の目標）という文から renovating や restore といったキーワードを聞き取れれば (A) が正解だとわかる。

78 What is the goal of the Amberwell Foundation?
(A) Assisting disadvantaged children
(B) Restoring historic areas
(C) Finding housing for residents
(D) Providing funding for research

アンバーウェル財団の目標は何ですか？
(A) 恵まれない子どもを援助する
(B) 歴史的地区を復旧させる
(C) 住民のために住宅を探す
(D) 研究資金を提供する

正解 B
[正答率 61.8%]

goal（目的・目標）と同義の mission という単語が聞き取れれば、その後に使命や目的を述べることが予測できる。the foundation's mission to restore the city's historic neighborhoods.（町の歴史的地区を復旧させるという財団の目標）の to restore 以下を言い換えている (B) が正解。

79 According to the speaker, what does the Amberwell Foundation intend to do?
(A) Create a video
(B) Hold a fundraiser
(C) Make a proposal
(D) Print a brochure

話し手によると、アンバーウェル財団は何をする予定ですか？
(A) ビデオを制作する
(B) 資金集めのイベントを開催する
(C) 提案書を出す
(D) パンフレットを印刷する

正解 A
[正答率 85.3%]

アンバーウェル財団の今後の予定は、to begin renovating the property by as early as next month と we're planning to generate publicity by producing an Internet video（オンラインビデオを制作し、広報活動を行う予定です）の 2 つが言及されている。後者の producing an internet video の言い換えとして成立する (A) が正解。

これがエッセンス

とくに excerpt from a meeting では、話し手の主張や考えが述べられたり、何らかの報告がなされたりします。Part 4 の説明文は一人の話し手によるものですから、1 つのまとまった話が述べられます。

Questions 80 through 82 refer to the following talk.

V3_T1-52

We'll start by exploring the grounds and viewing the architecture from the outside. This is the only part of the tour in which you can take pictures. Photography isn't permitted once we're inside. Also, we won't be allowed into every room. If a door is closed, it means you can't go in. I'd love to give you a detailed description of everything we'll see today. Unfortunately, there won't be enough time. But if you want to ask a question about anything in particular, please feel free to do so.

80-82 番は次の話に関するものです。
初めに、お庭を探索してこの建築物を外から見ることにしましょう。ツアーの間、写真撮影をしていただけるのは今だけです。中に入った後は写真撮影が禁止されています。また、すべてのお部屋に入れるわけではありません。ドアが閉まっている場合は、入室できないことを意味しています。本日ご覧いただくものについてすべて詳しくご説明したいのですが、あいにく、時間が足りません。でも、何かとくにご質問のある方は、お気軽に聞いてください。

Vocab. 本文 □ **explore**「～を探索する」 □ **grounds**「庭園、敷地」 □ **permit**「～を許可する」 □ **be allowed into**「～に入ることが許される」 □ **detailed**「詳細な」 □ **description**「説明」 □ **unfortunately**「残念ながら」 □ **in particular**「とくに」 □ **feel free to *do***「気軽に～する」 選択肢 □ **prospective**「見込みのある」 □ **imply**「～を暗に示す」 □ **accessible**「入ることができる」 □ **encourage 〈人〉 to *do***「〈人〉に～するよう促す」

80 Who most likely are the listeners?
(A) Landscape architects
(B) Real estate agents
(C) Prospective tenants
(D) Tour participants

聞き手はどういう人物だと思われますか？
(A) 造園家
(B) 不動産会社の社員
(C) 賃借人になる可能性のある人
(D) ツアーの参加者

正解 D
[正答率 50.0%]

話の冒頭で We'll start by exploring the grounds（初めに、お庭を探索しましょう）と言っていることから、話し手は聞き手を案内していることがわかる。また、This is the only part of the tour in which you can take pictures.（ツアーの間、写真撮影をしていただけるのは今だけです）からはツアーの最中であるとわかり、話し手はガイド、聞き手はツアー客と判断できる。よって正解は (D)。

81 What does the speaker imply when she says, "Unfortunately, there won't be enough time"?
(A) A planned activity must be canceled.
(B) There is more information than she can provide.
(C) A site is too far away to be accessible.
(D) She has many clients to see today.

話し手が「あいにく、時間が足りません」という発言にはどういう意味の含みがありますか？
(A) 計画していた活動は中止しなくてはならない
(B) 彼女が提供できる以上の情報がある
(C) 現場は遠すぎるので到達することができない
(D) 彼女は今日たくさんの顧客と会う

正解 B
[正答率 61.8%]

Unfortunately, there won't be enough time. というフレーズは、その直前の I'd love to give you a detailed description of everything we'll see today.（本日ご覧いただくものについてすべて詳しくご説明したい）という発言に続いて述べられている。また、直後に But if you want to ask a question と続けていることからも、「すべてを説明するには時間が足りない」という真意がわかる。よって正解は (B)。

82 What does the speaker encourage listeners to do?
(A) Check every room
(B) Ask questions
(C) Look at photographs
(D) Take a free item

話し手は聞き手に何を促していますか？
(A) すべての部屋を確認する
(B) 質問をする
(C) 写真を見る
(D) 無料の品物を取る

正解 B
[正答率 76.5%]

話し手が聞き手に促していることは This is the only part of the tour in which you can take pictures.（写真撮影をしていただけるのは今だけです）から「写真を撮ること」、if you want to ask a question about anything in particular, please feel free to do so（何か具体的なご質問のある方は、お気軽に聞いてください）から「質問をすること」の 2 点。よって、後者に一致する (B) が正解。

これがエッセンス

Part 4 の説明文では、基本的には 1 つのパラグラフを聞いて理解することが求められています。パラグラフ全体として何を言おうとしているのかを把握しつつ、詳細情報を聞き取る必要があります。

V3_T1-53 **Questions 83 through 85** refer to the following telephone message.

Hello, Ms. Patel? This is Walter Boyd with Superior Flooring. I got your e-mail saying that our price quote for replacing the carpeting at your offices is a little beyond your budget, so I'd like to point out a couple of ways we might lower your overall cost. One would be to schedule the installation for a weekday rather than on a Saturday. I understand this could pose an inconvenience for your staff, but we charge less for labor on weekdays. Also, we've just received some samples of a new, less expensive line of carpeting from one of our suppliers. If you can call me back to set up a time, I'd like to stop by your offices sometime this week and show them to you.

83-85 番は次の電話メッセージに関するものです。
もしもし、パテルさんですか。スペリア・フローリング社のウォルター・ボイドです。御社のオフィスのカーペットの張替えに対する当社の見積金額がご予算をややオーバーするというメールをいただきましたので、全体の費用を下げる方法をいくつかご案内したいと思います。1つは、施工の日程を土曜日でなく、平日にしていただくことです。御社のスタッフの方々にはご不便をおかけすることになるかと思いますが、平日ですと作業代が安くなります。また、新製品で安価なカーペットのサンプルがある業者からちょうど届いたところです。折り返しお電話いただければ、お時間を設定し、今週中に御社のオフィスにお伺いしてサンプルをお見せしたいと思います。

Vocab. 本文 □ **quote**「見積もり」 □ **budget**「予算」 □ **point out**「～を指摘する」 □ **lower**「～を下げる」 □ **overall**「全体の」 □ **rather than**「～よりも」 □ **inconvenience**「不便」 □ **labor**「労働、作業」 □ **expensive**「値段が高い」 □ **set up a time**「時間を設定する」 □ **stop by**「～に立ち寄る」 選択肢 □ **put in**「～を設置する」

83 What is Ms. Patel probably planning to do?
(A) Relocate her offices
(B) Install new software
(C) Replace some machinery
(D) Put in new carpeting

パテルさんはおそらく何をする予定ですか？
(A) 自分の事務所を移転する
(B) 新しいソフトウェアをインストールする
(C) 機械を交換する
(D) 新しいカーペットを敷く

正解 D [正答率 64.7%]

冒頭の Hello, Ms. Patel? から、パテルさんはメッセージの聞き手であることを押さえる。replacing the carpeting at your offices というフレーズから、オフィスのカーペットを交換する予定であるとわかる。ここを聞き逃しても less expensive line of carpeting からカーペットに関係することが判断できる。よって正解は (D)。

84 According to the speaker, what would reduce the cost?
(A) Negotiating with the supplier
(B) Doing the work on a weekday
(C) Training the office staff
(D) Improving energy efficiency

話し手によると、どうすれば費用が下がりますか？
(A) 供給業者と交渉する
(B) 平日に作業をする
(C) オフィスのスタッフに研修を行う
(D) エネルギー効率を改善する

正解 B [正答率 79.4%]

費用に関して I'd like to point out a couple of ways we might lower your overall cost.（全体の費用を下げる方法をいくつかご案内したいと思います）が聞こえたらその後に具体的な値下げ方法が説明されるものと予測したい。One would be to schedule the installation for a weekday rather than on a Saturday. が聞き取れれば平日に作業をすると費用が抑えられるのがわかる。この内容と一致する (B) が正解。

85 Why does the speaker want to meet with Ms. Patel?
(A) To demonstrate some procedures
(B) To schedule a training session
(C) To present a progress report
(D) To show her some samples

話し手はなぜパテルさんに会いたいと思っているのですか？
(A) 手順を実演するため
(B) 講習会の予定を組むため
(C) 経過報告書を提出するため
(D) 彼女にサンプルを見せるため

正解 D [正答率 79.4%]

話し手がパテルさんに会いたいことをうかがわせるフレーズは I'd like to stop by your offices（御社のオフィスにお伺いしたい）である。メッセージの最後で show them to you と言っていることから何かを見せるための訪問だと判断できる。この them は、直前の発言にある some samples of a new, less expensive line of carpeting（新製品で安価なカーペットのサンプル）を指しているので、正解は (D)。

これがエッセンス

telephone message は留守番電話のメッセージのことですから、話し手から聞き手に対しての伝達事項が話されます。問い合わせに対する返事だったり、伝言だったり、内容は多岐にわたります。説明や指示が含まれることも多いので、注意深く聞きましょう。

V3_T1-54 **Questions 86 through 88** refer to the following news report.

Motorists are experiencing delays, as the Mason Expressway will remain closed throughout the day. Work crews are repairing flood damage that occurred during last month's heavy rainfall. The work should be completed sometime later tonight. Transportation officials expect the expressway to be fully open for traffic by 6:00 A.M. tomorrow. Listeners are invited to access our Web site for regularly updated information on this and other news affecting road conditions and traffic in our area.

86-88 番は次のニュース報道に関するものです。
メーソン高速道路は本日終日通行止めとなっており、交通に遅れが出ています。作業員が先月の豪雨による浸水被害を修復しています。作業は今夜遅く完了する予定で、運輸局の職員によると、高速道路は明日午前6時までに完全に再開される見通しです。工事の定期的な最新情報と、地域の道路の状態や交通に関するニュースは、当放送局のウェブサイトをご覧ください。

Vocab. 本文 □ **motorist**「車に乗っている人、運転者」 □ **delay**「遅れ」 □ **remain**「～のままになっている」 □ **work crew**「作業員」 □ **repair**「～を修復する」 □ **flood**「洪水」 □ **occur**「発生する」 □ **complete**「～を完了させる」 □ **transportation**「交通、運輸」 □ **official**「職員」 □ **update**「～を更新する」 □ **affect**「～に影響する」 選択肢 □ **cause**「～を引き起こす」 □ **resume**「～を再開する」 □ **alternate**「代わりの」

86 What is causing a delay?
(A) Electrical problems
(B) An auto accident
(C) Current weather conditions
(D) A road closure

遅れの原因は何ですか？
(A) 電気の問題
(B) 自動車事故
(C) 現在の天候
(D) 道路の閉鎖

正解 D
[正答率 41.2%]

遅れについては冒頭で Motorists are experiencing delays（交通に遅れが出ています）と述べている。直後に〈理由〉や〈原因〉を導く as が続くので、ここが解答のポイント。the Mason Expressway will remain closed throughout the day（メーソン高速道路は本日終日通行止めとなっている）とあることから、道路の閉鎖が遅れの原因となっていることがわかる。よって正解は (D)。

87 What will happen tomorrow morning?
(A) A roadway will become accessible again.
(B) A crew will resume repair work.
(C) A storm will hit the area.
(D) Water damage will be assessed.

明日の朝何が起こりますか？
(A) 道路が再び通行可能になる。
(B) 作業員が修復工事を再開する。
(C) 嵐が地域を直撃する。
(D) 浸水による損害の査定が行われる。

正解 A
[正答率 52.9%]

明日の朝のことに触れているのは by 6:00 A.M. tomorrow というフレーズを含む一文。Transportation officials expect the expressway to be fully open for traffic（運輸局の職員によると、高速道路は完全に再開される見通しです）から、expressway を roadway で、open を accessible で言い換えた (A) が正解。

88 According to the speaker, why should listeners visit the Web site?
(A) To report traffic problems
(B) To arrange for transportation
(C) To view alternate routes
(D) To check for updates

話し手によると、聞き手はなぜウェブサイトにアクセスするべきですか？
(A) 交通問題を報告するため
(B) 交通手段を手配するため
(C) 代わりの経路を見るため
(D) 最新情報を確認するため

正解 D
[正答率 70.6%]

Listeners are invited to access our Web site から、聞き手をウェブサイトに誘導していることがわかり、直後の for 以降にその目的を続いているものと判断できる。regularly updated information というフレーズから、最新情報が定期的にウェブサイトで発表されることがわかる。したがって聞き手がウェブサイトにアクセスすべき理由は、最新情報を得るためである。よって正解は (D)。

これがエッセンス

news report では客観的な事実や出来事が話されます。話し手の主観や意見が述べられることは基本的にはないと考えてください。

V3_T1-55 **Questions 89 through 91** refer to the following excerpt from a meeting.

Let me begin today's meeting by mentioning that Kelley Johnson will resign from our salon in two weeks. She's decided to move back to Hawaii to be closer to her family. Kelley maintained a large and loyal clientele, and we don't want to lose their business. So please do your best to fit them into your schedules and provide them with exceptional service after Kelley leaves. As for our financial situation, we're doing quite well with styling and coloring treatments. Merchandise sales, however, still aren't meeting our expectations. Please remember to stress the superior quality of our hair-care products to your clients during appointments.

89-91番は次の会議の一部に関するものです。
今日のミーティングでは、初めに、ケリー・ジョンソンが2週間後にで当サロンを退職することをお伝えします。彼女はハワイに戻って家族のそばで暮らすことを決めました。ケリーは多くの忠実な顧客を維持してきたので、彼らとのビジネスを失いたくありません。そのため、彼らを各自のスケジュールに組み込むことに最善を尽くし、ケリーが去った後は特別なサービスを提供してください。財政的な状況について話すと、当サロンはスタイリングとカラーリングがかなり好調です。しかし、商品販売はいまだに目標に達していません。接客の際は顧客に当社のヘアケア製品の優れた品質を忘れずに強調してください。

Vocab. 本文 □**mention**「～について話す」 □**resign from**「～を辞める」 □**maintain**「～を維持する」 □**clientele**「顧客」 □**fit ... into**「…を～に入れる」 □**exceptional**「特別な、並外れた」 □**as for**「～に関して」 □**financial**「財務の」 □**meet**「～に応える、見合う」 □**expectation**「期待」 □**superior**「優れた」 選択肢 □**apology**「謝罪」 □**impact**「影響」 □**nominate**「～を候補に挙げる」

89 What does the speaker imply when he says, "and we don't want to lose their business"?
(A) He thinks customers should receive an apology.
(B) He wishes to open a new location.
(C) He is worried about a new competitor.
(D) He wants to limit the impact of a change.

話し手の「彼らとのビジネスを失いたくありません」という発言にはどういう意味の含みがありますか？
(A) 顧客は謝罪を受けるべきと考えている。
(B) 新しい店をオープンすることを望んでいる。
(C) 新しい競合相手のことを心配している。
(D) 変化の影響を抑えたいと思う。

正解 D
[正答率 82.4%]

この発言の前でKelley maintained a large and loyal clientele（ケリーは多くの忠実な顧客を維持してきた）と述べ、please do your best to fit them into your schedules（彼らを各自のスケジュールに組み込むことに最善を尽くしてください）と続けている。ケリーの退職によって顧客を減らしたくないことがわかるので、正解は(D)。

90 What is not meeting financial expectations at the salon?
(A) Hair cutting
(B) Product sales
(C) Coloring treatments
(D) Manicures

サロンで売上目標を達成していないのは何ですか？
(A) ヘアカット
(B) 商品の販売
(C) カラーリング
(D) ネイル

正解 B
[正答率 14.7%]

スタイリングとカラーリングは好調であることを述べた後で、Merchandise sales, however, still aren't meeting our expectations.（しかし、商品販売はいまだに目標に達していません）と言っている。売上目標を達成していないのは商品の販売なので、正解は(B)。merchandiseをproductで言い換えている点を確認しておこう。

91 What does the speaker ask listeners to do?
(A) Emphasize high quality
(B) Participate in a workshop
(C) Conduct a survey
(D) Nominate their colleagues

話し手は聞き手に何をするよう頼んでいますか？
(A) 品質の高さを強調する
(B) ワークショップに参加する
(C) アンケートを行う
(D) 同僚を推薦する

正解 A
[正答率 67.6%]

Please remember to *do*（忘れずに～してください）は、聞き手に何かを頼む表現。toの後にstress the superior quality of our hair-care products to your clients during appointments（接客の際は顧客に当社のヘアケア製品の優れた品質を強調すること）と続くので、正解は(A)。stressがemphasizeに、superiorがhighに言い換えられている。

これがエッセンス
Part 4も、設問の先読みによって説明文の内容を大まかに捉えられる場合があります。この問題では設問89からビジネスの取引に関する話題であること、設問90からサロンで何かの売上がよくないこと、設問91から話し手は聞き手に何かを頼むことがわかります。

V3_T1-56 **Questions 92 through 94** refer to the following announcement.

May I have everyone's attention, please? Tomorrow we'll have an important visitor here at the plant, an efficiency expert named Masaya Takahashi. Mr. Takahashi is coming at our invitation to analyze work procedures along the assembly line. He'll be examining all aspects of our production and packaging processes, and may ask you some direct questions. Please don't hesitate to provide truthful answers about your particular jobs and tasks, or to give honest opinions about our system in general. Mr. Takahashi's consulting firm, OMC Solutions, has an impressive track record of helping facilities such as ours to improve their output and reduce waste. We want to give him all the information he needs to achieve the same results for us here.

92-94 番は次のアナウンスに関するものです。
皆さん、お聞きください。明日、この工場に大切なお客様をお迎えします。マサヤ・タカハシさんという効率改善の専門家です。タカハシさんは当社の依頼で、組み立てラインの作業手順の分析のためにいらっしゃいます。彼は、製造と梱包工程のあらゆる面を検証し、また皆さんに直接何か質問をされるかもしれません。皆さんはどうか遠慮なく、個々の業務や役割について正直に答え、また我々のシステム全般について率直な意見を述べてください。タカハシさんのコンサルティング会社であるOMCソリューションズには、我々の工場のような施設の生産性を向上させ、無駄を削減することを手助けしてきた素晴らしい実績があります。我々も同様の成果が出せるよう、彼に必要な情報はすべて提供したいと思います。

Vocab. 本文 □ **efficiency**「効率」 □ **invitation**「招き」 □ **procedure**「手順」 □ **assembly**「組み立て」 □ **production**「生産」 □ **hesitate to *do***「～をためらう」 □ **truthful**「真実の」 □ **in general**「全般的に」 □ **impressive**「印象的な」 □ **improve**「～を改善する」 選択肢 □ **outlet**「店舗」 □ **respond to**「～に答える」 □ **productivity**「生産性」

92 What type of organization does the speaker most likely work for?
(A) A shipping company
(B) A retail outlet
(C) A manufacturing firm
(D) A research laboratory

話し手はおそらくどのような会社で働いていますか?
(A) 運送会社
(B) 小売店
(C) 製造会社
(D) 研究所

正解 C
[正答率 79.4%]

勤務先に関する最初の発言は、here at the plant。これを聞き逃しても the assembly line や our production and packaging processes が聞き取れれば、製造と梱包を行っている会社だとわかるので正解は (C)。

93 What are the listeners asked to do?
(A) Follow safety procedures
(B) Reply to an invitation soon
(C) Load packages into a vehicle
(D) Respond to questions honestly

聞き手は何をするよう頼まれていますか?
(A) 安全手順に従う
(B) すぐに招待の返事をする
(C) 車に荷物を積む
(D) 質問に正直に答える

正解 D
[正答率 70.6%]

Please が聞こえたら、聞き手への依頼と判断する。don't hesitate to provide truthful answers about your particular jobs and tasks, or to give honest opinions about our system in general.(個々の業務や役割について正直に答え、また我々のシステム全般について率直な意見を述べて)と続いているので正解は (D)。

94 What does the speaker want OMC solutions to help do?
(A) Increase the productivity of a facility
(B) Design a new set of packages
(C) Keep records better organized
(D) Conduct repairs on some equipment

話し手は OMC ソリューションズに何を手伝ってもらいたいのですか?
(A) 工場の生産性を向上させる
(B) 新しいパッケージ一式をデザインする
(C) 記録をよりよく整理する
(D) 機器の修理を行う

正解 A
[正答率 67.6%]

OMC ソリューションズは Mr. Takahashi's consulting firm, OMC Solutions とあり、タカハシさんの会社とわかる。話し手はこの会社の実績として improve their output and reduce waste(生産性を向上させ、無駄を削減する)と述べたうえで achieve the same results for us here(我々にも同様の成果を出す)ことを期待しているとあるので正解は (A)。

これがエッセンス

announcement は不特定多数の聞き手に対して、何らかの情報を伝えようとするものです。注意事項の伝達や有益な情報の共有など、さまざまな内容が想定されます。

V3_T1-57 **Questions 95 through 97** refer to the following radio broadcast and list.

We hope you enjoyed the last thirty minutes of commercial-free music. It's now time for *Talk of the Town*, and I'm your host, Marsha McCloud. Today's guest is Maki Okada. A recent graduate of the Pendleton College of the Arts, Ms. Okada is an aspiring young film director who's already making her mark in the industry. Her directorial debut is currently the most highly rated film in the category of drama on the *Montfort Herald*'s list of recent movie releases. Stay tuned for this interesting discussion, right after a few brief messages from our sponsors.

Montfort Herald Movie Reviews - Recent Releases		
Title	Genre	Rating
Dear You	Drama	★★
No Time	Comedy	★★★
True Life	Drama	★★★
One Day	Musical	★★★★

95-97番は次のラジオ放送とリストに関するものです。

30分間お届けしたコマーシャルなしの音楽はお楽しみいただけましたか。それでは、ここからは『トーク・オブ・ザ・タウン』の時間です。私は進行役のマーシャ・マクラウドです。本日のゲストはマキ・オカダさんです。最近ペンドルトン芸術大学を卒業したオカダさんは意欲的な若い映画監督で、すでに映画業界に功績を残しています。彼女の監督デビュー作品は、モントフォート・ヘラルド紙の最近公開された映画のドラマ部門において現在最も高く評価されています。スポンサーからの短いお知らせの後すぐにお届けする、この興味深いお話を引き続きお聞きください。

モントフォート・ヘラルド 映画評・最新の公開作品		
タイトル	ジャンル	評価
ディア・ユー	ドラマ	★★
ノー・タイム	コメディ	★★★
トゥルー・ライフ	ドラマ	★★★
ワン・デイ	ミュージカル	★★★★

Vocab. 本文 □ **commercial-free**「コマーシャルのない」 □ **recent**「最近の」 □ **graduate**「卒業生」 □ **aspiring**「意欲的な」 □ **film director**「映画監督」 □ **make *one*'s mark**「名を上げる、成功する」 □ **directorial**「監督としての」 □ **rated**「評価された」 □ **release**「公開、発表」 □ **stay tuned for**「～に周波数を合わせたままにしておく」 □ **right after**「～のすぐ後に」 □ **brief**「短い」 □ **sponsor**「スポンサー、広告主」 選択肢 □ **complete**「～を修了する」 □ **premiere**「初日、初演」

95 According to the speaker, what has Maki Okada recently done?

(A) She received an industry award.
(B) She completed an educational program.
(C) She gave a speech at a media event.
(D) She attended a movie premiere.

話し手によると、マキ・オカダは最近何をしましたか？

(A) 業界の賞をとった。
(B) 教育課程を終えた。
(C) メディアのイベントでスピーチをした。
(D) 映画の封切りに出席した。

正解 B ［正答率 20.6%］

話し手はToday's guest is Maki Okada.とマキ・オカダを紹介した後でA recent graduate of the Pendleton College of the Arts（ペンドルトン芸術大学の最近の卒業生）と述べている。よってgraduate（卒業生）をcomplete an educational program（教育課程を終える）と表現している(B)が正解。

96 Look at the graphic. Which film was most likely directed by Maki Okada?

(A) *Dear You*
(B) *No Time*
(C) *True Life*
(D) *One Day*

図表を見てください。マキ・オカダが監督した作品はおそらくどれですか？

(A)『ディア・ユー』
(B)『ノー・タイム』
(C)『トゥルー・ライフ』
(D)『ワン・デー』

正解 C ［正答率 58.8%］

マキ・オカダの作品について、話し手はHer directorial debut is currently the most highly rated film in the category of drama（彼女の監督デビュー作品は、映画のドラマ部門において現在最も高く評価されています）と紹介している。図表で、ドラマ部門でいちばん評価の高い作品は*True Life*なので、(C)が正解。「ドラマ部門で」という条件を聞き落とすと、星のいちばん多い(D)を選んでしまう。

97 What will listeners probably hear next?

(A) A series of advertisements
(B) A message from the station owner
(C) A song from a movie soundtrack
(D) A number of news briefs

聞き手は次におそらく何を聞きますか?
(A) 一連の宣伝
(B) ラジオ局オーナーからのメッセージ
(C) 映画のサウンドトラックに収録されている曲
(D) いくつかのニュースの短信

正解 A
[正答率 32.4%]

話し手は最後にStay tuned for this interesting discussion, right after a few brief messages from our sponsors.(スポンサーからの短いお知らせの後すぐにお届けする、この興味深いお話を引き続きお聞きください)と述べており、コマーシャルの後で話の続きがあることがわかる。よって正解は(A)。CMをmessages from our sponsorsと遠回しに表現していることを確認しておこう。なお、(B)のstation ownerはsponsorではなくemployer。

これがエッセンス
radio broadcastは一人のラジオパーソナリティがさまざまな話題を提供するものです。音楽、スポーツといったトピックについて話したり、商品やサービスの評価をしたり、ゲストの紹介をしたりします。

V3_T1-58 **Questions 98 through 100** refer to the following recorded message and schedule.

Hello, and thank you for calling Loki Computers' customer support line. The support center is temporarily closed today from 1:00 P.M. to 3:00 P.M. for the department's monthly training workshop. If you have an urgent problem with your computer that requires immediate attention, please dial 555-0148, wait for the automated menu options, and then press 9. For all other types of assistance, please contact us by e-mail or stay on the line to leave a voice message after the tone. Should you wish to speak directly to a support center representative, please call again after 3:00 P.M. today. To replay this message, press 2 now. Otherwise, wait for the tone and record your message.

Training Workshop Schedule		
Date	Department	Time
May 23	Customer Support	2-4 P.M.
May 30	Sales	2-4 P.M.
June 6	Customer Support	1-3 P.M.
June 13	Sales	1-3 P.M.

98-100番は次の録音メッセージとスケジュールに関するものです。

ロキ・コンピューターズのお客様サポート窓口へお電話いただきありがとうございます。当サポートセンターは本日の午後1時から3時まで、毎月行われる部署内の研修のため、一時的に閉鎖しております。緊急の問題でお客様のコンピュータに速やかな対応が必要な場合は、555-0148までお電話ください。自動音声メニューをお聞きになってから、9番を押してください。そのほかのサポートに関しては、メールでご連絡いただくか、このままお電話を切らずに発信音の後にメッセージを残してください。サポートセンターの担当者と直接お話しになりたい方は、本日午後3時以降に再度おかけ直しください。このメッセージをもう一度お聞きになる場合は2番を押してください。そうでない場合は発信音をお待ちいただき、メッセージを録音してください。

研修ワークショップの日程		
日付	部署	時間
5月23日	カスタマー・サポート	午後2～4時
5月30日	営業	午後2～4時
6月6日	カスタマー・サポート	午後1～3時
6月13日	営業	午後1～3時

Vocab. 本文 □ **temporarily**「一時的に」 □ **department**「部署」 □ **monthly**「毎月の」 □ **urgent**「緊急の」 □ **require**「～を必要とする」 □ **immediate**「今すぐの」 □ **attention**「対応」 □ **automated**「自動化された」 □ **assistance**「支援、サポート」 □ **contact**「～に連絡する」 □ **stay on the line**「電話を切らないでおく」 □ **directly**「直接」 □ **representative**「担当者」 □ **replay**「～をもう一度再生する」 選択肢 □ **report**「～を報告する」 □ **leave**「～を残す」

98 Look at the graphic. When would a caller most likely hear this message?

(A) May 23
(B) May 30
(C) June 6
(D) June 13

図表を見てください。電話をした人はこのメッセージをおそらくいつ聞きますか？

(A) 5月23日
(B) 5月30日
(C) 6月6日
(D) 6月13日

正解 C
[正答率 70.6%]

冒頭の Loki Computers' customer support line からお客様サポート窓口のメッセージであること、The support center is temporarily closed today from 1:00 P.M. to 3:00 P.M. for the department's monthly training workshop と続くことから午後1時から3時まで研修のため閉鎖されている日であることを把握する。図表を見ると、お客様サポート窓口が午後1時から3時まで研修があるのは6月6日とわかる。よって正解は (C)。

99 According to the speaker, what should callers do to report an urgent problem?

(A) Dial a different number
(B) Wait on the line
(C) Visit a Web site
(D) Send an e-mail

話し手によると、電話をした人は緊急の問題を報告するためには何をするべきですか？

(A) 別の番号にかける
(B) 電話を切らずに待つ
(C) ウェブサイトにアクセスする
(D) メールを送る

正解 A
[正答率 58.8%]

If you have an urgent problem というフレーズが聞こえたら、この設問への手がかりがあると予測したい。please dial 555-0148, wait for the automated menu options, and then press 9 という指示があるので、お客様サポート窓口以外の電話番号が用意されていることがわかる。よって正解は (A)。

100 Why should a caller press 2?
(A) To access a language menu
(B) To listen to the message again
(C) To speak with a sales representative
(D) To leave a voicemail

電話をした人は何のために２番を押すべきですか？
(A) 言語選択のメニューにアクセスするため
(B) メッセージを再び聞くため
(C) 営業担当者と話すため
(D) 音声メッセージを残すため

正解 B
[正答率 64.7%]

2番については To replay this message, press 2 now.（このメッセージをもう一度お聞きになる場合は2番を押してください）とあることから、メッセージを再び聞くために押すとわかる。よって、replay（～をもう一度再生する）を listen to ... again（…を再度聞く）と言い換えている (B) が正解。

これがエッセンス

recorded message はさまざまな電話窓口にかけたときに流れる自動音声案内です。音声ガイダンスや業務時間外アナウンスなどのお客様対応が放送され、案内の具体的な内容のほか、入力番号の指示などが含まれます。

TEST 1 正解一覧

チェックボックスは答え合わせや習熟度確認のためにお使いください。

1	C	□□□	35	B	□□□	69	A	□□□
2	A	□□□	36	D	□□□	70	C	□□□
3	D	□□□	37	B	□□□	71	C	□□□
4	B	□□□	38	D	□□□	72	A	□□□
5	C	□□□	39	B	□□□	73	D	□□□
6	D	□□□	40	D	□□□	74	C	□□□
7	B	□□□	41	A	□□□	75	A	□□□
8	A	□□□	42	B	□□□	76	C	□□□
9	B	□□□	43	C	□□□	77	A	□□□
10	B	□□□	44	C	□□□	78	B	□□□
11	C	□□□	45	B	□□□	79	A	□□□
12	A	□□□	46	C	□□□	80	D	□□□
13	A	□□□	47	A	□□□	81	B	□□□
14	B	□□□	48	D	□□□	82	B	□□□
15	C	□□□	49	B	□□□	83	D	□□□
16	C	□□□	50	C	□□□	84	B	□□□
17	B	□□□	51	B	□□□	85	D	□□□
18	A	□□□	52	A	□□□	86	D	□□□
19	C	□□□	53	A	□□□	87	A	□□□
20	B	□□□	54	A	□□□	88	D	□□□
21	A	□□□	55	C	□□□	89	D	□□□
22	C	□□□	56	C	□□□	90	B	□□□
23	A	□□□	57	D	□□□	91	A	□□□
24	A	□□□	58	B	□□□	92	C	□□□
25	B	□□□	59	C	□□□	93	D	□□□
26	A	□□□	60	B	□□□	94	A	□□□
27	B	□□□	61	D	□□□	95	B	□□□
28	A	□□□	62	D	□□□	96	C	□□□
29	C	□□□	63	B	□□□	97	A	□□□
30	C	□□□	64	A	□□□	98	C	□□□
31	B	□□□	65	C	□□□	99	A	□□□
32	B	□□□	66	B	□□□	100	B	□□□
33	A	□□□	67	D	□□□			
34	C	□□□	68	C	□□□			

TEST 2 の解答・解説

V3_T2-02

1

(A) She's standing in a doorway.
(B) She's fixing a machine.
(C) She's pinning a map to the wall.
(D) She's making a photocopy.

(A) 彼女は入り口に立っている。
(B) 彼女は機械を修理している。
(C) 彼女は壁に地図をピンで貼っている。
(D) 彼女はコピーを取っている。

正解 D ［正答率 97.3%］

make a photocopy は「コピーを取る」という意味。写真の女性は立っているが、場所が入り口ではないので、(A) の in a doorway は不適切。また写真に (B) machine (機械)、(C) a map (地図) はあるが、それぞれ fixing (修理をしている)、pinning (ピンで貼っている) が女性の行動と一致しない。

Vocab.
□ doorway「入り口、戸口」
□ pin「～をピンで留める」
□ photocopy「コピー」

V3_T2-03

2

(A) The woman is drinking from a fountain.
(B) The people are preparing bowls of salad.
(C) The woman is opening a can.
(D) The people are facing away from the water.

(A) 女性は噴水から飲んでいる。
(B) 人々はボールに入ったサラダを用意している。
(C) 女性は缶を開けている。
(D) 人々は水に背をむけている

正解 D ［正答率 64.9%］

男性と女性が噴水に背を向けて座っている様子を facing away from the water と表現した (D) が正解。(A) は drinking from a can であれば正解。ちなみに (water) fountain は「噴水」のことだが、drinking fountain は「給水機」、soda fountain は「(ドリンクバーなどで目にする) ドリンクサーバー」を指すので覚えておこう。

Vocab.
□ fountain「噴水」
□ prepare「～を用意する」
□ face away from「～から顔をそらす」

V3_T2-04

3

(A) A customer is paying at the register.
(B) A worker is putting up some signs.
(C) A customer is receiving an order.
(D) A worker is wrapping some food.

(A) お客さんがレジで支払いをしている。
(B) お店の人が掲示を設置している。
(C) お客さんが注文の品を受け取っている。
(D) お店の人が食べ物を包んでいる。

正解 C ［正答率 89.2%］

店の中から男性が手を伸ばしており、外で男性が包みを受け取っているので、「客が注文の品を受け取っている」と描写した (C) が正解。(A) の register (レジ) は写っておらず、客も現金やカードを手にしてはいない。(B) の sign (掲示) はお店に貼ってあるが、お店の人が設置している最中ではないので不適切。

Vocab.
□ put up「～を掲示する、取り付ける」
□ sign「標識、看板」
□ order「注文品」

V3_T2-05

4

(A) A house is under renovation.
(B) Plants are growing in a window box.
(C) Flowers are being placed into a vase.
(D) Vegetables are being harvested in a field.

(A) 家はリノベーション中だ。
(B) 植物が窓の外にある植木箱で育っている。
(C) 花瓶に花が生けられている。
(D) 畑で野菜が収穫されている。

正解 B ［正答率 89.2%］

窓の下の長細い箱に植物があるので、(B) が正解。(C) も (D) も are being +〈過去分詞〉の形をとる現在進行形の受動態なので、いずれも〈動作〉を行う人物が写っていない時点で誤答と判断できる。

Vocab.
□ **plant**「植物」
□ **vase**「花瓶」
□ **harvest**「～を収穫する」

これがエッセンス

placeには名詞で「場所」という意味があることを知っている人は多いと思いますが、「～を置く」という動詞の意味もあります。英語にはこのように名詞と動詞で意味が異なる単語が多くあります。設問2のfaceの「顔」(名詞)、「～に面する」(動詞) や設問5のline「線」(名詞)、「並べる」(動詞) など本書でもいたる所で使われています。単語は、この名詞が動詞になったら、とイメージして覚えていきましょう。

V3_T2-06

5

(A) He's filling a container with snacks.
(B) He's setting some items beside a cart.
(C) He's lining up bottles on a shelf.
(D) He's checking some equipment.

(A) 彼は容器にスナックを詰めている。
(B) 彼はカートの横に商品を陳列している。
(C) 彼は棚に瓶を並べている。
(D) 彼はある機器をチェックしている。

正解 D ［正答率 83.8%］

設備の中をのぞき込んでいる男性の様子を (D) が正しく描写している。(C) の lining up bottles on a shelf は「瓶を棚に並べる」という進行中の〈動作〉を描写しているが、男性が作業をしているのは棚の下。よって (C) は不適切。

Vocab.
□ **fill A with B**「AをBで満たす」
□ **item**「商品、品物」
□ **line up**「～を一列に並べる」

V3_T2-07

6

(A) There's a laptop on one of the tables.
(B) Some women are waiting to cross the street.
(C) There's a bag on each of the chairs.
(D) A man is arranging furniture on the patio.

(A) テーブルの1つにノートパソコンがある。
(B) 数名の女性が道を渡ろうと待っている。
(C) それぞれのいすの上にバッグがある。
(D) 男性が中庭で家具を配置している。

正解 A ［正答率 97.3%］

手前のテーブルの上にノートパソコンが置かれているので、(A) が正解。(B) は女性たちの前に横切るような道はないので、不適切。each は「それぞれ (すべて)」を意味し、(C) の on each of the chairs は「複数あるいすのそれぞれすべての上に」となるが、バッグは一脚のいすの上にしか置かれていない。

Vocab.
□ **laptop**「ノートパソコン」
□ **arrange**「～を配置する」
□ **furniture**「家具」
□ **patio**「中庭、テラス」

V3_T2-09

7

Who heads the Manchester branch?
(A) Yes, he does.
(B) It's at the head office.
(C) A man named Alan Green.

マンチェスター支社を率いているのはだれですか?
(A) はい、彼がします。
(B) 本社でです。
(C) アラン・グリーンという名前の男性です。

正解 C ［正答率 94.6%］

Whoで〈人〉を尋ねる問いかけに対し、(C) がAlan Greenと人物名を挙げて適切に答えている。(A) はYes/No疑問文に対する応答、(B) はWhereで〈場所〉を問われた場合の応答。問いかけ文の動詞head (～を率いる) を名詞として用いた複合語head office (本社) に惑わされないように注意。

Vocab.
□ **head**「～を率いる」
□ **head office**「本社」

V3_T2-10

8

Will the supplier be able to fill our order?
(A) They'll let us know later today.
(B) No, in numerical order.
(C) Put it here on the table.

納入業者は私たちの注文に応えることができますか?
(A) 今日のちほど知らせてくれます。
(B) いいえ、番号順です。
(C) テーブルの上のここに置いてください。

正解 A ［正答率 67.6%］

問いかけはWillで始まるYes/No疑問文。これに対し、「今日のちほど知らされる」と答えている (A) が正解。(B) は、問いかけのorder (注文) を「順番」という意味で用いて誤答を誘っている。(C) のtableは、orderからレストランのシーンを連想させて誤答を狙った引っかけ。

Vocab.
□ **supplier**「納入業者」
□ **numerical**「数の」
□ **order**「順番」

V3_T2-11

9

Where is the exposition being held?
(A) In the middle of next month.
(B) At the city events center.
(C) It's a managerial position.

展示会はどこで開催されているのですか?
(A) 来月半ばに。
(B) 市のイベントセンターで。
(C) 管理職です。

正解 B ［正答率 83.8%］

問いかけはWhereで展示会の〈場所〉を尋ねるWh疑問文。city events center (市のイベントセンター) と、場所を適切に答えている (B) が正解。(A) はWhenで〈時〉を尋ねられた場合の答え。(C) は問いかけのexposition (展示会) の語根 (posit ＝置く) と接尾辞 (-ion ＝ もの) が同じ名詞positionを用いた引っかけ。

Vocab.
□ **exposition**「展示会」
□ **hold**「～を開催する」
□ **managerial**「管理 (者) の」

V3_T2-12

10

Do you want to take a taxi, or walk to the café?
(A) Maybe over lunch.
(B) None, so far.
(C) It looks like it might rain.

カフェまでタクシーで行きたいですか、それとも歩きたいですか?
(A) 多分昼食を食べながらですね。
(B) 今のところまったくないです。
(C) 雨が降りそうです。

正解 C ［正答率 54.1%］

問いかけはA or Bの形で、カフェまでの移動手段を尋ねる選択疑問文。これに対し、「雨が降りそうだ」と答え、タクシーで行きたい、と暗に伝える (C) が自然な応答。

Vocab.
□ **over**「～ (飲み、食べ) ながら」
□ **so far**「今のところ」

V3_T2-13

11 There's a binder full of documents on my desk.
(A) That must be the new accountant's.
(B) No, but I could help you find her.
(C) It probably won't be happening here.

私の机の上に書類がいっぱい入ったバインダーがあります。
(A) おそらく新しい経理担当者の物でしょう。
(B) いいえ、でも彼女を探すお手伝いはできますよ。
(C) おそらくここでは行われません。

正解 A ［正答率 43.2%］

「自分の机の上にバインダーがある」という発言は、Whose binder is it that is placed on my desk?（私の机上に置かれているのはだれのバインダーですか）といった直接的な質問と同様に所有者を聞いている。「新しい経理担当者の物」と答えている(A)が自然な応答。

Vocab.
□ **accountant**「経理担当者」

これがエッセンス
Part 2 では、最初の発言が疑問文ではないパターンも出題されます。このタイプの問題では、発言が含む意図や疑問点、要望などを判断しながら的確な応答を選びましょう。

V3_T2-14

12 What are you doing this weekend?
(A) Only on Saturday.
(B) I haven't made plans.
(C) Let's hope so.

今週末は何をしていますか？
(A) 土曜日だけです。
(B) まだ予定を立てていません。
(C) そう願いましょう。

正解 B ［正答率 89.1%］

問いかけは What で始まる Wh 疑問文。(B) は具体的な予定を答えていないが、「未定だ」と返すことで、会話が成立している。問いかけの weekend に引きずられて、Saturday を用いた (A) を選ばないように注意したい。(C) は、Is it going to be sunny this weekend?（今週末は晴れるでしょうか）など、ポジティブな予測に関する発言への応答。

Vocab.
□ **make a plan**「計画を立てる」

V3_T2-15

13 When is the latest I could reserve a booth at the upcoming job fair?
(A) You have until the first of May.
(B) Is that the only job available?
(C) I think the guidelines are fair.

今度の就職フェアのブースは、いちばんぎりぎりで、いつまで予約できますか？
(A) 5月1日まで大丈夫です。
(B) 求人はそれだけですか？
(C) 指針は妥当だと思います。

正解 A ［正答率 67.6%］

When で始まり、the latest を使って、いつまで予約が可能なのかを尋ねている Wh 疑問文。the first of May（5月1日）と〈時〉を答えている(A)が正解。(B)は、設問の job fair（就職フェア）と関係のある単語 job を、(C) は同形の形容詞 fair（適正な）を用いた誤答。

Vocab.
□ **latest**「最も遅い、最新の」
□ **upcoming**「今度の」
□ **available**「得られる」

990点 講師の目
Wh 疑問文では疑問詞の聞き取りが大切ですが、とくに音の近い When と Where の聞き分けが苦手な方も多いでしょう。すでに at the upcoming job fair という〈場所〉に関する表現があるので、冒頭の疑問詞が When だと推測することができます。

V3_T2-16

14 Would you like to send the package by overnight delivery?
(A) It finally arrived this morning.
(B) How much more would that be?
(C) I think it's someone from the shipping department.

この荷物は翌日便で送りたいですか？
(A) ついに今朝、届きました。
(B) それだといくら余分にかかりますか？
(C) 配送部の人だと思います。

正解 B ［正答率 56.8%］

Would you like to *do*? は「～したいですか」と〈意向〉を尋ねる表現。翌日便の希望の有無を尋ねる相手に対して、追加料金を聞き返している (B) が自然な応答。(A) は Have you received the package?（荷物は受け取りましたか）などの質問、(C) は Who 疑問文に対する返答。

Vocab.
□ **overnight**「翌日配達の」
□ **delivery**「配達」
□ **shipping**「配送」

V3_T2-17

15 Could you attend tomorrow's budget meeting?
(A) I'll have to check my schedule.
(B) Some visiting clients.
(C) Ten ought to be enough.

明日の予算会議に出席していただけますか。
(A) 予定を確認する必要があります。
(B) 数名の訪問客です。
(C) 10で十分でしょう。

正解 A ［正答率 97.3%］

Could you ...?（～していただけますか）は丁寧な〈依頼〉の表現。会議への出席依頼に対し、「予定を確認しなければいけない」と答え、予定が入っていなければOKと暗に伝えている(A)が自然な応答。(B)はWho、(C)はHow manyに対する答え方。

Vocab.
□ **ought to *do***「～するはずだ」

V3_T2-18

16 The office manager informed the staff of the new policy, didn't she?
(A) No, it's on the first floor.
(B) Yes—they all found out this morning.
(C) Did you manage to reserve one?

オフィス・マネジャーは新たな方針をスタッフに知らせましたよね？
(A) いいえ、それは1階にあります。
(B) はい——彼らは皆、今朝知りました。
(C) なんとか予約することができましたか？

正解 B ［正答率 78.4%］

問いかけは、文末にdidn't she?（～ですよね）をつけ、「オフィス・マネジャーがスタッフに新たな方針を知らせた」という認識が正しいかどうかを確認する付加疑問文。これに対し、皆、今朝知ったことを伝えている(B)が適切な応答。(A)はNoの後ろが問いかけとかみ合わない。(C)のmanage（なんとか～する）は、問いかけのmanagerと音の近い動詞を使った誤答。

Vocab.
□ **inform A of B**「AにBを知らせる」
□ **find out**「（事実など）を知る」
□ **manage to *do***「何とか～する」

V3_T2-19

17 Should I send you a reminder of the appointment date by e-mail?
(A) Please—just to be sure.
(B) They're only available to our members.
(C) Updates to the company Web site.

メールで予約日についてのリマインダーを送ったほうがいいですか？
(A) お願いします——念のために。
(B) 会員だけが利用できます。
(C) 会社のウェブサイトの更新です。

正解 A ［正答率 67.6%］

問いかけは、Should I *do*?（～したほうがよいですか）の形で相手の〈意向〉を尋ねるYes/No疑問文。Would you like me to *do*?（～しましょうか）などと同様に、遠回しに手助けを申し出る表現。これに対し、「お願いします」と返している(A)が正解。

Vocab.
□ reminder「思い出させるもの、念押し」

V3_T2-20

18 Why am I having so much trouble using this new bookkeeping application?
(A) It's listed on my résumé.
(B) To help prepare banking statements.
(C) What seems to be the problem?

どうして私はこの新しい経理ソフトを使うのに手間取るんでしょうか？
(A) 私の履歴書に書いてあります。
(B) 銀行取引の明細を用意するために。
(C) 何が問題だと思いますか？

正解 C ［正答率 75.7%］

問いかけは、手間取っている〈原因〉を問うのではなく、苦境を伝えることで問題解決のための助けを求めているWh疑問文。「何が問題だと思うかと聞き返すことで、一緒に解決を図る姿勢を示している(C)が適切。

Vocab.
□ **bookkeeping**「簿記」
□ **statement**「明細書、報告書」

V3_T2-21

19 We have more of this furniture in stock, don't we?
(A) At the warehouse, maybe.
(B) About forty dollars per person.
(C) No, they're going without us.

この家具はもっと在庫がありますよね？
(A) おそらく、倉庫にあります。
(B) 一人約 40 ドルです。
(C) いいえ、彼らは私たち抜きで行きます。

正解 A ［正答率 70.3%］

問いかけは、文末に don't we?（～ですよね）をつけ、家具の在庫があることを確認する付加疑問文。これに対し、倉庫にあると伝えている (A) が適切。Yes/No 疑問文でもあるが、Yes/No を使わなくとも、具体的な場所を答えることで会話が成立している。

Vocab.
□ **warehouse**「倉庫」

V3_T2-22

20 What do you think about Ms. Stein's proposal?
(A) As early as next month.
(B) The plan sounds very feasible.
(C) Yes, it was a pleasure meeting you.

スタインさんの提案についてどう思いますか？
(A) 早ければ来月です。
(B) うまくいきそうなプランだと思います。
(C) ええ、あなたにお会いできてよかったです。

正解 B ［正答率 97.3%］

What do you think about ...? は、「…についてどう思いますか」と〈意見〉を尋ねる表現。proposal（提案）を plan（計画）と言い換え、very feasible（とてもうまくいきそうな）と返す (B) が適切な応答。(C) は What do you think about our meeting? と面会の感想を聞かれ、Yes, it was ...（ええ、…でした）と返す場合の答え方。

Vocab.
□ **proposal**「提案」
□ **feasible**「実現可能な」
□ **pleasure**「喜び」

V3_T2-23

21 How certain are you that the project will be completed by the deadline?
(A) According to the specifications.
(B) It boosted my confidence.
(C) Nearly one hundred percent.

プロジェクトが期限内に終わるということを、あなたはどの程度確信していますか？
(A) 仕様書によると。
(B) それは私の自信を高めてくれました。
(C) ほぼ 100 パーセント。

正解 C ［正答率 40.5%］

How certain are you that ...? は、「…についてどれぐらい確信していますか」とその〈度合い〉を尋ねる表現。具体的な数字を挙げて答えている (C) が的確な応答。(A) は問いかけの project や deadline と関連のありそうな specifications（仕様書）という語を、(B) は certain（確かな）と関連する confidence（自信）を使って誤答を誘っている。

Vocab.
□ **specification**「仕様（書）」
□ **boost**「～を高める」
□ **confidence**「自信」

V3_T2-24

22 Aren't you supposed to be leaving soon?
(A) We still have a few left.
(B) Since ours is too small.
(C) There's been a change in plans.

早く帰る予定ではなかったのですか？
(A) まだ少し余っています。
(B) 私たちのものが小さすぎるので。
(C) 予定が変更になったんです。

正解 C ［正答率 59.5%］

Aren't you ...? は、「…ではないのか」と〈驚き〉などを表す否定疑問文。「変更があった」と答え、まだ出発していないことを伝えている (C) が正解。否定疑問文も Are you ...? といった普通の疑問文も答え方は同じであることを確認しておこう。

Vocab.
□ **be supposed to *do***「～することになっている」

TEST 1
TEST 2
TEST 3
TEST 4
TEST 5

V3_T2-25

23 Where did Sophia say she was going?
(A) No more than an hour ago.
(B) To view a piece of property.
(C) They went fairly well.

ソフィアはどこへ行ったと言っていましたか?
(A) 1時間以上前ではありません。
(B) 物件を見に。
(C) かなりうまくいきました。

正解 B [正答率 51.4%]

did Sophia sayという挿入句に惑わされず、Where was she going? (彼女はどこへ向かったのか) という疑問の本質を捉えよう。〈場所〉を問う質問に対し、出かけた〈目的〉を答えることで、間接的に行き先を伝えている(B)が正解。

Vocab.
□ **property**「不動産」

これがエッセンス
次の会話のシーンを想像してください。「Sophiaはどこに行ったの」(Where did Sophia go?)「本を買いに」(To buy some books.) 違和感のない会話ですね。英語であっても同じこと。Where疑問文に対し〈目的〉を伝えるto不定詞を使って応答できることを確認しておきましょう。

V3_T2-26

24 Has the survey data already been compiled?
(A) I assume that she does.
(B) Through competitive pricing.
(C) No, but it will be by tomorrow.

調査結果はもう集計されましたか?
(A) 彼女だと思います。
(B) 他社に負けない価格設定によって。
(C) いいえ、でも明日中には行われます。

正解 C [正答率 89.2%]

Has A already been ...?は「Aはもう…されましたか」と完了したかどうかを問うYes/No疑問文。Noと否定し、it will be by tomorrow (明日中には完了する) と補足する(C)が正解。(A)は問いかけに登場しない三人称sheを用いている点や時制の不一致から誤答と判断できる。(B)は問いかけのcompile (～をまとめる) と同じ接頭辞com- (一緒に) を含む形容詞competitive (競争力のある) を使った誤答。

Vocab.
□ **compile**「(情報)を収集する、編集する」
□ **assume**「～だと思う」
□ **competitive**「競争力のある」

V3_T2-27

25 Did Dr. Reed give the keynote speech, or was it Dr. Ali?
(A) They'll stop by the hospital.
(B) Yes, according to the speaker.
(C) Weren't you in attendance?

基調講演をしたのはリード博士でしたか、それともアリー博士ですか?
(A) 彼らは病院に立ち寄ります。
(B) はい、講演者によると。
(C) 出席されていなかったのですか?

正解 C [正答率 54.1%]

問いかけは、A or Bの形でどちらが講演をしたのかを聞く選択疑問文だが、はっきりとした答えが返ってくるとは限らない。「出席しなかったのか」と聞き返す(C)が自然な応答。選択疑問文に普通、(B)のようにYesやNoで答えることはできない。

Vocab.
□ **keynote speech**「基調講演」
□ **in attendance**「出席している」

これがエッセンス
選択疑問文に対してAかBかで答えない応対には、質問で返すほかに、neither (どちらでもない) やboth (両方) という返し方もあります。

V3_T2-28

26 How many people volunteered to help organize the fundraiser?
(A) For my office assistant.
(B) I haven't received the volunteer list yet.
(C) Thanks, I'd appreciate it.

募金活動を計画するためのボランティアは何人集まりましたか?
(A) 事務員のために。
(B) まだボランティアのリストを受け取っていないんです。
(C) ありがとう、感謝します。

正解 B [正答率 86.5%]

How many people ...?は、〈人数〉を尋ねる表現。いずれの応答も、〈人数〉を答えていないが、「リストをもらっていない」と答え、人数が不明であることを示唆している(B)が適切。(C)は、相手からの厚意に対して謝意を述べる場合の表現。

Vocab.
□ **organize**「～を計画する」
□ **fundraiser**「資金集めの活動」

V3_T2-29

27

Who can I ask about expense reimbursements?
(A) Contact accounting.
(B) If it's under a thousand dollars.
(C) Because Ms. Hutton said so.

費用の払い戻しについてはだれに尋ねればいいですか?
(A) 経理に連絡してください。
(B) 1000ドル未満であれば。
(C) ハットンさんがそう言っていましたから。

正解 A [正答率 91.9%]

Who ...? で始まる質問は、応答が常に人名になるとは限らない点に注意。(A) のように、部署名を答えても自然な会話になることを確認しよう。Because で〈理由〉を述べる (C) は、問いかけとはかみ合わない。Ms. Hutton と名前を挙げているからといって(C)を選ばないようにしたい。

Vocab.
□ **expense**「費用」
□ **reimbursement**「払い戻し」
□ **accounting**「会計」

V3_T2-30

28

Have you seen the spare key to the storage room?
(A) I've never watched that show.
(B) Mostly office supplies.
(C) It's not in the cabinet?

倉庫室のスペアキーを見ましたか?
(A) その番組は見たことがありません。
(B) ほとんどオフィス用品です。
(C) 棚の中にありませんか?

正解 C [正答率 09.2%]

問いかけは Have you seen ...? (…を見ましたか) で始まる Yes/No 疑問文。これに対し、「棚の中にありませんか」と具体的な場所を挙げて聞き返す (C) が正解。スペアキーを見たか否かを Yes/No で答えるだけでは意味がなく、質問者が知りたいのは鍵の〈所在〉である点を確認しよう。

Vocab.
□ **storage**「貯蔵」

990点 講師の目

「Why ...?と来たらBecause ...」、「Do you ...?と来たらYesかNo」といったお決まりの応答パターンにとらわれて誤答に誘われないように注意しましょう。「Have you seen ...? で〈経験〉の有無を聞いているから、never (未経験) の (A) が正解」と飛びつくのもいけません。

V3_T2-31

29

Why don't we try an Internet promotion for the sale?
(A) He was promoted to sales manager.
(B) All of the merchandise in the store.
(C) That's certainly worth considering.

特売に向けてネットで広告キャンペーンをやりませんか?
(A) 彼は営業部長に昇進しました。
(B) 店内の全商品です。
(C) たしかにそれは検討する価値がありますね。

正解 C [正答率 89.2%]

Why don't we ...? (…しませんか) は〈提案〉〈誘い〉の表現。これに対し、worth considering (検討する価値がある) と返す (C) が適切な応答。(A) は問いかけの promotion (販売促進) の動詞形 promote (～を昇進させる) を、(B) は sale (特売) と関連する merchandise (商品) や store (店) といった語を使って誤答を誘っている。

Vocab.
□ **promote 〈人〉 to**「〈人〉を～に昇進させる」
□ **consider**「よく考える」

V3_T2-32

30

Were you able to take care of all your errands, or did you run out of time?
(A) As long as we're careful.
(B) I got everything done.
(C) Ms. Walker handles my schedule.

用事すべてを済ませられましたか、それとも時間切れですか?
(A) 私たちが気をつけているかぎり。
(B) 全部終わりました。
(C) ウォーカーさんが私の予定を管理しています。

正解 B [正答率 32.4%]

A or B の形で用事が完了したかどうかを聞いている。これに対し、all your errands (あなたの用事すべて) を everything (全部)、take care of (～を処理する) を do (する) で言い換えた (B) が、適切な応答。

Vocab.
□ **errand**「用事」
□ **run out of**「～を使い果たす」

V3_T2-33

31 The client said he liked your presentation.
(A) Well, good to hear that.
(B) To get a price reduction.
(C) Why do you want to know?

顧客があなたのプレゼンを気に入ったと言っていました。
(A) ああ、それはよかったです。
(B) 値引きしてもらうために。
(C) なぜ知りたいのですか？

正解 A ［正答率 73.0%］

疑問文ではない発言に対する適切な応答を判断する問題。プレゼンが好評だったと伝える相手の発言に対し、good to hear that（それはよかった）と返す (A) が、自然なやり取りを成立させる。(B) と (C) は、〈理由〉や〈目的〉を聞かれたときの応答。

Vocab.
□ reduction「値下げ」

V3_T2-35 **Questions 32 through 34** refer to the following conversation.

W: Excuse me. I was planning to take the six o'clock express train to Mount McIver, but my taxi got held up in traffic and I didn't make it to the station in time. When does the next one leave?

M: The express only runs once every two hours, so the next departure's not until 8:00. You might consider taking the local train instead. The trip lasts about thirty minutes longer, but there's one leaving in about ten minutes.

W: Well, I'd like to get to Mount McIver as early as possible, so I guess I'll do that. Can I buy a ticket here?

M: Yes, of course. The fare is fifteen dollars.

32-34 番は次の会話に関するものです。

女：すみません、6 時のマウント・マクアイヴァー行きの急行に乗る予定だったのですが、タクシーが渋滞にはまってしまい時間どおりに駅に着くことができませんでした。次は何時発ですか？

男：急行は 2 時間に 1 本のみの運行ですので、次は 8 時までございません。代わりに普通列車のご利用をお考えになってはいかがですか。乗車時間は 30 分くらい長いですが、あと 10 分で出発する電車があります。

女：そうですね、できるだけ早くマウント・マクアイヴァーに着きたいので、そうしようと思います。ここで乗車券を買えますか？

男：はい、もちろんです。運賃は 15 ドルです。

Vocab. 本文 □ **express**「急行の」 □ **traffic**「交通」 □ **make it**「間に合う」 □ **departure**「出発」 □ **instead**「代わりに」 □ **last**「続く」 選択肢 □ **severe**「ひどい、激しい」 □ **issue**「～を発行する」 □ **refund**「～を払い戻す」 □ **board**「～に乗り込む」

32 What most likely caused a delay?
(A) Mechanical problems
(B) Heavy traffic
(C) Severe weather
(D) Long lines

遅れの原因はおそらく何ですか？
(A) 機械の故障
(B) 交通渋滞
(C) 悪天候
(D) 長い列

正解 B
[正答率 91.9%]

女性は駅への到着が遅れた原因として、my taxi got held up in traffic and I didn't make it to the station in time.（タクシーが渋滞にはまってしまい時間どおりに駅に着くことができませんでした）と述べている。よって正解は (B)。traffic は「交通量、渋滞」の意味で、とくに交通量が多いことを指すには heavy が使われる。

33 According to the man, how often do express trains depart to Mount McIver?
(A) Every ten minutes
(B) Every thirty minutes
(C) Every hour
(D) Every two hours

男性によると、マウント・マクアイヴァーへの急行はどのくらいの頻度で発車しますか？
(A) 10 分ごと
(B) 30 分ごと
(C) 1 時間ごと
(D) 2 時間ごと

正解 D
[正答率 78.4%]

男性はマクアイヴァーへ行く急行の頻度を The express only runs once every two hours（急行は 2 時間に 1 本のみの運行です）と述べている。よって正解は (D)。every は「毎～」「～ごとに」を意味する。

34 What will the man probably do next?
(A) Issue a ticket
(B) Refund some money
(C) Board a train
(D) Make a purchase

男性は次におそらく何をしますか？
(A) 乗車券を発行する
(B) 返金する
(C) 列車に乗る
(D) 購入する

正解 A
[正答率 67.6%]

女性の Can I buy a ticket here?（ここで乗車券を買えますか）という発言を受けて、男性は Yes, of course. The fare is fifteen dollars.（はい、もちろんです。運賃は 15 ドルです）と応答していることから、男性は次に乗車券を発行するものと考えられる。よって正解は (A)。

990点 講師の目

この設問の意味を「会話文に続く行為は何ですか」と思い込んでしまうと、(D) を選んでしまいます。短時間での解答が求められてはいますが、設問文は正確に読みましょう。女性が乗客、男性が駅員であり、このうち男性が「次にすること」を推測することが求められています。

V3_T2-36 **Questions 35 through 37** refer to the following conversation with three speakers.

W: How did your meeting go with Brooks & Sons?
M1: I thought it went fairly well, but they haven't committed to placing an order with us yet.
M2: They seemed interested. They said they just need some time to think it over.
W: Did they give you any idea about why they're hesitant?
M1: They mentioned that their department stores are already selling some similar luggage sets.
M2: Yeah, but after we pointed out all the unique features of our bags, they looked pretty impressed.
W: Let's send them some examples of the positive reviews we've received from satisfied customers. Maybe that will persuade them to give our line a try.

35-37 番は次の 3 人の会話に関するものです。
女：ブルックス・アンド・サンズとの打ち合わせはいかがでしたか?
男1：かなりうまくいったと思いますが、先方はまだ当社に注文するとは決めていません。
男2：関心はありそうでした。ただ、よく考える時間が少し必要だと言っていました。
女：彼らがなぜためらっているのか何か言っていましたか?
男1：彼らのデパートではすでに同じような旅行かばんを取り扱っていると話していました。
男2：そうなんです、でも当社のかばんの優れた点をすべて挙げたら、とても感心したようでした。
女：満足したお客様からの肯定的なレビューの例をいくつか彼らに送りましょう。そうしたら当社の製品シリーズを試すように説得できるかもしれません。

Vocab. 本文 □ **commit**「約束する」 □ **seem**「~のようだ」 □ **hesitant**「ちゅうちょする」 □ **mention**「~を言う」 □ **similar**「類似の」 □ **luggage**「かばん類」 □ **feature**「特徴」 □ **impress**「~に感銘を与える」 □ **persuade**「~を納得させる」 □ **give ... a try**「…を試してみる」 選択肢 □ **shipment**「出荷」 □ **concern**「懸念」 □ **launch**「開始」 □ **guarantee**「保証」

35 What are the speakers mainly discussing?
(A) A recent shipment
(B) A quality concern
(C) A prospective client
(D) A business launch

話し手たちはおもに何について話していますか?
(A) 最近の出荷
(B) 品質の懸念
(C) 見込み客
(D) 事業の開始

正解 C
［正答率 37.8%］

一人目の男性の冒頭の発言に they haven't committed to placing an order with us yet.（先方はまだ当社に注文するとは決めていません）とあることから、話し手たちは自分たちの商品を販売しようとしていることがわかる。よって正解は(C)。client は「顧客」の意味である。

990点 講師の目
主な話題を問う問題には、会話文の中の断片的な情報を統合させることで正解を導けるものもあります。登場人物が何を伝えようとしているのかを要約するつもりで聞くようにしましょう。

36 What type of goods do the speakers probably sell?
(A) Consumer electronics
(B) Fashion accessories
(C) Cosmetics
(D) Travel bags

話し手たちはおそらくどんな種類の商品を売っていますか?
(A) 家庭用電化製品
(B) ファッションアクセサリー
(C) 化粧品
(D) 旅行かばん

正解 D
［正答率 91.9%］

男性の中盤の発言に They mentioned that their department stores are already selling some similar luggage sets.（彼らのデパートではすでに同じような旅行かばんを取り扱っていると話していました）とあることから、話し手たちは旅行かばんを取り扱っていることがわかる。よって正解は(D)。luggage は「旅行かばん類」の意味である。

37 What does the woman suggest sending?
(A) A discount offer
(B) Product reviews
(C) A satisfaction guarantee
(D) Merchandise samples

女性は何を送ることを提案していますか?
(A) 値引きの申し出
(B) 製品のレビュー
(C) 満足保証書
(D) 商品のサンプル

正解 B
［正答率 35.1%］

女性の最後の発言に Let's send them some examples of the positive reviews we've received from satisfied customers.（満足したお客様からの肯定的なレビューの例を彼らに送りましょう）とあることから、女性は製品のレビューの例を先方に送ることを提案していることがわかる。よって正解は(B)。

V3_T2-37 **Questions 38 through 40** refer to the following conversation.

M: I heard you'll be making a proposal to the directors at their next meeting. Have you ever done anything like that before?

W: No, um ... this is my first time. I'm pretty nervous about it, actually. I'd appreciate any suggestions. Can you offer me some pointers?

M: Sure. I'd advise you to prepare thoroughly and then try to stay relaxed while making your presentation. You'll be a lot more persuasive if you appear confident.

W: Thanks, but that might be easier said than done.

M: Well, the directors have always been very supportive toward the employees. I'm sure you'll do fine.

38-40 番の次の会話に関するものです。

男：あなたが次の会議で取締役に提案をすると聞きました。これまでそのようなことをしたことはありますか？

女：いいえ、ええっと、今回が初めてです。実は、そのことでかなり緊張しています。どんなものでも有難いのですが、何か助言をいただけますか？

男：もちろん。準備を徹底的に行って、その後、プレゼンをしている間は落ち着きを保つように心がけてください。自信があるように見えるともっと説得力が出ますよ。

女：ありがとう。でも、それは言うほど簡単なことではないかもしれません。

男：でも、取締役は社員に対していつもとても協力的です。ちゃんとできると思いますよ。

Vocab. 本文 □ **pointer**「助言」 □ **thoroughly**「完全に」 □ **persuasive**「説得力のある」 □ **appear**「～のように見える」 □ **confident**「自信に満ちた」 選択肢 □ **intend to *do***「～するつもりである」 □ **apply for**「～に応募する」 □ **inquiry**「質問」 □ **encouragement**「激励」 □ **recommend**「～をすすめる」

38 What does the woman intend to do?
(A) Apply for a promotion
(B) Take an examination
(C) Present a proposal
(D) Lead a committee

女性は何をするつもりですか？
(A) 昇進を申請する
(B) 試験を受ける
(C) 提案を発表する
(D) 委員会をリードする

正解 C
[正答率 81.1%]

男性の冒頭の発言に I heard you'll be making a proposal to the directors at their next meeting.（あなたが次の会議で取締役に提案をすると聞きました）とあり、女性が this is my first time.（今回が初めてです）と応答していることから、女性は取締役会議で提案をするつもりであることがわかる。よって正解は (C)。

39 What does the woman ask the man to do?
(A) Offer some advice
(B) Prepare some equipment
(C) Make some inquiries
(D) Create some documents

女性は男性に何をするよう頼んでいますか？
(A) 助言する
(B) 機器を準備する
(C) 質問する
(D) 書類を作成する

正解 A
[正答率 89.2%]

女性は男性に対して Can you offer me some pointers?（助言をいただけますか）と依頼していることから、助言を求めていることがわかる。よって正解は (A)。pointer は口語で「助言」を意味する。

40 Why does the man say, "the directors have always been very supportive toward the employees"?
(A) To provide encouragement
(B) To explain a policy
(C) To recommend an advisor
(D) To express surprise

男性はなぜ「取締役は社員に対していつもとても協力的です」と言いましたか？
(A) 励ますため
(B) 方針を説明するため
(C) アドバイザーを推薦するため
(D) 驚きを表現するため

正解 A
[正答率 83.8%]

I'm pretty nervous about it.（そのことでかなり緊張しています）という女性に対し、男性は助言をしたうえで the directors have always been very supportive toward the employees.（取締役は従業員に対していつもとても協力的です）と述べていることから、男性は女性の緊張を和らげようとしていることがわかる。よって正解は (A)。

990点 講師の目

会話文中での特定の発言の意図を問う出題では、その英文が肯定的な発言か、否定的な発言か、また事実を伝える発言か、自分の考えを伝える発言かを捉えましょう。そのためには、発話者の発言がどのように関係し合っているのかを捉えながら聞く必要があります。

V3_T2-38 **Questions 41 through 43** refer to the following conversation with three speakers.

W: Wow. You've rearranged your merchandise since the last time I shopped here.
M1: Yes, we made a lot of changes to the store last month. Can I help you find something?
W: I need to buy some interior house paint. And I'll need rollers and brushes too.
M2: Sorry to interrupt you, William, but Ms. Piedmont from headquarters is calling and wants to speak with you right away. She's waiting on hold.
M1: Please excuse me. I'll have to take that call.
W: Of course. I understand.
M1: John, would you please show this customer where we keep the house paint and painting supplies?
M2: Certainly. If you would just follow me, I'll take you to that section.
W: Thank you very much.

41-43 番は次の 3 人の会話に関するものです。

女： あら。前回こちらで買い物をしてから、商品の配置が変わりましたね。
男 1：そのとおりです。当店は先月店舗を大幅に変えました。何かお探しですか？
女： 内装用の塗料を買わなくてはなりません。ローラーとブラシも必要です。
男 2：お話を中断してしまい申し訳ありません。ウィリアム、本社のピードモントさんから電話です。すぐに話す必要があるようです。保留にして待っています。
男 1：大変申し訳ありません。電話に出なければなりません。
女： もちろんです。わかりました。
男 1：ジョン、こちらのお客様に住宅用の塗料と塗装用具を置いている場所を案内してもらえますか？
男 2：かしこまりました。私についてきてください。売り場にお連れします。
女： どうもありがとうございます。

Vocab. 本文 □ **rearrange**「～を配置し直す」 □ **interior**「室内の」 □ **interrupt**「～をさえぎる」 □ **headquarters**「本部」 □ **on hold**「(電話口で) 切らずに待っている」 □ **supply**「用品」 選択肢 □ **undergo**「～を経験する」 □ **unfamiliar with**「～のことをよく知らない」

41 What does the woman say about the store?
(A) It has moved from its original location.
(B) It will soon undergo renovation.
(C) It has only been open for a month.
(D) It has recently rearranged its merchandise.

女性は店について何と言っていますか？
(A) 当初の場所から移転した。
(B) 間もなく改装する。
(C) オープンしてから 1 カ月しかたっていない。
(D) 最近商品の配置を変えた。

正解 D
[正答率 78.4%]

女性の発言に You've rearranged your merchandise since the last time I shopped here.（前回こちらで買い物をしてから、商品の配置が変わりましたね）とあることから、この店の商品の配置が変わったことがわかる。また、直後に男性が変更の実施された時期を last month（先月）と言っている。よって正解は (D)。

42 What is the woman looking for?
(A) Interior house paint
(B) A new apartment
(C) A piece of artwork
(D) An office building

女性は何を探していますか？
(A) 内装用の塗料
(B) 新しいアパート
(C) 美術作品
(D) オフィスビル

正解 A
[正答率 89.2%]

女性の冒頭の発言に I need to buy some interior house paint.（内装用の塗料を買わなくてはなりません）とあることから、女性は内装用の塗料を探していたことが分かる。よって正解は (A)。

43 Why is William unable to assist the woman?
(A) He needs to take a phone call.
(B) He is unfamiliar with the new layout.
(C) He must get permission first.
(D) He has not been fully trained.

ウィリアムはなぜ女性を手伝えないのですか？
(A) 電話に出る必要がある。
(B) 新しい配置に不慣れである。
(C) まず許可を得なくてはいけない。
(D) 十分な訓練を受けていない。

正解 A
[正答率 75.7%]

接客中の男性に、別の男性が William, but Ms. Piedmont from headquarters is calling.（ウィリアム、本社のピードモントさんから電話です）と話しかけているので接客をしていた男性がウィリアム。ウィリアムは I'll have to take that call.（電話に出なければなりません）と発言した後ジョンに女性の案内を依頼している。よって正解は (A)。

990点 講師の目

Part 3 で人物名を含む設問があれば、会話の中で必ずその名前が聞こえます。そのようなヒントが現れることを安心材料にしつつ、それが相手に対する呼びかけなのか、第三者への紹介なのかを判断し、正解につなげましょう。

V3_T2-39 **Questions 44 through 46** refer to the following conversation.

M: Hello, I'm calling to make a reservation, but I need to confirm a couple of things first.
W: Certainly, sir. What would you like to know?
M: Well, I need to know how late you're open tomorrow, and whether or not you have vegetarian menu options.
W: We close at 11:00 on weekdays, but last order is at 10:30. And, yes, we have a wide selection of vegetarian dishes available, as well as appetizers.
M: Fantastic. We'll get there at eight, so that's plenty of time. There are six in our party. The name is Hanson.

44-46 番は次の会話に関するものです。
男：もしもし、予約のためにお電話しているのですが、初めにいくつか確認したいことがあります。
女：かしこまりました。どのようなことをお知りになりたいのですか。
男：ええと、明日何時まで営業しているか、そしてベジタリアン向けのメニューがあるかどうか知りたいのですが。
女：平日は 11 時に閉店しますが、ラストオーダーは 10 時 30 分です。それから、はい、ベジタリアン向けの前菜やお食事も幅広く取りそろえております。
男：よかった。8 時に着く予定なので、十分に時間がありますね。全部で 6 名です。名前はハンソンです。

Vocab. 本文 □ **reservation**「予約」 □ **confirm**「～を確認する」 □ **vegetarian**「菜食主義者の」 □ **appetizer**「前菜」
選択肢 □ **direction**「方向」 □ **promote**「～を促進する」

44 Why is the man calling?
(A) To report a problem
(B) To ask for directions
(C) To reserve a table
(D) To promote a service

男性はなぜ電話していますか？
(A) 問題を報告するため
(B) 行き方を聞くため
(C) 席を予約するため
(D) サービスを宣伝するため

正解 C
[正答率 97.3%]

男性の冒頭の発言に I'm calling to make a reservation.（予約のためにお電話しているのですが）とあること、また I need to know ... whether or not you have vegetarian menu options. と言っていることから、飲食店の席を予約するための電話だとわかる。よって正解は (C)。

45 What does the man inquire about?
(A) The size of a facility
(B) The street address
(C) The business hours
(D) The payment options

男性は何について問い合わせていますか？
(A) 施設の広さ
(B) 住所
(C) 営業時間
(D) 支払方法

正解 C
[正答率 81.1%]

男性の発言に I need to know how late you're open tomorrow.（明日何時まで営業しているか知りたいのですが）とあることから、男性は営業時間について問い合わせていることがわかる。よって正解は (C)。ベジタリアン向けメニューがあるかどうかも問い合わせているが、選択肢にはない。

990点 講師の目
「何について問い合わせているか」を聞く問題ですが、問い合わせが必ずしも疑問文として現れるわけではありません。もちろん Do you ...? と直接疑問文で聞くこともできますが、I wonder if ... のような間接疑問文で聞くこともできます。間接疑問文のイントネーションは平叙文と同じですから、直接疑問文だけに注意して、聞き逃さないようにしましょう。

46 When will the man most likely arrive at the restaurant tomorrow?
(A) At 5 o'clock
(B) At 6 o'clock
(C) At 7 o'clock
(D) At 8 o'clock

明日、男性はレストランにおそらく何時に到着しますか？
(A) 5 時に
(B) 6 時に
(C) 7 時に
(D) 8 時に

正解 D
[正答率 62.2%]

男性の最後の発言に We'll get there at eight.（8 時に着く予定です）とあることから、8 時にレストランに到着するものと考えられる。よって正解は (D)。

V3_T2-40 **Questions 47 through 49** refer to the following conversation.

W: Hi, Raj. Welcome back. I didn't expect to see you again until next week. Did the project you've been managing at the Pittsburgh plant finish ahead of schedule?

M: No, but headquarters decided that Steve Burke could handle the remainder of it. I was called back early to get started on a new assignment.

W: Well, Steve's got plenty of experience, so I'm sure everything's in good hands.

M: I agree. He's definitely up to the task.

W: So what's your next assignment?

M: I don't know yet, but I'm about to find out. I'm on my way to the departmental supervisor's office to discuss it right now.

47-49 番は次の会話に関するものです。

女：こんにちは、ラージ。お帰りなさい。来週まで会わないと思っていました。あなたがピッツバーグ工場で対応していたプロジェクトは予定より早く終わったの？

男：いいえ、でも残りはスティーブ・バークが対応できると本社が判断したんです。私は新しい仕事を始めるために早く呼び戻されました。

女：そうですか、スティーブは十分に経験を積んでいるので、全部任せて大丈夫ですよ。

男：同感です。彼は適任だと思います。

女：ところであなたの次の仕事は何ですか？

男：まだ知らないのですが、もうじきわかります。ちょうどその話をするために、いま部長の所へ向かっているところなのです。

Vocab. 本文 □ **expect to *do***「～をすることを予期する」 □ **manage**「～を管理する」 □ **ahead of**「～より前に」 □ **remainder**「残りのもの」 □ **in good hands**「安泰で」 □ **up to**「（仕事など）をすることができる」
選択肢 □ **delay**「～を遅らせる」 □ **shortage**「不足」 □ **imply**「～を暗に意味する」 □ **approve of**「～をよいと思う」 □ **confuse**「～を困惑させる」 □ **submit**「～を提出する」 □ **application**「申し込み書」 □ **delegate**「～を任せる」

47

What does the man say about his recent project?
(A) It was given a small budget.
(B) It was conducted at headquarters.
(C) It was taken over by someone else.
(D) It was delayed by staff shortages.

男性は最近のプロジェクトについて何と言っていますか？
(A) 少しの予算しか与えられなかった。
(B) 本社で行われた。
(C) ほかの人に引き継がれた。
(D) スタッフ不足で遅れた。

正解 C
[正答率 40.5%]

プロジェクトが早く終わったのかと尋ねられた男性は headquarters decided that Steve Burke could handle the remainder of it.（残りはスティーブ・バークが対応できると本社が判断したんです）と返答している。したがってプロジェクトはほかの人に引き継がれたことがわかる。よって正解は (C)。

48

What does the woman imply when she says, "Steve's got plenty of experience"?
(A) She approves of a selection.
(B) She is confident about her suggestion.
(C) She does not want an assignment.
(D) She is confused by a decision.

女性が「スティーブは十分に経験を積んでいる」という発言にはどういう意味の含みがありますか。
(A) 彼女は任命に賛成している。
(B) 彼女は自分の提案に自信を持っている。
(C) 彼女は任務を望んでいない。
(D) 彼女は決定に困惑している。

正解 A
[正答率 16.2%]

男性のプロジェクトの後継者としてスティーブが選ばれたという発言を受けて、女性は Well, Steve's got plenty of experience, so I'm sure everything's in good hands.（スティーブは十分に経験を積んでいるので、全部任せて大丈夫ですよ）と発言していることから、女性はスティーブが後継者になることを肯定していると考えられる。よって正解は (A)。

49 What will the man probably do next?
(A) Submit an application
(B) Interview a candidate
(C) Speak to a supervisor
(D) Delegate some tasks

男性は次におそらく何をしますか？
(A) 申し込み書を提出する
(B) 候補者の面接をする
(C) 上司と話をする
(D) 仕事を委託する

正解 **C**
[正答率 91.9%]

男性の最後の発言に I'm on my way to the departmental supervisor's office to discuss it right now.（ちょうどその話をするために、いま部長の所へ向かっているところなのです）とあることから、男性は上司と話をする予定であることがわかる。よって正解は (C)。

これがエッセンス
会話の中に複数の人物名が現れると混乱してしまいます。相手に対する呼びかけや紹介ならばその人は、会話に参加している人ということになりますし、文の主語として使われていれば会話に加わっていない第三者である可能性もあります。また、同じ人物について２回目以降に言及するときは人称代名詞が使われることが多いので、だれを指しているのかを正確に把握しましょう。

V3_T2-41 **Questions 50 through 52** refer to the following conversation.

M: Sarah, you ordered more envelopes for the payroll department, didn't you? Have we received them yet?
W: I called in the order two days ago, but they haven't come in yet. The supplier said they'd be delivered by tomorrow. Do you have enough to make it through the day?
M: I don't think so. Today's the day I'm supposed to mail out paychecks to all of our contract employees.
W: Well, I can stop by the stationery shop on the way back from lunch and pick some up. Just let me know how many you'll need to get by until the order arrives tomorrow.

50-52 番は次の会話に関するものです。
男：サラ、給与課の封筒を追加注文しましたよね？ もう届いていますか？
女：2日前に電話で注文しましたが、まだ届いていません。納入業者は明日までに配達されると言っていました。今日1日乗りきれるだけの十分な量はありますか？
男：ないでしょう。今日は契約社員全員に給与の小切手を発送することになっているんです。
女：では、お昼から戻ってくる途中で文房具店に寄って買ってきてもいいですよ。明日注文が届くまでに何枚あれば間に合うかだけ教えてください。

Vocab. 本文 □ **envelope**「封筒」 □ **payroll**「給与支払い業務」 □ **call in**「～を電話で知らせる」 □ **deliver**「配達する」 □ **make it**「うまくやる」 □ **paycheck**「給料支払い小切手」 □ **contract employee**「契約社員」 □ **stationery shop**「文房具店」 選択肢 □ **certain**「特定の」 □ **skip**「～をなしで済ませる」

50 What are the speakers concerned about?
(A) Some guests have not arrived.
(B) Some figures have not been reported.
(C) Some supplies have not been received.
(D) Some employees are not at the office.

話し手たちは何について心配していますか？
(A) まだ来ていない客がいる。
(B) 報告されていない数値がある。
(C) 受け取っていない備品がある。
(D) オフィスにいない従業員がいる。

正解 C
［正答率 78.4%］

追加注文した封筒が届いたかどうかを尋ねる男性に対し、女性はI called in the order two days ago, but they haven't come in yet.（2日前に電話で注文しましたが、まだ届いていません）と応答していることから、話し手たちは注文した品物がまだ届いていないことを心配しているとわかる。よって正解は(C)。supplyは動詞では「供給する」、名詞では複数形で「必需品、補給品」という意味である。

51 What does the man say he needs to do today?
(A) Deliver an order to a business
(B) Mail contracts to new personnel
(C) Send payments to certain workers
(D) Attend a meeting with department members

男性は今日、何をしなくてはいけないと言っていますか？
(A) 注文品をある会社に届ける
(B) 契約書を新しい職員に送る
(C) 給与の小切手を特定の従業員に送る
(D) 部署の部員と会議に出席する

正解 C
［正答率 37.8%］

男性の中盤の発言にToday's the day I'm supposed to mail out paychecks to all of our contract employees.（今日は契約社員全員に給与の小切手を発送することになっているんです）とあることから、男性は今日、給与の小切手を発送しなくてはいけないことがわかる。よって正解は(C)。checkは「小切手」を、paycheckは「（アメリカで使われる）給料小切手」を意味する。

52 What does the woman say she will do?
(A) Inform a coworker of a delay
(B) Purchase some items at a store
(C) Skip her lunch break
(D) Contact some clients

女性は何をすると言っていますか？
(A) 同僚に遅延を知らせる
(B) 店でいくつか品物を購入する
(C) お昼休みを取らない
(D) 顧客たちと連絡をとる

正解 B
［正答率 51.4%］

封筒を必要としている男性に対し、女性はI can stop by the stationery shop on the way back from lunch and pick some up.（お昼から戻ってくる途中で文房具店に寄って買ってきてもいいですよ）と申し出ている。よって正解は(B)。pick upという熟語は「～を拾う」という意味のほか、「～を買う」や「～を手に入れる」という意味にもなる。

これがエッセンス

..., don't you? のような付加疑問文が聞こえると、肯定の内容なのか否定の内容なのかがわからなくなり混乱してしまうことがあります。しかし、付加疑問文は尋ねることが主な意図ではなく、確認したり、同意を求めたり、念を押したりするのが目的です。落ち着いて会話の流れを読み取って、付加疑問文の意図を把握するようにしましょう。

V3_T2-42 **Questions 53 through 55** refer to the following conversation.

M: Hello, I'm calling about an order I placed through your Web site. The site says to allow up to four business days for delivery, but it's been almost two weeks and I still haven't received it.

W: Could I have your name and mailing address, sir?

M: Sure. The name is Kurt Halliwell, and the address is 28 Fiddlers Green, Carrick.

W: Thank you. Okay, our records show your order was sent out this morning, so you should get it tomorrow or the next day. It looks like the item you requested was on back order at the manufacturer for about a week.

53-55 番は次の会話に関するものです。

男：もしもし、御社のウェブサイトから行った注文の件で電話をしています。サイトには配達に最大４営業日かかると書いてありますが、ほぼ２週間たってもまだ商品を受け取っていません。

女：お客様のお名前とご住所を伺ってもよろしいですか？

男：もちろんです。名前はカート・ハリウェルで、住所はキャリック市フィドラーズグリーン 28 番地です。

女：ありがとうございます。わかりました。当社の記録によると、ご注文の品は今朝発送されましたので、明日か明後日には届くはずです。ご注文いただいた商品は１週間ほどメーカーからの入荷待ちになっていたようです。

Vocab. 本文 □ **allow**「時間の猶予を取っておく」 □ **on back order**「（在庫切れで）注文中の」
選択肢 □ **misplace**「～を置き間違える、紛失する」 □ **discontinue**「～の製造をやめる」 □ **malfunction**「うまく機能しない」 □ **proof**「証明」 □ **substitute**「代用品」 □ **reimburse**「返済する」

53 What is the problem?
(A) A delivery has been delayed.
(B) A package was misplaced.
(C) An item has been discontinued.
(D) A Web site is malfunctioning.

何が問題になっていますか？
(A) 配達が遅れている。
(B) 荷物を紛失した。
(C) 品物が製造中止になった。
(D) ウェブサイトが正常に作動していない。

正解 A
［正答率 89.2%］

男性はウェブサイトから注文をしたが、it's been almost two weeks and I still haven't received it.（ほぼ２週間たってまだ商品を受け取っていません）と発言している。したがって、注文した商品を受け取っていないことが問題であるとわかる。よって正解は (A)。

990点 講師の目
problem は通常、「望ましくないこと」を指します。したがって、会話文の中に「望んでいることが起きなかった」という否定文と「望んでいなかったことが起きた」という肯定文の、いずれかが現れることを予想して会話を聞きましょう。

54 What does the woman ask the man to do?
(A) Speak to a manufacturer
(B) Provide his name
(C) Send proof of purchase
(D) Consider a substitute product

女性は男性に何をするよう頼んでいますか？
(A) メーカーに問い合わせる
(B) 名前を知らせる
(C) 購入の証明を送る
(D) 代わりの製品を検討する

正解 B
［正答率 83.8%］

注文品が配達されていないことを述べる男性に対し、女性はCould I have your name and mailing address, sir?（お客様のお名前とご住所を伺ってもよろしいですか）と頼んでいることから、正解は (B)。

55 What did the woman's company most likely do this morning?
(A) It launched some merchandise.
(B) It canceled a delivery.
(C) It reimbursed to the man's account.
(D) It shipped the man's order.

今朝、女性の会社はおそらく何をしましたか？
(A) 商品を発売した。
(B) 配送を取りやめた。
(C) 男性の口座に返金した。
(D) 男性の注文品を発送した。

正解 D
［正答率 83.8%］

女性の発言に our records show your order was sent out this morning.（当社の記録によると、ご注文の品は今朝発送されました）とあるから、女性の会社は注文品を今朝男性に発送したことがわかる。よって正解は (D)。

V3_T2-43 **Questions 56 through 58** refer to the following conversation.

W: Did you see the memo that was sent out this morning? The company has decided to open a second store here in Sydney.

M: No, I haven't seen it yet. That's a surprise. Did the memo say anything about the exact location of the new store or how many people will be working there?

W: It's going to be in a business park that's under construction on the north side of the city, and it'll have about as many employees as we have here. Why? Are you thinking you might want to work there instead?

M: No, but my sister Deborah has been looking for a new job. She asked me to let her know if we ever had any openings.

56-58 番は次の会話に関するものです。

女：今朝送られてきたメモを見ましたか？ 2 軒目の店をここシドニーに開くことにしたんです。

男：いいえ、まだ見ていませんが、それは驚きですね。そのメモには新しい店の具体的な場所やどのくらいの社員が働くことになるかは書いてありましたか？

女：市の北部にある現在建設中のビジネスパークに入ることになっていて、従業員はここと同じくらいの数になるようです。なぜですか？ そこで働きたいと考えているんですか？

男：いいえ、妹のデボラが新しい仕事を探しているんです。この会社で求人があったら知らせてほしいと頼まれていたんです。

Vocab. 本文 □ **exact**「正確な」 □ **under construction**「建設中の」 □ **opening**「欠員」 選択肢 □ **distribute**「～を分配する」 □ **reassign**「〈人〉の配置を変える」 □ **complete**「～を完了する」 □ **seek**「～を求める」 □ **abroad**「海外に」

56 What happened this morning?

(A) A construction project began.
(B) A memo was distributed.
(C) A new business opened.
(D) A job position was advertised.

今朝、何が起きましたか？

(A) 建設プロジェクトが始まった。
(B) メモが配られた。
(C) 新しい店がオープンした。
(D) 求人広告が出た。

正解 B [正答率 54.1%]

女性は男性に対し、Did you see the memo that was sent out this morning?（今朝送られてきたメモを見ましたか）と発言し、そのメモに会社が 2 軒目の店舗を開くことを決めたと書いてあったと伝えている。したがって、店はまだオープンしておらず、今朝はそのメモが配られたにすぎない。よって正解は (B)。

990点 講師の目

「いつ」「何が起きた」という情報は常に正確に把握するようにしましょう。この設問で問われている今朝の出来事は、会話文の中心的な話題ではないため、注意していないと聞き逃してしまいます。

57 What does the man want to know?

(A) Whether he will be reassigned
(B) How a decision will be made
(C) When the work will be completed
(D) Where a store will be located

男性は何を知りたがっていますか？

(A) 配置転換になるかどうか
(B) どのように決定されるか
(C) いつ作業が完了するか
(D) どこに店ができるか

正解 D [正答率 78.4%]

男性の最初の発言に Did the memo say anything about the exact location of the new store or how many people will be working there?（そのメモには新しい店の具体的な場所やどのくらいの社員が働くことになるかは書いてありましたか）とあり、男性は新しい店の場所や社員の規模などを知りたがっていることがわかる。よって正解は (D)。

58 What does the man say about his sister?

(A) She is seeking employment.
(B) She lives north of Sydney.
(C) She started her own company.
(D) She is visiting from abroad.

男性は彼の妹について何と言っていますか？

(A) 仕事を探している。
(B) シドニーの北部に住んでいる。
(C) 自分の会社を始めた。
(D) 海外から訪れている。

正解 A [正答率 86.5%]

男性の最後の発言に my sister Deborah has been looking for a new job.（妹のデボラが新しい仕事を探しているんです）とあり、男性は彼の妹は新しい仕事を探していると述べている。よって正解は (A)。seek は「～を探す」の意味で look for と同義。employment は「雇用」という意味である。

Questions 59 through 61 refer to the following conversation.

V3_T2-44

W: Franco, I was looking over the report you handed in yesterday, and I found an error.

M: Really? I double-checked each section before compiling the final draft. What seems to be the problem?

W: Well, look at this chart on page two. The numbers in each column add up correctly, but these totals don't match the figures you refer to in other parts of the report.

M: Oh, I see what's causing the discrepancies. This page is from an earlier draft that didn't include the most recent sales data. I'll correct the problem and print out a new copy for you right away.

59-61番は次の会話に関するものです。

女：フランコ、昨日あなたが提出した報告書に目を通しましたが、間違いを見つけました。

男：本当ですか？ 最終版をまとめる前に各セクションを再度確認したのですが。何が問題でしたか？

女：ええと、2ページ目のこの図を見てください。各列の数値は正しく加算されていますが、それらの合計が報告書のほかの部分で言及している数値と合っていません。

男：ああ、一致していない原因がわかりました。このページは最新の売上高が含まれていない、前の原稿のものです。すぐに間違いを修正して新しいものを印刷します。

Vocab. 本文 □ **look over**「～にざっと目を通す」 □ **draft**「草稿」 □ **chart**「図」 □ **correctly**「正しく」 □ **refer to**「～に言及する」 □ **discrepancy**「(計算などの) 不一致」 □ **correct**「～を修正する」 選択肢 □ **upcoming**「間もなくやってくる」 □ **conflict**「予定などがかち合うこと」 □ **incorrect**「不正確な」

59 What are the speakers mainly discussing?

(A) The man's work assignment
(B) A newspaper article
(C) Yesterday's sales meeting
(D) An upcoming deadline

話し手たちはおもに何について話し合っていますか？

(A) 男性の業務
(B) 新聞の記事
(C) 昨日の営業会議
(D) 今度の締め切り

正解 A ［正答率 45.9%］

女性が男性に対しI was looking over the report you handed in yesterday.（昨日あなたが提出した報告書に目を通しました）と発言し、男性はI double-checked each section before compiling the final draft.（最終版をまとめる前に各セクションを再度確認したのですが）と応じていることから、話し手たちは男性が提出した報告書を話題にしていることがわかる。よってこのreport（報告書）をwork assignment（業務）と表現している(A)が正解。

990点 講師の目

assignという動詞には「～を割り当てる」「～を命じる」という意味があります。名詞形のassignmentは、学校ならば「宿題／課題」、職場では「業務／課題」という意味になります。前者は知っていても、後者を知らないという人は少なくありません。英単語は、特定の文脈による意味だけでなく、一般的な意味も押さえておきましょう。

60 What problem does the woman mention?

(A) There is a scheduling conflict.
(B) Some documents have been misplaced.
(C) There is a shortage of staff.
(D) Some numbers are incorrect.

女性はどのような問題について述べていますか？

(A) 予定の調整がつかないこと
(B) 一部の資料を紛失したこと
(C) スタッフが不足していること
(D) 一部の数値が誤っていること

正解 D ［正答率 78.4%］

何が問題でしたかと尋ねられた女性がthese totals don't match the figures you refer to in other parts of the report.（それらの合計が報告書のほかの部分で言及している数値と合っていません）と答えていることから、報告書の数値が問題だとわかる。よって正解は(D)。

61 According to the man, what information is missing from the report?

(A) The latest sales data
(B) Some pages of graphs
(C) An updated schedule
(D) Some expense totals

男性によると報告書にはどのような情報が欠けていますか？

(A) 最新の売上高
(B) グラフのページ
(C) 更新された日程
(D) 経費の合計

正解 A ［正答率 81.1%］

女性に間違いを指摘された男性が、This page is from an earlier draft that didn't include the most recent sales data.（このページは最新の売上高が含まれていない、前の原稿のものです）と発言していることから、報告書には最新の売上高に関する情報が欠けていたことがわかる。よって正解は(A)。

V3_T2-45 **Questions 62 through 64** refer to the following conversation and list.

M: Thank you for calling Stellar Suites.
W: Hello, I'll be traveling to Donner Bay next month and I'd like to book a single room for three nights on the first, second, and third of the month. My name is Padma Singh.
M: All right, Ms. Singh. The rate is $85 per night plus tax.
W: Oh ... that's lower than I expected. I learned about your hotel from a travel guide. It listed a price of $125.
M: Our rates change seasonally. We charge more at peak travel times.
W: I see. Well, it's a pleasant surprise.
M: Glad to hear it. I'll just need your credit card number and we can go ahead with your booking.

Stellar Suites - Single Room Rates	
Winter	$65 per night
Spring	$85 per night
Summer	$125 per night
Fall	$95 per night

62-64 番の次の会話とリストに関するものです。
男：ステラー・スイーツにお電話いただきありがとうございます。
女：もしもし、来月ダナー湾を観光する予定で、シングルの部屋を来月1日、2日、3日の3泊分予約したいのですが。パドマ・シンと申します。
男：かしこまりました、シン様。料金は1泊あたり税抜き85ドルです。
女：あら、思っていたよりも安いですね。ガイド本でこちらのホテルを知りました。そこには125ドルと掲載されていました。
男：当ホテルの料金は季節によって変動します。旅行のハイシーズンにはもっと高くなります。
女：わかりました。うれしい驚きです。
男：それはよかったです。お客様のクレジットカードの番号を教えていただけましたら、ご予約を進めることができます。

ステラー・スイーツ ― シングルルーム料金	
冬期	65ドル（一泊）
春期	85ドル（一泊）
夏期	125ドル（一泊）
秋期	95ドル（一泊）

Vocab. 本文 □ **book**「～を予約する」 □ **seasonally**「季節的に」 □ **charge**「～を請求する」 □ **pleasant**「好ましい」
選択肢 □ **travel agency**「旅行代理店」 □ **detail**「詳細」 □ **directory**「名簿」

62 Look at the graphic. When is the woman most likely traveling to Donner Bay?
(A) During the winter
(B) During the spring
(C) During the summer
(D) During the fall

表を見てください。女性はおそらくいつダナー湾に行きますか？
(A) 冬の間
(B) 春の間
(C) 夏の間
(D) 秋の間

正解 B ［正答率 89.2%］
女性が宿泊の予約をしようと電話すると、男性はThe rate is $85 per night plus tax.（料金は1泊あたり税抜き85ドルです）と応じる。85ドルの宿泊料金は表の中では春の料金に相当するため、正解は(B)。女性の発言にガイドブックには125ドルと掲載されていたとあるが、男性がハイシーズンには高くなるのだと説明しているので女性がハイシーズンの夏期に旅行するわけではないことがわかる。

63 How did the woman learn about the hotel?
(A) From a guidebook
(B) From a colleague
(C) From a family member
(D) From a travel agency

女性はホテルについてどうやって知りましたか？
(A) ガイドブックで
(B) 同僚から
(C) 家族から
(D) 旅行代理店から

正解 A ［正答率 75.7%］
女性の中盤の発言にI learned about your hotel from a travel guide.（ガイド本でこちらのホテルを知りました）とあることから、女性はガイドブックでホテルを知ったことがわかる。よって正解は(A)。

64 What will the woman probably do next?
(A) Look for a different hotel
(B) Contact an acquaintance
(C) Provide payment details
(D) Check a directory

女性は次におそらく何をしますか？
(A) 別のホテルを探す
(B) 知人に連絡する
(C) 支払いのための詳しい情報を提供する
(D) 名簿を確認する

正解 **C**
[正答率 97.3%]

女性は宿泊料金が思ったより安かったことに対して喜びを伝えているので、そのホテルに宿泊することに肯定的であることがわかる。そして男性が I'll just need your credit card number and we can go ahead with your booking.（お客さまのクレジットカードの番号を教えていただけましたら、ご予約を進めることができます）と発言しているので、この後、支払いに必要な情報に含まれるクレジット情報を伝えると推察される。正解は (C)。

これがエッセンス
図表の中に数値が記載されていたら、聞き取る会話の中に数字が出てくる可能性が高いと考えて注意深く聞き取りましょう。会話の中の数字を直接答える場合もあれば、会話を聞き取り、計算したうえで正解を出す場合もあります。

V3_T2-46 **Questions 65 through 67** refer to the following conversation and weather forecast.

W: Well, I checked the local weather forecast for the date of the client reception. There'll be light showers on the day of the event, but the storm won't reach us until the evening of the following day.

M: Whew. That's a relief. I was afraid some of our guests' flights could get canceled.

W: It is good news. And we're lucky we planned the event to be held indoors. I wonder if we should warn the clients about the rain, though. It could affect travel times.

M: I'm sure they'd appreciate that.

W: OK. I'll send out an e-mail to everyone we invited later this afternoon.

65-67 番は次の会話と天気予報に関するものです。

女：ええと、顧客のレセプションがある日の地元の天気予報を確認しました。レセプション当日には軽いにわか雨が降りますが、このあたりは翌日の夕方まで嵐にはなりません。

男：おお。それは安心しました。顧客の何名かの便がキャンセルされるのではないかと心配していました。

女：よかったです。イベントを屋内で開催するように計画したことも幸運でした。それでも、顧客に雨について注意喚起するべきでしょうか？ 移動時間に影響が出るかもしれません。

男：そうしてくれたら顧客は感謝すると思いますよ。

女：わかりました。今日の午後、招待した皆さんに一斉メールを送ります。

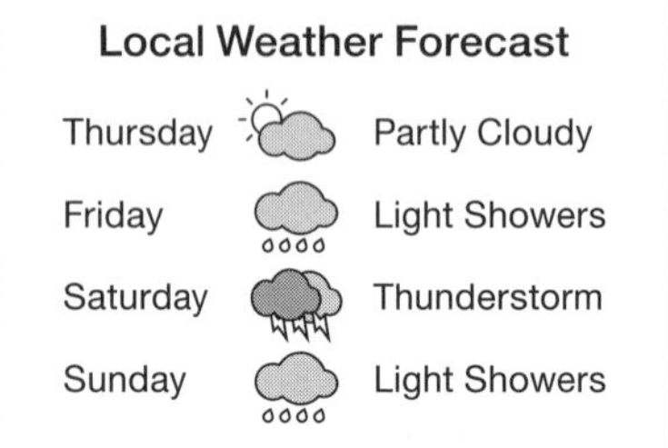

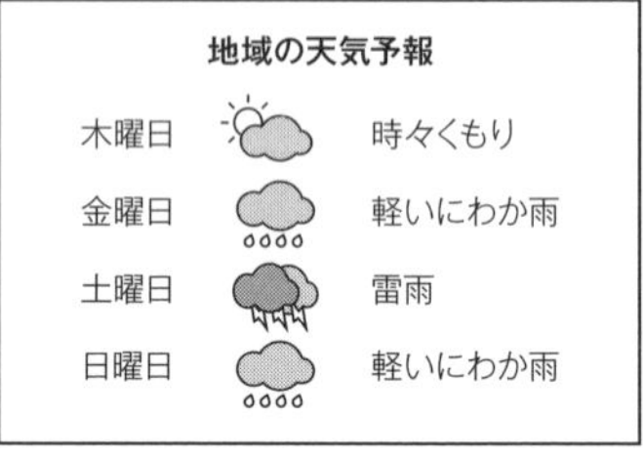

Vocab. 本文 □ **forecast**「予報」 □ **shower**「にわか雨」 □ **relief**「安心」 □ **warn**「～に警告する」 選択肢 □ **reception**「宴会」 □ **recruit**「新入社員」 □ **fundraiser**「資金集めの行事」 □ **organization**「組織」 □ **venue**「開催地」 □ **revise**「～を修正する」 □ **warning**「警告」

65 What type of event have the speakers been planning?

(A) A party for office staff
(B) A reception for clients
(C) An orientation for new recruits
(D) A fundraiser for a charitable organization

話し手はどんなイベントを企画していますか？

(A) 事務スタッフ向けのパーティー
(B) 顧客向けのレセプション
(C) 新入社員のオリエンテーション
(D) 慈善団体のための資金調達イベント

正解 B ［正答率 89.2%］

女性の最初の発言に I checked the local weather forecast for the date of the client reception. (顧客のレセプションがある日の地元の天気予報を確認しました) とあるので、話し手たちは顧客のためのレセプションを企画していることがわかる。よって正解は (B)。

66 Look at the graphic. When has the event most likely been scheduled to take place?

(A) On Thursday
(B) On Friday
(C) On Saturday
(D) On Sunday

図表を見てください。このイベントはおそらくいつ行われる予定ですか？

(A) 木曜日
(B) 金曜日
(C) 土曜日
(D) 日曜日

正解 B ［正答率 54.1%］

女性の冒頭の発言に There'll be light showers on the day of the event (イベント当日には軽いにわか雨が降ります) とあるので、図表にある天気予報では金曜日と日曜日がそれに該当する。さらに、The storm won't reach us until the evening of the following day. (翌日の夕方まで嵐にはなりません) と加えていることから、翌日は嵐となることもわかる。よって正解は (B)。

67 What does the woman say she will do?
(A) Cancel the event
(B) Find a different venue
(C) Revise the invitation card
(D) Issue a warning

女性は何をすると言っていますか?
(A) イベントを中止する
(B) 別の会場を探す
(C) 招待状を訂正する
(D) 警告を出す

正解 D
[正答率 51.4%]

女性は男性に中盤の発言で、I wonder if we should warn the clients about the rain.(顧客に雨について注意喚起するべきでしょうか)と打診し、男性の同意を得ると、I'll send out an e-mail ... とメール配信の予定を伝えている。よって正解は (D)。warning には「警告」の意味のほか、「予告」「通知」という意味もある。

これがエッセンス
イラストつきの図表がある場合、イラストの形を表す英語を思い浮かべるのが原則です。しかしこの問題ではイラストの形状よりもイラストが示す内容が問われています。図表を見ながら会話を聞く場合、どのような情報が図表と関係するのかを見極める必要があります。

V3_T2-47 **Questions 68 through 70** refer to the following conversation and layout.

W: All right, sir. We have you booked on Flight 83 to Phoenix.
M: Oh, um ... I'm a member of your frequent flyer club, and I was wondering if I could upgrade to a first-class seat. I have my membership card if you need to see it.
W: That won't be necessary. I have you here on the computer. Um ... OK. Yes. Seating preference?
M: An aisle seat as close to the front as possible would be nice.
W: We can do that. Anything else?
M: Yes. Could you tell me what time my flight boards? I'd like to get something to eat first if I can.

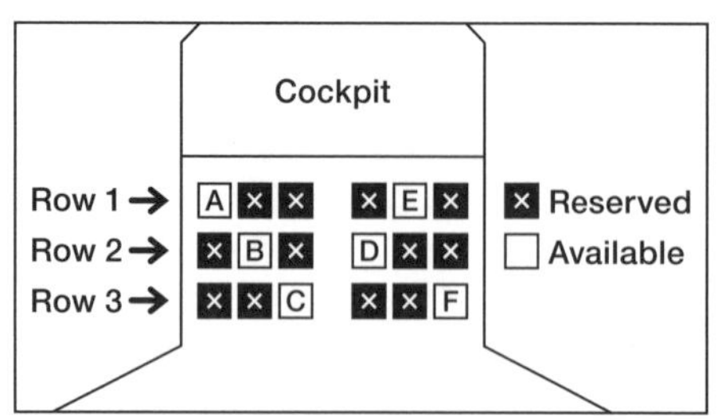

68-70 番の次の会話とレイアウトに関するものです。

女：それでは、フェニックス行きの 83 便をお取りいたしました。
男：ええと、私はそちらの頻繁利用客クラブの会員なのですが、ファーストクラスにアップグレードできませんか。もし提示する必要があるなら、会員証も持っています。
女：その必要はありません。コンピュータに入っていますので。ええと、はい、かしこまりました。お座席のご希望はございますか？
男：通路側で、できるだけ前のほうがいいです。
女：それは可能ですよ。ほかに何かございますか？
男：はい、私の便は何時の搭乗なのか教えていただけますか。できればまず何か食べるものを買いたいので。

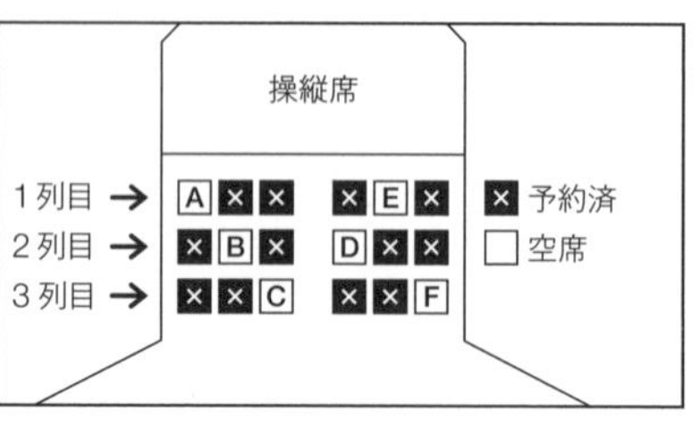

Vocab. 本文 □ **frequent**「たびたびの、常習的な」 □ **flyer**「(飛行機の) 旅客」 □ **preference**「好み、希望」 □ **aisle**「通路」 □ **board**「搭乗準備ができている、搭乗手続中である」 選択肢 □ **boarding pass**「搭乗券」

68 What does the man offer to provide to the woman?
(A) His passport
(B) His employee number
(C) His boarding pass
(D) His membership card

男性は女性に何を渡すことを申し出ていますか？
(A) 彼の旅券
(B) 彼の社員番号
(C) 彼の搭乗券
(D) 彼の会員証

正解 D
[正答率 89.2%]

男性の最初の発言にI have my membership card if you need to see it.（もし提示する必要があるなら、会員証も持っています）とあるため、男性は女性に頻繁利用客クラブの会員証を渡そうとしていることがわかる。よって正解は (D)。

69 Look at the graphic. Which seat would the man most likely prefer?
(A) Seat 1A
(B) Seat 2D
(C) Seat 3C
(D) Seat 3F

図を見てください。男性はおそらくどの座席を望みますか？
(A) 座席 1A
(B) 座席 2D
(C) 座席 3C
(D) 座席 3F

正解 B
[正答率 35.1%]

男性は座席の希望を聞かれ、An aisle seat as close to the front as possible would be nice.（通路側で、できるだけ前のほうがいいです）と発言している。図を見ると、通路側の空席はCとDだが、このうちDがより前方なので、男性はこの座席を望むと考えられる。よって正解は (B)。航空機の座席は、「窓側の席」を window seat、「通路側の席」を aisle seat、「その間の席」を middle seat と言う。

70 What does the man ask about?
(A) A restaurant location
(B) A flight number
(C) A boarding time
(D) A departure gate

男性は何を尋ねていますか?
(A) レストランの場所
(B) 便名
(C) 搭乗時刻
(D) 出発ゲート

正解 C
[正答率 78.4%]

男性は最後にCould you tell me what time my flight boards? (私の便は何時の搭乗なのか教えていただけますか) と尋ねていることから、彼の乗る便の搭乗時刻を聞いていることがわかる。よって正解は (C)。board は「搭乗 (乗車・乗船) 手続きを始める」ことを意味する。

これがエッセンス
この問題のように座席の配置を表す図や、部屋の見取り図などが提示されたら、前後左右の位置関係を把握するようにしましょう。鉛筆で該当箇所を指しながら会話を聞くのも情報整理と確認に有効です。

V3_T2-49

Questions 71 through 73 refer to the following telephone message.

Hello, this is Erica Owens—I'm one of Doctor Howard's patients. I was hoping to reach you before the clinic closed for the day today, but it looks like I'm too late. I'm calling about a dental examination I have scheduled for 11 A.M. tomorrow. I just found out there's a mandatory faculty meeting tomorrow morning at the school where I work, so I won't be able to come in the morning after all. I wanted to see if I could switch my appointment to the afternoon instead. Could you call my office number by 10 A.M. to let me know if that's possible? Otherwise, I'll have to reschedule for another day. Thanks.

71-73 番は次の電話メッセージに関するものです。
もしもし、エリカ・オーウェンズと申します。ハワード先生の患者の一人です。クリニックの本日の診療が終了する前にお話ししたかったのですが、どうやら遅すぎたようです。明日午前 11 時に予約していた歯科検診について連絡しています。つい先ほど気づいたのですが、明日の朝、私の勤めている学校で参加必須の職員会議があるため、午前中には行くことができません。代わりに、予約を午後に変更するが可能かどうか知りたかったのですが。できるかどうか、明日の午前 10 時までに私の勤務先にお電話いただけますか。もし変更できなければ、別の日に予約を調整しなければなりません。よろしくお願いいたします。

Vocab. 本文 □ **patient**「患者」 □ **reach**「～に連絡がつながる」 □ **dental**「歯科の」 □ **examination**「検査」 □ **mandatory**「義務の、必須の」 □ **faculty**「大学の全教員」 □ **after all**「結局」 □ **switch A to B**「A を B に変更する」 □ **office number**「職場の電話番号」 □ **otherwise**「そうでなければ」 選択肢 □ **undergo**「～を受ける」 □ **inspection**「調査、点検」 □ **at work**「職場で」

71 Where does the listener probably work?
(A) At a school
(B) At a research facility
(C) At a factory
(D) At a dental clinic

聞き手はおそらくどこで働いていますか？
(A) 学校
(B) 研究室
(C) 工場
(D) 歯科医院

正解 D
[正答率 83.8%]

聞き手が働いている場所は、話し手が電話をした理由を述べている I'm calling about a dental examination I have scheduled for 11 A.M. tomorrow.（明日午前 11 時に予約していた歯科検診について連絡しています）という発言から推測できる。聞き手は歯科検診をする仕事をしていることがわかるので正解は (D)。

990点 講師の目
Part 4 の設問は、話し手だけでなく聞き手について尋ねるものもあります。どちらについて聞かれているのかをきちんと把握して取り組みましょう。

72 What will the speaker most likely do tomorrow morning?
(A) Undergo an examination
(B) Attend a meeting
(C) Conduct an inspection
(D) Teach a class

話し手は明日の朝、おそらく何をしますか？
(A) 試験を受ける
(B) 会議に出席する
(C) 検査を実施する
(D) 授業を教える

正解 B
[正答率 32.4%]

明日の朝の予定として、話し手は I just found out there's a mandatory faculty meeting tomorrow morning at the school where I work（明日の朝、私の勤めている学校で参加必須の職員会議があります）と述べていることから、話し手は明日の朝会議に出席することがわかる。よって正解は (B)。

990点 講師の目
特定の時間の予定を聞く問題は Part 4 で頻出するパターンです。この設問では誤答を招く落とし穴が仕掛けられています。11 A.M. や 10 A.M. のように午前中の時間が複数聞こえても混乱せずに必要な情報を把握する力が求められています。

73 What does the speaker ask the listener to do?
(A) Cover her shift
(B) Send her an e-mail
(C) Call her at work
(D) Stay after hours

話し手は聞き手に何をするよう頼んでいますか？
(A) 彼女のシフトを代わる
(B) 彼女にメールを送る
(C) 彼女のオフィスに電話を入れる
(D) 残業する

正解 C
[正答率 89.2%]

Could you が聞こえたら、話し手が聞き手に何かを頼むことが予測できる。Could you call my office number by 10 A.M. to let me know if that's possible?（できるかどうか、明日の午前 10 時までに私の勤務先お電話していただけますか）と述べて、聞き手に電話をかけるよう依頼していることがわかる。よって正解は (C)。

V3_T2-50 **Questions 74 through 76** refer to the following excerpt from a meeting.

After reviewing a variety of options over the past month, Mr. Kim decided to promote our business on a news Web site called World Watch. The advertisement was posted on the site earlier this week. Hopefully, it will generate increased interest from potential customers. We'll have to wait and see. When people call to inquire about our services, make sure to ask them how they found out about us. That will give us a better idea of whether the decision was the correct one.

74-76番は次の会議の一部に関するものです。
キムさんは、この1カ月さまざまな選択肢を検討した結果、当社の事業をワールド・ウォッチというニュースサイトで宣伝することにしました。広告は今週の初めに、サイトに掲載されました。願わくば、見込み客の関心が高まってほしいと思っています。成りゆきを見守るしかありません。当社のサービスに関する問い合わせのお電話があった場合は、どのようにして当社を知ったか、必ず聞いてください。それによって、この判断が正しかったのか、よりよく理解することができるでしょう。

Vocab. 本文 □ **a variety of**「さまざまな～」 □ **past**「過去の」 □ **promote**「～を宣伝する」 □ **hopefully**「できれば」 □ **potential**「潜在的な、可能性のある」 □ **wait and see**「様子を見る」 □ **inquire about**「～について尋ねる」 □ **make sure to *do***「必ず～する」 □ **find out about**「～について知る」 □ **correct**「正しい」
選択肢 □ **develop**「～を開発する」

74 According to the speaker, what has Mr. Kim been doing over the past month?
(A) Speaking with potential customers
(B) Developing the company Web site
(C) Conducting training sessions
(D) Reviewing marketing options

話し手によるとキムさんはこの1カ月の間何をしましたか?
(A) 見込み客と話した
(B) 会社のウェブサイトを制作した
(C) 研修会を行った
(D) マーケティングの選択肢を検討した

正解 D
[正答率 37.8%]

キムさんが最近したこととして述べられているのは After reviewing a variety of options over the past month (1カ月さまざまな選択肢を検討した結果) という箇所。検討の結果、a news Web siteで事業を宣伝することに決まったと続くことから、検討していたのは宣伝手段の選択肢だとわかる。よって (D) が正解。marketing は「営業企画」という意味で、「ダイレクトメールや SNS など、その手段」を marketing options と言う。

990点 講師の目
Part 4 は一人の話し手がまとまった内容を話します。したがって、話し手以外の人物名が設問文にある場合、確実にその人物名は説明文の中に登場しています。その名前が聞こえたらその前後に正解の根拠になり得る情報が語られているので、聞き逃さないようにしましょう。

75 What does the speaker imply when he says, "We'll have to wait and see"?
(A) It is too early to evaluate an effect.
(B) A colleague might not take part in a discussion.
(C) A Web site is not yet operational.
(D) The contents of a package are unknown.

話し手の「結果を見守るしかありません」という発言にはどういう意味の含みがありますか?
(A) 効果を判断するには早すぎる。
(B) 同僚が議論に参加しないかもしれない。
(C) まだウェブサイトを使用できない。
(D) 小包の中身がわからない。

正解 A
[正答率 64.9%]

Web 広告を出すことに決めたことを伝えた後で Hopefully, it will generate increased interest from potential customers. We'll have to wait and see. (願わくば、見込み客の関心が高まってほしいと思っています。成りゆきを見守るしかありません) と続けていることから、広告によるビジネス効果が表れるかどうかはまだわからないという意味に解釈できる。よって正解は (A)。

76 What does the speaker request that listeners do?
(A) Ask callers a particular question
(B) Suggest ideas for a campaign
(C) Make corrections to a document
(D) Promote some new services

話し手は聞き手に何をするように頼んでいますか?
(A) 電話をした人に特定の質問をする
(B) キャンペーンの案を出す
(C) 書類を訂正する
(D) 新たなサービスを宣伝する

正解 A
[正答率 64.9%]

make sure to *do* という命令文が聞こえたら、話し手から聞き手に何かをするように伝えるものと判断したい。ここでは ask them how they found out about us (どのようにして当社を知ったかを聞くこと) と述べているので、正解は (A)。

V3_T2-51 **Questions 77 through 79** refer to the following announcement.

May I have your attention, everyone? I've received a lot of questions about yesterday's memo. I contacted Kelvin Murphy, who's managing the new project, to try to get some answers. The client is a startup software company called Code Flux. As for the total budget for the project and its duration, those issues have yet to be determined. We'll be getting more information as decisions are made and plans become finalized. The work won't start until March, so there's plenty of time. Mr. Murphy will update us whenever new information becomes available.

77-79 番は次のアナウンスに関するものです。
皆さん、お聞きください。昨日のメモについて、多くの質問を受けました。新プロジェクトを監督しているケルビン・マーフィーに連絡して、回答を得ようとしました。顧客はコード・フラックスという創業したばかりのソフトウェア会社です。このプロジェクトの総予算と期間についてですが、それらの内容はまだ決まっていません。決定が下されて計画がまとまるにつれて、もっと多くの情報を入手できるはずです。この仕事は 3 月まで始まりませんので、時間は十分あります。新しい情報が入り次第、マーフィーさんが最新情報を伝えてくれます。

Vocab. 本文 □ **manage**「～を監督する」 □ **startup**「新会社」 □ **client**「顧客」 □ **duration**「期間」 □ **issue**「(話し合うべき) 事柄」 □ **have yet to *do***「まだ～していない」 □ **determine**「～を決定する」 □ **make (a) decision(s)**「決定する」 □ **finalize**「～を最終決定する」 □ **plenty of**「十分な～」 □ **update**「～に最新情報を提供する」 選択肢 □ **previous**「これまでの」 □ **propose**「～を提案する」

77 What is the purpose of the announcement?
(A) To outline a production schedule
(B) To respond to previous questions
(C) To introduce a department manager
(D) To propose a business plan

このアナウンスの目的は何ですか？
(A) 制作スケジュールの概要を説明すること
(B) 以前の質問に答えること
(C) 部長を紹介すること
(D) ビジネスプランを提案すること

正解 B [正答率 70.3%]
I've received a lot of questions about yesterday's memo.（昨日のメモについて、多くの質問を受けました）という発言の後で I contacted Kelvin Murphy ... to try to get some answers と述べていることから、質問に対する答えを得ようとしたことがわかる。したがって、この発表は数多く寄せられた質問に対応することが目的と判断できる。よって正解は (B)。

78 According to the speaker, what has not yet been determined?
(A) The cause of a software problem
(B) The budget for a new project
(C) The number of employees needed
(D) The date of a meeting

話し手によると、まだ確定していないことは何ですか？
(A) ソフトの問題の原因
(B) 新しいプロジェクトの予算
(C) 必要な従業員数
(D) 打ち合わせの日程

正解 B [正答率 75.7%]
何がまだ確定していないのかを伝えているのは、those issues have yet to be determined.（それらの内容はまだ決まっていません）という発言の直前の部分。この those issues は直前の the total budget for the project and its duration（このプロジェクトの総予算と期間）を指す。よって正解は (B)。

79 According to the speaker, what will happen in March?
(A) Work for a new client will begin.
(B) The company will open a new branch.
(C) A software update will be available.
(D) A new product will be released.

話し手によると、3 月に何が起こりますか？
(A) 新しい顧客との仕事が始まる。
(B) 会社が新支社を開設する。
(C) ソフトのアップデートが入手できるようになる。
(D) 新製品が発売される。

正解 A [正答率 18.9%]
3 月に起きることを示唆するのは The work won't start until March.（この仕事は 3 月まで始まりません）という発言。この the work が、その前に述べられた、コード・フラックスとの新しいプロジェクトを指していることがわかれば Code Flux を a new client と表現している (A) を選ぶことができる。

これがエッセンス
設問文を先読みすると、どのような情報を聞き取ればよいのかがわかります。そして説明文を聞きながらその情報が現れるのを待ち構えるのですが、場合によってはそのキーワードより前に重要な情報があったりします。キーワードを探しながらも文全体を理解するように努めましょう。

Questions 80 through 82 refer to the following talk.
V3_T2-52

Now that you've seen how our products are assembled and packaged, I'll show you how we get all of that merchandise to our customers. This map on the wall shows a complete image of our distribution network. All goods manufactured here are initially transported by truck to one of three main warehousing facilities, which are represented by these large red dots on the map. These smaller blue dots show the locations of our regional warehouses, where products are delivered on an as-needed basis. As you can see, our products are shipped not only to most areas within the country, but overseas as well.

80-82番は次の話に関するものです。
当社製品の組立と梱包手順をご覧いただきましたので、すべての商品を顧客の元へ届ける方法をお見せします。壁にある地図は、我々の流通ネットワークの全体像を示すものです。ここで作られた品物はまずトラックで3つの主要倉庫のうちの1つに送られますが、地図の大きな赤い点がそれを示しています。そして小さな青い点は地方の倉庫の所在を示し、そこには必要に応じて製品が配送されます。ご覧のとおり製品は国内のほとんどの地域だけでなく、海外にも発送されます。

Vocab. 本文 □ **assemble**「～を組み立てる」 □ **get A to B**「AをBに届ける」 □ **complete**「完全な」 □ **distribution**「流通」 □ **manufacture**「～を製造する」 □ **initially**「最初は」 □ **transport**「～を運ぶ」 □ **warehousing**「倉庫の」 □ **represent**「～を表す」 □ **location**「位置、場所」 □ **regional**「地域の」 □ **overseas**「海外に」
選択肢 □ **competitively**「競争力を持って」

80 What is the talk mainly about?
(A) An assembly procedure
(B) A marketing campaign
(C) A package design
(D) A distribution system

この話の主な内容は何ですか？
(A) 組立手順
(B) マーケティングキャンペーン
(C) パッケージのデザイン
(D) 流通システム

正解 D
[正答率 43.2%]

冒頭のyou've seen以下はそれまでの話の内容、I'll show you以下がこれからの話の内容なので、ここを聞き取りたい。how we get all of that merchandise to our customers（すべての商品を顧客の元へ届ける方法）と続けていることから、商品の配送、流通の仕組みを説明しようとしていることがわかる。これをdistribution system（流通システム）と表現している(D)が正解。

990点 講師の目
説明文の主題を問う設問に答えるには要約力が必要です。聞こえてくる説明文は何についてどうだと言っているのか、一言でまとめるトレーニングが必要です。

81 What is represented by blue dots on the map?
(A) Construction sites
(B) Regional warehouses
(C) Customer locations
(D) Manufacturing facilities

地図上の青い点は何を示していますか？
(A) 建設地
(B) 地方の倉庫
(C) 顧客の所在地
(D) 製造施設

正解 B
[正答率 73.0%]

地図上の赤い点が3つの主要倉庫を表すのに対し、青い点についてはThese smaller blue dots show the locations of our regional warehouses, where products are delivered on an as-needed basis.（小さな青い点は地方の倉庫の場所で、必要に応じて製品を配送します）と述べられていることから、地方の倉庫を表すものと判断できる。よって正解は(B)。

82 What does the speaker say about the company's products?
(A) They are competitively priced.
(B) They are expensive to produce.
(C) They are shipped abroad.
(D) They consume less energy.

話し手は会社の製品について何と言っていますか？
(A) 価格競争力がある。
(B) 製造費用が高い。
(C) 海外に送られる。
(D) ほかより燃費がいい。

正解 C
[正答率 86.5%]

製品の流通システムについて述べている中で、our products are ... と製品を主題にしている箇所が聞こえてくる。その内容はour products are shipped not only to most areas within the country, but overseas as well（製品は国内のほとんどの地域だけでなく海外にも送られます）という流通エリアの話題。話し手は会社の製品は海外にも送られると言っているので、正解は(C)。

V3_T2-53 **Questions 83 through 85** refer to the following excerpt from a workshop.

Many people have great ideas for new businesses, but not everyone has the funds to make them a reality. This workshop will help you understand how to raise enough money to get started. First, you need a strong business plan, so in the first half, we'll discuss how to write one and then we'll look at some examples. In the second half, we'll go over various funding sources—including bank loans and government grants. Oh, I see we have a few more people joining us. For those who've just arrived, there's an attendance sheet on the table in the back of the room. Please make sure to write your name on it before taking your seat at a desk.

83-85 番は次のワークショップの一部に関するものです。

多くの人が起業について素晴らしいアイデアをお持ちですが、すべての人がそれを実現する資金を持っているわけではありません。このワークショップを通じて、事業を始めるのに十分な資金をいかに調達すればよいかご理解いただけると思います。まずは、強固なビジネスプランが必要なので、前半ではビジネスプランの書き方に触れてから、いくつかの例を見ていきます。後半は、銀行ローンや政府の助成金を含めたさまざまな資金源について説明します。ああ、もう何名かいらっしゃいましたね。今いらした方にお伝えしますが、部屋の後ろのテーブルの上に出欠表があります。席に着く前に必ずご記名ください。

Vocab. 本文 □ **fund**「資金」 □ **reality**「現実」 □ **raise**「(資金など)を集める」 □ **go over**「～を検討する」 □ **various**「さまざまな」 □ **source**「源」 □ **including**「～を含めて」 □ **grant**「助成金、補助金」 □ **attendance**「出席」 選択肢 □ **investment**「投資」 □ **qualified**「適任の」 □ **attendee**「出席者、参加者」

83 What will be taught at the workshop?
(A) How to purchase real estate
(B) How to make investments in the stock market
(C) How to obtain funding for a new business
(D) How to find qualified employees

ワークショップでは何が教えられますか？
(A) 不動産を購入する方法
(B) 株式市場で投資をする方法
(C) 新たな事業のために資金を得る方法
(D) 適任の社員を探す方法

正解 C
[正答率 91.9%]

冒頭で多くの人が起業についてのアイディアを持っていても資金がないことを述べたうえで、This workshop will help you understand how to raise enough money to get started.(このワークショップを通じて、事業を始めるのに十分な資金をいかに調達すればよいかご理解いただけると思います)と続けていることから、資金を得る方法が講義されるとわかる。よって正解は(C)。

84 What will be covered in the first part of the workshop?
(A) Creating a plan
(B) Writing job advertisements
(C) Analyzing economic trends
(D) Selecting an agency

ワークショップの前半では何が取り上げられますか？
(A) プランの作成
(B) 求人広告の作成
(C) 経済動向の分析
(D) 代理店の選択

正解 A
[正答率 78.4%]

you need a strong business plan (強固なビジネスプランが必要です) と述べた後で in the first half, we'll discuss how to write one and then we'll look at some examples. (前半ではその書き方に触れてからいくつかの例を見ていきます) と続けていることから、ビジネスプランの書き方が取り上げられることがわかる。よって正解は(A)。

85 Why does the speaker say, "I see we have a few more people joining us"?
(A) Instructors were added to the schedule.
(B) Additional staff has been hired.
(C) Some extra tables have been set up.
(D) Some attendees are entering the room.

話し手はなぜ「もう何名かいらっしゃいましたね」と言っていますか？
(A) 講師が予定に加えられた。
(B) 追加のスタッフが雇用された。
(C) いくつかの追加のテーブルが設置された。
(D) 何人かの参加者が入室してきた。

正解 D
[正答率 67.6%]

ワークショップの後半の説明をしていたところで I see we have a few more people joining us (もう何名かいらっしゃいましたね) と述べ、For those who've just arrived (今いらした方にお伝えします) と続けていることから、話の途中で何人か参加者が入ってきたことがわかる。よって正解は(D)。

これがエッセンス

workshop は参加者が何かの作業をしたり、話し合ったりしながら進められる講座です。しかし、Part 4 では話し手は一人なので、講師による講義部分、あるいは参加者の発言部分のいずれかを聞くことになります。

V3_T2-54 **Questions 86 through 88** refer to the following news report.

In local news, the Cooper Street Auditorium will soon be torn down. According to the initial report in this month's issue of *City Scenes Magazine*, city officials have determined that the building has significant structural problems. The high estimated cost of upgrading the architecture to meet modern standards forced the previous owners to sell the aging performance venue. HVL Development, who purchased the property, plans to demolish the auditorium in June to make way for a new restaurant complex. While some residents welcome the change, others are disappointed about losing a landmark that's been part of downtown Lafayette's distinctive character for over 50 years.

86-88 番は次のニュース報道に関するものです。
地域のニュースです。クーパー通りホールが間もなく解体されます。『シティー・シーンズ・マガジン』今月号の最初の記事によれば、市当局はビルに重大な構造上の問題があると判断したそうです。この建物を今の基準に見合うように改装するための費用が高額だと予測されたため、前オーナーは老朽化したコンサート会場をやむなく売却しました。この物件を購入した HVL デベロップメントは 6 月にホールを解体して更地にして、新たに飲食店の複合施設を建設する計画です。この変化を歓迎している住民がいる一方、50 年以上もの間、ラファイエット中心街の特色であったランドマークを失うことに落胆している人もいます。

Vocab. 本文 □ **tear down**「～を取り壊す」 □ **initial**「最初の」 □ **issue**「(出版物などの) 号」 □ **significant**「重大な」 □ **structural**「構造の」 □ **estimated**「予測された」 □ **standard**「基準」 □ **demolish**「～を解体する」 □ **make way for**「～のために場所を空ける、更地にする」 □ **distinctive**「特色のある」 選択肢 □ **loss**「失うこと」

86 How was the news originally reported?
(A) At a press conference
(B) On a television program
(C) In a magazine article
(D) At a shareholders meeting

このニュースはもともとどこで報道されましたか?
(A) 記者会見
(B) テレビ番組
(C) 雑誌の記事
(D) 株主総会

正解 C
[正答率 83.8%]

According to the initial report in this month's issue of *City Scenes Magazine* というフレーズから、このニュースはもともと雑誌で報道されたことがわかる。よって正解は (C)。initial は「最初の」という意味で first と同義。issue は「新聞や雑誌など発行物の号、刷」を表す。

87 According to the report, what will likely happen in June?
(A) A facility will be demolished.
(B) A property will be sold.
(C) A venue will be upgraded.
(D) A new restaurant will open.

報道によると、6 月におそらく何が起こりますか?
(A) 施設が解体される。
(B) 土地が売られる。
(C) 会場が改装される。
(D) 新しいレストランが開店する。

正解 A
[正答率 54.1%]

6 月に起きる出来事としては HVL Development ... plans to demolish the auditorium in June ... (HVL デベロップメントは 6 月にホールを解体する) とあることから、ホールが解体される予定であることがわかる。よって正解は (A)。

88 What are some residents disappointed about?
(A) The lack of nearby shops
(B) The loss of a landmark
(C) The cost of a plan
(D) The duration of a project

一部の住民は何について落胆していますか?
(A) 近所に店がないこと
(B) ランドマークがなくなること
(C) 計画の費用
(D) プロジェクトの長さ

正解 B
[正答率 81.1%]

ホールの解体を歓迎する住民がいる一方で others are disappointed と、落胆している住民もいることを述べている。その内容としては about 以下で losing a landmark と述べられており、住民の一部はランドマークを失うことに落胆しているとわかる。よって正解は (B)。

これがエッセンス

Part 4 の説明文の聞き方に、情報を積み重ねていく方法があります。初めの文の情報に次の文、その次の文の情報を頭の中で追加していくのです。正解の根拠となる箇所がキーワードの前で語られたり、説明文全体を理解しないと正解を導けない問題の対処に有効です。

V3_T2-55 **Questions 89 through 91** refer to the following telephone message and list.

Good morning, Ms. Knight. My name is Bernie Harris, and I'm calling from the Stradbrook Community Association. We received your e-mail request for an application for membership in our organization, and we'll be sending that out to you today. The reason I'm calling is to let you know you're welcome to join us at a special meeting tomorrow at the civic center on Fulton Street. It's open to the public, so membership isn't required to attend. We'll be discussing ways to enhance the landscaping along Camden Lane in our neighborhood. If you'd like to share your ideas, please be at the center by the meeting's scheduled start time at 7:00 P.M.

89-91 番は次の電話メッセージとリストに関するものです。
ナイト様、おはようございます。ストラドブルック自治会のバーニー・ハリスと申します。当自治会への会員申込書に関する依頼のメールをいただきましたので、本日中にお送りいたします。明日フルトン通りの市民会館で特別な会議がありますので、ぜひご参加いただきたく、お電話しました。この会議は一般公開していますので、出席するのに会員資格は必要ありません。会議では、近所のカムデン通り沿いの造園を改善する方法について議論します。ご意見がありましたら、会議の予定開始時刻の午後 7 時までに会館へお越しください。

Vocab. 本文 □ **request**「依頼」 □ **send ... out to 〈人〉**「…を〈人〉に送る」 □ **the public**「一般」 □ **enhance**「～を改善する」 □ **landscaping**「造園」 選択肢 □ **agenda**「議題」 □ **form**「記入用紙」 □ **extend**「～を伝える」 □ **promptly**「時間どおりに」

89 What will the Stradbrook Community Association probably send to the listener today?
(A) A meeting agenda
(B) A street map
(C) A telephone number
(D) An application form

今日、ストラドブルック自治会はおそらく聞き手に何を送りますか？
(A) 会議の議題
(B) 市街地図
(C) 電話番号
(D) 申し込み書

正解 D
[正答率 64.9%]

話し手は自分がストラドブルック自治会の会員であることを伝えたうえで your e-mail request for an application for membership（会員申し込み書に関する依頼メール）を受信したので今日中に送付すると述べていることから、話し手は聞き手に自治会の申し込み書を送ることがわかる。よって正解は (D)。

990点 講師の目
設問中の固有名詞は説明文の中に現れますが、どのような発音なのかわかりにくい単語もあるでしょう。その場合はとりあえずローマ字読みをしておくことをおすすめします。正確ではないかもしれませんが、大きく外れることはないはずです。

90 Why does the speaker say he is calling?
(A) To arrange an interview
(B) To sign up for an event
(C) To extend an invitation
(D) To promote a candidate

話し手はなぜ電話していると言っていますか？
(A) 面接の予定を入れるため
(B) イベントに申し込むため
(C) 招待するため
(D) 候補者を昇進させるため

正解 C
[正答率 48.6%]

自治会の会員申し込み書に関する説明をした後で The reason I'm calling と続いているから、この後に電話をかけた理由が述べられることが予測できる。その内容は to let you know you're welcome to join us at a special meeting tomorrow at the civic center on Fulton Street（明日フルトン通りの市民会館で特別な会議があるので参加してほしい）ということである。よって正解は (C)。

91 What does the speaker ask the listener to do?
(A) Park on a particular road
(B) Reply with schedule options
(C) Participate in a vote
(D) Arrive at a meeting promptly

話し手は聞き手に何をするように頼んでいますか？
(A) ある特定の道路に駐車する
(B) 予定の候補について返事する
(C) 投票に参加する
(D) 会議に時間どおりに到着する

正解 D
[正答率 24.3%]

please が聞こえたら、話し手が聞き手に何かを頼んでいると判断したい。be at the center by the meeting's scheduled start time at 7:00 P.M.（会議の予定開始時刻の午後 7 時までに会館へ来ている）とあるので、会議の開始予定時刻までに来るように頼んでいるのがわかる。よって正解は (D)。

V3_T2-56 **Questions 92 through 94** refer to the following excerpt from a meeting.

Before we start the meeting, I have some news to share. One of our clients, Bixby Consolidated, is going to expand its use of our services. I recently presented an offer to Bixby's board of directors and they decided to accept it without any negotiation. Would you believe that? I thought for sure they'd try to bargain for a lower price. Once the terms have been finalized, a representative from Bixby will come here and sign the contract. This will probably happen sometime next week.

92-94 番は次の会議の一部に関するものです。
会議を始める前に、共有しておきたいニュースがあります。私たちの顧客の1つであるビクスビー・コンソリデーテッドが、私たちのサービス利用を拡大します。私が最近ビクスビー社の取締役会に提案をしたところ、即決で採用が決まったのです。信じられますか？ 間違いなく値下げ交渉をしてくると思っていました。条件が整ったら、ビクスビー社の代表がわが社を訪れて契約を締結する予定です。この件はおそらく来週行われるでしょう。

Vocab. 本文 □ **expand**「～を拡大する」 □ **present**「～を提示する」 □ **offer**「提案」 □ **accept**「～を受け入れる」 □ **negotiation**「交渉」 □ **for sure**「確実に」 □ **bargain**「(値段) を交渉する」 □ **terms**「条件」 □ **contract**「契約書」 □ **probably**「おそらく」 選択肢 □ **be dissatisfied with**「～に不満である」 □ **accurate**「正確な」 □ **grant**「～を与える、認める」

92 What has the speaker recently done?
(A) She became a member of the board.
(B) She requested a larger budget.
(C) She made a presentation to a client.
(D) She started using a new supplier.

話し手は最近何をしましたか？
(A) 彼女は取締役になった。
(B) 彼女はより大きい予算を要求した。
(C) 彼女は顧客にプレゼンをした。
(D) 彼女は新しい納入業者を使い始めた。

正解 C
[正答率 43.2%]

話し手が最近行ったこととして、I recently presented an offer to Bixby's board of directors (私は最近ビクスビー社の取締役会に提案をした) と述べられている。話し手は Bixby が自分たちの顧客であることも述べているので、正解は (C)。

93 What does the speaker imply when she says, "Would you believe that?"
(A) She is dissatisfied with a service.
(B) She thinks a report is not accurate.
(C) She was surprised by a decision.
(D) She was upset about a price.

話し手の「信じられますか」という発言にはどういう意味の含みがありますか？
(A) 彼女はサービスに満足しなかった。
(B) 彼女は報告書が正確でないと思っていた。
(C) 彼女は決定に驚かされた。
(D) 彼女は値段に動揺した。

正解 C
[正答率 51.4%]

話し手の Would you believe that? という発言から、信じがたいことが起きたことが推測できる。この発言の直前に they decided to accept it without any negotiation (即決で採用が決まった) とあることから、顧客が即決で話し手の案を採用したという予想外の展開を信じられますかと言っているのがわかる。よって正解は (C)。

990点 講師の目

発言の含みとは、文の直接的な意味とは異なり、発言から間接的に推察できる話し手の意図のことです。英語でも遠回しの表現は、コミュニケーションにさまざまな効果をもたらします。それを理解するには何よりも文脈を理解することが不可欠です。

94 According to the speaker, what will probably happen next week?
(A) A contract will be signed.
(B) A board meeting will be held.
(C) New merchandise will be delivered.
(D) Additional funding will be granted.

話し手によると来週おそらく何が起こりますか？
(A) 契約が結ばれる
(B) 取締役会が開かれる
(C) 新しい商品が届けられる
(D) 追加の資金調達が承認される。

正解 A
[正答率 73.0%]

来週の出来事を述べているのは This will probably happen sometime next week. (この件はおそらく来週行われるでしょう) であるが、その内容は直前の a representative from Bixby will come here and sign the contract (ビクスビー社の代表がわが社を訪れて契約を締結する) である。このことから来週ビクスビー社との契約が締結されることがわかる。よって正解は (A)。

V3_T2-57 **Questions 95 through 97** refer to the following talk and chart.

I want to thank everyone who came today to audition for a spot in the singing competition. As you know, only twenty performers will eventually be chosen as official contestants. This preliminary round will continue for two more days. After that, there'll be a second and third round of auditions before our judges make their final selections. To move on to the second round, your average score in the preliminary round must be at least four out of five. If you didn't do well enough, you'll be informed by e-mail later today.

95-97 番は次の話とグラフに関するものです。
本日歌唱コンクールの出場者を決めるオーディションにお越しくださった皆様にお礼を申し上げます。ご存じのとおり、正式な出場者として最終的に選ばれるのはたった 20 名です。この 1 次審査はこれからあと 2 日間続きます。その後、審査員が最終審査を行う前に 2 次審査と 3 次審査があります。2 次に進むためには、1 次審査の平均スコアが 5 点中 4 点以上である必要があります。1 次審査を通過しなかった方には、本日中にメールでお知らせします。

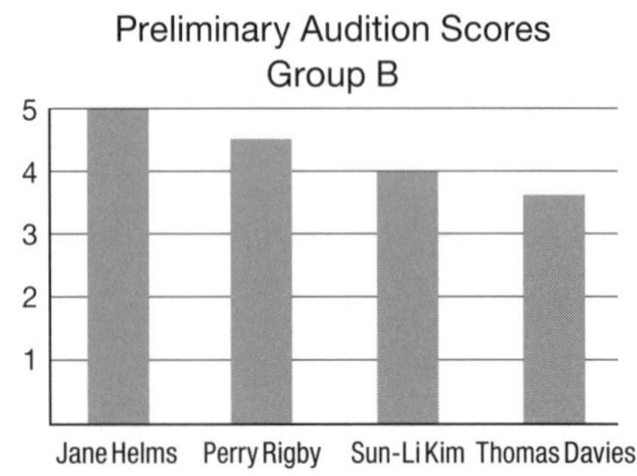

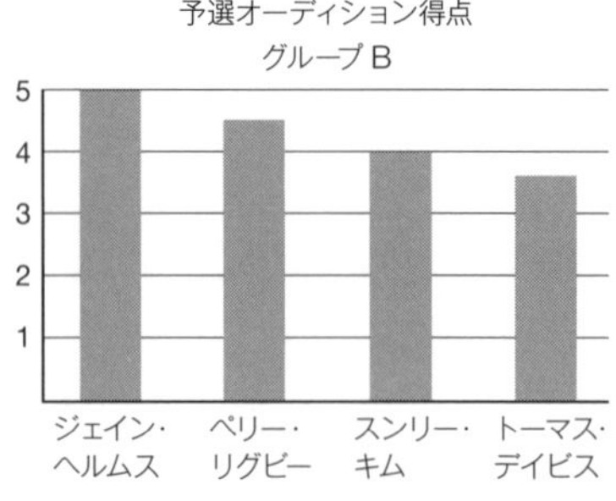

Vocab. 本文 □ **audition**「オーディション」 □ **spot**「出場枠」 □ **competition**「コンクール、大会」 □ **performer**「演奏者」 □ **eventually**「最終的に」 □ **official**「正式な」 □ **contestant**「出場者」 □ **preliminary**「予選の」 □ **judge**「審査員」 □ **selection**「選考」 □ **average**「平均の」 □ **at least**「少なくとも」 □ **inform**「～に知らせる」
選択肢 □ **audition for**「～のオーディションを受ける」

95 What are listeners auditioning for today?
(A) A role in a film
(B) A place in a competition
(C) A part in a play
(D) A job in an orchestra

今日、聞き手は何のオーディションを受けていますか？
(A) 映画の配役
(B) コンクールへの参加資格
(C) 演劇の配役
(D) オーケストラでの職

正解 B
[正答率 64.9%]

冒頭で話し手は聞き手に対し、audition for a spot in the singing competition（歌唱コンクールの出場枠を決めるオーディション）に来てくれたことを感謝している。したがって聞き手は歌唱コンクールに出場するためのオーディションを受けていることがわかる。よって正解は (B)。

96 How many rounds of auditions will take place before final selections are made?
(A) One
(B) Two
(C) Three
(D) Four

最終審査が行われる前に、オーディションは何回行われますか？
(A) 1 回
(B) 2 回
(C) 3 回
(D) 4 回

正解 C
[正答率 32.4%]

話し手の発言に there'll be a second and third round of auditions before our judges make their final selections.（審査員が最終審査を行う前に 2 次審査と 3 次審査があります）とあることから、最終審査の前には 3 回の審査が行われることがわかる。よって正解は (C)。

990点 講師の目
オーディションが全部で何回あるかという問題だと思い込み、最終審査を含めて 4 回と考えた人もいることと思います。設問文の読み違えはケアレスミスです。設問数の多い TOEIC では集中力を持続させることも高得点獲得のポイントなのです。

97 Look at the graphic. Who will most likely be contacted by e-mail later today?
(A) Jane Helms
(B) Perry Rigby
(C) Sun-Li Kim
(D) Thomas Davies

図表を見てください。今日これからメールで連絡を受けるのはおそらくだれですか？
(A) ジェイン・ヘルムズ
(B) ペリー・リグビー
(C) スンリー・キム
(D) トーマス・デイビス

正解 **D**
[正答率 27.0%]

話し手の最後の発言に If you didn't do well enough, you'll be informed by e-mail later today.（1次審査を通過しなかった方には、本日中にメールでお知らせします）とある。1次審査の通過には平均スコアが4点以上である必要があると述べられているので図表を見て4点に達していない人物を確認すればよい。該当者は (D) のトーマス・デイビス。

これがエッセンス
図表を見ながら説明文を聞く問題は、まず図表が何を示しているのかを把握します。タイトル、数字、グラフの違いなどを確認したうえで説明文を聞きましょう。説明文の中で図表の内容に触れる箇所があれば、説明文と図表がどのように対応するのかを聞き取りましょう。

V3_T2-58 **Questions 98 through 100** refer to the following announcement and sign.

Thank you for shopping at Henderson's, the home of the area's largest selection of consumer electronics. Our annual summer clearance sale is now underway. Through August, you can take advantage of price reductions on desktop and laptop computers as we make room for incoming merchandise. Whether you're looking for a new mouse or a new monitor, you'll find discounts throughout the store all month long. This weekend only, get 30 percent off the purchase of any Astella brand color printer. And while you're here, be sure to check out the new line of digital cameras made by Tectron, Sweden's leading manufacturer of photography equipment.

Henderson's Floor Guide	
First Floor	Digital Cameras & Recorders
Second Floor	Desktop Computers & Monitors
Third Floor	Laptop Computers & Tablets
Fourth Floor	Copiers & Printers

98-100番は次のアナウンスと掲示に関するものです。

ヘンダーソンズをご利用いただきありがとうございます。当店は、家電製品で地域一番の品ぞろえを誇ります。ただ今、毎夏恒例のクリアランスセールを実施中です。次の新商品入荷に伴う在庫一掃のため、8月いっぱい、デスクトップパソコンとノートパソコンを割引価格でお買い求めいただけます。探しているのが新しいマウスでもモニターでも、1カ月間、店内商品が割引になります。また今週末にかぎり、アステラ製のカラープリンタが、どれも30%引きで購入いただけます。スウェーデンの写真機器トップメーカーのテクトロン製最新デジタルカメラもぜひこの機会にご覧ください。

ヘンダーソンズ・フロアガイド	
1階	デジタルカメラ&レコーダー
2階	デスクトップパソコン&モニター
3階	ノートパソコン&タブレット
4階	コピー機&プリンタ

Vocab. 本文 □ **electronics**「電化製品」 □ **annual**「年に1回の」 □ **underway**「実施中で」 □ **take advantage of**「～をうまく利用する」 □ **price reduction**「値下げ」 □ **make room for**「～のためにスペースを空ける」 □ **discount**「値下げ」 □ **manufacturer**「製造業者、メーカー」 選択肢 □ **knowledgeable**「知識の豊富な」 □ **satisfaction**「満足」 □ **device**「機器」 □ **synthetic**「合成の」

98 What aspect of Henderson's is mentioned in the announcement?

(A) Its convenient branch locations
(B) Its knowledgeable staff members
(C) Its wide selection of merchandise
(D) Its customer satisfaction guarantee

このアナウンスでは、ヘンダーソンズのどんな点が述べられていますか?

(A) 店舗の便利な立地
(B) 知識豊富なスタッフ
(C) 幅広い品ぞろえ
(D) 顧客満足度の保証

正解 C
[正答率 81.1%]

冒頭で、ヘンダーソンズは the home of the area's largest selection of consumer electronics (家電製品で地域一番の品ぞろえを誇る) と紹介されているので、家電製品の品ぞろえのよさをシンプルに wide selection of merchandise と言い換えている (C) が正解。

99 Look at the graphic. Where is a discount being offered for this weekend only?

(A) On the first floor
(B) On the second floor
(C) On the third floor
(D) On the fourth floor

図表を見てください。今週末のみ割引が提供されているのはどこですか?

(A) 1階
(B) 2階
(C) 3階
(D) 4階

正解 D
[正答率 35.1%]

クリアランスセールの内容が紹介される中で、This weekend only というフレーズの後が、今週末のみに実施されるセール内容であると予測したい。get 30 percent off the purchase of any Astella brand color printer. (アステラ製のカラープリンタが、どれも30%引きで購入いただけます) と続いているので、図表で、プリンタを売っているフロアを確認し、fourth floor の (D) を選ぶ。

100 What most likely is Tectron?
(A) A piece of software
(B) A manufacturing firm
(C) An electronic device
(D) A synthetic material

テクトロンとはおそらく何ですか？
(A) ソフトウェア
(B) 製造会社
(C) 電子機器
(D) 合成素材

正解 B
[正答率 35.1%]

テクトロンという単語は the new line of digital cameras made by Tectron というフレーズの中で聞こえるので、デジタルカメラを製造している会社を意味していることがわかる。また、その後の Sweden's leading manufacturer of photography equipment（スウェーデンの写真機器トップメーカー）という説明からも判断できる。よって正解は (B)。

これがエッセンス

メモを取ることが許されていない TOEIC では、説明文の内容をすべて記憶しておくことは容易なことではありませんし、あまり現実的とも言えません。設問文を先読みし、聞き取るべきポイントを把握してその部分の理解に傾注するのが、高得点を取るだけでなく集中力を持続させるのにも役立ちます。

TEST 2 正解一覧

チェックボックスは答え合わせや習熟度確認のためにお使いください。

1	D	□□□
2	D	□□□
3	C	□□□
4	B	□□□
5	D	□□□
6	A	□□□
7	C	□□□
8	A	□□□
9	B	□□□
10	C	□□□
11	A	□□□
12	B	□□□
13	A	□□□
14	B	□□□
15	A	□□□
16	B	□□□
17	A	□□□
18	C	□□□
19	A	□□□
20	B	□□□
21	C	□□□
22	C	□□□
23	B	□□□
24	C	□□□
25	C	□□□
26	B	□□□
27	A	□□□
28	C	□□□
29	C	□□□
30	B	□□□
31	A	□□□
32	B	□□□
33	D	□□□
34	A	□□□
35	C	□□□
36	D	□□□
37	B	□□□
38	C	□□□
39	A	□□□
40	A	□□□
41	D	□□□
42	A	□□□
43	A	□□□
44	C	□□□
45	C	□□□
46	D	□□□
47	C	□□□
48	A	□□□
49	C	□□□
50	C	□□□
51	C	□□□
52	B	□□□
53	A	□□□
54	B	□□□
55	D	□□□
56	B	□□□
57	D	□□□
58	A	□□□
59	A	□□□
60	D	□□□
61	A	□□□
62	B	□□□
63	A	□□□
64	C	□□□
65	B	□□□
66	B	□□□
67	D	□□□
68	D	□□□
69	B	□□□
70	C	□□□
71	D	□□□
72	B	□□□
73	C	□□□
74	D	□□□
75	A	□□□
76	A	□□□
77	B	□□□
78	B	□□□
79	A	□□□
80	D	□□□
81	B	□□□
82	C	□□□
83	C	□□□
84	A	□□□
85	D	□□□
86	C	□□□
87	A	□□□
88	B	□□□
89	D	□□□
90	C	□□□
91	D	□□□
92	C	□□□
93	C	□□□
94	A	□□□
95	B	□□□
96	C	□□□
97	D	□□□
98	C	□□□
99	D	□□□
100	B	□□□

TEST 3 の解答・解説

1 V3_T3-02

(A) Some people are applauding.
(B) Some people are looking at their watches.
(C) Some people are shaking each other's hands.
(D) Some people are leaving a stadium.

(A) 人々が拍手している。
(B) 人々が腕時計を見ている。
(C) 人々が握手をしている。
(D) 人々がスタジアムを去っている。

正解 A [正答率 97.1%]

中心の男性が拍手しており、後ろや横にも拍手しているしぐさの人々がいるので、(A) が正解。(D) の stadium（スタジアム）は写真に写っているが、leaving a stadium（スタジアムを去っている）という〈動作〉を写真から確認できない。

Vocab.
□ **applaud**「拍手する」
□ **shake hands**「握手する」
□ **leave**「～を去る」

2 V3_T3-03

(A) Cargo is being piled up on the deck.
(B) A ship is heading toward the shore.
(C) A boat is docked near a building.
(D) Passengers are boarding a yacht.

(A) 積荷がデッキに積み重ねられている。
(B) 船が岸に向かっている。
(C) ボートが建物の近くに着岸している。
(D) 乗客がヨットに乗船している。

正解 C [正答率 80.0%]

大型のボートが着岸している横に建物も見えるので (C) が正解。(B) ~ (D) の ship, boat, yacht は類義語だが、(B) の heading toward（向かっている）という〈動作〉は写真の描写に合わない。また、(A) の cargo（積荷）と (D) の passengers（乗客）は写真に写っていない。

Vocab.
□ **cargo**「積荷」
□ **pile up**「～を積み上げる」
□ **shore**「岸」

3 V3_T3-04

(A) She's stocking a display.
(B) She's trying on a hat.
(C) She's touring a gallery.
(D) She's making a purchase.

(A) 彼女は陳列棚に商品を並べている。
(B) 彼女は帽子を試着している。
(C) 彼女はギャラリーを見て回っている。
(D) 彼女は買い物をしている。

正解 B [正答率 96.2%]

たくさんの帽子に囲まれた女性が帽子を１つかぶって自身の姿をチェックしているので、(B) が正解。(A) の stocking（陳列している）、(C) の touring（～を見て回っている）、(D) の making a purchase（購入している）はいずれも女性の行動に一致していない。

Vocab.
□ **stock**「～を蓄える」
□ **try on**「～を試着する」
□ **tour**「見学する」
□ **make a purchase**「買い物をする」

V3_T3-05

4 (A) The woman is shading herself with an umbrella.
(B) The man is handing out papers.
(C) The woman is descending some steps.
(D) The man is weighing a parcel.

(A) 女性は傘で日よけをしている。
(B) 男性は印刷物を配っている。
(C) 女性は階段を下りている。
(D) 男性は小包の重さを量っている。

正解 **B** [正答率 97.1%]

歩いてくる女性に向かって、紙類を持った手を伸ばしている男性の様子を (B) が正しく表している。(A) の umbrella は写真に写っているが、shading は「(光や熱から) ～を遮っている」という〈動作〉を表すため、写真と合わない。

Vocab.
- □ **shade**「(光や熱から) ～を遮る」
- □ **hand out**「～を配布する」
- □ **descend**「～を下りる」
- □ **weigh**「～の重さを量る」
- □ **parcel**「小包」

V3_T3-06

5 (A) A warehouse is being cleaned by a work crew.
(B) Brooms are being kept in a basket.
(C) Items are being removed from a locker.
(D) Brushes are being soaked in a bucket.

(A) 倉庫が作業員の一団によって掃除されている
(B) ほうきがカゴの中に置かれている。
(C) 品物がロッカーから取り除かれている。
(D) ブラシがバケツの中に浸されている。

正解 **B** [正答率 62.9%]

カゴの中に brooms (ほうき) が何本も収納されているので、(B) が正解。(A) の is being cleaned by a work crew は「作業員の一団によって掃除されている最中だ」という意味のため、掃除している人が写っている必要がある。

Vocab.
- □ **broom**「ほうき」
- □ **remove**「～を撤去する」
- □ **soak**「～を浸す」

990点 講師の目

〈be 動詞〉+ being +〈過去分詞〉は進行形の受動態を表し、「～されているところだ (最中だ)」という意味になります。〈動作〉を表す動詞を進行形の受動態で用いる場合は、〈動作〉の主となる人物が写真に写っていないと不適切な描写となりますが、keep は〈状態〉を表す動詞なので、人物不在の写真であっても用いることができます。

V3_T3-07

6 (A) He's operating a computer.
(B) He's filing a folder.
(C) He's searching through a desk drawer.
(D) He's getting some tape from a dispenser.

(A) 彼はコンピュータを操作している。
(B) 彼はフォルダーに書類をファイリングしている。
(C) 彼は机の引き出しの中をくまなく探している。
(D) 彼はディスペンサーからテープを取っている。

正解 **D** [正答率 94.3%]

男性がテープを引き出しているので (D) が正解。(A) の computer は写っているが、男性はコンピュータに触れていないので、operating (操作している) という〈動作〉とは一致しない。

Vocab.
- □ **operate**「～を操作する」
- □ **search**「探す」
- □ **dispenser**「ディスペンサー (必要な分を取り出せる容器)」

V3_T3-09

7
Do you know where Ms. Blankenship went?
(A) About an hour ago.
(B) To the bank on Main Street.
(C) No, it was Ms. Simmons.

ブランケンシップさんはどこへ行ったかご存じですか？
(A) 1時間ほど前です。
(B) メイン・ストリートにある銀行へ。
(C) いいえ、それはシモンズさんでした。

正解 B ［正答率 62.9%］

問いかけは、Do you know＋〈疑問詞〉...? の形の間接疑問文。Yes/Noで答える疑問文だが、質問のポイントはwhere 以下の部分にある。このポイントを受けて、〈場所〉を答えている (B) が正解。

Vocab.
□ **bank**「銀行」

V3_T3-10

8
When will the next inspection take place at the restaurant?
(A) On the first of next month.
(B) Just the kitchen facility.
(C) They serve excellent food there.

次回レストランで行われる検査はいつですか？
(A) 来月1日に。
(B) 台所設備だけです。
(C) そこは素晴らしい食事を提供しています。

正解 A ［正答率 91.4%］

When で〈時〉を尋ねる質問に、(A) が具体的な日を的確に答えている。When を万一聞き落としたとしても、「何が」(inspection)、「どうする」(take place)、「どこで」(at the restaurant) の3点をつかめば、不足している要素が〈時〉の情報であることがわかる。不足している要素が、すなわち、質問点と考えられる。

Vocab.
□ **facility**「設備」

これがエッセンス

Part 2 では問いかけの最初の一語が解答のカギを握ることが多々あるので、冒頭の単語を確実に聞き取ろうとする心構えが大変重要です。ただし、聞き取れなかったときに動揺をせず、聞き取った情報から全体像や聞き漏らした単語を推測していく力も同じように大切です。

V3_T3-11

9
Our due date is coming up soon, isn't it?
(A) You're right—we'll need to work quickly.
(B) We're supposed to meet her out front.
(C) You can exchange it for a larger size.

締め切りが間近に迫っていますよね。
(A) そのとおりです——速やかに進めなくてはなりません。
(B) 彼女に正面入口で会うことになっています。
(C) 大きいサイズと交換できます。

正解 A ［正答率 97.1%］

文末に isn't it?（～ですよね）を付けて〈同意〉を求める付加疑問文。キーワードの due date（期日）と soon（すぐに）を押さえれば、同意を示している (A) が正解だとわかる。問いかけの come up（やって来る、近づく）と関連がありそうな動詞 meet（～に会う）を用いた (B) に惑わされないように注意しよう。

Vocab.
□ **due date**「締切日」
□ **out front**「建物の前で、正面入口の前で」

V3_T3-12

10
How can I get to the theater district?
(A) A new play by Alan Frantz.
(B) It's just a ten-minute walk from here.
(C) Right here on the ticket.

劇場街へは、どうやって行けばいいですか？
(A) アラン・フランツの新しい劇があります。
(B) ここから徒歩でわずか10分です。
(C) チケットのちょうどここに。

正解 B ［正答率 74.3%］

How can I get to ...? は〈行き方〉を尋ねる表現。歩いて行ける距離だと答える (B) が会話を成立させる。ほかの交通手段をすすめるのであれば、You might want to take the bus.（バスを使ったほうがいいかも）などと応じることができる。(A) と (C) は theater と関連性のある単語 play（芝居）や ticket を使って誤答を誘っている。

Vocab.
□ **district**「地区」
□ **play**「芝居」

V3_T3-13

11
Where did you put that article you were reading?
(A) Isn't she working for a newspaper?
(B) Oh, did you want to look at it too?
(C) On new medical research.

読んでいた記事をどこに置きましたか?
(A) 彼女は新聞社に勤めていませんか?
(B) ああ、あなたも見たかったですか?
(C) 新しい医学研究についてです。

正解 B [正答率 51.4%]

Whereで〈場所〉を尋ねる問いかけ。問われている記事 (article) の所在を答えなくても、(B) のように、探している理由を推測して問い返す形でも会話が成立することを確認しよう。〈場所〉を聞いているから〈場所〉を導く前置詞を待ち構えていると、Onで始まる (C) に惑わされるので注意したい。

Vocab.
□ **article**「記事」
□ **medical**「医学の」

V3_T3-14

12
Who told you about the new guidelines?
(A) No, it's fairly old.
(B) Some new work procedures.
(C) The department director did.

新しい規則についてあなたに伝えたのはだれですか?
(A) いいえ、それはかなり古いものです。
(B) いくつかの新しい作業手順です。
(C) 部長です。

正解 C [正答率 94.3%]

Whoで〈人〉を問われているので、「the department director (部長) です」と人物を答えている (C) が正解。(A) には問いかけのnewの反意語oldを、(B) はguidelines (規則) と関連性のある語procedures (手順) を用いた罠が仕掛けられている。

Vocab.
□ **procedure**「手続き」

V3_T3-15

13
When are you going to unveil the new software?
(A) At the annual technology exposition.
(B) Did they happen to mention a reason?
(C) I should be available at that time.

新しいソフトウェアをいつ公表するのですか?
(A) 年に一度の技術博覧会で。
(B) ひょっとして彼らは理由を言ったのですか?
(C) そのときには私は手が空いているはずです。

正解 A [正答率 34.3%]

Whenで〈時〉を尋ねる問いかけ。日付や時期、時間といった直接的な〈時〉の情報を答えなくても、それが「いつ」なのか共通認識のある行事などを伝えても会話は成り立つ。よって、「博覧会で」と答えている (A) が正解となる。

Vocab.
□ **unveil**「~を公表する」
□ **mention**「~に言及する」

990点 講師の目

「唐突に現れる人称代名詞」を用いた選択肢は、即座に誤答と判断できます。一例として、(B) で使われている三人称複数の人物を指す代名詞theyを見てみましょう。最初の発言者は「彼ら」で言い換えられる人物に言及していませんから、会話がかみ合うはずがありません。

V3_T3-16

14
Whose job is it to clean the break room today?
(A) Let's keep working on them for a while.
(B) You'll have to look on the schedule.
(C) It was just after my break.

今日はだれが休憩室を掃除することになっていますか?
(A) いいえ、もうしばらくの間仕事を続けましょう。
(B) 予定表を確認する必要があります。
(C) それは休憩の直後でした。

正解 B [正答率 83.3%]

Whose job ...? で「だれの担当か」が問われている。担当者を知っていれば人名や担当部署名を答えればいいが、知らない場合は、知らないと伝えたり、担当者を探す手段を教えるという応対も考えられる。(B) が暗に「予定表を見ればわかる」と教えている。

Vocab.
□ **break**「休憩」
□ **for a while**「しばらくの間」

V3_T3-17

15

Where is the company having its year-end dinner banquet?
(A) We're still reviewing our options.
(B) They're planning a special menu.
(C) I'll definitely be there this year.

会社は年末の夕食会をどこで開く予定ですか？
(A) まだ候補を見直しているところです。
(B) 彼らは特別なメニューを予定しています。
(C) 今年は絶対に参加します。

正解 A [正答率 74.3%]

Whereで年末の夕食会を開催する〈場所〉を尋ねている。この質問に対し、We're still reviewing our options.（まだ候補を見直しているところです）と答え、場所は未定であることを伝える(A)が会話を成立させる。dinnerの内容を聞かれているのであれば(B)が、出欠を尋ねられたのであれば(C)が適切な応答となる。

Vocab.
□ banquet「宴会」
□ review「～を再検討する」

これがエッセンス

Part 2の問題を使った勉強法をおすすめします。正解の選択肢については、「この選択肢が正解となる問いかけ」のパターンを１つ２つ自作してみましょう。誤答となった選択肢についても同様に、「この誤答を正解に変える問いかけ」パターンを考えます。ビジネス英会話の訓練にもつながり、効率良く学習できます。

V3_T3-18

16

We should go to the Palms Restaurant after the show.
(A) By tomorrow would be best, I suppose.
(B) Sorry, I haven't seen it.
(C) Let's try that new Italian place instead.

ショーの後はパルムズ・レストランへ行きましょう。
(A) 明日までだといちばんいいと思います。
(B) ごめんなさい、まだ見ていません。
(C) それよりも、あの新しいイタリア料理店にしましょう。

正解 C [正答率 65.7%]

We should ...（…しましょう）は、Why don't we ...?（…しましょうか）やLet's ...!（…しましょう）などと同様に〈提案〉を伝える表現。Palms Restaurantに行くことを提案され、(C)がLet's ... instead（代わりに…しよう）と代替案を提示している。(B)は問いかけで使われているshowからの連想を狙った誤答。

Vocab.
□ suppose「～だと思う」

V3_T3-19

17

Why do you think our proposal was rejected?
(A) There were some budgetary concerns.
(B) Unless there was a policy change.
(C) Not according to our projections.

私たちの提案はなぜ却下されたと思いますか？
(A) 予算面での懸念があったんです。
(B) 規則変更がないかぎり。
(C) 私たちの予測では、そうではありません。

正解 A [正答率 74.3%]

Whyで提案が承認されなかった理由について意見を求める問いかけに対し、budgetary concerns（予算の懸念）を理由として挙げている(A)が適切な応答となる。Do you think our proposal will be rejected?（提案は却下されるだろうか）などのYes/No疑問文であれば(B)や(C)で受けることができる。

Vocab.
□ reject「～を拒絶する」
□ projection「見通し、予測」

V3_T3-20

18

Don't you want a printout of the sales figures?
(A) About 40,000 euros.
(B) Thanks, I already have one.
(C) No, they don't.

売上高を印刷したものは要りませんか？
(A) 約4万ユーロです。
(B) ありがとう、すでに持っています。
(C) いいえ、彼らはしません。

正解 B [正答率 76.3%]

問いかけはDon't youで始まる否定疑問文だが、Do youで尋ねられた場合と応答に変わりはなく、質問のポイントは「printoutが必要か否か」にある。Noと答えるかわりに、もう持っている（＝printoutは不要）と応じている(B)が適切な応答。(C)はNo, I don't.（要りません）であれば会話は成立するが、返答がダイレクトすぎて、相手の親切心に対する配慮に欠けた応答になる。

Vocab.
□ figure「（金）額」

V3_T3-21

19 How did you become acquainted with the director of the science museum?
(A) How about this weekend?
(B) For a new space exhibit.
(C) We're neighbors.

科学博物館の館長とは、どのように知り合ったのですか?
(A) 今週末はどうですか?
(B) 新しい宇宙展のために。
(C) ご近所同士なんです。

正解 **C** [正答率 62.9%]

問いかけは、How (どのように) で親しくなったきっかけを尋ねている。これに対し、隣人である、つまり、近所に住んでいるから親しくなったと背景を説明する (C) が適切な応答。(A) と (B) は、science museum (科学博物館) との関連性を匂わせることで誤答を誘っている。

Vocab.
□ acquainted「面識のある」
□ neighbor「隣人」

V3_T3-22

20 Have we been experiencing any more difficulties with our computer system?
(A) Certainly, that wouldn't be a problem.
(B) None that I'm aware of.
(C) Since we have more experience in the field.

コンピュータシステムの問題はまだ発生していますか?
(A) もちろん、あれは問題にはなりませんよ。
(B) 私の知るかぎりはありません。
(C) 私たちは、その分野でより豊富な経験があるからです。

正解 **B** [正答率 40.0%]

Have we been *doing* ...? は、〈継続〉〈進行〉について尋ねる Yes/No 疑問文。システムの不具合の有無について適切に応じているのは、None (何もない) と答えている (B) のみ。(A) は、May I borrow your computer this afternoon? (午後、コンピュータを借りてもいいですか) などと〈許可〉を求められた場合の応答。

Vocab.
□ experience「経験する、経験」
□ be aware of「~を知っている」

これがエッセンス

攻略法に頼りすぎて逆にトラップにはまることがあります。たとえば、問いかけと同じ単語を含む選択肢が誤答となる確率は高いので、同じ単語が来たら即却下とする方法。同じ単語を含んでいても、会話が成立すれば正解です。「会話が成立するか否か」の視点を忘れずに正誤判断をする力を磨きましょう。

V3_T3-23

21 Why don't we share a taxi ride back to the office?
(A) The tax wasn't included.
(B) Mr. Langford is chairing the committee.
(C) That's a good plan.

オフィスに戻るのにタクシーに相乗りしませんか?
(A) 税金は含まれていません。
(B) ランフォードさんが委員長を務めます。
(C) いい考えですね。

正解 **C** [正答率 90.0%]

Why don't we ...? (…しませんか) は〈誘い・提案〉の表現。(C) が a good plan と賛同を示している。(A) は taxi と tax (税)、(B) は share と chair との音の類似を利用した誤答。

Vocab.
□ include「~を含む」
□ chair「~の議長を務める」

V3_T3-24

22 What type of dress code will there be at the reception?
(A) The event starts at seven.
(B) Are you considering going?
(C) To mail the invitations.

そのレセプションにはどんな服装規定がありますか?
(A) イベントは7時に始まります。
(B) 行くことを検討しているんですか?
(C) 招待状を郵送するためです。

正解 **B** [正答率 88.6%]

What type of ...? で種類を尋ねているが、疑問点の dress code (服装規定) を答える選択肢はない。なぜ相手が服装規定を知りたいのかを推測しよう。「行くんですか」と問い返す (B) が会話を成立させる。(A) は What type と What time の音の類似を突いた誤答。

Vocab.
□ consider「~を検討する」
□ mail「~を郵送する」
□ invitation「招待状」

990点 講師の目

相手の質問に直球で答える選択肢がないと、何を根拠に「会話が成立する」と判断すればいいか迷いが生じますね。その場合は、選択肢が①話し手の疑問点を理解したうえでの発言か、②質問が生じた背景を理解しようとする質問かをチェックしてみましょう。

V3_T3-25

23 Wouldn't you rather move your desk closer to the window?
(A) I read it in a movie review.
(B) Sure, you can close it.
(C) I like it where it is.

もっと窓の近くに机を移動したほうがよくないですか？
(A) それは映画の批評で読みました。
(B) はい、それを閉めていいですよ。
(C) それが今ある場所がいいです。

正解 C ［正答率 62.9%］

問いかけは、would rather *do*（～するほうがいい）の否定疑問の形で、「～するほうがよくないですか」と相手の〈意向〉を確認する表現。机の移動について、「窓に近づけたほうがいいか」と尋ねる相手に、(C) が今の場所でいいと的確に応じている。(B) は closer to the window と close the window との混同を狙った誤答。

Vocab.
□ **would rather *do***「～したほうがいい」
□ **review**「批評」

V3_T3-26

24 You're applying for the managerial opening at the head office, aren't you?
(A) Some of the other managers.
(B) On the application form.
(C) Do you think I'm qualified?

本社の管理職の求人に応募したんですよね？
(A) ほかの部長たちです。
(B) 申し込み書に。
(C) 私が適任だと思いますか？

正解 C ［正答率 94.3%］

問いかけは、文末に , aren't you?（～ですよね）を付けた付加疑問文の形で、自分の認識が正しいことを〈確認〉しようとしている。付加疑問文も一般疑問文と同じようにYes/Noで答えることができるが、話がかみ合う内容であれば、Yes/No を用いなくても会話は成立する。よって、管理職に qualified（適格な）かどうか意見を求めている (C) が正解。

Vocab.
□ **application form**「申し込み用紙」
□ **qualified**「ふさわしい」

V3_T3-27

25 How long until the next bus arrives?
(A) I think I see it coming.
(B) Probably by train.
(C) At the main station downtown.

次のバスが来るまで後どのくらいですか？
(A) こっちに来ているみたいですよ。
(B) おそらく電車で。
(C) 都心部の中央駅で。

正解 A ［正答率 85.3%］

How long (does it take) until ...?（…までどれくらい〔かかるか〕）は〈所要時間〉を尋ねる表現。時間を答える以外にも、It won't take long（長くはない）や Any minute now（そろそろです）など感覚的な長さを答えても会話は成立する。ここでは、すでにバスが来ているのが見えていると応じる (A) が、すぐにバスが到着することを的確に伝えている。

Vocab.
□ **arrive**「到着する」

V3_T3-28

26 Will you be paying for your order by cash or credit card?
(A) It's like the one I saw online.
(B) To get an exact count.
(C) I'll charge it, thanks.

注文の品のお支払いは現金でなさいますか、それともクレジットカードですか？
(A) インターネットで見たものみたいです。
(B) 正確な数を知るために。
(C) カードで払います、ありがとうございます。

正解 C ［正答率 45.7%］

問いかけは、A or B の形で、現金払いかクレジット払いかを聞く選択疑問文。(C) が問いかけの pay by credit card を charge（～をクレジットで買う）で言い換え、適切に答えている。(A) は問いかけの order（注文）と関連性のある online（ネットで）を用い、(B) はお金に関連する語 account と音が似た count を用いて誤答を誘っている。

Vocab.
□ **charge**「（クレジットカードなどで）～を支払う」

V3_T3-29

27 I heard you're organizing a group picnic for this weekend.
(A) Thanks, I'd appreciate that.
(B) They're picked up once a week.
(C) Would you care to join us?

今週末のグループピクニックを計画していると聞きました。
(A) ありがとう、感謝しています。
(B) 週に1度それらは引き取られています。
(C) 参加されますか?

正解 C [正答率 85.7%]

I heard ... は「…だそうですね」と自分が聞いた事柄が正しいかどうかを相手に確認する表現。週末のピクニックを計画していることを確認している聞き手に、Would you care to join us?(参加されますか)と誘うことで相手の認識が正しいことを伝える(C)が正解。

Vocab.
□ **care to *do***「~(したい)と思う」

990点 講師の目

誤答となった(A)を見てみましょう。これは感謝を述べる表現なので、I can bring plastic cups to the group picnic.(ピクニックにプラスチックのコップを持って行けますよ)などと助けを申し出てくれた場合にかみ合う答え方です。

V3_T3-30

28 We've hired someone to act as an advisor on the project, haven't we?
(A) Yes, a financial consultant.
(B) Submit it to your supervisor.
(C) No, it won't go any higher.

プロジェクトの相談役となる方を雇ったんですよね?
(A) はい、財務コンサルタントの方です。
(B) あなたの上司に提出してください。
(C) いいえ、これ以上高くなりません。

正解 A [正答率 65.7%]

だれかを雇ったことを確認する付加疑問形の問いかけ。(A)が Yes で相手の認識が正しいことを伝えたうえで、どんな人を雇ったかというプラスアルファの情報(financial consultant)を教えている。(C)は問いかけの hire と音が似ている higher を用いた誤答。

Vocab.
□ **submit**「~を提出する」

V3_T3-31

29 I expect a few staff members to oppose the measure.
(A) I suspect you're right.
(B) They couldn't remember, either.
(C) Probably no more than three meters.

数人のスタッフが措置に反対すると思います。
(A) あなたの言うとおりだと思います。
(B) 彼らも思い出せませんでした。
(C) おそらくせいぜい3メートルです。

正解 A [正答率 62.9%]

I expect ... (…すると思う)で自身の見解を述べる相手に、I suspect ... (…であろうと思う)と自分の読みを伝えている(A)が正解。(B)は member と remember の音の類似、(C)は measure と meter の関連性を利用した誤答。なお、measure は「測定器」ではなく、「方策」の意味で用いられている点を確認しておこう。

Vocab.
□ **expect〈人〉to *do***「〈人〉が…すると思う」
□ **measure**「対策、措置」
□ **suspect**「~ではないかと思う」

V3_T3-32

30 Would you mind if I unplugged this lamp?
(A) No, that's fine.
(B) I'll be sure to keep that in mind.
(C) Check inside the closet.

このランプのコンセントを抜いても構いませんか?
(A) ええ、大丈夫です。
(B) 必ず肝に銘じておきます。
(C) クローゼットの中を確認してください。

正解 A [正答率 63.6%]

Would you mind if ...? (…してもいいですか)は、相手に〈許可〉を求める表現。mind が「~を嫌がる」という否定的な意味を持つ動詞なので、許可する場合は No で、拒否の場合は Yes で答える点に注意が必要。(A)が No で許可を与え、that's fine (問題ない)と適切な応答をしている。

Vocab.
□ **unplug**「(プラグ)を抜く」

V3_T3-33

31 Can I come along with you, or should I get a ride with someone else?

(A) Ms. Lambert showed it to everyone.

(B) We have more than enough room.

(C) You'll get there right on schedule.

あなたとご一緒していいですか、それとも私は別の方と乗ったほうがいいですか?

(A) ランバートさんがみんなにそれを見せました。

(B) 十分にスペースがありますよ。

(C) ちょうど予定どおりにそこに到着しますよ。

正解 B [正答率 37.1%]

問いかけは A or B の形の二択疑問文だが、ポイントは Can I ...? (…してもいいですか) で〈許可〉を求めている A (同乗してもいいかどうか) の部分。have more than enough room (十二分のスペースがある) と理由を述べることで承諾の意思を伝えている (B) が正解。(C) は問いかけと同じ単語 get や ride と音の響きが近い right を用いた誤答。

Vocab.

□ **get there**「そこに着く」

□ **on schedule**「予定どおりに」

V3_T3-35 **Questions 32 through 34** refer to the following conversation with three speakers.

W1: Excuse me. This is our first visit. Could you tell us where to find the periodicals section?
M: Sure. Just walk past the circulation desk and you'll see it on the left.
W2: Thanks. Are we allowed to check out past issues of magazines?
M: No, but digital versions of most articles are accessible on our computers. You can print copies for a small fee.
W1: I see. And ... um ... where are the computer terminals located?
M: On the second floor.
W2: Do we need to get a member's card to use them?
M: Yes, at the circulation desk. Your user ID number will be printed on your card, and you'll have to create a passcode. You'll also need your card to check out books.

32-34 番は次の 3 人の会話に関するものです。
女1：すみません。初めて来たのですが。定期刊行物のコーナーはどこか教えていただけますか？
男：はい。貸出カウンターを通りすぎたら左側にあります。
女2：ありがとうございます。雑誌のバックナンバーを借りることはできますか？
男：できませんが、大半の記事のデジタル版がコンピュータ上でご利用になれます。少額の料金で印刷することができますよ。
女1：そうなんですね。そうしますと…、コンピュータ端末はどこにありますか？
男：2 階です。
女2：利用するには会員証を作る必要がありますか？
男：はい、会員証は貸出カウンターで作れます。ユーザー ID がカードに印刷されます。そして、パスコードを設定しなければなりません。本を借りる際もカードが必要です。

Vocab. 本文 □ **periodical**「定期刊行物、雑誌」 □ **circulation**「(図書の) 貸し出し」 □ **check out**「(図書館などから本など) を借りる」 □ **issue**「出版物」 □ **accessible**「入手できる」 □ **terminal**「端末」 選択肢 □ **miss**「～に遅れる」 □ **review**「～を見直す」

32 Where most likely are the speakers?
(A) At a bookstore
(B) At an electronics shop
(C) At a publishing firm
(D) At a library

話し手はおそらくどこにいますか？
(A) 書店
(B) 電器店
(C) 出版社
(D) 図書館

正解 D [正答率 79.2%]
話し手たちの居場所は、男性の最初の発言 Just walk past the circulation desk. (貸出カウンターを通りすぎてください) から、出版物を貸し出す場所であると推察できる。よって正解は (D)。

33 What does the man say requires paying a fee?
(A) Becoming a member
(B) Making a printout
(C) Missing a deadline
(D) Scheduling a delivery

男性は何に料金を払う必要があると言っていますか？
(A) 会員になる
(B) 印刷する
(C) 期日に遅れる
(D) 配達を手配する

正解 B [正答率 84.6%]
男性の中盤の発言に You can print copies for a small fee. (少額の料金で印刷することができますよ) とあり、デジタル版の記事をプリントアウトするには料金を払う必要があると述べている。よって正解は (B)。fee はサービスに対する「料金」や「手数料」の意味である。

34 What does the man say the women must do?
(A) Pay with a credit card
(B) Review a handbook
(C) Create a password
(D) Access a Web site

男性は女性が何をしなくてはならないと言っていますか？
(A) カードで支払う
(B) 手引きを見直す
(C) パスワードを作る
(D) ウェブサイトにアクセスする

正解 C [正答率 88.7%]
男性の最後の発言にyou'll have to create a passcode. (パスコードを設定しなければなりません) とあり、会員証を作った後でパスコードを設定しなくてはならないと伝えている。よって正解は (C)。passcode は password と同義である。

これがエッセンス
この会話文には、場所を説明する表現が多く、身構えた方も多いでしょう。本来、道案内は冷静に注意深く聞きたいものですが、設問には一切関係していません。TOEIC のリスニングにおいて、設問文の先読みが推奨されるのは、そのためです。設問を先に読み、会話文の中から解答に必要な情報を聞き取るのが鉄則です。

V3_T3-36 **Questions 35 through 37** refer to the following conversation.

W: I'm going to see a new documentary tonight. It's on advances in video game technology and how the software is developed and marketed.

M: Oh, I actually met a game developer who's interviewed in that film. His name is Takeshi Murata. He came to town to give a talk at the university, and I got to meet him afterwards. I'd love to see it too.

W: You're welcome to join me, but it starts right after work. We could share a taxi so we don't have to spend time looking for a parking space.

M: Let's take the subway instead. I'd hate to get stuck in traffic and miss the beginning.

35-37番は次の会話に関するものです。

女：私は今夜、新しいドキュメンタリー作品を見に行くつもりです。それはテレビゲーム技術の進化と、どのようにソフトウェアが開発されて市場に出されるかについてのものです。

男：ああ、私は実際にその映画の中でインタビューを受けたゲーム開発者に会いました。彼の名前はタケシ・ムラタといいます。彼が大学に講演しに町に来て、その後、彼に会う機会を得たのです。私もそれを観たいですね。

女：よかったら一緒にどうですか。でも仕事のすぐ後に始まるのです。一緒にタクシーで行けば、駐車場を探すのに時間をとられなくて済みます。

男：それよりも地下鉄に乗りませんか。私は渋滞にはまって冒頭を見逃すのは嫌なのです。

Vocab. 本文 □ **advance**「進歩」 □ **develop**「～を発達させる、開発する」 □ **afterwards**「その後で」 □ **get stuck**「動けなくなる」

35 What is the woman planning to do tonight?
(A) Attend a talk
(B) View a film
(C) Take a survey
(D) Watch a game

女性は今夜何をする予定ですか？
(A) 講演を聴く
(B) 映画を見る
(C) アンケートに答える
(D) 試合を観戦する

正解 B
[正答率 62.9%]

女性の最初の発言にI'm going to see a new documentary tonight.（私は今夜、新しいドキュメンタリー作品を見に行くつもりです）とあり、男性の発言にin that filmとあることから、ドキュメンタリー映画を見る予定であることがわかる。よって正解は(B)。

990点 講師の目

TOEICのリスニング問題の多くは会話文中の一箇所を根拠にして正解が導けるのですが、この問題のように複数個所の情報を統合して正解を出すものもあります。この問題でも、女性の発言からだけでは「映画を見に行く」つもりであることが自信を持って選べず、後に続く男性の発言で確証を得られます。

36 Who is Takeshi Murata?
(A) A movie director
(B) A marketing employee
(C) A university professor
(D) A software developer

タケシ・ムラタとはだれですか？
(A) 映画監督
(B) マーケティング部の社員
(C) 大学教授
(D) ソフトウェアの開発者

正解 D
[正答率 45.7%]

男性は最初の発言で、タケシ・ムラタについて、I actually met a game developer who's interviewed in that film. His name is Takeshi Murata.（私は実際にその映画の中でインタビューを受けたゲーム開発者に会いました。彼の名前はタケシ・ムラタといいます）と述べている。よってgameをsoftwareと言い換えている(D)が正解。

37 Why does the man suggest the subway?
(A) They have missed the bus.
(B) His car is under repair.
(C) He wants to avoid traffic.
(D) It is less expensive than a taxi.

男性はなぜ地下鉄をすすめていますか？
(A) 彼らがバスに乗り遅れたため。
(B) 自分の車を修理に出しているため。
(C) 渋滞を避けたいため。
(D) タクシーより安いため。

正解 C
[正答率 91.4%]

タクシーで行くことを提案する女性に対して男性は地下鉄で行くことをすすめ、I'd hate to get stuck in traffic and miss the beginning.（私は渋滞にはまって冒頭を見逃すのは嫌なのです）と述べている。男性はタクシーで行くと渋滞にはまるかもしれないと考えていることがわかる。よって正解は(C)。

V3_T3-37 **Questions 38 through 40** refer to the following conversation.

W: Darren, have you heard about the new sales office in Singapore? Apparently, management wants two people from our department to transfer there until the office is fully operational.

M: I knew management was considering a Singapore branch, but I didn't know they'd made a final decision.

W: They have. It's now official.

M: When will it open?

W: Not until the spring, but applications for the temporary positions will be accepted soon. You should submit one. I know you enjoyed helping set up our Hong Kong office last year.

38-40 番は次の会話に関するものです。

女：ダーレン、シンガポールの新しい営業所のことを聞きましたか？ どうやら経営陣はこの営業所がフルに機能するようになるまで、この部署から二人異動させたいようです。

男：経営陣がシンガポール支店を検討していたのは知っていましたが、最終決定をしたことは知りませんでした。

女：決定です。もう正式なものです。

男：いつオープンするのですか？

女：春になってからですが、この臨時の職への応募受付はまもなく始まります。あなたも出すべきですよ。去年、香港支店の開設準備の手伝いを楽しんでいましたよね。

Vocab. 本文 □ **apparently ...**「どうやら…らしい」 □ **operational**「操業できる」 □ **temporary**「一時的な」
選択肢 □ **timeline**「予定表」 □ **decline**「～を（丁重に）断る」 □ **encourage**「～を励ます」 □ **pursue**「～を推進する」 □ **disappointment**「落胆」 □ **congratulate 〈人〉 for**「～のことで〈人〉を祝福する」

38 What are the speakers discussing?

(A) A sales target
(B) A work opportunity
(C) A project timeline
(D) A business closure

話し手は何を話し合っていますか？

(A) 売上目標
(B) 仕事の機会
(C) プロジェクトの予定
(D) 事業の閉鎖

正解 B ［正答率 82.9%］

女性がシンガポールに営業所ができることを話題にしたうえで management wants two people from our department to transfer there until the office is fully operational.（経営陣はこの営業所がフルに機能するようになるまで、この部署から二人異動してほしいようです）と述べていることから、新しい仕事の機会を話し合っていることがわかる。よって正解は(B)。

990点 講師の目

会話の主題を問う問題は、トピックセンテンスを聞き取ることで正解が出せるものだけでなく、会話全体からの判断を要するものもあります。設問の先読みをして主題を問う問題を見つけたら、発言を要約しながら聞き取るように心がけましょう。

39 What has management decided to do?

(A) Decline a marketing proposal
(B) Introduce a new travel policy
(C) Establish a new branch office
(D) Offer higher pay levels

経営陣は何をすることに決めましたか？

(A) マーケティングの提案を棄却する
(B) 出張の新しい規則を導入する
(C) 新しい支店を開設する
(D) より水準の高い賃金を提示する

正解 C ［正答率 91.4%］

経営陣の決定事項については、男性の最初の発言に I knew management was considering a Singapore branch, but I didn't know they'd made a final decision.（経営陣がシンガポール支店を検討していたのは知っていましたが、最終決定をしたことは知りませんでした）とある。これを新支店の開設と表現している (C) が正解。

40 Why does the woman say, "I know you enjoyed helping set up our Hong Kong office last year"?

(A) To encourage the man to pursue an opening
(B) To show understanding of the man's disappointment
(C) To express surprise about a job offer
(D) To congratulate the man for his success

なぜ女性は「去年、香港支店の開設準備の手伝いを楽しんでいましたよね」と言いましたか？

(A) 男性が開設の仕事をするようにすすめるため
(B) 男性の落胆に理解を示すため
(C) 仕事の依頼に驚きを表すため
(D) 男性の成功をお祝いするため

正解 A ［正答率 74.3%］

女性のこの発言は、You should submit one.（あなたも出すべきですよ）に続いているので、男性が支店の開設を手がけた経験があるので、今回も応募すべきだとすすめるためのものだとわかる。よって正解は (A)。

990点 講師の目

発言の意図を問う問題はリスニングの英文を文字で確認できます。発言意図はさまざまな解釈が可能ですが、4 択ですから 4 つの可能性を頭に入れたうえで、リスニングに臨みましょう。

V3_T3-38 **Questions 41 through 43** refer to the following conversation.

M: Someone told me a delivery truck hit your scooter in the parking lot yesterday. I hope the driver offered to cover the cost of repairs.
W: Yes, the delivery company is going to pay for a new one, actually. I'd planned on getting it this weekend. Do you have any advice on where to shop?
M: Well, there's a dealership called Motopia that has a solid reputation, but it's located all the way across town. Have you considered looking online?
W: Oh, that's a good idea. A friend of mine bought his scooter from a Web site and got a really great deal. I'll call him now and ask which one he used.

41-43 番は次の会話に関するものです。
男：昨日、駐車場で配送トラックがあなたのスクーターにぶつかってしまったと聞きました。運転手が修理代を補償してくれるといいですね。
女：そうなんです。実は運送会社が新しいものを購入してくれることになりました。今週末、買う予定でいました。買う場所について何かアドバイスはありますか？
男：ええと、モートピアという定評がある販売店がありますが、町の反対側になってしまいます。インラインで探すことは検討しましたか？
女：ああ、それはいいアイデアですね。私の友人がインターネットでスクーターを購入して、とてもお買い得だったのです。今彼に電話をして、どこを利用したか聞いてみます。

Vocab.
本文 □ **dealership**「販売代理店」 □ **solid**「確固たる」 □ **reputation**「評判」 □ **deal**「お買得品」
選択肢 □ **several**「いくつかの」 □ **set up**「～の手はずを整える」

41 What most likely happened yesterday?
(A) A parking area was full.
(B) A driveway was blocked.
(C) A delivery truck broke down.
(D) A scooter was damaged.

昨日、おそらく何が起こりましたか？
(A) 駐車場が満車だった。
(B) 私道が塞がれていた。
(C) 配送トラックが壊れた。
(D) スクーターが破損した。

正解 D
［正答率 22.9%］
男性の最初の発言に Someone told me a delivery truck hit your scooter in the parking lot yesterday.（昨日、駐車場で配送トラックがあなたのスクーターにぶつかってしまったと聞きました）とあるから、トラックがスクーターにぶつかったとわかる。その後、cost of repairs（修理代）の話をしていることからも、スクーターが破損したことが推察される。よって正解は (D)。

42 What does the man say about Motopia?
(A) It has several locations in town.
(B) It offers the lowest prices.
(C) It has a good reputation.
(D) It maintains high security.

男性はモートピアについて何と言っていますか？
(A) 町にいくつか店がある。
(B) 最安値を提供している。
(C) 評判がよい。
(D) 高い安全性を維持している。

正解 C
［正答率 82.9%］
モートピアに関して、男性の中盤の発言に there's a dealership called Motopia that has a solid reputation.（モートピアという定評がある販売店があります）とあり、評判が高いことがわかる。よって正解は (C)。

43 What does the woman decide to do?
(A) Visit a nearby dealership
(B) Contact an acquaintance
(C) Set up an appointment
(D) Borrow a vehicle

女性はどうすることに決めましたか？
(A) 近くの代理店に寄る
(B) 知り合いに連絡する
(C) 予約を取る
(D) 車を借りる

正解 B
［正答率 65.7%］
女性は、インターネットでスクーターを購入した友人がいることを述べたうえで、I'll call him now and ask which one he used.（今彼に電話をして、どこを利用したか聞いてみます）と言っていることから、その友人に電話をかけるつもりであることがわかる。よって正解は (B)。

Questions 44 through 46 refer to the following conversation.

V3_T3-39

M: Hi. I bought this lamp here two days ago, but I changed my mind. I'd like to get a larger one.

W: Sure, that's fine. You can return it for a store credit that can be applied toward the purchase of any other merchandise. I'll just need to see your receipt.

M: Oh, no. I thought I had it here in my wallet, but I must have taken it out. Is a receipt absolutely necessary, even for an exchange?

W: Yes, I'm afraid it's store policy. But you can pick something out now, if you'd like. I'll set it aside for you until you can come back.

44-46 番は次の会話に関するものです。

男：2日前にここでこのランプを買ったのですが、気が変わりました。もっと大きいランプが欲しいと思っているのですが。

女：ああ、大丈夫ですよ。ご返品いただければ、ほかのどの商品の購入にも利用できる金券を差し上げます。必要なのはお客様のレシートだけです。

男：あ、大変だ。財布に入っていると思っていましたが、財布から出してしまったようです。交換には必ずレシートが必要ですか？

女：はい、残念ですが、当店の規則なんです。でもよろしければ今、商品をお選びいただいても構いませんよ。次回のご来店までお取り置きしておきます。

Vocab. 本文 □ **store credit**「返品した品物と同額分の金券」 □ **apply**「～を適用する」 □ **absolutely**「絶対に」 □ **set aside**「～を脇に置く、取っておく」 選択肢 □ **defective**「欠陥のある」 □ **decor**「装飾」 □ **identification card**「身分証明書」

44

Why does the man want to return the lamp?
(A) It is defective.
(B) It is not big enough.
(C) It uses too much energy.
(D) Its style does not match his office decor.

なぜ男性はランプを返品したいのですか。
(A) 欠陥があるから
(B) 大きさが不十分だから
(C) エネルギーを消費しすぎるから
(D) スタイルが職場の装飾に合わないから

正解 **B**
[正答率 97.1%]

男性の最初の発言に I'd like to get a larger one.（もっと大きいランプが欲しいと思っているのですが）とあるから、2日前に買ったランプのサイズが小さかったために返品を希望していることがわかる。よって正解は (B)。

45

What does the woman ask to see?
(A) A packaging label
(B) A product warranty
(C) An identification card
(D) Proof of purchase

女性は何を見たいと頼んでいますか？
(A) 包装のラベル
(B) 製品の保証書
(C) 身分証明書
(D) 購入証明書

正解 **D**
[正答率 91.4%]

女性の最初の発言に I'll just need to see your receipt.（必要なのはお客様のレシートだけです）とあることから、女性は購入したときのレシートを見たいと言っていることがわかる。よって正解は (D)。購入証明書にはレシートのほか、納品書も含まれる。

46

What does the woman say she will do?
(A) Check a policy manual
(B) Look in the back of the store
(C) Refund a payment
(D) Set a selection aside

女性は何をするつもりだと言っていますか？
(A) 方針マニュアルを確認する
(B) 店の奥を探す
(C) 払い戻しをする
(D) 選んだものを取り置く

正解 **D**
[正答率 42.9%]

女性の最後の発言に . I'll set it aside for you until you can come back.（次回のご来店までお取り置きしておきます）とあることから、男性が交換しようとするランプを取り置くつもりであることがわかる。よって正解は (D)。store credit は返品した商品と同額分の金券で商品の交換に使うものなので (C) の返金には当たらない。

これがエッセンス

設問の先読みによって、会話の大筋が事前に想定できることを確認してみましょう。設問 44 から男性がランプを返品したいと申し出ること、設問 45 から女性が何かを見せるように言うこと、設問 46 から女性が何かをする意志があることがわかります。会話は通常、交互に発言しますから、返品したい（男）→ 見せてください（女）→ ???（男）→ 何かをします（女）という流れになるのではないかと予測できますね。

V3_T3-40 **Questions 47 through 49** refer to the following conversation.

W: This is Mia Park with Tapiki Beverage Company. I'm calling about the television commercials for our new line of juice-blend vitamin drinks.

M: Oh, hello, Ms. Park. Filming of the advertisements is already underway. It looks like they'll be finished ahead of schedule.

W: That's great news. It turns out another company will be introducing a competing line of drinks at roughly the same time. We want to move up our launch date and beat them to market. How soon can the commercials be ready for broadcast?

M: I'm not certain, but Mr. Clark, the production coordinator, would know. Let me check into it and get back to you with his answer.

47-49 番は次の会話に関するものです。

女：タピキ・ビバレッジ・カンパニーのミア・パクです。新商品の果汁入りビタミン飲料のテレビコマーシャルについてお電話しています。

男：ああこんにちは、パクさん。コマーシャルの撮影はすでに始まっていますよ。予定より早く終わりそうです。

女：それはいい知らせです。ほかの会社がほぼ同時期に競合商品の飲料を発売することがわかりました。我々は発売日を繰り上げて市場に真っ先に出したいんです。いつごろコマーシャルを放送する準備が整いますか？

男：私にはわかりませんが、制作コーディネーターのクラークさんならわかると思います。確認して、彼の回答をお伝えいたします。

Vocab. 本文 □ **line**「(一定規格の) 商品」 □ **film**「～を撮影する」 □ **underway**「進行中で」 □ **turn out ...**「…であることが判明する」 □ **competing**「競合する」 □ **launch**「新製品などの売り出し」 □ **broadcast**「放送」 選択肢 □ **ingredient**「材料」 □ **response**「返答」 □ **please**「～を喜ばせる」 □ **evaluation**「評価」 □ **consult**「～に相談する」

47 What are the speakers mainly discussing?

(A) The ingredients of a drink
(B) The response to a survey
(C) The creation of advertisements
(D) The reaction to a promotional offer

話し手たちはおもに何について話し合っていますか？

(A) 飲み物の原料
(B) アンケート調査の回答
(C) 広告の制作
(D) 販促策に対する反応

正解 C
[正答率 80.0%]

冒頭で、女性が I'm calling about the television commercials for our new line of juice-blend vitamin drinks.（新商品の果汁入りビタミン飲料のテレビコマーシャルについてお電話しています）と発言し、男性が Filming of the advertisements is already underway.（コマーシャルの撮影はすでに始まっていますよ）と応じていることから、話し手たちはテレビコマーシャルの制作について話し合っていることがわかる。よって正解は (C)。

48 What is the woman pleased about?

(A) A cost is lower than expected.
(B) A project is ahead of schedule.
(C) An evaluation score is high.
(D) A product is selling well.

女性は何について喜んでいますか？

(A) 予想より価格が安い。
(B) プロジェクトが予定より早く進んでいる。
(C) 評価得点が高い。
(D) 商品がよく売れている。

正解 B
[正答率 71.4%]

撮影が予定より早く終わりそうだと聞いた女性が That's great news.（それはいい知らせです）と応じていることから、女性は制作進行の速さを喜んでいることがわかる。よって正解は (B)。

49 What does the man say he will do?

(A) Consult a coordinator
(B) Arrange an appointment
(C) Schedule more product trials
(D) Speak with some customers

男性は何をすると言っていますか？

(A) コーディネーターに相談をする
(B) 日程を調整する
(C) さらなる製品テストを予定する
(D) 顧客と話す

正解 A
[正答率 77.1%]

女性にいつごろコマーシャルが放送できるようになるかを聞かれた男性は、自分にはわからないが制作コーディネーターならわかると発言し、Let me check into it and get back to you with his answer.（確認して、彼の回答をお伝えいたします）と加えている。このことから、男性はコーディネーターと話をするつもりであることがわかる。よって正解は (A)。

これがエッセンス

Part 3 の問題では、発言の中に正解の根拠となる箇所が必ずあります。根拠がどこにどのように述べられているのかを考えながら聞きましょう。

V3_T3-41 **Questions 50 through 52** refer to the following conversation.

M: Good evening, I have a reservation for tonight. The name is Charles Horton.

W: Yes, one moment, please ... Our system is showing a single room booked under the name of Charles Horton, but the stay is scheduled for the evening of the 25th. That's tomorrow night.

M: No, that can't be right. I called you from the airport this morning and reserved a single room for tonight only. In fact, you sent me a confirmation by e-mail.

W: Oh, yes, I see here that we did. I am terribly sorry, Mr. Horton. Unfortunately, all of our singles are booked for tonight. But since this is our mistake, we'll put you in a deluxe suite at no additional charge.

50-52 番は次の会話に関するものです。

男：こんばんは。今夜予約をしている者です。名前はチャールズ・ホートンです。

女：はい、少々お待ちください…こちらのシステムではシングルのお部屋をチャールズ・ホートン様のお名前でご予約いただいておりますが、ご宿泊は 25 日の夜になっています。明日の夜ですね。

男：いや、そんなはずはありません。今朝空港から電話をして、今夜の分だけシングルの部屋を予約しました。実際にそちらから確認書をメールでいただいています。

女：ああ、そうですね。こちらからお送りしたことがここでわかります。ホートン様、大変申し訳ございません。あいにく、今夜シングルのお部屋は満室となっております。ですが、こちらのミスですので、追加料金なしでスイートルームにご案内いたします。

Vocab. 本文 □ **confirmation**「確認」 □ **since ...**「…なので」 □ **additional**「追加の」 選択肢 □ **incorrectly**「間違って」 □ **voucher**「引き換え券」 □ **establishment**「施設」 □ **in charge**「担当の」

50 What problem does the woman mention?
(A) A computer system has shut down.
(B) A name has been spelled incorrectly.
(C) A booking is for a different date.
(D) A deadline has already passed.

女性はどんな問題について述べていますか？
(A) コンピュータシステムが停止してしまった。
(B) 名前が誤ったスペリングで書かれていた。
(C) 違った日付で予約されていた。
(D) 締め切りがすでにすぎてしまった。

正解 C
［正答率 96.9%］

男性が今夜予約をしてある旨を伝えると、女性は the stay is scheduled for the evening of the 25th.（ご宿泊は 25 日の夜になっています）と述べている。それに対して男性が No, that can't be right.（いや、そんなはずはありません）と言い、女性が Oh, yes, I see here that we did. と同意していることから、予約の日付が間違っていたことがわかる。よって正解は (C)。

51 What does the man say happened today?
(A) He received a confirmation.
(B) He purchased a ticket for a flight.
(C) He accepted a promotional offer.
(D) He made a change to his original schedule.

男性は今日何が起きたと言っていますか？
(A) 彼は確認書を受け取った。
(B) 彼は航空券を購入した。
(C) 彼は割引価格を了承した。
(D) 彼はもともとの予定を変更した。

正解 A
［正答率 82.9%］

男性は今朝、空港から電話で予約したことを述べたうえで In fact, you sent me a confirmation by e-mail.（実際にそちらから確認書をメールでいただいています）と発言している。したがって正解は (A)。

990点 講師の目

文字で見れば何でもないことですが、文字を見ることのできないリスニング問題では日にちや時間を表す単語も受験生を惑わせます。いつ、何が起きたのかを整理しながら聞きましょう。この設問文の today は、会話の中に出てきません。代わりに this morning を解答の根拠として聞き取る必要があります。

52 What does the woman offer to do for the man?
(A) Issue him a credit voucher
(B) Contact another establishment
(C) Check with the person in charge
(D) Give him a better room

女性は男性に何をすると申し出ていますか？
(A) 金券を発行する
(B) ほかの施設に連絡する
(C) 責任者に確認する
(D) よりよい部屋を提供する

正解 D
［正答率 91.4%］

女性はシングルが満室のため we'll put you in a deluxe suite at no additional charge.（追加料金なしでスイートルームにご案内いたします）と発言している。このことから、女性はグレードが上位の部屋を提供すると申し出ていることがわかる。よって正解は (D)。

V3_T3-42 **Questions 53 through 55** refer to the following conversation.

W: Some health officials will be coming here next Tuesday morning to check our facilities. We're closing the restaurant right after lunch the day before so we can give the kitchen a thorough cleaning.

M: All right. I'll let the staff know not to accept any dinner reservations for Monday evening. We should probably post a notice at the entrance right away to inform our regular customers.

W: That's a good idea. Would you mind taking care of that? I'm still working out how to allocate cleaning assignments. Then I need to put together a list of things to double-check before the health officials arrive.

53-55 番は次の会話に関するものです。

女：保健所の職員たちが、来週の火曜日の朝に施設の点検のため、ここに来ます。キッチンを隅々まで掃除できるように、前日のランチが終わったらすぐにお店を閉めます。

男：わかりました。スタッフ全員に、月曜日の夜にディナーの予約はとらないように伝えます。常連客に知らせるために、お知らせを今すぐに入り口に貼ったほうがいいですね。

女：それはいい考えですね。それを担当してもらってもいいですか？ 私はまだ掃除の分担方法を考えているところです。その後、保健所の職員が来る前に再度確認することをリストにまとめなくてはなりません。

Vocab. 本文 □ **official**「役人、職員」 □ **post**「～を掲示する」 □ **notice**「告知」 □ **allocate**「～を割り当てる」
選択肢 □ **behind**「～に遅れて」

53 When will health officials visit the restaurant?
(A) Monday morning
(B) Monday evening
(C) Tuesday morning
(D) Tuesday evening

保健所の職員はいつレストランを訪れますか？
(A) 月曜日の朝
(B) 月曜日の夜
(C) 火曜日の朝
(D) 火曜日の夜

正解 C
［正答率 88.6%］

女性の最初の発言に Some health officials will be coming here next Tuesday morning to check our facilities.（保健所の職員たちが、来週の火曜日の朝に施設の点検のため、ここに来ます）とあるから、保健所の職員は火曜日の朝にレストランに来ることがわかる。よって正解は (C)。

54 What does the woman imply when she says, "I'm still working out how to allocate cleaning assignments"?
(A) She is running behind schedule.
(B) She is unfamiliar with a procedure.
(C) She is troubled by a staff shortage.
(D) She is too busy to handle a task herself.

女性の「私はまだ掃除の分担方法を考えているところです」という発言にはどのような意味の含みがありますか？
(A) 予定より遅れている。
(B) 手続きのことをよく知らない。
(C) スタッフ不足で困っている。
(D) 忙しすぎて自分である仕事を担当することができない。

正解 D
［正答率 62.9%］

女性の I'm still working out how to allocate cleaning assignments.（私はまだ掃除の分担をどのようにするか考えているところです）という発言は、Would you mind taking care of that?（それを担当してもらってもいいですか）の後にされているため、自分は掃除の分担決めで忙しいから貼り紙をしてはいられないという意味に捉えることができる。よって正解は (D)。

990点 講師の目

発言の含みは、文脈なしには成立しません。発言全体が聞き手に伝えようとしていることを理解する必要があります。とくに該当する文の前後は重要です。当該文が聞こえてきたら、その前の文からの流れを確認すること、そして次の文を聞き逃さずに流れをつかむことが必要です。

55 What does the woman say she must do before the health officials arrive?
(A) Create a list
(B) Unlock a door
(C) Check a storage room
(D) Test some equipment

女性は保健所の職員が来る前に何をしなければならないと言っていますか？
(A) リストを作成する
(B) ドアの鍵を開ける
(C) 倉庫室を確認する
(D) 機器を試す

正解 A
［正答率 37.1%］

女性の最後の発言に I need to put together a list of things to double-check before the health officials arrive.（保健所の職員が来る前に再度確認することをリストにまとめなくてはなりません）とあるから、リストを作らなくてはならないことがわかる。よって正解は (A)。put together という熟語は「～を構成する」「～をまとめる」の意味である。

V3_T3-43 **Questions 56 through 58** refer to the following conversation with three speakers.

W1: You'll never guess who I ran into at the shopping mall over the weekend ... Clarence Powel!

W2: Wow. That must have been quite a surprise. I haven't seen Clarence since he left the company five years ago.

M: Isn't that the man I replaced, Stephanie?

W1: Yes, he was the newspaper's senior sports editor for nearly twenty years. When he retired, we hired you.

W2: So Stephanie, has he changed very much?

W1: Not really. We had lunch together at the food court. He says he's enjoying retirement. I have a few pictures on my smartphone.

M: Really? Let me see. I never got a chance to meet him in person.

56-58 番は次の 3 人の会話に関するものです。

女 1: 週末にショッピングモールで偶然出会ったんですが、だれなのか当てられないでしょう…クラレンス・パウエルです！

女 2: まあ、とても驚いたんじゃないですか？ 5 年前に彼が退職してからクラレンスには一度も会っていません。

男: 私が後を引き継いだ方ですよね、ステファニー？

女 1: はい、彼は新聞のスポーツ欄のシニア・エディターを 20 年近くやっていました。彼が退職したときにあなたを採用したんですよ。

女 2: それでステファニー、彼はかなり変わっていましたか？

女 1: あまり変わってなかったです。フードコートで一緒にランチを食べました。彼は退職後の生活を楽しんでいると言っていましたよ。私のスマートフォンに何枚か写真があります。

男: 本当ですか？ 見せてください。直接お会いする機会がなかったので。

Vocab. 本文 □ **guess**「～を言い当てる」 □ **run into**「～に偶然出会う」 □ **shopping mall**「ショッピングモール、商店街」 □ **replace**「～に取って代わる」 □ **editor**「編集者」 □ **in person**「直接」 選択肢 □ **former**「以前の」 □ **figure**「人物」

56 What does Stephanie say about Clarence Powel?

(A) He is a former colleague.
(B) He is a political figure.
(C) He is a business owner.
(D) He is a famous athlete.

ステファニーはクラレンス・パウエルについて何と言っていますか？
(A) 昔の同僚だ。
(B) 政治家だ。
(C) 経営者だ。
(D) 有名なスポーツ選手だ。

正解 A
[正答率 74.3%]

女性二人がクラレンス・パウレルについて話しているのを聞き、男性が Isn't that the man I replaced, Stephanie?（私が後を引き継いだ方ですよね、ステファニー）と質問をしている。したがって男性の質問に返事をした女性がステファニー。彼女の When he retired, we hired you.（彼が退職したときにあなたを採用したんですよ）という発言から、クラレンスは男性の前任者であることがわかる。よって正解は (A)。

990点 講師の目

人物名にはさまざまな発音があります。Stephanie は「ステファニー」のほか「シュテファニー」と発音されることがあります。設問文の中に人物名があると、どのように読まれるのか気になると思いますが、「ローマ字読み」を基本として似た音が会話の中に現れるのを待ちましょう。

57 Where do the speakers probably work?

(A) At a sports club
(B) At a department store
(C) At a news organization
(D) At a food court in a mall

話し手はおそらくどこで働いていますか？
(A) スポーツクラブで
(B) デパートで
(C) 報道機関で
(D) ショッピングモールのフードコートで

正解 C
[正答率 51.4%]

ステファニーの中盤の発言に he was the newspaper's senior sports editor for nearly twenty years.（彼は新聞のスポーツ欄のシニア・エディターを 20 年近くやっていました）とあることから、彼らが働いているところでは新聞を発行していることがわかる。したがって、正解は (C)。

58 What will the man most likely do next?
(A) Make a telephone call
(B) Look at some photographs
(C) Assist a customer
(D) Meet with the manager

男性は次におそらく何をしますか?
(A) 電話をする
(B) 写真を見る
(C) 顧客を手伝う
(D) 部長に会う

正解 B
[正答率 65.7%]

ショッピングモールでクラレンス・パウエルに偶然会ったという女性の、「スマートフォンに何枚か写真がある」という発言を受けて、男性は Really? Let me see.(本当ですか? 見せてください)と発言しているので、男性はその写真を見ると思われる。よって正解は (B)。

これがエッセンス
会話の中に複数の人物名が出てくると、それが話し手の中の一人なのか、または会話で話題にされている第3者の人物なのか混乱してしまいます。相手に対する呼びかけで名前を読んでいるのか、話題にしているのかを区別して聞きましょう。

V3_T3-44 **Questions 59 through 61** refer to the following conversation.

M: Hello, this is Nathan Jones calling. I was sent from headquarters to meet with some department heads at your offices today at 10:00 A.M.

W: Good morning, Mr. Jones. How can I help you?

M: Well, your e-mail said an employee would stop by my hotel at 9:30 to drive me there. It's almost ten o'clock now, and no one's shown up yet.

W: Our schedule indicates that the conference is to start at 10:30. Our quality control manager is coming to pick you up at 10:00.

M: Oh, I see now that I misread the schedule information on the e-mail. Please accept my apologies.

W: No problem at all, Mr. Jones.

59-61番は次の会話に関するものです。

男：もしもし、ネイサン・ジョーンズと申します。今日の午前10時から何名かの部門長と面談をするために本社から来ました。

女：おはようございます、ジョーンズさん。どうされましたか？

男：あの、いただいたメールには社員の方が9時30分に私のホテルに迎えにいらして、車でそちらまで送っていただけると書いてありました。もうすぐ10時ですが、まだだれも来ていません。

女：予定表によると会議は10時30分に始まることになっています。当社の品質管理部長が10時にお迎えにあがります。

男：ああ、私がメールの予定を読み間違えていました。申し訳ありません。

女：お気になさらないでください、ジョーンズさん。

Vocab 本文 □**headquarters**「本社」 □**head**「(部局などの)長」 □**show up**「現れる」 □**indicate**「～であることを示す」 □**conference**「会議」 選択肢 □**purpose**「目的」 □**observe**「～を順守する」 □**instruction**「指示、取扱説明書」 □**assessment**「評価、査定」 □**provide**「～を提供する」 □**transportation**「交通手段」 □**apologize**「謝罪する」 □**misunderstand**「～を誤解する」

59 What most likely is the purpose of the man's visit?
(A) To conduct training
(B) To consult with executives
(C) To observe a procedure
(D) To interview for a job

男性の訪問の目的は何だと思われますか？
(A) 研修を実施すること
(B) 幹部と意見交換すること
(C) 手順を順守すること
(D) 仕事の面接を受けること

正解 B ［正答率 77.1%］

男性の最初の発言にI was sent from headquarters to meet with some department heads at your offices today at 10:00 A.M.（今日の午前10時から何名かの部門長と面談をするために本社から来ました）とあることから、部門長級の幹部との面談が訪問の目的であるとわかる。よって正解は(B)。

60 According to the woman, what will the quality control manager do?
(A) Deliver instructions
(B) Choose a replacement
(C) Make an assessment
(D) Provide transportation

女性によると、品質管理部長は何をする予定ですか？
(A) 指示を出す
(B) 代用品を選ぶ
(C) 評価をする
(D) 交通手段を提供する

正解 D ［正答率 51.4%］

男性の「ホテルまで迎えが来る予定ですが、だれも現れません」という発言に対し、女性がOur quality control manager is coming to pick you up at 10:00.（当社の品質管理部長が10時にお迎えにあがります）と言っていることから、品質管理部長が彼を迎えに行き、車で送る予定とわかる。よって正解は(D)。

61 Why does the man apologize?
(A) He misunderstood an e-mail.
(B) He arrived behind schedule.
(C) He forgot to send a document.
(D) He went to the wrong location.

男性はなぜ謝罪していますか？
(A) メールを読み間違えた。
(B) 予定より遅れて到着した。
(C) 書類を送るのを忘れた。
(D) 別の場所に行った。

正解 A ［正答率 74.3%］

男性の最後の発言にI see now that I misread the schedule information on the e-mail.（私がメールの予定を読み間違えていました）とあることから、メールの予定を読み間違えて会社に確認の電話をかけてしまったことを謝罪しているのがわかる。よって正解は(A)。

990点 講師の目

リスニング問題では、キーワードの前に解答の根拠がある設問は厄介です。会話文をすべて記憶することは難しいですが、発言ごとの主旨をできるかぎり記憶に留める練習をしましょう。

V3_T3-45 **Questions 62 through 64** refer to the following conversation and cost statement.

W: Hello, I'm calling because I need to cancel my home Internet service. I've been assigned to an overseas project, and I'll be out of the country for several months.

M: Well, under those types of circumstances we allow current customers to suspend service for up to six months. That way, they can avoid paying the start-up fee we charge to new customers.

W: Oh, that's wonderful. I've been very satisfied by your service, and I definitely plan to start using it again when I get back.

M: Just send us a letter from your company that confirms when you'll be away on business. Then you can contact us once you're ready to reactivate your account.

Primo Internet
Costs to Begin Service for New Customers

Start-up Fee	$100
Router	$75
Cable Installation	$200
Total	$375

62-64番は次の会話と原価表に関するものです。

女：もしもし、自宅のインターネットサービスを解約する必要があって電話しています。海外のプロジェクトへ配属されたので、数カ月海外に行く予定です。

男：ええっと、そのような事情でしたら、ご利用中のお客様は最大6カ月間、サービスの中断が可能です。これにより、新規のお客様に請求する初期費用を支払わずに済みますよ。

女：あら、それは素晴らしいですね。御社のサービスには大変満足していますので、戻ってきたらぜひまた利用したいと思っています。

男：お仕事で留守にする期間を確認できる会社からの書類をお送りください。そしてアカウントを再開するときになりましたら、ご連絡をお願いします。

プリモ・インターネット
新規のお客様のサービス開始費用

初期費用	$100
ルーター	$75
ケーブル設置	$200
合計	$375

Vocab. 本文 □ **assign**「〈人〉を配属する」 □ **circumstance**「事情」 □ **avoid *doing***「～することを避ける」 □ **fee**「手数料」 □ **reactivate**「～を再開させる」 選択肢 □ **invoice**「請求書」 □ **employer**「雇い主」

62 What does the woman say she intends to do?
(A) Start a business
(B) Purchase a home
(C) Work abroad
(D) Take a long vacation

女性は何をするつもりだと言っていますか？
(A) 会社を立ち上げる
(B) 家を購入する
(C) 海外で働く
(D) 長い休暇を取る

正解 C ［正答率 48.6%］

女性が何をするつもりかと述べているのは、冒頭のI need to cancel my home Internet service.（自宅のインターネットサービスを解約する必要があります）とI've been assigned to an overseas project, and I'll be out of the country for several months.（海外のプロジェクトへ配属されたので、数カ月海外に行く予定です）である。よって後者の発言内容に一致する(C)が正解。

63 Look at the graphic. How much will the woman save by following the man's suggestion?
(A) $75
(B) $100
(C) $200
(D) $375

図表を見てください。男性の提案に従うと女性はいくら節約できますか？
(A) 75ドル
(B) 100ドル
(C) 200ドル
(D) 375ドル

正解 B ［正答率 88.6%］

男性は、we allow current customers to suspend service for up to six months（ご利用中のお客様は最大6カ月間、サービスの中断が可能です）と言い、they can avoid paying the start-up fee we charge to new customers.（新規のお客様に請求する初期費用を支払わずに済みますよ）と伝えている。図表でStart-up Fee（初期費用）が100ドルであることを確認し、(B)を選ぶ。

990点 講師の目

TOEICのリスニング問題には、会話中に必ず解答の根拠となる発言があるとp.96で書きましたね。この問題ではthey can avoid paying the start-up feeを聞き取り、図表を読み取れば正解が出せます。ルーターの費用やケーブルの設置費用も初期費用に含まれるのではないかというような深読みは必要ありません。

64 What does the man ask the woman to provide?
(A) Her contact information
(B) A copy of an invoice
(C) Her latest credit card statement
(D) A letter from her employer

男性は女性に何を提供するよう頼んでいますか?
(A) 彼女の連絡先
(B) 請求書のコピー
(C) 彼女の最新のクレジットカード明細書
(D) 彼女の雇用主からの書面

正解 **D**
[正答率 57.1%]

女性に対して男性はJust send us a letter from your company that confirms when you'll be away on business.(お仕事で留守にする期間を確認できる会社からの書類をお送りください)と発言していることから、男性は会社からの書類を提出するように頼んでいることがわかる。よって正解は(D)。

これがエッセンス
図表を含むリスニング問題は、その図表がどのようなものかを事前に把握しておくとよいでしょう。説明書きのあるものはそれが大きな手がかりになります。というのは、会話の中で必ず図表の内容について触れるところがあるからです。

V3_T3-46 **Questions 65 through 67** refer to the following conversation and table.

W: Mike, the photocopier isn't working again.
M: Again? We really should replace that old machine. Did you try turning it off and back on again? That usually works.
W: I tried, but it didn't help. I need to make about 20 copies of each of these documents to hand out at tomorrow's conference.
M: Well, I'll check the troubleshooting guide in the manual and see what I can do. If I can't get it working again, there's a copy machine at the convenience store down the street.

XF1 Photocopier Operator's Manual Table of Contents	
Section 1 – Page 1	Controls & Settings
Section 2 – Page 9	Replacing Cartridges
Section 3 – Page 13	Maintenance & Troubleshooting
Section 4 – Page 20	Warranty Information

65-67 番は次の会話と表に関するものです。

女：マイク、コピー機がまた動かないんです。
男：またですか？ あの古いコピー機は絶対に交換したほうがいいですね。電源を切って入れ直してみましたか？ 普段はそれでうまくいきますよ。
女：試してみましたが、だめでした。明日の会議で配布するために、これらの書類を20部ほどずつコピーする必要があるんですが。
男：では、マニュアルにある故障修理ガイドを読んで何かできることがあるか見てみますね。もし私が直せなければ、通りの先のコンビニエンスストアにコピー機がありますよ。

XF1 コピー機　使用マニュアル 目次		
セクション 1	1 ページ	操作と設定
セクション 2	9 ページ	カートリッジ交換
セクション 3	13 ページ	お手入れと故障修理
セクション 4	20 ページ	保証情報

Vocab. 本文 □ **table**「表」 □ **photocopier**「コピー機」 □ **hand out**「配る」 □ **troubleshooting**「修理の、トラブルシューティングの」
選択肢 □ **currently**「現在のところ」 □ **take part in**「～に参加する」 □ **revise**「～を見直す」

65 What does the man say about the copier?
(A) It is currently under repair.
(B) It was recently purchased.
(C) It should be replaced.
(D) It is working properly again.

男性はコピー機について何と言っていますか？
(A) 現在修理中だ。
(B) 最近購入された。
(C) 交換するべきだ。
(D) また正常に機能している。

正解 C ［正答率 65.7%］

女性からコピー機が動かないと相談を受けた男性は We really should replace that old machine.（あの古いコピー機は絶対に交換したほうがいいですね）と発言している。that old machineはコピー機のことを指しているので、正解は(C)。

990点 講師の目
発言の内容を問う問題は、基本的には該当する発言が聞き取れれば正解が出せます。しかし、その発言内容が会話の主題ではない場合、聞き逃してしまい解答できないことがあります。問題は会話の色々なところから作られることを認識し、集中して会話を聞くようにしましょう。

66 What does the woman most likely intend to do tomorrow?
(A) Take part in a conference
(B) Call a manufacturer
(C) Buy some office supplies
(D) Revise some documents

明日、女性はおそらく何をするつもりですか？
(A) 会議に出席する
(B) メーカーに電話する
(C) オフィスの備品を購入する
(D) 書類を改訂する

正解 A ［正答率 71.4%］

コピー機が動かずに困っている女性が I need to make about 20 copies of each of these documents to hand out at tomorrow's conference.（明日の会議で配布するために、これらの書類を20部ほどずつコピーする必要があるんですが）と発言していることから、女性は明日の会議に出席することがわかる。よって正解は(A)。

67 Look at the graphic. Which section of the manual does the man say he will check?
(A) Section 1
(B) Section 2
(C) Section 3
(D) Section 4

図表を見てください。男性はマニュアルのどのセクションを確認すると言っていますか？
(A) セクション1
(B) セクション2
(C) セクション3
(D) セクション4

正解 **C**

[正答率 88.6%]

男性は最後に、I'll check the troubleshooting guide in the manual and see what I can do.（マニュアルにある故障修理ガイドを読んで何かできることがあるか見てみますね）と発言している。図表にMaintenance & TroubleshootingがSection 3に記載されていることがわかるので、正解は(C)。

これがエッセンス

図や表を含むリスニング問題では、図表にどのような要素が含まれているかを確認したうえで、会話を聞きましょう。この問題の図表はマニュアルの目次ですね。マニュアルには4つのセクションがあること、各セクションの先頭ページ番号とタイトルが示されていることを事前に確認しておくと、解答に必要な情報を絞り込むことができます。

V3_T3-47 **Questions 68 through 70** refer to the following conversation and equipment designs.

M: Welcome back. How was your trip to Vietnam?
W: Good. The new factory passed inspection. Everything seems to be going smoothly.
M: Excellent. When will they be able to start production?
W: By the end of this month. Did I miss anything important while I was gone?
M: Not especially, but a client named Jane Wheeler called for you. She said she's been talking to you about customizing her company's new safety equipment with their name and logo. She faxed you these design sketches. She called back later and said she now wants the logo to appear on everything.
W: All right. I'll give Ms. Wheeler a call. Thanks.

68-70番は次の会話と備品のデザインに関するものです。

男：お帰りなさい。ベトナム出張はどうでしたか？
女：よかったですよ。新しい工場は検査に合格しました。すべてがうまく行っているようですよ。
男：素晴らしいですね。いつから製造を始められますか？
女：今月末までには。私がいない間、何か重要なことはありませんでしたか？
男：とくにありませんが、ジェーン・ウィーラーというお客様からあなたに電話がありました。彼女の会社の新しい安全用品に会社名とロゴを入れてカスタマイズすることについてあなたに相談していると言っていました。彼女があなたあてにこれらのスケッチをファクスで送って来ました。後から電話があって、ロゴをすべてのものに入れてほしいとのことでした。
女：わかりました。ウィーラーさんに電話します。ありがとう。

Vocab. 本文 □ **appear**「掲載される」 選択肢 □ **potential**「見込みのある」 □ **investor**「投資家」 □ **train**「～を訓練する」 □ **convention**「会議」 □ **contract**「契約」 □ **finalize**「～を完結させる」 □ **material**「材料」 □ **hardhat**「保護用ヘルメット」

68 What most likely was the purpose of the woman's trip to Vietnam?

(A) To meet with potential investors
(B) To help train new workers
(C) To conduct an inspection
(D) To attend a convention

女性がベトナムを訪れた目的はおそらく何ですか？

(A) 投資をしてくれる可能性がある人たちに会うため
(B) 新入社員の教育を手伝うため
(C) 検査を実施するため
(D) 会議に出席するため

正解 C
［正答率 97.1%］

ベトナム出張はどうだったかと聞かれた女性は The new factory passed inspection.（新しい工場は検査に合格しました）と述べている。彼女自身が検査をしたのか、検査に立ち会っただけなのかは会話中から判断できないが、選択肢の中でいちばん可能性が高い（most likely）目的は (C)。

69 According to the woman, what will happen by the end of this month?

(A) The terms of a contract will be finalized.
(B) Some new safety equipment will be delivered.
(C) A factory will begin manufacturing products.
(D) A supply of materials will be ordered.

女性によると、今月末までに何が起こりますか？

(A) 契約条件が決定する。
(B) 新しい安全用品が配送される。
(C) 工場が商品の生産を開始する。
(D) 材料の供給が発注される。

正解 C
［正答率 62.9%］

When will they be able to start production?（いつから製造を始められますか）と尋ねる男性に By the end of this month.（今月末までには）と女性が返事をしていることから、今月末までにはベトナムの工場が生産を開始することがわかる。よって正解は (C)。

70 Look at the graphic. Which equipment design does Jane Wheeler most likely want to change?
(A) The glove design
(B) The coat design
(C) The hardhat design
(D) The boot design

図を見てください。ジェーン・ウィーラーはおそらく、どの器具のデザイン変更を望むと思われますか?
(A) 手袋のデザイン
(B) コートのデザイン
(C) 安全帽のデザイン
(D) 長靴のデザイン

正解 A
[正答率 51.4%]

終盤、男性が She called back later and said she now wants the logo to appear on everything.（後から電話があって、ロゴをすべてのものに入れてほしいとのことでした）と取引先からの要望を伝えているので、図の中でロゴの入っていない物を確認する。手袋にロゴが入っていないので、手袋のデザインをロゴ入りに変更されることがわかる。よって正解は (A)。

これがエッセンス
説明文のないイラストだけの図表を見ると、いったいこれがどのように話題になるのだろうなどと不安になりますか? 会話の中には必ず詳しい説明がありますから、動揺せずに会話文が放送されるのを待ちましょう。余裕があれば、イラストの中の目立つ部分を把握しておくとよいでしょう。

V3_T3-49 **Questions 71 through 73** refer to the following telephone message.

Hello, this message is for Elizabeth Watts at the Towering Pines Lodge at Mount Brinks. My name is Darrell Young. You might remember meeting me when I stayed at the lodge during a ski trip I took last January. At the time, I told you I'd just been hired to write articles for a new travel magazine. Well, it turns out that one of the upcoming issues focuses exclusively on wintertime travel destinations, so I thought I'd write a feature on your resort and Mount Brinks. I'd like to arrange a telephone conference with you sometime to ask you some questions and confirm a few details. Could you give me a call at 555-0183 to discuss this? Thanks.

71-73番は次の電話メッセージに関するものです。
もしもし。マウント・ブリンクスのタワーリング・パインズ・ロッジのエリザベス・ワッツさんにお電話しています。ダレル・ヤングと申します。1月のスキー旅行でロッジに泊まった際にお会いしたのを覚えていらっしゃいますか。その時、私が新しい旅行雑誌の記事のライターとして採用されたばかりだとお話ししました。実は、今度発行される号の1つで冬の旅行先を特集することになったので、そちらのリゾート施設とマウント・ブリンクスの特集記事を書こうと思っています。一度あなたとお電話で話し合いを行い、いくつか質問や詳細について確認をさせていただきたいと思います。この件でご相談したいので、555-0183までお電話をいただけますか。よろしくお願いします。

Vocab. 本文 □ **lodge**「宿、ロッジ」 □ **focus exclusively on**「～だけに焦点を絞る」 □ **destination**「目的地」 □ **feature**「特集」 □ **arrange**「～の手はずを整える、日程を設定する」 □ **conference**「会議、話し合い」 選択肢 □ **occupation**「職業」 □ **verify**「～を確認する、認証する」

71 Where did the caller meet Elizabeth Watts?
(A) On a boat ride
(B) At a bookstore
(C) On a ski trip
(D) At a conference

電話をした人はどこでエリザベス・ワッツと会いましたか？
(A) 船旅で
(B) 書店で
(C) スキー旅行で
(D) 会議で

正解 C
[正答率 79.2%]

You might remember meeting meというフレーズが聞こえたら、電話をした人が相手と会ったときのことが話されると予測したい。この直後でwhen I stayed at the lodge during a ski trip I took last January（1月のスキー旅行でロッジに泊まったとき）と述べていることから、スキー旅行の際にロッジで会ったことがわかる。よって正解は(C)。

72 What most likely is the caller's occupation?
(A) A ski instructor
(B) A travel writer
(C) A hotel manager
(D) A store clerk

電話をした人の職業はおそらく何ですか？
(A) スキーのインストラクター
(B) 旅行ライター
(C) ホテルの支配人
(D) 店員

正解 B
[正答率 87.9%]

電話をした人の職業は、At the time, I told you I'd just been hired to write articles for a new travel magazine.（その時、私が新しい旅行雑誌の記事のライターとして採用されたばかりだとお話ししました）という発言から判断できる。新しい旅行雑誌の記事を書く仕事だと述べているので、正解は(B)。

73 What does the caller say he wants to do?
(A) Arrange a stay
(B) Climb a mountain
(C) Apply for a job opening
(D) Verify some details

電話をした人は何をしたいと言っていますか？
(A) 宿泊の手配をする
(B) 山に登る
(C) 求人に応募する
(D) 詳細を確認する

正解 D
[正答率 80.0%]

I'd like toというフレーズは、電話をした人のしたいことが語られる合図と認識しよう。arrange a telephone conference with you sometime to ask you some questions and confirm a few detailsと続けていることから、電話での話し合いで質問をしたり詳細情報を確認したりしたいのだとわかる。よって正解は(D)。

これがエッセンス

Part 4の説明文には、いろいろな情報が盛り込まれています。問題を解くのにそれらをすべて記憶しておくことはなかなか難しいですから、聞き取ろうとする情報を絞りましょう。次の設問に行く前、またはPart 4の例題を放送している時間を上手に活用し、設問文に目を通しましょう。

Questions 74 through 76 refer to the following talk.

V3_T3-50

Today we'll be following the Ohawa Trail to the southern end of the forest. We'll make our first stop at Wiggon Creek. It'll be a good opportunity to take pictures if you brought a camera. There are some very unusual flowers along the shore that you're unlikely to see anywhere else. From there it's an uphill hike to the picnic area where we'll break for lunch. Our return along Mennaki Trail will be much easier. Oh, um ... there's one more thing. You'll see some barriers set up to protect certain areas from damage. Please make sure not to cross them.

74-76 番は次の話に関するものです。
本日はオーワ林道を通って森の南端まで進みます。ウィゴン川で最初の休憩を予定しています。カメラをお持ちの方は、お写真を撮るいい機会です。ほかの場所では滅多に見ることができない、とても珍しい花が岸辺に咲いています。そこから昼食休憩を取るピクニックエリアまでのハイキングは、坂を上っていただきます。帰りはメナーキ林道を通るのでとても楽です。ああ、ええと、もう1点あります。特定のエリアを被害から保護するために柵が設置されています。柵を乗り越えないようにお願いいたします。

Vocab. 本文 □ **follow**「～をたどる」 □ **unusual**「珍しい」 □ **uphill**「上り坂の」 □ **return**「帰り」 □ **barrier**「柵、フェンス」 □ **set up**「～を設置する」 □ **protect**「～を保護する」 □ **cross**「～を乗り越える」 選択肢 □ **litter**「ごみ」 □ **draw attention to**「～に注意を向ける」

74 What is probably taking place?
(A) A photography workshop
(B) A research study
(C) A cleanup project
(D) A nature hike

おそらく何が行われていますか？
(A) 写真撮影のワークショップ
(B) 研究調査
(C) 清掃プロジェクト
(D) 自然観察ハイキング

正解 D
[正答率 91.4%]

冒頭で Today we'll be following the Ohawa Trail to the southern end of the forest.（本日はオーワ林道を通って森の南端まで進みます）と述べ、From there it's an uphill hike to the picnic area where we'll break for lunch.（そこから昼食休憩を取るピクニックエリアまでのハイキングは坂を上っていただきます）と加えているのでハイキングが行われているものと推測できる。よって正解は (D)。

75 What are listeners encouraged to do at Wiggon Creek?
(A) Photograph unique flowers
(B) Pick up litter along the shore
(C) Take samples of the water
(D) Stop for a picnic lunch

聞き手はウィゴン川で何をするようすすめられていますか？
(A) 珍しい花を撮影する
(B) 岸辺のごみを拾う
(C) 水のサンプルを取る
(D) ピクニックランチのために休む

正解 A
[正答率 75.0%]

Wiggon Creek に関しては最初の休憩地であることが説明された後で、It'll be a good opportunity to take pictures if you brought a camera.（カメラをお持ちの方は、お写真を撮るいい機会です）と述べられている。その理由として There are some very unusual flowers（とても珍しい花が咲いている）と言っている。よって正解は (A)。

76 Why does the speaker say, "there's one more thing"?
(A) To point out an item
(B) To mention the final activity
(C) To demonstrate a feature
(D) To draw attention to a rule

話し手はなぜ「もう1点あります」と言っていますか？
(A) 品物に注意を向けるため
(B) 最後の活動について伝えるため
(C) 特長を説明するため
(D) 規則について注意を促すため

正解 D
[正答率 65.0%]

there's one more thing の前ではハイキングの行程が述べられているのだが、この後では注意点として Please make sure not to cross them.（柵を乗り越えないようにお願いいたします）とアナウンスされている。このことから柵を乗り越えないようにという注意喚起が、話し手の伝えたいもう1つのことだとわかる。よって正解は (D)。

これがエッセンス

TOEIC のリスニング問題では放送文を目にすることがありません。中には聞き慣れない単語もあるでしょうが、固有名詞のように一度も聞いたことのない単語が聞こえてくるときがいちばん戸惑うことでしょう。しかし、心配しすぎることはありません。問題を解くのに必要な情報だけを聞き取ればよいのです。

V3_T3-51 **Questions 77 through 79** refer to the following announcement.

Thank you for shopping at Haley's, Long Valley's number-one supplier of quality foods. We are proud to announce the upcoming expansion of our produce department. Soon Haley's shoppers will be able to choose from a larger selection of fresh fruit and vegetables than ever before. Also, Haley's will soon be hiring additional staff. Application forms are available at the service counter by the front entrance. And if you have any acquaintances currently seeking employment, please send them our way.

77-79 番は次のアナウンスに関するものです。
ロング・バレーでいちばんの高品質食料品店ハレーズをご利用いただき、ありがとうございます。このたび、当店の青果売り場が拡大しますことをお知らせいたします。まもなく、当店のお客様には、これまで以上に多くの新鮮な果物と野菜の中からお選びいただけるようになります。また、当店は間もなくスタッフを追加採用いたします。応募フォームは正面入り口付近のサービスカウンターで入手できます。現在求職中のお知り合いの方がいましたら、ぜひ当店をご紹介ください。

Vocab. 本文 □ **quality**「高品質の」 □ **expansion**「拡大」 □ **produce**「青果物」 □ **front entrance**「正面入り口」 □ **currently**「現在」 □ **seek**「～を探す」 □ **send 〈人〉 *one*'s way**「〈人〉を～に差し向ける」
選択肢 □ **hours of operation**「営業時間」 □ **revised**「修正された」 □ **redeem a voucher**「引換券を（商品やサービスに）換える」

77
Where is the announcement probably being made?
(A) At a restaurant
(B) At a food processing plant
(C) At a supermarket
(D) At a cooking school

このアナウンスはおそらくどこで行われていますか？
(A) レストランで
(B) 食品加工工場で
(C) スーパーマーケットで
(D) 料理学校で

正解 C ［正答率 82.9%］
アナウンスの冒頭で Thank you for shopping at Haley's, Long Valley's number-one supplier of quality foods.（ロング・バレーでいちばんの高品質食料品店ハレーズをご利用いただき、ありがとうございます）と述べていることから、食料品を提供する商店であることがわかる。よって正解は (C)。

78
What is being announced?
(A) The expansion of a department
(B) Extended hours of operation
(C) A revised course schedule
(D) The opening of a new location

何が発表されていますか？
(A) 売り場の拡大
(B) 営業時間の延長
(C) 講座スケジュールの改定
(D) 新しい店舗のオープン

正解 A ［正答率 80.0%］
We are proud to announce というフレーズの後に来るものがアナウンスの内容だと予測したい。the upcoming expansion of our produce department（青果売り場が拡大すること）と続いているので正解は (A)。

79
According to the announcement, what can listeners do near the front entrance?
(A) Redeem a voucher
(B) Obtain an application
(C) Sample some food
(D) Arrange a delivery

アナウンスによれば、入口の近くで聞き手は何をすることができますか？
(A) クーポン券を引き換える
(B) 申込書を手に入れる
(C) 食品を試食する
(D) 配送を手配する

正解 B ［正答率 71.4%］
front entrance は at the service counter by the front entrance という場所を表すフレーズで使われている。この場所で何ができるのかについての説明は、その前の Application forms are available（応募フォームが入手できる）という箇所。入口付近では追加採用されるスタッフの応募フォームが入手できるということがわかるので、正解は (B)。

これがエッセンス
設問の表現に違いはありますが、Part 4 では説明文の「概要」や「主題」を聞く問題が出題されるものと考えてください。説明文を聞くときは文章の概要や主題を聞き取るように努めましょう。

V3_T3-52 **Questions 80 through 82** refer to the following telephone message.

Hi, Jack. It's Kara. I need to ask you a favor. I'm at the airport now, but there's been a delay and my flight won't get back into town until sometime after 2:00 P.M. I have an appointment scheduled for 2:30 today with Denise Singh at the Prescott Inn. She wants to replace the curtains in their guest rooms, and I was going to show her fabric samples. I won't be able to make it in time, so I was hoping you could go in my place. The samples are already in the van at the showroom. You don't have to worry about bringing a catalog with you. I mailed her one last week.

80-82 番は次の電話メッセージに関するものです。
もしもし、ジャック。カーラです。頼みたいことがあります。今空港にいるのですが、便が遅れていて午後 2 時すぎまで町に戻ることができません。今日 2 時 30 分に、プレスコット・インでデニース・シンさんと約束があります。客室のカーテンを交換したいとのことで、生地のサンプルを見せる予定でした。間に合わないので、私の代わりに行っていただけたらと思っていたのですが。サンプルはすでにショールームの車の中に入っています。カタログを持っていく必要はありません。先週 1 部彼女に送りました。

Vocab. 本文 □ **ask 〈人〉 a favor**「〈人〉に頼みごとをする」 □ **fabric**「布地」 □ **in time**「(時間に) 間に合って」 □ **in *one*'s place**「~の代わりに」 □ **already**「すでに」 選択肢 □ **rent**「~を賃借する」

80 Why does the caller ask for assistance?
(A) Her hotel is overbooked.
(B) Her car has broken down.
(C) Her flight will be late.
(D) Her order has not arrived.

電話をした人はなぜ助けを求めていますか?
(A) 彼女が泊まるホテルがオーバーブッキングされている。
(B) 彼女の車が故障した。
(C) 彼女の飛行機が遅れる。
(D) 彼女の注文品が届いていない。

正解 C
[正答率 97.1%]

助けを求めている箇所は I need to ask you a favor. で、その内容は I'm at the airport now, but there's been a delay and my flight won't get back into town until sometime after 2:00 P.M. (今空港にいるのですが、便が遅れていて午後 2 時すぎまで町に戻ることができません) である。電話をした人はフライトが遅延しているために助けを求めているとわかる。よって正解は (C)。

81 What does the caller ask the listener to do?
(A) Set an appointment
(B) Call the office
(C) Meet with a client
(D) Install some equipment

電話をした人は聞き手に何をするよう頼んでいますか?
(A) 約束を設定する
(B) オフィスに電話する
(C) 顧客に会う
(D) 機材を設置する

正解 C
[正答率 80.0%]

聞き手に依頼している箇所は I won't be able to make it in time, so I was hoping you could go in my place. (間に合わないので、私の代わりに行っていただけたらと思っていたのですが) である。代わりに行ってほしい場所は、その前に述べられていたデニース・シンのところである。よって正解は (C)。

82 What does the caller say she did last week?
(A) Sent a catalog
(B) Rented a van
(C) Showed some samples
(D) Wrote an e-mail

電話をした人は先週何をしたと言っていますか?
(A) カタログを送った
(B) 小型トラックを借りた
(C) 見本を見せた
(D) メールを書いた

正解 A
[正答率 68.6%]

電話をした人が先週したことは、メッセージの最後で I mailed her one last week. (先週 1 部送りました) と述べられている。この one がその前の a catalog を受けていることから、先週カタログを送ったということがわかる。よって正解は (A)。

V3_T3-53 **Questions 83 through 85** refer to the following excerpt from a meeting.

Before we conclude this meeting, I want to let you know I spoke with the head of our department this morning and passed along your request for new office furniture. We should have an answer soon. He said he'd get back to me later today. By the way ... I took a look at your sample format for our new company letterhead, and it looks great. There are a couple of minor changes I'd like to recommend, but that can wait until our next meeting on Tuesday.

83-85 番は次の会議の一部に関するものです。
会議を終える前にお知らせしたいのですが、今朝部長と話して、新しいオフィスの家具についてのあなたの要望を彼に伝えたました。もうすぐ回答をもらえるはずです。部長は今日中に返事をくれると言っていました。ところで、あなたが提案した、新しい会社のレターヘッドのサンプルフォーマットに目を通しました。素晴らしいと思います。いくつか細かい変更を提案したいと思いますが、それは火曜日の次の会議の時にしましょう。

Vocab. 本文 □ **conclude**「～を終える」 □ **pass along**「～を伝達する」 □ **get back to 〈人〉**「〈人〉に連絡を返す」 □ **letterhead**「レターヘッド（便せんの上部に印刷された社名や住所などの会社情報）」 □ **minor**「小さな」
選択肢 □ **dealer**「販売業者」 □ **deal with**「～を取り扱う」 □ **revision**「修正」

83 Who did the speaker talk to this morning?
(A) A furniture dealer
(B) A prospective client
(C) A department head
(D) A repair technician

今朝、話し手はだれと話しましたか？
(A) 家具の販売業者
(B) 見込み客
(C) 部長
(D) 修理技術者

正解 C
[正答率 71.4%]

話し手が今朝話した相手を示す箇所はI spoke with the head of our department this morning（今朝部長と話した）という発言。部長と話をしていたことがわかるので正解は(C)。

84 What does the speaker mean when he says, “We should have an answer soon”?
(A) The listeners need to work more quickly.
(B) A matter will be dealt with promptly.
(C) The pace of progress is disappointing.
(D) Someone is expecting to receive a telephone call.

話し手が「もうすぐ回答をもらえるはずです」と言っているのはどういう意味ですか？
(A) 聞き手はもっと迅速に仕事をしなければならない
(B) 問題はすぐに対処される。
(C) 進行の遅さにがっかりしている。
(D) だれかが電話を待っている。

正解 B
[正答率 65.7%]

話し手は部長にオフィスの家具についての要望を伝えたという話をした後でWe should have an answer soon. と言い、続けてHe said he'd get back to me later today.（部長は今日中に返事をくれると言っていました）と言っていることから、部長が今日中に要望を検討してくれることを示唆しているのがわかる。よって正解は(B)。

990点 講師の目
ある文の意味や含みを問う問題では、放送される説明文が設問中に印刷されています。この手の設問は文脈によって判断するものですから、説明文の流れを追いながらこの英文が放送されるのを待ちましょう。現れたらその前の内容を思い出し、その直後の内容と総合して解答を出します。

85 What does the speaker say he wants to recommend?
(A) A particular product model
(B) Some revisions to a format
(C) A new project timeline
(D) Some alternative suppliers

話し手は何を提案したいと言っていますか？
(A) 特定の商品モデル
(B) フォーマットのいくつかの修正
(C) 新しいプロジェクトのスケジュール
(D) 代わりの納入業者

正解 B
[正答率 62.9%]

提案に言及しているのはThere are a couple of minor changes I'd like to recommend（いくつか細かい変更を提案したいと思います）という部分。この発言はI took a look at your sample format for our new company letterhead（あなたが提案した、新しい会社のレターヘッドのサンプルフォーマットに目を通しました）を受けてのものなので、フォーマットの修正を提案したいのがわかる。よって正解は(B)。

V3_T3-54 **Questions 86 through 88** refer to the following radio broadcast.

For over thirty years, Bartlett College has been providing quality higher education and vocational training at affordable tuition rates to help students throughout the Lakewood area achieve their educational goals. Now, we're pleased to announce the upcoming expansion of our course offerings. Starting next fall, we'll be adding a new computer studies department, and we're looking for instructors to join our new faculty. All applicants must possess a valid state teaching certificate in order to qualify for a position. Visit our Web site at www.bartlett.edu for full details on how to apply.

86-88 番は次のラジオ放送に関するものです。
30 年以上にわたりバートレット大学は質の高い高等教育と職業訓練を、手の届く授業料で、レイクウッド地区の学生が学業の目標を達成できるよう、提供してきました。さて、当校が開講講座を近々拡大することをお知らせします。この秋から新しいコンピュータ研究学科を設けますが、この新しい学科で教鞭をとる講師を募集しています。州の有効な教員免許を持っていることが応募条件です。応募の詳細は当大学のサイト www.barlett.edu をご覧ください。

Vocab. 本文 □ **vocational**「職業の」 □ **affordable**「手ごろな」 □ **tuition**「授業料」 □ **instructor**「講師」 □ **faculty**「学部、学科」 □ **applicant**「応募者」 □ **possess**「～を有する」 □ **valid**「有効な」 □ **certificate**「証明書、認定証」 □ **qualify for**「～に応募する資格がある」 選択肢 □ **departing**「離職する」 □ **certification**「認定証」

86 What does Bartlett College plan to do next fall?
(A) Replace some departing faculty members
(B) Widen its variety of courses
(C) Reduce its tuition rates
(D) Offer online degree programs

バーレット大学はこの秋に何を計画していますか?
(A) 離職する教員の後任を配置する
(B) クラスの種類を増やす
(C) 授業料を値下げする
(D) オンラインでの学位取得コースを設ける

正解 B
[正答率 68.6%]

バーレット大学が秋に計画していることは Starting next fall の直前で語られている。直前で we're pleased to announce the upcoming expansion of our course offerings.(当校は開講講座を近々拡大します) という案内があるので、大学が講座を拡大しようとしているのがわかる。よって正解は (B)。この後のコンピュータ学科を新設するという情報からも解答できる。

87 For what subject are instructors needed?
(A) Computer studies
(B) Graphic arts
(C) Business management
(D) Architectural design

どの分野の講師が必要ですか?
(A) コンピュータ研究
(B) グラフィックアート
(C) 経営管理
(D) 建築設計

正解 A
[正答率 77.1%]

バーレット大学の計画内容は we'll be adding a new computer studies department (新しいコンピュータ研究学科を設ける) と we're looking for instructors to join our new faculty (新しい学科で教鞭をとる講師を募集している)。コンピュータ研究の講師が必要とされているのがわかるので正解は (A)。

88 According to the announcement, what do applicants need in order to qualify?
(A) Previous experience as an instructor
(B) Familiarity with specific software
(C) An official teaching certification
(D) A list of references

アナウンスによると、応募者は条件を満たすために何が必要ですか?
(A) 講師としてのこれまでの経験
(B) 特定のソフトウェアに精通していること
(C) 正式な教員免許
(D) 信用照会先のリスト

正解 C
[正答率 68.6%]

講師に応募するための条件としては、All applicants must possess a valid state teaching certificate in order to qualify for a position. (州の有効な教員免許を持っていることが応募条件です) と述べられていることから、条件を満たすためには有効な教員免許が必要とわかる。よって正解は (C)。

990点 講師の目

Part 4 の選択肢には、説明文の内容に合致した正解のほか、「一般的にはあり得る内容のもの」がありリスニングが苦手な人を惑わせます。正解の根拠は必ず放送される説明文の中にあることを認識しておきましょう。

V3_T3-55 **Questions 89 through 91** refer to the following telephone message.

Hello, Ms. Nicks. This is Stuart Kovlovski at Interior Empire. I'm calling about the order you placed yesterday for the floor tiles, countertop, and bathtub. The warehouse contacted me this morning, and they don't have the bathtub in stock. They've already ordered one from the manufacturer, but it will take three days to arrive. They want to know if they should ship the other items today, or wait for the bathtub. I told them if I didn't hear back from you by 2:00 P.M. to go ahead and ship the tiles and countertop to your address this afternoon. If you'd prefer to wait and have everything delivered together, please contact me here at the showroom before 2:00. Thank you.

89-91番は次の電話メッセージに関するものです。
もしもし、ニックスさん。こちらはインテリア・エンパイアのスチュアート・コブロフスキーと申します。昨日ご注文いただいたフロアタイル、調理台、そしてバスタブの件でお電話しています。今朝、倉庫から連絡があって、バスタブの在庫がないとのことです。すでにメーカーに注文しておりますが、商品が届くまでに3日かかります。担当者が、今日中にほかの商品を発送するか、あるいはバスタブが届くのを待つかを知りたいとのことです。もし午後2時までにあなたから返事がなければ、今日の午後にタイルと調理台をあなたのご住所に発送するように言ってあります。もし、今日の発送はせずに、すべて一緒にお届けするほうがよろしければ、2時までにショールームの私あてにご連絡ください。よろしくお願いいたします。

Vocab. 本文 □ **place an order**「注文する」 □ **have ... in stock**「…の在庫がある」 □ **hear back from 〈人〉**「〈人〉から返事がある」 □ **go ahead**「進める」 □ **prefer to *do***「～するほうを好む」 □ **deliver**「～を届ける」 選択肢 □ **furnishings**「設備」 □ **out of stock**「在庫切れで」 □ **residence**「住居」 □ **reply**「返事をする」

89 Where does the speaker probably work?
(A) A design firm
(B) A manufacturing facility
(C) A home furnishings store
(D) A shipping service

話し手はおそらくどこで働いていますか？
(A) デザイン会社
(B) 製造施設
(C) インテリア販売店
(D) 配送会社

正解 C
[正答率 74.3%]

話し手の会社名はInterior Empireであるからインテリア関連であること、販売するものにthe floor tiles, countertopとbathtubがあることから、話し手はインテリア販売店で働いていることが推察できる。よって正解は(C)。

990点 講師の目
話し手の属性を問う問題は、問題文の中のわずかな情報を手がかりに正解を選ばなくてはいけないことがあります。残念ながら、聞き逃すと、もう手がかりを得られない場合も少なくありません。解答の根拠となる情報を聞き逃した場合は、時間を無駄にしないよう、素速く直感で答えを決め、解答シートにマークをし、次の問題に備えましょう。

90 What is the problem?
(A) An invoice has been misplaced.
(B) A payment has not been received.
(C) An item is currently out of stock.
(D) A driver cannot find a residence.

問題は何ですか？
(A) 請求書が見当たらない。
(B) 支払いを受けていない。
(C) 現在、品物は在庫切れだ。
(D) 運転手が住宅を見つけられない。

正解 C
[正答率 85.7%]

問題点に関する発言はThe warehouse contacted me this morning, and they don't have the bathtub in stock.（今朝、倉庫から連絡があって、バスタブの在庫がないとのことです）という部分。問題は注文の商品の1つが在庫切れであるということがわかる。よってnot ... in stockをout of stockと言い換えた(C)が正解。

91 What is the listener asked to do?
(A) Confirm her street address
(B) Stop by the showroom
(C) Provide documentation
(D) Reply by a specific time

聞き手は何をするように頼まれていますか？
(A) 彼女の住所を確認する
(B) ショールームに立ち寄る
(C) 書類を提出する
(D) 特定の時間までに返事をする

正解 D
[正答率 68.6%]

話し手が聞き手に何かを依頼していることがわかるキーワードのpleaseを聞き取りたい。contact me here at the showroom before 2:00（2時までにショールームの私あてに連絡して）と続いている。contactをreply（返事をする）で、before 2:00をby a specific timeで言い換えている(D)が正解。

Questions 92 through 94 refer to the following talk.
V3_T3-56

I'm sorry to have to tell you this, but one of our voice actors had to drop out of our recording session tomorrow. Our commercial was supposed to feature Nora Hansen, but she can't make it after all. There's nothing to worry about, though. I've already lined up a replacement by the name of Thea Olsen. The studio recommended her, and I spoke to her on the phone this morning. She's agreed to take over Nora's part in our commercial. Nora and Thea are from the same part of Norway, and their accents sound very similar.

92-94番は次の話に関するものです。

残念なお知らせですが、声優の一人が明日の収録に参加できなくなりました。当社のコマーシャルにはノラ・ハンセンを起用する予定でしたが、結局、実現できませんでした。でも心配はいりません。すでにテア・オルセンという名の人を代役に立てました。スタジオが彼女を推薦してくれて、今朝彼女と電話で話しました。コマーシャルのノラの役を引き受けることに同意してくれました。ノラとテアはノルウェーの同じ地域の出身で、訛りもとてもよく似ています。

Vocab. 本文 □ **drop out of**「～を辞退する」 □ **feature**「～を起用する」 □ **make it**「実現する」 □ **line up**「～を手配する」 □ **replacement**「代わりの人」 □ **recommend 〈人〉**「〈人〉を推薦する」 □ **take over**「～を引き継ぐ」 □ **accent**「訛り」 □ **similar**「似ている」 選択肢 □ **substitute**「代わりの人」 □ **switch**「入れ替え」 □ **diverse**「多様な」

92 What is the purpose of the talk?
(A) To report a problem
(B) To request a substitute
(C) To suggest a venue
(D) To set an appointment

この話の目的は何ですか？
(A) 問題を報告すること
(B) 代わりの人を求めること
(C) 会場を提案すること
(D) 打ち合わせを設定すること

正解 A
[正答率 62.9%]

冒頭のI'm sorry to have to tell you this (残念なお知らせです) という発言から、よくないことが伝えられると推察される。その内容がone of our voice actors had to drop out of our recording session tomorrow. (声優の一人が明日の収録に参加できなくなった) であることから、コマーシャルに起用される声優についての問題が報告されたのがわかる。よって正解は(A)。

93 What does the speaker's company intend to do tomorrow?
(A) Cancel a session
(B) Launch a product
(C) Record an advertisement
(D) Interview candidates

話し手の会社は明日何をする予定ですか？
(A) 収録を中止する
(B) 製品を発売する
(C) 宣伝を録音する
(D) 候補者の面接を行う

正解 C
[正答率 77.1%]

話し手の会社の明日の予定に関する発言は、our recording session tomorrowと言っている部分。録音が行われる予定だとわかる。また、その直後にOur commercialと聞こえることから、録音されるのはコマーシャルであると判断できる。よって正解は(C)。

94 What does the speaker imply when he says, "Nora and Thea are from the same part of Norway"?
(A) Communications should proceed smoothly.
(B) A switch will not make a major difference.
(C) Some colleagues are well acquainted with each other.
(D) A group is not diverse enough.

話し手の「ノラとテアはノルウェーの同じ地域の出身で」という発言にはどういう意味の含みがありますか？
(A) コミュニケーションが円滑に進む。
(B) 交代が大きな違いを生み出さない。
(C) 同僚がお互いをよく知っている。
(D) グループに十分な多様性がない。

正解 B
[正答率 77.1%]

この発言は、ノラ・ハンセンの代役としてテア・オルセンを起用すると述べた後に行われたもの。their accents sound very similar (訛りもとてもよく似ています) と続けていることから二人の出身地が同じであるから訛りも似ているので、代役としては適役であると伝えようとしていることがわかる。よって正解は(B)。

990点 講師の目

Part 4では時折、このように選択肢が長いことがあります。説明文を聞き、わずかな解答時間で読むのはなかなか難しいことでしょう。設問文の先読みが重要でもありますが、短時間で英文の意味を理解できる力を強化しておくことも重要です。

V3_T3-57 **Questions 95 through 97** refer to the following news report and map.

There's no end in sight to the winter-like conditions for Mason and the surrounding areas, as a cold front is reported to be moving into the region. Overnight temperatures are predicted to drop well below freezing, and the light rain we're currently experiencing is expected to turn into snowfall by late this evening. City safety officials warn commuters planning to take the Whistler Bridge tomorrow morning of icy road surfaces, and advise using a different route into town if possible. Next, we'll hear local business news with Jake Marlin, who'll be reporting on a recent announcement by the Chamber of Commerce.

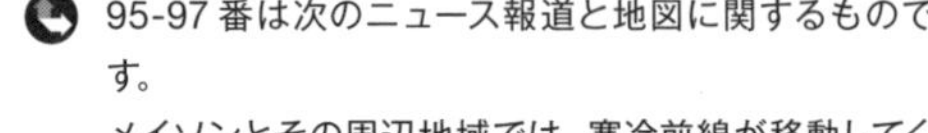
95-97番は次のニュース報道と地図に関するものです。

メイソンとその周辺地域では、寒冷前線が移動してくるということで、冬のような気象条件の終わりはまだ見えてこないようです。夜間の気温は氷点下を大きく下回ると予想され、今降っている小雨は今晩遅くには雪に変わると予想されます。市保安当局は、明日の朝ウィスラーブリッジを通る予定の通勤者に路面凍結への注意を呼びかけ、できるだけ町に通じる別のルートを使うようにすすめています。次はジェイク・マーリンによる地元のビジネスニュースで、商工会議所からの最近の発表をお伝えします。

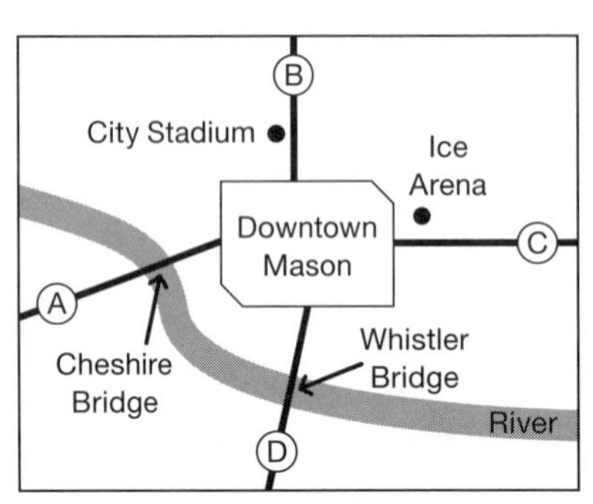

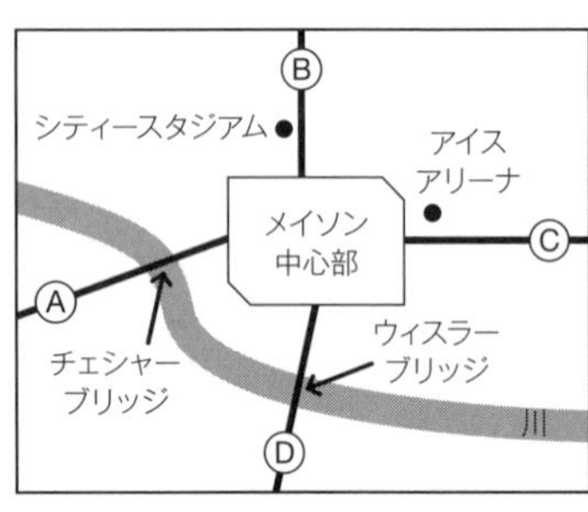

Vocab. 本文 □ **There's no end in sight to**「～の終わりが見えない」 □ **condition**「状況」 □ **surrounding**「周辺の」 □ **front**「前線」 □ **region**「地域」 □ **overnight**「夜間の」 □ **temperature**「気温」 □ **predict**「～を予測する」 □ **drop**「下がる」 □ **turn into**「～に変わる」 □ **warn 〈人〉 of**「〈人〉に～を警告する」 □ **commuter**「通勤者」 □ **surface**「表面」 □ **announcement**「発表、お知らせ」 選択肢 □ **politician**「政治家」

95 What is mainly being reported?

(A) An upcoming roadwork project
(B) The evening weather
(C) A sports competition
(D) Current traffic conditions

おもに何が伝えられていますか？

(A) 今後の道路工事計画
(B) 晩の天気
(C) スポーツ大会
(D) 現在の交通情報

正解 B ［正答率 65.7%］

冒頭の There's no end in sight to the winter-like conditions for Mason and the surrounding areas（メイソンとその周辺地域では、冬のような気象条件の終わりはまだ見えてこないようです）という内容から、地元の天気を伝えていることがわかる。また、夜間の気温を伝えたり by late this evening というフレーズが使われていたりすることから、今晩の情報であることがわかる。よって正解は (B)。

96 Look at the graphic. Which road do city officials advise that commuters avoid?

(A) Road A
(B) Road B
(C) Road C
(D) Road D

図を見てください。市当局は通勤者がどの道路を避けるようにすすめていますか？

(A) 道路 A
(B) 道路 B
(C) 道路 C
(D) 道路 D

正解 D ［正答率 77.1%］

市当局のコメントとしては City safety officials warn commuters planning to take the Whistler Bridge tomorrow morning of icy road surfaces, and advise using a different route into town if possible.（市保安当局は、明日の朝ウィスラーブリッジを通る予定の通勤者に路面凍結への注意を呼びかけ、できるだけ町に通じる別のルートを使うようにすすめています）とあるので、正解は (D)。

990点 講師の目

地図中の A、B、C、D のいずれかの道路が正解なのですが、その違いは何でしょうか。それぞれの経路にヒントとなる施設や橋があることがわかります。地図中の名称のいずれかが説明文で聞こえてくるはずですから、注意深く聞きましょう。固有名詞の発音はローマ字読みでいいので予測しておきましょう。

97 What will the listeners most likely hear next?
(A) A popular new song
(B) An interview with a local politician
(C) A commercial message from a sponsor
(D) A report on area business topics

聞き手はおそらく次に何を聞きますか?
(A) 人気のある新曲
(B) 地元の政治家のインタビュー
(C) スポンサーからの宣伝
(D) 地域のビジネスの話題に関するレポート

正解 D
[正答率 74.3%]

放送の最後で we'll hear local business news と言っているので、次は地元のビジネスニュースであること、レポーターの伝える内容としては on a recent announcement by the Chamber of Commerce (商工会議所からの最近の発表について) と述べられているので、商工会議所の発表が話題であることがわかる。よって正解は (D)。

V3_T3-58 **Questions 98 through 100** refer to the following talk and slide.

Welcome to Galaxis. Here on your first day, we'll be helping you familiarize yourselves with our company and our offices. We'll also be giving you a basic introduction to some of the policies that will affect you as employees. But let's start with some background information about our branch. Ours is the youngest of the firm's four regional branches, but we've grown rapidly since our establishment. As you can see on this slide, we now account for thirty-two percent of all company revenue. Only the Altmond City branch generates a higher percentage of the firm's total income than we do here.

98-100 番は次の話とスライドに関するものです。
ギャラクシーズ社へようこそ。初日の今日は、私たちの会社とオフィスについて知っていただきます。それから、従業員としての皆さんに関係する会社の方針について基本的なことをご紹介します。まずはこの支店についての背景知識から始めましょうか。私たちの支店は当社の4つある地域支店の中で最も新しいのですが、開設以来急速に成長してきています。こちらのスライドでおわかりのように、私たちの収益は今では会社全体の収益の32パーセントを占めています。アルトモンド・シティー支店だけが会社全体の収入の中で私たちよりも高い割合の収益を上げています。

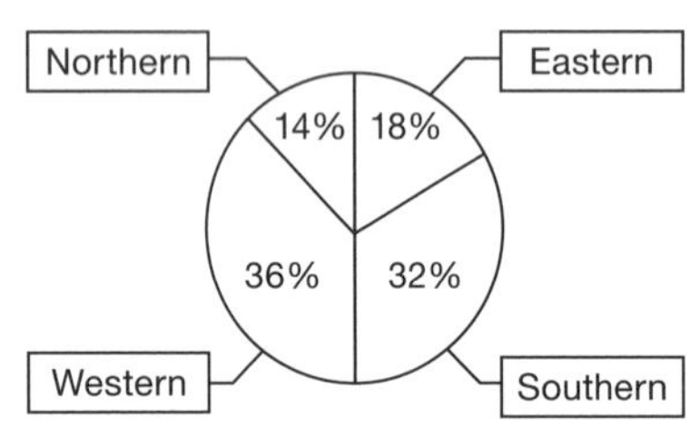

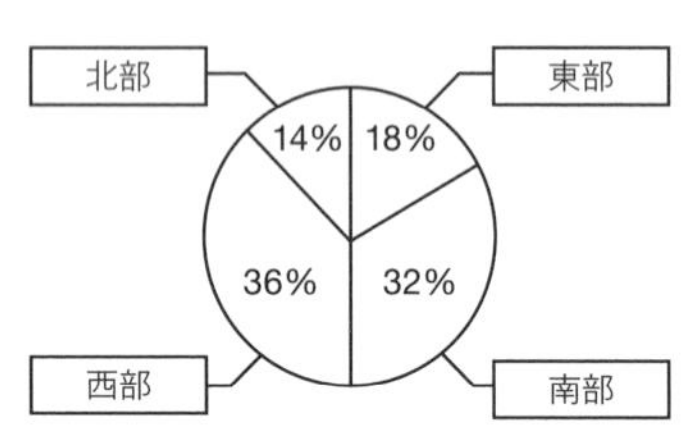

Vocab. 本文 □ **familiarize 〈人〉 with**「〈人〉を〜に詳しくする」 □ **policy**「方針」 □ **rapidly**「急速に」 □ **establishment**「創設」 □ **account for**「〜を占める」 □ **revenue**「収益」 □ **generate**「〜を生み出す」 □ **income**「収益」
選択肢 □ **implement**「〜を実施する」

98 Who most likely are the listeners?
(A) The Galaxis board of directors
(B) Prospective clients of the firm
(B) A group of company shareholders
(D) Some recently hired personnel

聞き手はどういう人物だと思われますか?
(A) ギャラクシーズ社の取締役
(B) この会社の見込み客
(C) 株主一行
(D) 最近採用された人材

正解 D
[正答率 65.7%]

冒頭の Welcome to Galaxis. や your first day というフレーズから、聞き手にとって Galaxis での初日であること、some of the policies that will affect you as employees というフレーズから、彼らがこの会社の従業員であることがわかる。したがって「この会社で働き始める人達」を「最近採用された人々」と表現している (D) が正解。

99 What does the speaker say about her workplace?
(A) It is the company's newest branch.
(B) It will soon implement a policy change.
(C) It has been affected by staff shortages.
(D) It is undergoing office renovations.

話し手は職場について何と言っていますか?
(A) 会社の最も新しい支店である。
(B) すぐに方針変更が実施される。
(C) 従業員不足に影響を受けている。
(D) オフィスの改修をしているところである。

正解 A
[正答率 80.0%]

話し手は自分たちの支店について Ours is the youngest of the firm's four regional branches (私たちの支店は当社の4つある地域支店の中で最も新しい) と述べていることから、正解は (A)。

100 Look at the graphic. Where is the Altmond City branch probably located?
(A) In the Northern Region
(B) In the Eastern Region
(C) In the Western Region
(D) In the Southern Region

グラフを見てください。アルトモンド・シティー支店はおそらくどこに位置しますか？
(A) 北部地域
(B) 東部地域
(C) 西部地域
(D) 南部地域

正解 C
[正答率 34.3%]

話し手は自分たちの支店が全社の収入の 32 パーセントを占めると述べた後、Only the Altmond City branch generates a higher percentage of the firm's total income than we do here.（アルトモンド・シティー支店だけが会社全体の収入の中で私たちよりも高い割合の収益を上げています）と述べている。グラフで 32 パーセントより高い割合を占めている地域は、36 パーセントを占める西部地域。よって正解は (C)

990点 講師の目
選択肢の数と図表の中の項目の数が一致しています。それぞれの項目の特徴を予測して説明文を聞きましょう。割合を示すグラフの場合、注目すべきなのは最も割合の小さいものと大きいもの。ほかにも同じくらいの割合のものが 2 つ以上あれば要注意です。

TEST 3 正解一覧

チェックボックスは答え合わせや習熟度確認のためにお使いください。

1	A	□□□
2	C	□□□
3	B	□□□
4	B	□□□
5	B	□□□
6	D	□□□
7	B	□□□
8	A	□□□
9	A	□□□
10	B	□□□
11	B	□□□
12	C	□□□
13	A	□□□
14	B	□□□
15	A	□□□
16	C	□□□
17	A	□□□
18	B	□□□
19	C	□□□
20	B	□□□
21	C	□□□
22	B	□□□
23	C	□□□
24	C	□□□
25	A	□□□
26	C	□□□
27	C	□□□
28	A	□□□
29	A	□□□
30	A	□□□
31	B	□□□
32	D	□□□
33	B	□□□
34	C	□□□
35	B	□□□
36	D	□□□
37	C	□□□
38	B	□□□
39	C	□□□
40	A	□□□
41	D	□□□
42	C	□□□
43	B	□□□
44	B	□□□
45	D	□□□
46	D	□□□
47	C	□□□
48	B	□□□
49	A	□□□
50	C	□□□
51	A	□□□
52	D	□□□
53	C	□□□
54	D	□□□
55	A	□□□
56	A	□□□
57	C	□□□
58	B	□□□
59	B	□□□
60	D	□□□
61	A	□□□
62	C	□□□
63	B	□□□
64	D	□□□
65	C	□□□
66	A	□□□
67	C	□□□
68	C	□□□
69	C	□□□
70	A	□□□
71	C	□□□
72	B	□□□
73	D	□□□
74	D	□□□
75	A	□□□
76	D	□□□
77	C	□□□
78	A	□□□
79	B	□□□
80	C	□□□
81	C	□□□
82	A	□□□
83	C	□□□
84	B	□□□
85	B	□□□
86	B	□□□
87	A	□□□
88	C	□□□
89	C	□□□
90	C	□□□
91	D	□□□
92	A	□□□
93	C	□□□
94	B	□□□
95	B	□□□
96	D	□□□
97	D	□□□
98	D	□□□
99	A	□□□
100	C	□□□

TEST 4 の解答・解説

V3_T4-02

1

(A) She's emptying a cardboard box.
(B) She's picking out a piece of produce.
(C) She's browsing for reading material.
(D) She's turning the pages of a notebook.

(A) 彼女はダンボール箱の中身を空けている。
(B) 彼女は農産物を選び出している。
(C) 彼女は読み物を見て回っている。
(D) 彼女はノートのページをめくっている。

正解 C ［正答率 79.4%］

女性が山積みにされた本を見ているので、(C) が正解。彼女は右手で1冊の本をつかんでいるので、(B) の picking out（選び出している）は写真の人物の〈動作〉を正しく描写しているが、選んでいるのは produce（農産物）ではない。

Vocab.
□ **cardboard box**「ダンボール箱」
□ **pick out**「～を選び出す」
□ **produce**「（農）産物」
□ **browse**「見て回る」

V3_T4-03

2

(A) The women are looking over their shoulders.
(B) The women are pouring some beverages.
(C) One of the women is removing an item from a bag.
(D) One of the women is sitting on the grass.

(A) 女性たちは肩越しに見ている。
(B) 女性たちは飲み物を注いでいる。
(C) 女性の一人がバッグから物を取り出している。
(D) 女性の一人が芝生の上に座っている。

正解 A ［正答率 85.3%］

二人の女性が振り返るような姿勢で後方を見ているので、肩越しに見ていると表している (A) が正解。(B) の beverages（飲み物）は写真に写っているが、pouring（注いでいる）という〈動作〉が写真と合わない。

Vocab.
□ **look over**「～越しに見る」
□ **pour**「～を注ぐ」
□ **beverage**「飲み物」
□ **grass**「芝生」

V3_T4-04

3

(A) The woman is directing traffic.
(B) The car is passing through a gate.
(C) The woman is walking on the grass.
(D) The road is lined with railings.

(A) 女性は交通整理をしている。
(B) 車がゲートを通過しているところだ。
(C) 女性が芝生の上を歩いている。
(D) 道路にガードレールが並んでいる。

正解 D ［正答率 91.2%］

歩道と車道の間と、車道の向こう側に、道路に沿ってガードレールが設置されている様子を (D) が的確に表現している。be lined with は「～がずらりと並ぶ」という表現。(A) と (C) の woman（女性）も (B) の car（車）も写真に写ってはいるが、それぞれ (A) は directing traffic が、(B) は passing through the gate が、(C) は on the grass が間違い。

Vocab.
□ **direct traffic**「交通整理をする」
□ **be lined with**「～がずらりと並ぶ」
□ **railing**「ガードレール」

V3_T4-05

4 (A) **Some men are having a discussion in a workshop.**
(B) One of the men is getting on a motorcycle.
(C) Tools are scattered across the floor.
(D) Supplies are being placed inside a closet.

(A) 男性たちは作業場で話し合っている。
(B) 男性の一人がバイクに乗っているところだ。
(C) 道具が床に散乱している。
(D) クローゼットの中に用品が置かれているところだ。

正解 **A** ［正答率 64.7%］

バイクや道具のある空間で二人の男性が向かい合って話をしているので、(A) が正解。(C) と (D) は、それぞれ scattered (散らかっている)、are being placed (置かれている最中だ) という状態ではなく、また across the floor / inside a closet という場所の情報にも誤りがある。(B) は getting on ではなく、working on (～の修理などに取り組む) であれば正解となり得る。

Vocab.
□ **workshop**「作業場」
□ **scatter**「～をまき散らす」

V3_T4-06

5 (A) He's plugging in an electrical cord.
(B) He's installing a cooking appliance.
(C) **He's reaching into a storage bin.**
(D) He's dining at a table.

(A) 彼は電気コードを差し込んでいる。
(B) 彼は調理器具を設置している。
(C) 彼は収納ケースの中に手を伸ばしている。
(D) 彼はテーブルで食事を取っている。

正解 **C** ［正答率 68.8%］

男性が収納箱に手を突っ込んでいる様子を (C) が正しく表現している。電気コードはコンセントに差してあり、調理器具のような物も設置されているが、plug in (～を差し込む) や install (～を設置する) という行為を男性が行っている最中ではないので、(A)、(B) ともに誤り。

Vocab.
□ **plug in**「～を電源につなぐ」
□ **cooking appliance**「調理器具」
□ **storage bin**「収納箱」
□ **dine**「食事をする」

V3_T4-07

6 (A) The shelves are full of packages.
(B) **Some mugs are hanging from hooks.**
(C) Glasses are being washed under a faucet.
(D) Flowerpots have been arranged beside a wall.

(A) 棚は小包でいっぱいだ。
(B) マグカップがフックに吊るされている。
(C) グラスが蛇口の下で洗われている。
(D) 壁際に植木鉢が配置されている。

正解 **B** ［正答率 97.1%］

一部のマグカップは棚に付いたフックに吊り下げられているので (B) が正解。(A) は The shelves are full of mugs. なら正解。

Vocab.
□ **mug**「マグカップ」
□ **faucet**「蛇口」
□ **flowerpot**「植木鉢」

これがエッセンス

Part 1 の写真描写問題の不正解には「存在する人・物に関する間違った記述」と「存在しない人・物に関する記述」があります。「存在しない人・物に関する記述」は 100 パーセント誤答であると判断できるので、すぐに選択肢から消去して解答率を上げましょう。

V3_T4-09

7 Which session is Mr. Frigg leading?
(A) Yes, he does.
(B) The first one.
(C) A magazine.

フリッグさんはどの集会を担当しますか？
(A) はい、彼がします。
(B) 最初のです。
(C) 雑誌です。

正解 B [正答率 96.2%]

Which＋〈名詞〉で「どの〈名詞〉なのか」を尋ねる問いかけ。ここではWhich sessionで「どのセッションか」を聞いているので、The first one（＝session）で「最初のもの」だと応じている(B)が正解。(C)はleadingとreadingの混同を狙った誤答。

Vocab.
□ session「（ある活動の）集まり、集団活動」
□ lead「～を率いる、指導する」

V3_T4-10

8 Where are you from originally?
(A) This is just a copy.
(B) Quite a while ago.
(C) I was born in Vancouver.

もともとはどちらの出身ですか？
(A) これはただのコピーです。
(B) たいぶ昔のことです。
(C) バンクーバーで生まれました。

正解 C [正答率 88.5%]

Where are you from?は出身地を尋ねる表現。出生地がバンクーバーだと地名を答えている(C)が正解。(A)は問いかけのoriginallyの名詞形original（原本）の反意語copy（複製）を用いた誤答。(B)は〈時〉の情報なので、When疑問文に対する答え方。

Vocab.
□ originally「もとは」

V3_T4-11

9 Didn't the clients accept our proposal?
(A) No, they're going with another firm.
(B) I think it's supposed to.
(C) That sounds fine to me.

顧客は私たちの提案を受け入れなかったのですか？
(A) ええ、ほかの会社の採用を決めました。
(B) そうなることになっていると思います。
(C) 私はそれでいいと思います。

正解 A [正答率 44.1%]

Didn't ...？で「…しなかったのか」と尋ねる否定のYes/No疑問文。答え方はDid ...？で聞かれた場合と同じように「した」のならYes、「しなかった」のならNoと応じればよい。(A)がNoと答え、別の会社を採用したのだと補足情報を伝えている。

Vocab.
□ firm「会社」

990点 講師の目

このDidn't the clients ...?（顧客は…しなかったのか）という否定疑問から、「顧客は…する」と質問者が予測または期待していたことがわかります。相手の予想・期待がはずれた事実を伝えるだけでなく、きちんと〈理由〉を添えて応じる親切な答え方になっています。

V3_T4-12

10 When do you plan to leave for your business meeting?
(A) Oh, that's been postponed.
(B) I left it back in the office.
(C) Since the beginning of the week.

仕事の打ち合わせにはいつ出かける予定ですか？
(A) ああ、それは延期されました。
(B) それをオフィスに置いてきてしまいました。
(C) 週の初めからです。

正解 A [正答率 79.4%]

Whenで会議のために出発をする〈時〉を尋ねられ、(A)は、「打ち合わせが延期された」と、予定そのものの先送りを伝えることで、会話を成立させている。(B)はWhereで〈場所〉を聞かれた場合の答え方。(C)は〈時〉ではなく、〈期間〉を聞かれた場合の答え方。

Vocab.
□ postpone「～を延期する」

V3_T4-13

11 You have everything you'll need for the data analysis, don't you?
(A) All day, if absolutely necessary.
(B) Everything except the latest sales figures.
(C) Let's use the laboratory instead.

データ分析に必要なものはすべてお持ちですよね?
(A) どうしても必要であれば、丸1日。
(B) 最新の売上高以外は全部あります。
(C) 代わりに研究室を使いましょう。

正解 B ［正答率 67.6%］

... don't you? (…ですよね) の形で〈確認〉を求めている付加疑問文。確認のポイントは「必要なデータをすべて持っているかどうか」ということ。(B) が Everything except ... (…以外すべて) の形で、一部の例外 (the latest sales figures) を除けばすべて持っていると応じている。(A) は all data と音の近い All day を、(C) は analysis (分析) の関連語 laboratory (研究室) を用いた誤答。

Vocab.
□ **analysis**「分析」
□ **except**「～を除いて」

V3_T4-14

12 Would you be free to go over our presentation sometime today?
(A) Actually, they charge a fee.
(B) Sure, I have some time.
(C) To propose a new marketing strategy.

今日のどこかで、プレゼンを見直す時間はありますか?
(A) 実は料金がかかります。
(B) ええ、時間があります。
(C) 新しいマーケティング戦略を提案するために。

正解 B ［正答率 90.4%］

Would you be free to *do*? は「～するお時間はありますか」と〈誘い〉や〈依頼〉をするときに使われる表現。(B) が Sure と快諾をしている。(A) は free と fee の音の類似を用いた誤答。(C) は Why で presentation をする〈目的〉を聞かれた場合の答え方。

Vocab.
□ **go over**「～を綿密に調べる」
□ **strategy**「戦略」

V3_T4-15

13 Is the design work going to take much longer?
(A) Yes, it went fairly well.
(B) There's very little left to do.
(C) Not too far from here.

デザインの作業はもっと長くかかるでしょうか?
(A) はい、とてもうまくいきました。
(B) やるべきことは、わずかしか残っていません。
(C) ここからそんなに遠くありません。

正解 B ［正答率 55.9%］

相手は Yes/No 疑問文で作業が長引くかどうかを尋ねている。very little left (残りはわずか) と伝えることで、答えが No であることを暗に知らせている (B) が適切な応答。問いかけが be going to *do* (～する予定である) と未来時制なので、it went ... と過去時制を用いた (A) では時制の面でもかみ合わない。

Vocab.
□ **fairly**「かなり」

V3_T4-16

14 Hello—what are your regular weekday business hours?
(A) I think you've dialed the wrong number.
(B) They're all temporary staff.
(C) Lunchtime is usually the busiest.

もしもし——平日の通常の営業時間は何時ですか?
(A) 間違った番号におかけだと思います。
(B) 彼らは皆、臨時スタッフです。
(C) 普段はお昼時がいちばん忙しいです。

正解 A ［正答率 35.3%］

営業時間を尋ねてきた電話の相手に、「間違い電話だと思う」と応じている (A) が会話を成立させる。〈時間〉を聞いているから〈時間〉の情報がくるものと待ち構えていると、質問には答えていないが会話としてかみ合う選択肢を選べなくなるので注意しよう。

Vocab.
□ **regular**「通常の」
□ **wrong**「間違った」

990点 講師の目

間違い電話を受けたときの応答方法として、(A) のほかに、I'm afraid you have the wrong number. (すみませんが間違い電話です) や You've got the wrong number. (番号を間違えています) なども覚えておきましょう。

V3_T4-17

15 Who's been nominated for Employee of the Year?
(A) Congratulating the award winner.
(B) Mr. Kate along with Ms. Sparks.
(C) We'll hire more in January.

だれが年間最優秀従業員の候補に選ばれましたか？
(A) 受賞者のお祝いです。
(B) ケイトさんがスパークスさんと一緒に。
(C) 1月には、さらに採用します。

正解 B ［正答率 96.2%］

Who でノミネートされた〈人〉を聞かれているので、人物名を答えている (B) が正解。(A) は、問いかけの nominate や of the Year と関連性のある congratulate（～を祝福する）や award winner（受賞者）を、(C) は employee と関連のある動詞 hire を使った引っかけ。

Vocab.
□ congratulate「～を祝福する」
□ award「賞」

V3_T4-18

16 Is our appointment before or after the weekend?
(A) Throughout the past few days.
(B) Dr. Timmons pointed it out.
(C) It's for Monday afternoon.

予約は週末の前ですか、それとも後ですか？
(A) ここ数日間ずっと。
(B) ティモンズ博士がそれを指摘しました。
(C) 月曜日の午後です。

正解 C ［正答率 82.4%］

A or B の形で二択を問う疑問文。before or after the weekend で「週末の前か後か」を聞いているが、before や after のみを答えるより、(C) のように Monday afternoon と具体的な情報を知らせるほうが親切な応じ方。「相手がどう質問したか」ではなく、「相手は何を知りたいか」を考えながら選択肢を聞くようにしたい。

Vocab.
□ point out「～を指摘する」

V3_T4-19

17 When was the last time the company updated its Web site?
(A) I'm not the one who handles that.
(B) For the last three days.
(C) The system seems to be back online.

会社が最後にウェブサイトを更新したのはいつですか？
(A) 私はその担当者ではないんです。
(B) 過去3日間にわたって。
(C) システムのネット回線が復旧したようです。

正解 A ［正答率 67.6%］

When で〈時〉を尋ねる問いかけに対し、(A) のように、知る立場にないことを伝えても会話は成立する。端的に、I'm afraid I have no idea.（すみませんが、わかりません）と答えたり、You should ask〈人〉(〈人〉に聞いてください）と、答えを見つける方法を提示するパターンなども適切な応答となることを確認しておこう。

Vocab.
□ handle「～に対応する」

V3_T4-20

18 Has there been any change in our project status?
(A) Nothing worth mentioning.
(B) At the current exchange rate.
(C) Okay, that'll be acceptable.

プロジェクトの状況に何か変化はありましたか？
(A) 言うほどのことは何もありません。
(B) 現在の為替レートで。
(C) よし、それなら受け入れられます。

正解 A ［正答率 79.4%］

Yes/No 疑問文で change（変更）の有無を聞かれている。No であることを、Nothing（何もない）を使って答えている (A) が的確な応答。設問 11 の正解選択肢 Everything except（～以外すべて）と同様、worth *doing*（～する価値のある）で nothing に限定条件を加えることにより、さらに正確な情報を伝えることができる。

Vocab.
□ acceptable「受け入れられる」

V3_T4-21

19 Why isn't Ms. Alexander here today?
(A) I'm afraid she isn't.
(B) She's out on a sales call.
(C) About an hour ago.

どうしてアレクサンダーさんは今日ここにいないのですか？
(A) あいにく彼女は違いません。
(B) 営業訪問に出かけています。
(C) 1時間ほど前です。

正解 **B** ［正答率 85.3%］

Why isn't ...?（なぜ…ではないのか）と不在の〈理由〉を尋ねられ、sales call（営業訪問）と外出理由を答える (B) が正解。(A) は Is Ms. Alexander here today?（アレクサンダーさんは今日ここにいますか）と聞かれた場合、(C) は When で〈時〉を聞かれた場合の答え方。

Vocab.
□ **I'm afraid**「残念ながら」
□ **call**「（職業上の）訪問」

V3_T4-22

20 Do you want to keep working or should we take a break?
(A) We keep them in the break room.
(B) If ours still work.
(C) It's up to you.

仕事を続けたいですか、それとも休憩を取りますか？
(A) 休憩室に保管しています。
(B) まだ我々のものが動くのなら。
(C) あなたにお任せします。

正解 **C** ［正答率 97.1%］

A or B の選択疑問文の形だが、必ずしも応答が A か B を選択するものとは限らない。(C) のように、選択を質問者に It's up to you（あなた次第です）と委ねても会話は成立する。

Vocab.
□ **up to**「～次第で」

これがエッセンス

A or B 型の選択疑問文で A/B 以外を答えるパターンを確認しましょう。設問 20 のように選択権を相手に返したり、Either will do.（どちらでも）などと自分では選択をしないパターンのほか、質問の内容によっては、A と B 両方を選んだり、却下する場合も考えられます。

V3_T4-23

21 The tour group should be arriving any minute now, right?
(A) I attended a live show.
(B) Only a few minutes ago.
(C) Let's get ready to greet them.

ツアーの団体がもうすぐ到着しますよね？
(A) ライブ・ショーに参加しました。
(B) ほんの数分前です。
(C) 出迎える準備をしましょう。

正解 **C** ［正答率 79.4%］

文末の ..., right? は付加疑問と同様に、自分の認識（＝ツアー団体が間もなく到着する）が正しいかどうか相手に〈確認〉を求める表現。Yes/No で答えてもいいが、(C) のように get ready to *do*（～する準備をする）と到着後の話題をすることで、質問の答えが Yes であることを言外に伝えても会話が成立する。

Vocab.
□ **get ready to *do***「～する準備をする」
□ **greet**「～を迎える」

V3_T4-24

22 What are your thoughts on the company president's speech?
(A) He thought so, too.
(B) I found it very motivating.
(C) Along with everyone else in the audience.

社長のスピーチについてどう思いますか？
(A) 彼もそう思っていました。
(B) とてもやる気をもらいました。
(C) 観客みんなと一緒に。

正解 **B** ［正答率 82.4%］

What are your thoughts on ...?（…についてどう思うか）は相手に〈感想・意見〉を尋ねる表現。社長のスピーチについて感想を聞かれているので、やる気を起こさせるものであったと意見を述べている (B) が適切な応答。(A) は問いかけの thought を動詞として用いた誤答。

Vocab.
□ **motivate**「～する気にさせる」
□ **audience**「聴衆」

990点 講師の目

誤答となった (C) に主語と動詞がないのはなぜでしょうか。相手の発言と同じ主語と動詞を念頭に置いて話しているからですね。たとえば、Did you enjoy the concert? と聞かれていれば、I enjoyed (it) を省略して along with ... とだけ答えても相手に意味が通じるのです。

V3_T4-25

23 Isn't Mr. Dale still employed at this branch?
(A) It's right down the street.
(B) We don't have any more.
(C) No, he decided to transfer.

デールさんはもうこの支店で働いていないのですか?
(A) その道をまっすぐ行った所です。
(B) もう1つもありません。
(C) はい、転任することに決めました。

正解 C ［正答率 85.3%］

「～ではないのか」と、意外な事象の真偽を相手に〈確認〉する否定疑問文。否定疑問に対する答え方は、日本語の場合と逆になるので注意が必要。「～ではない」場合は No、「～である」場合は Yes で応じる。No と答えている (C) が、補足情報を添えて適切に返答している。

Vocab.
□ **employ**「～を雇う」

V3_T4-26

24 Can we book our accommodations at the Majestic Inn?
(A) That may be out of our price range.
(B) At the bookstore near the station.
(C) We ended up going a different night.

マジェスティック・インで宿泊を予約しましょうか?
(A) 我々の予算を出てしまうと思いますよ。
(B) 駅の近くの本屋さんで。
(C) 最終的に別の夜に行きました。

正解 A ［正答率 50.0%］

Can we ...? は「…していいですか」と相手に〈許可〉を求める表現。Yes/No 疑問文だが、Yes/No を使わなくても、(A) のように No である〈理由〉を述べれば会話は成り立つ。(B) は Where で〈場所〉を聞かれた場合の答え方。問いかけの動詞 book (～を予約する) を名詞 book(store) として使っている (B) に惑わされないようにしたい。

Vocab.
□ **accommodation**「宿泊施設」
□ **end up**「ついには～ (の状態) になる」

これがエッセンス
動詞の book (～を予約する) は、「予約台帳に名前を入れてもらう」と考えると「本」のイメージにつながりますね。book に〈行為者〉を表す接尾辞の -er を付けた名詞 booker は「名前を入れる人」を表すので、「出演交渉人」や「予約係」という意味になります。

V3_T4-27

25 How can I get in touch with Ms. Kwan right now?
(A) No, I'm not sure where she got it.
(B) A customer across town.
(C) We haven't been able to reach her all day.

どうしたらクワンさんと今すぐ連絡をとれますか?
(A) いいえ、どこで彼女がそれを手に入れたのか知りません。
(B) 町の反対側の顧客です。
(C) 一日中、彼女とは連絡がとれていません。

正解 C ［正答率 67.6%］

How can I *do*? (どうすれば～できますか) は〈方法〉を尋ねる表現。クワンさんと今すぐ連絡をとる方法を聞かれているが、(C)のように、連絡がつながらない旨を伝えても会話は成立する。(A) は Yes/No 疑問文に対する応答、(B) は Who 疑問文に対する応じ方。

Vocab.
□ **get in touch with 〈人〉**「〈人〉に連絡する」
□ **reach**「～と連絡をとる」

V3_T4-28

26 The carpeting was installed in this conference room about three years ago.
(A) Yes, but attendance is optional.
(B) How long did you stay there?
(C) It doesn't look that old.

じゅうたんはこの会議室に約3年前に敷かれました。
(A) はい、でも出席は任意です。
(B) そこにどのくらいいたのですか?
(C) それほど古いようには見えません。

正解 C ［正答率 64.7%］

carpeting (じゅうたん) に関する3年前の話をしていることを押さえれば、doesn't look that old (そんなに古いものには見えない) と three years ago (3年前に) を that old (そんなに古い) で言い換えて応答している (C) が正解だとわかる。(A) は Yes/No 疑問文に対する答え方。(B) は最初の発言者が I was ... などと自身について語った場合の応じ方。

Vocab.
□ **install**「～を取り付ける」

990点 講師の目
この会話の主たちは、どこにいるでしょうか? 最初の発言者が this conference room と言っているので、正解は「会議室の中」です。話者がいる場所は「here (ここ)」になりますから、(B) の there (そこ) で指すことはできません。

V3_T4-29

27

What did you say to Mr. McCormick's offer?
(A) That I'd think it over.
(B) To accept a position at the head office.
(C) In addition to a salary increase.

マコーミックさんの申し出に何と答えたのですか？
(A) よく考えてみると伝えました。
(B) 本社への異動を承諾するため。
(C) 昇給に加えて。

正解 A ［正答率 35.3%］

What did you say to ?（～に何と言ったのか）と聞かれ、I said that ...（私は…と言った）の that 以下の部分を答えている (A) が適切な応答。think it over の it は、質問の Mr. McCormick's offer を受けている代名詞。to 不定詞の形で始まる (B) は Why で〈理由〉を問われた場合などの答え方。(C) は offer（申し出）と関連性のある salary increase（昇給）を用いた誤答。

Vocab.
□ in addition to「～に加えて」
□ increase「増加」

V3_T4-30

28

Why don't we order Chinese for lunch?
(A) Let's put them back in order.
(B) Sure, I know a place we can call.
(C) Some additions to the menu.

昼食に中華料理を注文しませんか？
(A) 順番どおりに戻しましょう。
(B) ええ、電話できる店を知っていますよ。
(C) メニューに加えるもの。

正解 B ［正答率 73.5%］

Why don't we *do*? は「～しませんか」と相手に〈提案・誘い〉をする表現。昼食の提案をした相手に対し、(B) が Sure（もちろん）と快諾している。(A) は、問いかけの動詞 order（～を注文する）と同形の名詞 order（順番）を、(C) は lunch と関連性のある menu を用いて勘違いを誘う誤答。

Vocab.
□ in order「順序どおりに」
□ addition「追加」

V3_T4-31

29

Could you please set up this sound equipment in the auditorium?
(A) I heard it's a guest speaker.
(B) Yes, she's the event organizer.
(C) Isn't that Toshi's assignment?

講堂にこの音響機材を設置していただけますか？
(A) ゲスト講演者だと聞きました。
(B) はい、彼女がイベントの主催者です。
(C) それはトシさんの仕事ではありませんか？

正解 C ［正答率 85.3%］

Could you please *do*?（～してもらえますか）は、相手に〈依頼〉をする表現。仕事を依頼する相手に対し、「別の人 (Toshi) の仕事ではないですか」と言い返す (C) が応答としてかみ合う。〈依頼〉の表現に対し、受諾と拒否以外の答え方があることを確認しておこう。

Vocab.
□ set up「～（機材など）を準備する」

V3_T4-32

30

I can't wait to check out the new manufacturing facility.
(A) I'm looking forward to it as well.
(B) It's because some shipments were delayed.
(C) The guide can probably tell you.

新しい製造施設をチェックするのが楽しみです。
(A) 私も楽しみにしています。
(B) 出荷が遅れたからです。
(C) ガイドが教えてくれると思います。

正解 A ［正答率 55.9%］

問いかけは、can't wait to *do*（～するのが待ち遠しい）を使って、楽しみな事柄について述べている。これを look forward to（～を楽しみにする）と言い換えて応じている (A) が会話を成立させる。(B) は〈原因〉を尋ねられた場合の応答。I can't ... を何かできずに困っている状況だと勘違いをすると、解決策を伝える (C) に惑わされてしまうので注意。

Vocab.
□ manufacturing facility「製造施設」

V3_T4-33

31

Who wrote this letter to the newspaper?
(A) Ever since Ms. Pruitt retired.
(B) It was submitted anonymously.
(C) We published them daily.

だれがこの手紙を新聞社あてに書き送ったのですか？
(A) プルイットさんが退職してからずっと。
(B) 匿名で投稿されました。
(C) 毎日発行しました。

正解 B ［正答率 79.4%］

Whoで〈人〉を尋ねる問いかけに対し、(B) が anonymously（匿名で）を使って、だれなのかは不明であることを的確に伝えている。(A) は人物名を挙げているが、How long ...？（どれぐらいの期間）などで〈期間〉を聞かれた場合の応答。(C) は newspaperと関連性のある publish（～を出版する）を用いた誤答。

Vocab.
□ **submit**「～を投稿する」
□ **anonymously**「匿名で」
□ **publish**「～を発行する、掲載する」

V3_T4-35 **Questions 32 through 34** refer to the following conversation.

M: Hi. I dropped off a suit yesterday for cleaning. I have my receipt right here.
W: Um ... it usually takes four to five days.
M: Oh, I'm not here to pick up the suit. I bought two concert tickets the other day and now I can't find them. I might have left them in my jacket. Could you check?
W: I'm afraid I can't. We don't do the actual cleaning on-site. I can call and have someone look into it, though.

32-34 番は次の会話に関するものです。
男：あの、昨日スーツのクリーニングをお願いしたのですが。これが預り証です。
女：ええと、通常4日から5日かかるのですが。
男：いえ、スーツを受け取りに来たのではありません。先日コンサートのチケットを2枚買ったのですが、それが今見つからないのです。上着の中に忘れてしまったかもしれないので、調べていただけますか？
女：申し訳ありませんが致しかねます。実際のクリーニング作業を店舗内で行っておりません。電話をかけて調べてもらうようにすることはできますが。

Vocab. 本文 □ **drop off**「～を置いていく」 □ **on-site**「現地で」 □ **look into**「～を探す」 選択肢 □ **investigate**「～を調査する」

32 Where most likely are the speakers?
(A) At a department store
(B) At a dry cleaning business
(C) At a concert venue
(D) At a convenience store

話し手たちはおそらくどこにいますか？
(A) デパートに
(B) クリーニング店に
(C) コンサート会場に
(D) コンビニエンスストアに

正解 B
［正答率 88.2%］
男性の最初の発言に I dropped off a suit yesterday for cleaning.（昨日スーツのクリーニングをお願いしたのですが）とあり、続けて I have my receipt right here.（これが預り証です）と言っていることから、話し手たちはクリーニング店の店舗にいると考えられる。よって正解は (B)。

990点 講師の目
話し手たちのいる場所、つまり場面を聞く問題は、会話の中にある断片的な情報をつなぎ合わせて正解を導くことが多いです。会話で自分たちのいる場所を at the ... や in the ... と発言することは滅多にありません。オフィス、チケット売り場、ホテルなど、その場に特有の手がかりが発言の中にあるはずですから、聞き逃さないようにしましょう。

33 What has the man misplaced?
(A) A pair of tickets
(B) A jacket
(C) A receipt
(D) A credit card

男性は何をなくしましたか？
(A) チケット2枚
(B) 上着
(C) 預り証
(D) クレジットカード

正解 A
［正答率 79.4%］
男性が I can't find them.（それが見つからない）と言っているのは、直前に言及した two concert tickets（コンサートのチケット2枚）のこと。よって正解は (A)。a pair of は2つで1組であることを表すため、two tickets を言い換えたものと予測がつく。

34 What does the woman offer to do?
(A) Look throughout the building
(B) Ask someone to investigate
(C) Post a notice on a Web site
(D) Check some records

女性は何をすることを申し出ていますか？
(A) 建物中を探す
(B) だれかに調べてもらうよう頼む
(C) ウェブサイトに通知を掲載する
(D) 記録を調べる

正解 B
［正答率 76.5%］
女性の最後の発言に I can call and have someone look into it.（電話をかけて調べてもらうようにすることはできます）とあることから、だれかに調べてもらうように依頼することを申し出ていることがわかる。よって、look into（～を調べる）を investigate で言い換えた (B) が正解。

V3_T4-36 **Questions 35 through 37** refer to the following conversation.

W: Have you seen any of the promotional brochures that we give to new customers? There aren't any in the cabinet where we usually keep them.
M: We're having new ones printed. They'll be delivered on Thursday afternoon.
W: Oh, okay ... hmm ... well ... that's too bad.
M: The old ones are in a recycling bin by the rear entrance if you need to send something right away.
W: Well, I'd actually prefer to send my customer a new brochure, but I'm leaving town on Wednesday.
M: No problem. Just write down the customer's name and street address, and I'll send one out in Friday's mail.

35-37 番は次の会話に関するものです。
女：新しいお客様に渡している販売促進用のパンフレットを見かけましたか？ いつも保管している棚にないんです。
男：新しいパンフレットを印刷してもらっているのです。木曜日の午後には届く予定です。
女：ああ、そうですか。う～ん、ええと、それはまずいですね。
男：もしすぐに送る必要があるなら、古いのが裏口のそばにある回収ボックスに入っていますよ。
女：ええと、実は新しいパンフレットを顧客に送りたいのですが、水曜日には町を出発するんです。
男：大丈夫です。お客様の名前と住所を書き留めてさえくれれば、金曜日の郵便で私が送っておきます。

Vocab. 本文 □ **deliver**「～を配布する」 □ **bin**「大きな容器、ごみ箱」 選択肢 □ **associate**「同僚」 □ **shipment**「出荷品」 □ **review**「～を見直す」

35 What does the woman inquire about?
(A) A product launch
(B) A printing date
(C) Promotional materials
(D) Some business associates

女性は何について尋ねていますか？
(A) 製品の発売
(B) 印刷日
(C) 販促品
(D) 仕事仲間

正解 C
[正答率 82.4%]

女性の最初の発言に Have you seen any of the promotional brochures that we give to new customers?（新しいお客様に渡している販売促進用のパンフレットを見かけましたか）とあることから、新規顧客に渡すためのパンフレットについて尋ねていることがわかる。よって正解は (C)。

36 What will most likely happen on Wednesday?
(A) A shipment will arrive at the speakers' workplace.
(B) The woman will leave on a trip out of town.
(C) A committee will make a final decision.
(D) A new marketing campaign will begin.

水曜日にはおそらく何が起こりますか？
(A) 発送品が話し手の職場に届く。
(B) 女性が町の外に出かける。
(C) 委員会が最終決定を下す。
(D) 新たな販売キャンペーンを始める。

正解 B
[正答率 58.8%]

曜日は会話の中で何カ所か言及されているが、水曜日については女性の終盤の発言に、I'm leaving town on Wednesday.（水曜日には町を出発します）とある。よって正解は (B)。

37 What does the man say he will do on Friday?
(A) Review an agreement
(B) Meet with a customer
(C) Place an order
(D) Mail a brochure

男性は金曜日に何をすると言っていますか？
(A) 契約書を見直す
(B) 顧客に会う
(C) 注文する
(D) パンフレットを郵送する

正解 D
[正答率 82.4%]

顧客にパンフレットを送りたいけれども水曜日に町を離れるという女性に対し、男性が I'll send one out in Friday's mail.（金曜日の郵便で私が送っておきます）と発言していることから、男性は女性の代わりにパンフレットを送ると申し出ていることがわかる。よって正解は (D)。mail は動詞で「～を郵送する」の意味である。

これがエッセンス

会話の中に曜日や日付がいくつも出てくると、話の流れや時系列を把握しにくくなってしまいます。この会話でも Thursday、Wednesday、Friday の順番で聞こえてきますから、一体何曜日に何が起きたのだろうと混乱してしまうことでしょう。しかし、そこは機械的に何曜日に何が起きた、と整理して記憶に留めるのが正攻法です。

V3_T4-37 **Questions 38 through 40** refer to the following conversation with three speakers.

W: Did you hear about the proposal to change the employee dress code?

M1: Yeah, I like the idea. A lot of other companies are letting employees wear more casual clothes these days.

M2: I'm against it. I think dressing more formally makes a better impression on clients.

W: Well, the board of directors met today to discuss it. They decided to accept the proposal, at least temporarily.

M2: Really? Wow, that surprises me.

M1: Marsha, what do you mean by "temporarily"?

W: Well, a few board members were opposed, but they decided to try the change for a while and see how it goes. After a trial period, they'll vote on making it permanent.

38-40番は、次の3人の会話に関するものです。

女： 社員の服装規定を変更するという提案について聞きましたか？

男1：はい、いい考えですね。近ごろ、多くの企業が、社員によりカジュアルな服装を許可しています。

男2：私は反対です。正装のほうが顧客に好印象を与えられます。

女： ええと、今日取締役がそれを話し合うために集まっていました。少なくとも当面はその提案を受け入れることにしたのです。

男2：本当ですか？ おお、それは驚きです。

男1：マーシャ、「当面」とはどういうことですか？

女： ええと、数人の取締役は反対していましたが、変更をしばらく試してみて様子を見ることにしたのです。試験期間の後、永続的なものにするかを投票で決めるとのことです。

Vocab. 本文 □ **against**「～に反対の」 □ **impression**「印象」 □ **be opposed**「反対する」 □ **vote on**「～の決を取る」 □ **permanent**「永久の」 選択肢 □ **adopt**「～を採用する」 □ **supplier**「供給業者」 □ **study**「研究」

38 What are the speakers discussing?

(A) A new product line
(B) An expansion plan
(C) A prospective client
(D) A company policy

話し手たちは何について話し合っていますか？

(A) 新しい製品シリーズ
(B) 拡大計画
(C) 見込み客
(D) 会社の方針

正解 D
[正答率 97.1%]

女性の Did you hear about the proposal to change the employee dress code?（社員の服装規定を変更するという提案について聞きましたか）という質問に、二人の男性が Yeah, I like the idea.（はい、いい考えですね）、I'm against it.（私は反対です）と答えていることから、会社の服装規定を話し合っていることがわかる。よって、dress code をより広義の company policy で言い換えた (D) が正解。

39 What did the board of directors decide to do?

(A) Adopt a proposal
(B) Postpone a launch date
(C) Hire temporary employees
(D) Use a new supplier

取締役会は何を決定しましたか？

(A) 提案を採用する
(B) 発売日を延ばす
(C) 臨時従業員を雇う
(D) 新しい納入業者を利用する

正解 A
[正答率 63.2%]

中盤の女性の発言 They decided to accept the proposal, at least temporarily.（少なくとも当面はその提案を受け入れることにした）から、取締役会で、社員の服装規定に関する提案が受諾されたことがわかる。よって正解は (A)。

40 According to the woman, what will happen after a trial period?

(A) A contract will be signed.
(B) A vote will be held.
(C) A price will be set.
(D) A study will be conducted.

女性によると、試験期間の後に何が起きますか？

(A) 契約書にサインされる。
(B) 投票が行われる。
(C) 価格が決まる。
(D) 研究が行われる。

正解 B
[正答率 66.7%]

女性の最後の発言に After a trial period, they'll vote on making it permanent.（試験期間後、永続的なものにするかを投票で決める）とあることから、投票が行われることがわかる。よって正解は (B)。

これがエッセンス

TOEIC のリスニング問題では、会話文中のフレーズがさまざまに言い換えられて選択肢に隠れています。同義語や、より包括的な表現で置き換えられた選択肢に慣れておきましょう。

V3_T4-38 **Questions 41 through 43** refer to the following conversation.

M: Hello. Hampton residence. This is John Hampton speaking.
W: Good evening, Mr. Hampton. This is Jane Weaver calling from Parchment Publishing.
M: Good evening, Ms. Weaver. What can I do for you?
W: I'm calling to remind you that your next issue of *Scientific Trends Journal* will be your last unless you renew your subscription by the end of this month.
M: Thank you, but I'm going to go ahead and let it expire.
W: Oh? May I ask why?
M: Sure. I recently switched jobs and my new company maintains an on-site library for its employees. So now I have access to *Scientific Trends* and a variety of other periodicals at work.

41-43 番は次の会話に関するものです。
男：もしもし。ハンプトンです。私はジョンですが。
女：こんばんは、ハンプトン様。パーチメント出版のジェーン・ウィーバーと申します。
男：こんばんは、ウィーバーさん。何かご用ですか？
女：今月末までに定期購読の更新をされない場合は、次号で『サイエンティフィック・トレンズ・ジャーナル』の定期購読が終了となりますので、そのお知らせでお電話いたしました。
男：ありがとうございます。ですが、このまま終了しようかと思っています。
女：そうですか。理由を伺ってもよろしいでしょうか？
男：はい。最近転職しまして、新しい会社には社内に従業員のための図書室があります。そのため、『サイエンティフィック・トレンズ』やほかの様々な定期刊行物を職場で読むことができるんです。

Vocab. 本文 □**residence**「住宅」 □**remind 〈人〉 that ...**「〈人〉に…を思い出させる」 □**unless ...**「…しないかぎり」 □**subscription**「定期購読」 □**go ahead and ...**「思い切って…する」 選択肢 □**charitable**「慈善の」 □**foundation**「財団、基金」 □**institute**「研究所」 □**figure**「数字」 □**extend**「～を延長する」 □**mention**「～のことを書く」 □**contribute**「(お金など) を提供する」 □**cause**「団体、運動」

41 Where does the woman probably work?
(A) At a publishing firm
(B) At a charitable foundation
(C) At a scientific institute
(D) At an advertising agency

女性はおそらくどこで働いていますか？
(A) 出版社
(B) 慈善事業団体
(C) 科学研究所
(D) 広告代理店

正解 A
[正答率 94.1%]

This is Jane Weaver calling from Parchment Publishing.（パーチメント出版のジェーン・ウィーバーと申します）という女性の最初の発言から女性が出版社に勤めていることがわかる。よって正解は (A)。

42 Why is the woman calling?
(A) To request a donation
(B) To give a reminder
(C) To confirm a figure
(D) To extend a deadline

女性はなぜ電話をしていますか？
(A) 寄付を頼むため
(B) お知らせをするため
(C) 数字を確認するため
(D) 締め切りを延ばすため

正解 B
[正答率 61.8%]

中盤の女性の発言に、I'm calling to remind you that ...（…のお知らせでお電話いたしました）とある。電話の目的は、この calling の後に続く to remind you（あなたに思い出させるために）の部分を押さえればよい。よって、正解は (B)。

990点 講師の目
電話の会話では、用件が自己紹介のすぐ後に語られます。I am calling to ... のように電話の目的を告げたり、I would like to ask ... や Could you tell me ... のように直接用件を述べる場合もあります。定型表現が使われることが多いので、覚えておきましょう。

43 What does the man say about his company?
(A) It has a library for its workers.
(B) It handles its own advertising.
(C) It was mentioned in a journal article.
(D) It contributes to a variety of causes.

男性は会社について何と言っていますか？
(A) 社員のための図書館がある。
(B) 自社で広告を作っている。
(C) 学術論文で言及された。
(D) さまざまな活動に寄付をしている。

正解 A
[正答率 55.9%]

男性は、I recently switched jobs and my new company maintains an on-site library for its employees.（最近転職しまして、新しい会社には社内に従業員のための図書室があります）と発言しているので、正解は (A)。

V3_T4-39 **Questions 44 through 46** refer to the following conversation.

M: Ms. Perry? It's William in the mailroom. A courier just dropped off a parcel addressed to you. It's marked as urgent, so I thought you'd want to know that it's arrived. The shipping label lists the contents as simply "documents".

W: Oh, that must be the technical specifications I requested from Absolute Solutions. They're collaborating on one of our engineering projects.

M: Yes, that's the name that appears on the return address. Shall I bring it up to you?

W: No, that's all right. I'm about to leave the office to run some errands in town. I'll stop by the mailroom and pick it up when I get back.

44-46 番は次の会話に関するものです。

男：ペリーさんですか？ 郵便室のウイリアムです。配達員がたった今、あなたあての小包を置いていきました。至急と書いてあるので、届いたことをあなたが知りたいだろうと思いまして。伝票の内容物のところには「書類」と書いてあるだけですが。

女：あら、きっとそれは私がアブソルート・ソリューションズに依頼した技術仕様書ですね。当社のエンジニアリング・プロジェクトの１つを共同で行うんです。

男：はい、伝票の差出人はその名前になっています。上までお持ちしましょうか？

女：いいえ、結構ですよ。町でいくつか用事を済ませるために会社を出るところです。戻ったときに郵便室に寄って受け取ります。

Vocab. 本文 □ **courier**「宅配業者」 □ **content**「内容物」 □ **collaborate**「共同で行う」 □ **run an errand**「用事を済ませる」
選択肢 □ **fulfill**「～を満たす」 □ **relocate**「移転する」 □ **available**「手が空いている」

44 Why is the man calling?
(A) To ask about a product design
(B) To request some shipping labels
(C) To announce a delivery
(D) To fulfill a client's request

男性はなぜ電話をしていますか？
(A) 製品のデザインについて尋ねるため
(B) 出荷ラベルを求めるため
(C) 配達を知らせるため
(D) 顧客の要望に応えるため

正解 C ［正答率 50.0%］
男性の冒頭の発言に It's marked as urgent, so I thought you'd want to know that it's arrived.（至急と書いてあるので、届いたことをあなたが知りたいだろうと思いまして）とある。急ぎの小包が届いたことを伝える電話だとわかるので、正解は (C)。

45 What does the woman say about Absolute Solutions?
(A) It is collaborating on a project.
(B) It has hired a new engineer.
(C) It requested technical data.
(D) It has recently relocated.

女性はアブソルート・ソリューションズについて何と言っていますか？
(A) あるプロジェクトに協力している。
(B) 新しく技術者を雇った。
(C) 技術データを依頼した。
(D) 最近移転した。

正解 A ［正答率 70.6%］
女性は、小包の中身はアブソルート・ソリューションズに依頼した技術仕様書だろうと述べたうえで、They're collaborating on one of our engineering projects.（当社のエンジニアリング・プロジェクトの１つを共同で行うんです）と発言していることから、プロジェクトにおいて協力する相手であることがわかる。よって正解は (A)。

46 What does the woman imply when she says, "I'm about to leave the office to run some errands in town"?
(A) She plans to visit Absolute Solutions today.
(B) She will be able to take a parcel to the post office.
(C) She will not be available to speak on the telephone.
(D) She does not need a package right now.

女性が「町でいくつか用事を済ませるために会社を出るところです」という発言にはどのような意味の含みがありますか？
(A) 今日アブソルート・ソリューションズを訪問する予定だ。
(B) 郵便局に小包を持って行くことができる。
(C) 電話で話す時間がない。
(D) 今すぐは小包を必要としていない。

正解 D ［正答率 41.2%］
女性のこの発言は、小包を上まで持って行こうかという相手の申し出に対し、No, that's all right.（いいえ、結構です）と断った後に続けたものなので、今小包を届けてもらう必要がない理由を伝えるための発言と推察できる。よって正解は (D)。

990点 講師の目
ある発言が何を示唆するかを聞く設問は、その人の発言内容全体から判断する必要があります。女性のこの発言が会話の最後でようやく出てくることからも、全体把握の必要性がわかります。

V3_T4-40 **Questions 47 through 49** refer to the following conversation.

M: The work we've been doing in the laboratory has been a lot more interesting lately, don't you think? I'm excited to be a part of such a fascinating research project.

W: Yes, I am too. And we have Dr. Hussein to thank for that. It was his brilliantly written grant proposal that got us the funding for the study.

M: Where is Dr. Hussein anyway? He hasn't shown up at the lab all week.

W: Oh, didn't you know? He's giving the keynote speech at that conference in Rome. He won't be back until next Tuesday.

47-49 番は次の会話に関するものです。

男：最近、研究室で取り組んでいる仕事がだいぶ面白くなってきたと思いませんか？ 私はこのような素晴らしい研究プロジェクトの一員になれて張り切っています。

女：はい、私もそう思います。ええと、それにはフセイン博士に感謝しなければなりませんね。彼が書いた見事な補助金申請書のおかげで、研究資金を得ることができましたから。

男：ところでフセイン博士はどこですか？ この1週間、彼は研究室に姿を見せていません。

女：ああ、知りませんでしたか？ 彼はローマの学会で基調講演をしているんです。今度の火曜日まで戻りません。

Vocab. 本文 □ **laboratory**「研究室」 □ **fascinating**「魅力的な」 □ **brilliantly**「見事に」 □ **funding**「資金」 □ **lab**「研究室」 □ **keynote**「基調」 □ **conference**「会議、学会」 選択肢 □ **personnel**「職員」 □ **organizer**「主催者」 □ **acquire**「～を入手する」 □ **inspect**「～を調査する」

47 Who most likely are the speakers?
(A) Factory personnel
(B) Laboratory technicians
(C) Construction contractors
(D) Event organizers

話し手はどういう人物たちだと思われますか？
(A) 工場の従業員
(B) 実験助手
(C) 建設請負業者
(D) イベント運営者

正解 B
[正答率 88.2%]

男性の冒頭の発言に The work we've been doing in the laboratory（研究室で取り組んでいる仕事）とあるので研究機関で働いていること、I'm excited to be a part of such a fascinating research project.（私はこのような素晴らしい研究プロジェクトの一員になれて張り切っています）とあるので研究に従事していることがわかる。よって正解は (B)。

990点 講師の目
話し手の属性を聞く問題は、会話の中に手がかりとなるフレーズがあります。この会話に登場する男女は、フセイン博士が教えているゼミの学生かもしれませんし、共同研究者かもしれません。しかし、4 択問題ですから選択肢の中で最適なものを正解と判断します。

48 What does the woman say about Dr. Hussein?
(A) He acquired some funding.
(B) He rejected a proposal.
(C) He completed his research.
(D) He appeared on a television show.

女性はフセイン博士について何と言っていますか？
(A) 彼は補助金を得た。
(B) 彼は提案を拒絶した。
(C) 彼は研究をやり遂げた。
(D) 彼は TV 番組に出演した。

正解 A
[正答率 44.1%]

女性のフセイン博士に関する発言に It was his brilliantly written grant proposal that got us the funding for the study.（彼が書いた見事な補助金申請書のおかげで、研究資金を得ることができました）とあることから、フセイン博士は研究資金を得たことがわかる。よって正解は (A)。

49 What has Dr. Hussein most likely been doing this week?
(A) Gathering some materials
(B) Inspecting a new facility
(C) Taking part in a conference
(D) Conducting some trials

フセイン博士は今週はおそらく何をしていますか？
(A) 材料を集めている
(B) 新しい施設を視察している
(C) 学会に出席している
(D) 検査を行っている

正解 C
[正答率 94.1%]

フセイン博士がこの 1 週間研究室に姿を見せていないと言う男性に対し、女性が He's giving the keynote speech at that conference in Rome.（彼はローマの学会で基調講演をしているんです）と述べていることから、フセイン博士は学会に出席していることがわかる。よって正解は (C)。

V3_T4-41 **Questions 50 through 52** refer to the following conversation.

W: Hello. I'm calling to see if I can schedule a private session with a personal fitness trainer for later this afternoon. And I'd specifically like to request Jenna Cassidy.

M: I'm afraid Jenna's schedule is fully booked for the rest of the day. I'm sure one of our other personal trainers could fit you in today, though.

W: Well, actually, several of the other members have highly recommended Jenna to me. Perhaps I could come in sometime when she's available? I'll be free every afternoon this week.

M: Certainly. It looks like she has open time slots at one o'clock tomorrow and three o'clock on Thursday, so you can take your pick.

50-52 番は次の会話に関するものです。

女：こんにちは。今日の午後にパーソナルフィットネストレーナーとのプライベートセッションを予約できるかと思ってお電話したのですが。そして、具体的にはジェナ・キャシディさんにお願いしたいです。

男：あいにく、ジェナは今日１日中、予約で埋まっております。ですが、ほかのパーソナルトレーナーならスケジュールに合う者もきっといると思います。

女：ええと、実はほかの会員の何人かがジェナを私にすごくすすめてくれたんです。やっぱりジェナが空いているときに行くことにしましょう。今週は午後なら毎日空いています。

男：かしこまりました。明日の１時と木曜日の３時に空いている枠があるようですので、お好きなほうをお選びいただけますよ。

Vocab. 本文 □ **fitness**「健康、フィットネス」 □ **specifically**「とくに、具体的に」 □ **though**「でも」 □ **perhaps**「ひょっとしたら」 □ **certainly**「かしこまりました」 □ **slot**「時間枠」 □ **take *one*'s pick**「～の好きなように選ぶ」
選択肢 □ **no longer *do***「もはや～しない」 □ **option**「選択肢」

50 What type of organization is the woman calling?
(A) A hair salon
(B) A fitness center
(C) A travel agency
(D) A consulting firm

女性はどのような組織に電話していますか？
(A) 美容室
(B) フィットネスセンター
(C) 旅行代理店
(D) コンサルティング会社

正解 B
［正答率 96.2%］

女性の最初の発言に I'm calling to see if I can schedule a private session with a personal fitness trainer for later this afternoon.（今日の午後にパーソナルフィットネストレーナーとのプライベートセッションを予約できるかと思ってお電話したのですが）とあるので、女性はフィットネスセンターに電話をかけていることがわかる。よって正解は (B)。

51 What does the man say about Jenna Cassidy?
(A) She no longer works at the company.
(B) She is currently away on holiday.
(C) She will be busy with clients all day.
(D) She only works during the afternoon.

男性はジェナ・キャシディについて何と言っていますか？
(A) もうその会社で働いていない。
(B) 現在、休暇で出勤していない。
(C) 今日はずっと予約客で埋まっている。
(D) 午後しか働いていない。

正解 C
［正答率 97.1%］

女性からジェナ・キャシディを指名したいと言われた男性は、Jenna's schedule is fully booked for the rest of the day.（ジェナは今日１日中、予約で埋まっております）と返事をしていることから、ジェナはこの日ずっと指導の予定が入っていることがわかる。よって正解は (C)。

52 What does the man say the woman can do?
(A) Receive reimbursement
(B) Refer to a brochure
(C) Obtain some free merchandise
(D) Choose between schedule options

男性は女性は何ができると言っていますか？
(A) 払い戻しを受けられる
(B) パンフレットを参照する
(C) 無料で商品をもらえる
(D) 予定の候補から選べる

正解 D
［正答率 97.1%］

女性にジェナのセッションをお願いしたいと言われた男性は、It looks like she has open time slots at one o'clock tomorrow and three o'clock on Thursday, so you can take your pick.（明日の１時と木曜日の３時に空いている枠があるようですので、お好きなほうをお選びいただけますよ）と応じている。女性は２つの予約枠から選べる、と男性は言っているので正解は (D)。

V3_T4-42 **Questions 53 through 55** refer to the following conversation.

M: I thought the representatives from CCI made a great presentation. What did you think of their ideas for the promotional campaign?

W: Well, I agree it was an excellent presentation, and everyone I've met from the firm seems very knowledgeable. My only worry is that the campaign they proposed targets an older demographic. It's mostly younger people who buy our products.

M: Actually, we asked CCI to create an advertisement that would appeal to older consumers. That was based on the advice of a marketing consultant we recently hired. He convinced management that a logical next step for our business would be to try to attract a wider range of customers.

53-55番は次の会話に関するものです。

男：CCI社の営業担当のプレゼンは素晴らしいと思いました。販売促進キャンペーンの案をどう思いましたか？

女：そうですね、私も素晴らしいプレゼンだったと思います。それに私が会った同社の皆さんは知識が豊富のようでした。唯一の懸念は、彼らが提案したキャンペーンが年齢層の高いグループを対象にしていることです。当社の製品を買うのはほとんどが若者です。

男：実は、我々がCCI社に年齢層の高いお客様に好まれる広告を作るように依頼したんです。それは私たちが最近雇ったマーケティングコンサルタントの助言に基づいたものです。当社のビジネスにとって理にかなった次のステップは、幅広い層の顧客を引きつけることだと経営陣を説得したんです。

Vocab. 本文 □ **representative**「営業マン、セールスマン」 □ **knowledgeable**「精通している」 □ **demographic**「購買層」 □ **convince**「～を納得させる」 選択肢 □ **release**「～を公開する」 □ **findings**「調べて明らかになったこと」 □ **reveal**「～を明らかにする」 □ **recommendation**「推薦」

53 What has CCI most likely done?
(A) Provided a project status
(B) Released survey findings
(C) Made an advertising proposal
(D) Shared ideas for new products

CCI社はおそらく何をしましたか？
(A) プロジェクトの経過を伝えた
(B) 調査結果を発表した
(C) 広告の提案をした
(D) 新製品のアイデアを出した

正解 C
[正答率 55.9%]

男性はCCI社が素晴らしいプレゼンをしたと述べた後で、What did you think of their ideas for the promotional campaign?（販売促進キャンペーンの案をどう思いましたか）と尋ねていることから、CCI社は販売促進キャンペーン案のプレゼンをしたことがわかる。よって正解は(C)。

990点 講師の目
TOEICの選択肢には会話文中のフレーズの言い換えが使われるという話をしましたね。この設問では made a presentation（プレゼンをした）を(C)が具体的に made an advertising proposal と言い換えている点を確認しておきましょう。

54 Why does the woman say, "It's mostly younger people who buy our products"?
(A) To reveal her doubts about a strategy
(B) To emphasize her satisfaction with a result
(C) To show her support for a recommendation
(D) To express her surprise at a price

女性はなぜ「当社の製品を買うのはほとんどが若者です」と言っていますか？
(A) 戦略についての懐疑心を表すため
(B) 結果に満足していることを強調するため
(C) 推薦への支持を示すため
(D) 値段に対する驚きを表すため

正解 A
[正答率 58.8%]

女性のこの発言は、プレゼンについて My only worry is that the campaign they proposed targets an older demographic.（唯一の懸念は、彼らが提案したキャンペーンが年齢層の高いグループを対象にしていることです）と懸念を示した後に続くもの。It's mostly younger people who buy our products.（当社の製品を買うのはほとんどが若者です）とキャンペーン対象が適切ではないと指摘しているので、戦略に懐疑的な気持ちを表すとする(A)が正解。

55 Who did the company recently hire?
(A) Product designers
(B) A marketing consultant
(C) Sales representatives
(D) A new department manager

会社は最近だれを雇いましたか？
(A) 製品デザイナー
(B) マーケティングコンサルタント
(C) 営業担当者
(D) 新しい部門長

正解 B
[正答率 82.4%]

終盤の男性の発言に、年齢層の高い人をキャンペーンの対象にするのは That was based on the advice of a marketing consultant we recently hired.（それは私たちが最近雇ったマーケティングコンサルタントの助言に基づいたものです）とあることから、会社は最近マーケティングコンサルタントを雇用したことがわかる。よって正解は(B)。

V3_T4-43 **Questions 56 through 58** refer to the following conversation with three speakers.

W: There's an issue regarding the flight you asked me to book. Do you have a moment?

M1: Sure, Connie. How's that coming along?

W: Well, Sky Stream has the lowest fares of any airline that day. They have two morning flights available, one at 8:30 and one at 9:15.

M2: That sounds great. What's the problem?

W: There's only one seat remaining on each flight. Would you consider an afternoon departure?

M1: No, we wouldn't make it there in time to attend the reception that evening.

M2: Let's just go separately. I'll take the earlier flight and wait for you at the airport.

M1: OK. That's fine with me.

56-58 番は次の 3 人の会話に関するものです。

女: あなたに予約するように頼まれたフライトについて問題があります。お時間ありますか？

男 1: もちろんです、コニー。どうなっていますか？

女: 実は、その日はスカイ・ストリームの航空運賃がどの航空会社よりも安いです。午前中のフライト 2 便に空きがあります。8 時 30 分と 9 時 15 分です。

男 2: いいですね。何が問題ですか？

女: それぞれのフライトで 1 席分しか空いていません。午後の出発を検討しますか？

男 1: いいえ、当日の晩に出席するレセプションに間に合わなくなってしまいます。

男 2: 別々に行きましょう。私は早いほうのフライトに乗って空港であなたを待ちます。

男 1: わかりました。それで私も問題ありません。

Vocab. 本文 □ **issue**「問題」 □ **moment**「時、機会」 □ **fare**「運賃」 □ **available**「空きがある」 □ **make it**「(何とか間に合って) 到達する」 □ **separately**「別々に」 選択肢 □ **take advantage of**「～を利用する」

56 What does the woman mention about Sky Stream?
(A) It has only afternoon flights available.
(B) It is less expensive than other airlines.
(C) It gives seat upgrades to club members.
(D) It will serve a meal on the flight.

女性はスカイ・ストリームについて何と述べていますか？
(A) 午後のフライトしか空いていない。
(B) ほかの航空会社よりも価格が高くない。
(C) クラブ会員には座席のアップグレードを提供している。
(D) 機内食を提供している。

正解 B [正答率 70.6%]

女性の発言に Sky Stream has the lowest fares of any airline that day.（その日はスカイ・ストリームの航空運賃がどの航空会社よりも安いです）とあることから、女性はスカイ・ストリームについてほかの航空会社よりも運賃が安い、つまり高くないと述べていることがわかる。よって正解は (B)。

57 Why do the men prefer flying in the morning?
(A) To arrive in time for a reception
(B) To take advantage of a promotional offer
(C) To avoid long lines at the airport
(D) To be alert enough to work on the plane

男性たちはなぜ午前中の出発を望んでいますか？
(A) レセプションに間に合うように到着するため
(B) 販促キャンペーン割引を利用するため
(C) 空港で長い列を避けるため
(D) 機内で仕事をするのに十分さえた状態でいるため

正解 A [正答率 76.5%]

午後の便を提案された男性は We wouldn't make it there in time to attend the reception that evening.（当日の晩に出席するレセプションに間に合わなくなってしまいます）と述べていることから、その日の晩のレセプションに出席するために午前中の便で行くのを望んでいるのがわかる。よって正解は (A)。

58 What do the men decide to do?
(A) Postpone an appointment
(B) Seek advice from a colleague
(C) Research other airlines
(D) Travel on separate flights

男性たちは何をすることにしましたか？
(A) 約束を延期する
(B) 同僚からアドバイスを求める
(C) ほかの航空会社を調べる
(D) 別々のフライトで向かう

正解 D [正答率 67.6%]

午前中のフライト 2 便はそれぞれ空席が 1 席ずつしかないが、午後便ではレセプションに間に合わないと考え、男性は Let's just go separately.（別々に行きましょう）と提案する。もう一人の男性も OK と同意しているので、彼らは午前中の別々の便で向かうと決めたことがわかる。よって正解は (D)。

これがエッセンス

メモを取れない TOEIC のリスニングでは、時刻や数値などを頭の中で整理する必要があります。しかし、そのような情報が解答に必要ない場合は集中力を温存させたいものです。設問を先読みして必要な情報を押さえることが重要です。

V3_T4-44 **Questions 59 through 61** refer to the following conversation.

M: You're listening to Talking Shop. I'm Matthew Morgan, and in the studio with me today is Samantha Chan. She's here to talk about her new guidebook, *Seasoned Travel*. Samantha, welcome to the show. Why don't you tell our radio audience about your book?

W: Thanks, Matthew. It's a pleasure to be here. Well, my goal with *Seasoned Travel* was to help my readers travel more economically by taking advantage of off-season promotional offers at some of the world's most popular destinations.

M: That's great, Samantha. You know, I just finished reading your book myself. I was surprised by how much money I could save by adjusting my travel plans for my next trip to visit my family in Melbourne.

59-61番の次の会話に関するものです。

男：お聞きの番組は『トーキング・ショップ』です。マシュー・モーガンがお送りしています。今日はスタジオにサマンサ・チャンさんをお迎えしています。彼女の新しいガイドブック『シーズンド・トラベル』について話していただきます。サマンサ、この番組へようこそ。リスナーの皆さんにあなたの本について話してください。

女：ありがとう、マシュー。ここにいることをとてもうれしく思っています。ええと、私が『シーズンド・トラベル』を書いた目的は、読者の皆さんにオフシーズンの販促キャンペーンをうまく使って、世界有数の観光地をもっと安く旅行してもらうことです。

男：それは素晴らしいですね、サマンサ。私もちょうどあなたの本を読み終えたところです。旅行日程を調整することで、今度メルボルンの家族に会いに行く旅費をどれだけ抑えられるかを知って、とても驚きました。

Vocab. 本文 □ **adjust**「～を調節する」 選択肢 □ **author**「作家」 □ **publish**「～を出版する」 □ **relative**「親戚」

59

Who most likely is the man?
(A) An author
(B) A radio host
(C) An economist
(D) A tour guide

男性はどういう人物だと思われますか？
(A) 作家
(B) ラジオ番組の司会者
(C) 経済学者
(D) ツアーガイド

正解 B
［正答率 85.3%］

男性は最初の発言で You're listening to Talking Shop.（お聞きの番組は『トーキング・ショップ』です）と述べたうえでゲストに Why don't you tell our radio audience about your book?（リスナーの皆さんにあなたの本について話してください）と述べている。この radio audience というフレーズが聞き取れれば、この男性が (B) のラジオ番組の司会者であるとわかる。

60

What has Samantha Chan done recently?
(A) She has received an award.
(B) She has published a book.
(C) She has started a business.
(D) She has taken a tour.

サマンサ・チャンは最近何をしましたか？
(A) 賞を受けた。
(B) 本を出版した。
(C) 起業した。
(D) 旅行した。

正解 B
［正答率 88.2%］

男性が今日のゲストはサマンサ・チャンであると紹介した後で She's here to talk about her new guidebook, *Seasoned Travel*.（彼女の新しいガイドブック『シーズンド・トラベル』について話していただきます）と言っているので、この女性は最近ガイドブックを出版したことがわかる。よって正解は (B)。

61 What does the man mention about Melbourne?

(A) He attended college there.
(B) He has never traveled there.
(C) He accepted a job there.
(D) He has relatives there.

男性はメルボルンについて何を述べていますか？

(A) そこで大学に通った。
(B) そこに一度も行ったことがない。
(C) そこの仕事を引き受けた。
(D) そこに親族がいる。

正解 **D**

［正答率 70.6%］

男性の I was surprised by how much money I could save by adjusting my travel plans for my next trip to visit my family in Melbourne.（旅行日程を調整することで、今度、メルボルンの家族に会いに行く旅費をどれだけ抑えられるかを知ってとても驚きました）という発言から、メルボルンには家族が住んでいることがわかる。よって正解は (D)。

990点 講師の目

設問の Melbourne を見て、オーストラリアの都市「メルボルン」、それとも人物名「メルボーンさん」を思い浮かべましたか。選択肢に共通する単語 there（そこ）から都市のことだとわかりますが、固有名詞についての問題では思い込みは禁物です。

これがエッセンス

リスニングが苦手な人は、会話文の中に聞こえたキーワードを手がかりに選択肢を選ぶ傾向があります。しかし TOEIC のリスニングでは、それ以上のスキルが求められることがあります。発言を要約すること、言い換えること、また発言の内容を記憶に留めるトレーニングによって高得点を目指しましょう。

V3_T4-45 **Questions 62 through 64** refer to the following conversation and sign.

M: Hello, my name's Fred Parker. Our staff is throwing a party to congratulate a coworker on getting promoted. I was walking past your shop this morning and saw your sign. It gave me the idea to bring a strudel.

W: OK. Which kind would you like?

M: Well, I think everyone would probably prefer apple. Oh, and I'll go with the cheaper option. I don't want to spend more than thirty dollars.

W: All right. Will you be picking that up today? We close at 5:00 P.M.

M: Actually, the party's tomorrow afternoon, so I'd like to come and get it in the morning on my way to work.

62-64 番は次の会話と看板に関するものです。

男：こんにちは。私はフレッド・パーカーと申します。私たちのスタッフが同僚の昇進祝いのパーティをする予定なのです。今朝お店の前を通りかかって看板を見て、シュトゥルーデルを持って行くことを思いつきました。

女：そうですか。どちらの種類がよろしいでしょうか？

男：ええと、私はみんなおそらくアップルが好きだろうと思います。そして、値段の安いほうにします。30ドル以上はかけたくありません。

女：かしこまりました。今日お持ち帰りになりますか？5時に閉店いたしますが。

男：実はパーティは明日の午後なので、明日の朝、出勤途中に来て買います。

Fresh Strudel

Apple Caramel	$40
Sour Cherry	$35
Apple Cinnamon	$28
Creamy Cheese	$24

Allow at least 1 hour between order and pickup.
555-0199

フレッシュ・シュトゥルーデル

アップルキャラメル	$40
サワーチェリー	$35
アップルシナモン	$28
クリームチーズ	$24

ご注文からお渡しまで最低1時間頂戴いたします。
555-0199

Vocab. 本文 □ **throw**「(パーティ) を開く」 □ **promote**「～を昇進させる」 □ **strudel**「シュトゥルーデル (オーストリアのお菓子)」
選択肢 □ **commend**「～をほめる」 □ **celebrate**「～を祝福する」 □ **promotion**「昇進」

62 Why is the party being held?
(A) To honor a retiring employee
(B) To commend the marketing team
(C) To mark the opening of a new branch
(D) To celebrate a colleague's promotion

なぜパーティを開くのですか？
(A) 退職する従業員を称えるため
(B) マーケティングチームを表彰するため
(C) 新しい支社の開設を記念するため
(D) 同僚の昇進をお祝いするため

正解 D
[正答率 90.0%]

男性の冒頭の発言に Our staff is throwing a party to congratulate a coworker on getting promoted. (私たちのスタッフが同僚の昇進祝いのパーティをする予定なのです) とあることから、パーティが開かれる理由は同僚の昇進であるとわかる。よって正解は (D)。

63 Look at the graphic. What type of strudel does the man decide to order?
(A) Apple Caramel
(B) Sour Cherry
(C) Apple Cinnamon
(D) Creamy Cheese

図表を見てください。どの種類のシュトゥルーデルを男性は注文することに決めましたか？
(A) アップルキャラメル
(B) サワーチェリー
(C) アップルシナモン
(D) クリームチーズ

正解 C
[正答率 66.0%]

中盤で男性は I think everyone would probably prefer apple. (私はみんなおそらくアップルが好きだろうと思います) と言っていることからリンゴが使われているものを選ぶことが予測され、図表の中では Apple Caramel と Apple Cinnamon が該当する。さらに I'll go with the cheaper option. (値段の安いほうにします) と続けていることから、Apple Cinnamon とわかる。よって正解は (C)。

990点 講師の目

この設問を解くヒントは、男性の発言の中に次々と現れます。「アップル」「値段の安いほう」と、これで正解が選べるのですが、ダメ押しをするかのように「30ドル以上もかけたくない」と続きます。

64 When does the man say he wants to pick up his strudel?
(A) An hour from now
(B) At 5:00 P.M. this evening
(C) Tomorrow morning
(D) Tomorrow afternoon

男性はいつシュトルーデルを持ち帰りたいと言っていますか?
(A) 今から1時間後
(B) 今日の夕方5時
(C) 明日の朝
(D) 明日の午後

正解 **C**
[正答率 78.0%]

男性の最後の発言に I'd like to come and get it in the morning (朝に来て買います) とあることから、男性はシュトルーデルを明日の朝に受け取ろうとしていることがわかる。よって正解は (C)。

これがエッセンス
短時間で図表を理解するためには、知らない単語は保留にしておき、図表全体の意味を把握しましょう。図表に関する情報は会話の中で必ず話題に出ます。strudel を知らなくても、図表から料理であることがわかります。ちなみに strudel は薄く伸ばした小麦粉の生地に色々な詰め物を巻いて焼くスイーツです。

V3_T4-46 **Questions 65 through 67** refer to the following conversation and list.

W: Oh, Bernie. I'm glad I ran into you. I wanted to ask you a favor.

M: Sure, Alice. What can I do for you?

W: I'd planned to be at the meeting on Thursday, but I won't be able to attend after all. I've been assigned to act as a consultant in London while they're training new sales personnel for the branch office there. I'll be flying out tomorrow morning. Would you ask whoever takes minutes at the meeting to email them to me?

M: Certainly. Hakeem Ali, the marketing director's administrative assistant, is going to be taking the minutes at our meetings from now on. I'll make sure he sends you a copy.

Director	Department
Kylie Munson	Sales
Ted Hopper	Research
Juan Valdez	Marketing
Virginia Cook	Personnel

65-67 番は次の会話とリストに関するものです。

女：ああ、バーニー、会えてよかった。お願いしたいことがあるのですが。

男：いいですよ、アリス。何をすればいいのですか？

女：木曜日の会議に出る予定だったのですが、結局行けなくなってしまいました。ロンドンで支社の新しい営業部員を教育する間、コンサルタントとして働く仕事を任されました。明日の朝、飛行機で発ちます。会議で議事録を取る方に、それをメールで私に送ってくれるように伝えていただけませんか？

男：わかりました。これからはマーケティング部長の事務アシスタントのハキーム・アリが会議の議事録を取ることになりました。彼が間違いなくあなたにコピーを送るようにしておきます。

責任者	部署
カイリー・ムンソン	営業
テド・ホッパー	研究
ホアン・バルデズ	マーケティング
バージニア・クック	人事

Vocab. 本文 □ **favor**「親切な行為」 □ **assign**「〈人〉に命じる」 □ **personnel**「職員」 □ **minute**「議事録」 □ **administrative**「管理の」

65

Why is the woman traveling to London?
(A) To interview for a position
(B) To take a vacation
(C) To work as a consultant
(D) To visit some clients

女性がロンドンに行くのはなぜですか？
(A) ある職の面接を受けるため
(B) 休暇を取るため
(C) コンサルタントとして働くため
(D) 顧客を訪問するため

正解 C
[正答率 79.4%]

ロンドンという地名は、女性の発言に I've been assigned to act as a consultant in London while they're training new sales personnel for the branch office there.（ロンドンで支社の新しい営業部員を教育する間、コンサルタントとして働く仕事を任されました）と出てくる。女性がロンドンに行く理由はコンサルタントとして働くことなので、正解は (C)。

990点 講師の目

設問のキーワードより前の箇所が正解のヒントになる問題は、キーワードを聞き取ることだけに集中すると必要な情報を聞き逃してしまいます。文全体、発言全体を理解しようとする、また記憶に留めるトレーニングが不可欠です。

66

What does the woman request?
(A) The minutes of a meeting
(B) A flight schedule
(C) A list of company names
(D) A hotel recommendation

女性は何を求めていますか？
(A) 会議の議事録
(B) フライトの予定
(C) 会社名のリスト
(D) おすすめのホテル

正解 A
[正答率 91.2%]

中盤の発言で女性は、男性に Would you ask whoever takes minutes at the meeting to email them to me?（会議で議事録を取る方にそれをメールで私に送ってくれるように伝えていただけませんか）と依頼していることから、女性は会議の議事録を求めていることがわかる。よって正解は (A)。

67 Look at the graphic. Whose assistant is Hakeem Ali?
(A) Kylie Munson
(B) Ted Hopper
(C) Juan Valdez
(D) Virginia Cook

図表を見てください。ハキーム・アリはだれのアシスタントですか？
(A) カイリー・ムンソン
(B) テド・ホッパー
(C) ホアン・バルデズ
(D) バージニア・クック

正解 C
[正答率 61.8%]

ハキーム・アリに関しては男性が Hakeem Ali, the marketing director's administrative assistant, is going to be taking the minutes at our meetings from now on.（これからはマーケティング部長の事務アシスタントのハキーム・アリが会議の議事録を取ることになりました）と言及している。図表によればマーケティング部長はJuan Valdezである。よって正解は(C)。

これがエッセンス
リスニングセクションの図表は、説明文がある場合とない場合があります。この問題の図表には説明がありませんが、人物名と部署が対応しているのがわかります。

V3_T4-47 **Questions 68 through 70** refer to the following conversation and chart.

M: Gammacom's idea to hold a tournament to promote their new computer game was a great idea.

W: I agree. I heard that downloads of the game doubled over the past month.

M: Did you see the final round of the competition? It was broadcast live on the Gammacom Web site.

W: No, I didn't. How was it?

M: It was really exciting. The winner was decided not only by the number of points scored, but also by the time taken to complete the entire game. The player who won didn't have the highest number of points, but he had the shortest completion time of the four finalists, so he managed to hold onto the victory.

68-70 番は次の会話とグラフに関するものです。

男：新しいコンピュータゲームを宣伝するために大会を開くというガマコム社の案は名案でしたね。

女：私も同感です。この1カ月でゲームのダウンロード数が2倍になったと聞きました。

男：大会の決勝戦を見ましたか？ ガマコム社のウェブサイトで生中継されていました。

女：いいえ、見ませんでした。どうでしたか？

男：とても白熱していましたよ。獲得した得点だけでなく、ゲーム全体を終えるのにかかった時間も踏まえて、優勝者が決まったんです。優勝したプレイヤーは最も高い得点ではありませんでしたが、4人のファイナリストの中で最も短い競技時間でした。それで辛うじて勝利をつかみ取りました。

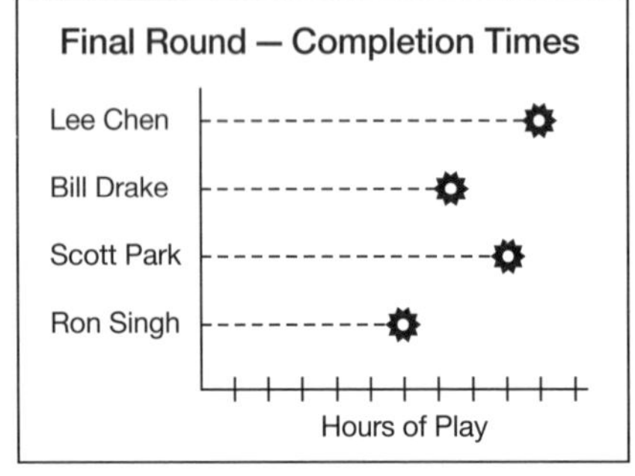

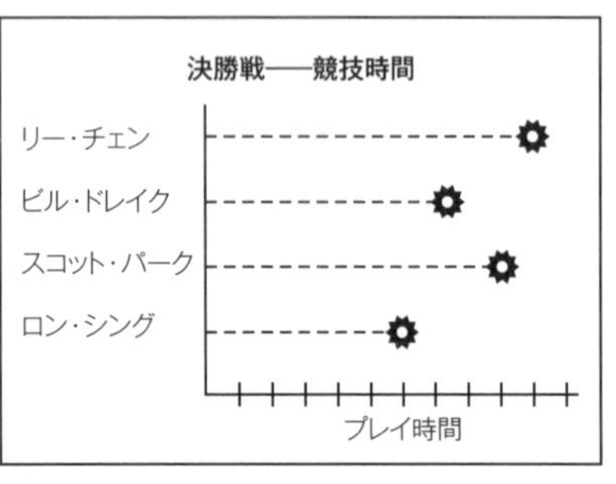

Vocab. 本文 □ **competition**「競争、競技」 □ **broadcast**「～を放送する」 □ **completion**「完了」 □ **manage**「(困難なこと) をやり遂げる」 選択肢 □ **increase**「増加する」 □ **participant**「参加者」 □ **overall**「総合の」

68 According to the woman, what increased during the past month?

(A) The number of tournament participants
(B) The downloads of a computer game
(C) The speed of an operating system
(D) The value of a competition prize

女性によると、この1カ月の間に何が増加しましたか？

(A) 大会の参加者数
(B) コンピュータゲームのダウンロード数
(C) OS のスピード
(D) 大会の賞品の価値

正解 B ［正答率 82.4%］

女性の最初の発言に I heard that downloads of the game doubled over the past month.（この1カ月でゲームのダウンロード数が2倍になったと聞きました）とあることから、過去1カ月の間にゲームのダウンロード数が増加したことがわかる。よって正解は (B)。

69 What does the man say about the final round of the competition?

(A) It was shown on a Web site.
(B) It was held at Gammacom headquarters.
(C) It was broadcast on television.
(D) It took place on a weekend.

男性は大会の決勝戦について何と言っていますか？

(A) ウェブサイトで公開された。
(B) ガマコム社の本社で開かれた。
(C) テレビで放送された。
(D) 週末に行われた。

正解 A ［正答率 67.6%］

大会の決勝戦について男性は2回目の発言で、It was broadcast live on the Gammacom Web site.（ガマコム社のウェブサイトで生中継されていました）と述べていることから、大会の様子はガマコム社のウェブサイトで公開されていたことがわかる。よって正解は (A)。

70 Look at the graphic. Which player most likely won the overall competition?
(A) Lee Chen
(B) Bill Drake
(C) Scott Park
(D) Ron Singh

図表を見てください。どのプレイヤーがこの大会で総合優勝したと思われますか？
(A) リー・チェン
(B) ビル・ドレイク
(C) スコット・パーク
(D) ロン・シング

正解 **D**
[正答率 52.9%]

総合優勝したプレイヤーについて男性は、最も高い得点ではなかったけれど he had the shortest completion time of the four finalists.（4人のファイナリストの中で最も短い競技時間でした）と述べている。図表は競技時間をグラフにしたものであり、競技時間が最も短いのは Ron Singh だとわかる。よって正解は (D)。

これがエッセンス
図表に数値が書かれていない場合も、最も値の大きいものと小さいもの、あるいは同じくらいの値のものを把握しておきましょう。この問題のような棒グラフのほか、割合を表す円グラフや帯グラフ、また折れ線グラフなどの場合に役立ちます。

V3_T4-49

Questions 71 through 73 refer to the following speech.

Good morning, and thank you for coming to our seminar. Today's lineup of expert speakers and educational workshops has been specifically arranged with small business owners such as yourselves in mind. Your participation today is sure to result in improved business performance, with topics ranging from direct sales to customer service and from recruiting top employees to negotiating with suppliers. Before we get started, I want to point out a mistake on the program regarding the workshop on sales techniques that's scheduled to take place at 3 o'clock in Conference Room 2. Your program lists Robert Hall as the course instructor, but Alicia Travis will actually be the one conducting that class.

71-73 番は次のスピーチに関するものです。
おはようございます。当セミナーにお越しいただきありがとうございます。本日講演する専門家と研修会のラインナップは、皆さんのような中小企業経営者の方を念頭に入れて特別に準備したものです。トピックは直接販売やカスタマーサービス、優れた従業員の採用から仕入れ業者との交渉まで多岐にわたりますので、本日ご参加いただくことで、きっと業績向上という結果になるでしょう。開始前に、第 2 会議室で 3 時から行われる販売テクニックのワークショップについてプログラムに誤りがございますのでお伝えします。ここにはコースの講師としてロバート・ホールの名前が記載されていますが、実際はアリシア・トラビスが講演をいたします。

Vocab.
本文 □ **expert**「専門家」 □ **specifically**「特別に」 □ **with ... in mind**「…を念頭に置いて」 □ **result in**「～という結果になる」 □ **performance**「業績」 □ **range from ... to**「…から～に及ぶ」 □ **negotiate with**「～と交渉する」 □ **regarding**「～に関して」
選択肢 □ **recruiter**「求人担当者」 □ **spacious**「広々とした」 □ **range of**「さまざまな」

71 Who most likely are the listeners?
(A) Corporate recruiters
(B) Job seekers
(C) New employees
(D) Business owners

聞き手はどういう人物だと思われますか？
(A) 企業の求人担当者
(B) 求職者
(C) 新入社員
(D) 事業主

正解 D
[正答率 88.2%]

聞き手を判断する情報が含まれているのは、セミナーの説明の中で small business owners such as yourselves（皆さんのような中小企業経営者の方）と言っている箇所。中小企業の経営者がこのセミナーの聞き手であると推測できるので、正解は (D)。

72 What does the speaker emphasize about the seminar?
(A) Its spacious venue
(B) Its affordable price
(C) Its range of topics
(D) Its strict policies

話し手はセミナーについて何を強調していますか？
(A) 広々とした会場
(B) 手ごろな料金
(C) テーマの広さ
(D) 厳しい規則

正解 C
[正答率 91.2%]

話し手はセミナーに関して、Your participation today is sure to result in improved business performance（本日ご参加いただくことで、きっと業績向上という結果になるでしょう）と述べ、その根拠として with topics ranging ... と、トピックが多岐にわたることを強調している。よって正解は (C)。

73 According to the speaker, what information on the program is a mistake?
(A) The name of an instructor
(B) The time of a workshop
(C) The location of a conference
(D) The subject of a lecture

話し手によると、プログラムのどの情報が間違っていますか？
(A) 講師の名前
(B) 研修会の時間
(C) 会議の場所
(D) 講演の題目

正解 A
[正答率 58.8%]

話し手は販売テクニックのワークショップの講師に関して、Your program lists Robert Hall as the course instructor, but Alicia Travis will actually be the one conducting that class.（ここにはコースの講師としてロバート・ホールの名前が記載されていますが、実際はアリシア・トラビスが講演をいたします）と述べていることから、講師の名前が間違っていたことになる。よって正解は (A)。

990点 講師の目
話し手に関する出題なのか、それとも聞き手に関する問題なのかは、単純なようでいて見落としがちです。よく気をつけて設問文を読みましょう。

V3_T4-50

Questions 74 through 76 refer to the following talk.

As you know, the services that we offer are quite unique in the engineering industry. This works to our advantage in terms of marketing and securing a base of loyal customers. The downside, however, is that it's difficult to find candidates with relevant work experience when we need to fill a job opening. This is why we've decided to introduce a new internship program this summer. Anyone interested in being a group leader for this program should contact the program director, Kenneth Barnes. Also, I'd like to ask that all managers look over their departmental budgets and then report back to me on how many interns each department can accommodate.

74-76 番は次の話に関するものです。

ご存じのように、我々が提供しているサービスはエンジニアリング業界では大変ユニークです。これはマーケティングにおいても、常連客を確保するうえでも有利に働きます。しかしながら、マイナス面は、欠員の補充が必要な際に、関連した職歴のある候補者を探すのが難しいことです。このような理由で、この夏、新しいインターンシップ・プログラムを導入することを決めました。このプログラムでグループリーダーになることに興味がある方は、プログラム責任者のケネス・バーンズに問い合わせてください。また、部長の皆さんは、部門別予算に目を通して、各部署で何人のインターンを受け入れられるかを私までご報告お願いいたします。

Vocab. 本文 □ **work to *one*'s advantage**「…の有利に働く」 □ **in terms of**「～の点で」 □ **secure**「～を確保する」 □ **downside**「欠点」 □ **relevant**「関連のある」 □ **introduce**「～を導入する」 □ **departmental**「部署の」 □ **accommodate**「～を収容する」 選択肢 □ **transfer**「転勤」

74 What is being announced?
(A) An internship program
(B) A transfer opportunity
(C) A new marketing strategy
(D) A cost-cutting measure

何が発表されていますか？
(A) インターンシップ・プログラム
(B) 転勤の機会
(C) 新しいマーケティング戦略
(D) 経費削減策

正解 A
［正答率 52.9%］

話し手は業界の事情を述べたうえで、This is why we've decided to introduce a new internship program this summer.（このような理由で、この夏、新しいインターンシップ・プログラムを導入することを決めました）と発表している。新しいインターンシップ・プログラムの導入が発表されたことがわかるので、正解は (A)。

75 Why should listeners contact Kenneth Barnes?
(A) To nominate colleagues
(B) To volunteer as a leader
(C) To obtain customer files
(D) To arrange transportation

聞き手はなぜケネス・バーンズに連絡すべきですか？
(A) 同僚を推薦するため
(B) リーダーとして志願するため
(C) 顧客台帳を手に入れるため
(D) 交通手段を手配するため

正解 B
［正答率 52.9%］

ケネス・バーンズの名前は the program director, Kenneth Barnes という箇所でプログラム責任者の名前として紹介される。彼に連絡すべき人は、その直前で Anyone interested in being a group leader for this program（このプログラムでグループリーダーになることに興味がある人）と述べられている。したがって連絡する理由はリーダーに志願するためなので、正解は (B)。

990点 講師の目
この設問でも人物名が出てくるのを待ち構えていたことと思います。しかし、名前が聞こえたときには根拠となる箇所はすぎていましたね。文単位の情報を記憶に残すリテンション力が求められています。

76 What are managers asked to do?
(A) Reduce payroll
(B) Postpone projects
(C) Review budgets
(D) Offer incentives

部長は何をするように依頼されていますか？
(A) 人件費を削減する
(B) プロジェクトを延期する
(C) 予算を確認する
(D) 報償金を提供する

正解 C
［正答率 85.3%］

I'd like to ask that all managers という箇所が聞こえたら、依頼内容が告げられることが推測できる。look over their departmental budgets and then report back to me on how many interns each department can accommodate（部門別予算に目を通して、各部署で何人のインターンを受け入れられるかの報告）とあるので、正解は (C)。

990点 講師の目
managers というキーワードの登場を待ち構えていると、all managers というフレーズが聞こえてきたことでしょう。そしてその後に何をすることが求められているのかが述べられるので、聞き取りとしては容易なはずです。

V3_T4-51 **Questions 77 through 79** refer to the following excerpt from a meeting.

The next item on the agenda is the renovations needed in the dance studio. In particular, the floor needs to be sanded and refinished. I called a local contracting company for an estimate and they offered to do the work for $10,000. I told them we were just a small dance school without much money, but it didn't help. $10,000! I'm sure we can do better. I'll keep searching for other contractors. In the meantime, I want you to ask your students if they might know anyone who does that kind of work. It's at least worth a try.

77-79 番は次の会議の一部に関するものです。
次の議題はダンススタジオで必要な改修工事についてです。とくに、ダンスフロアを磨いて再仕上げする必要があります。地元の業者に見積もりをお願いするために電話したところ、1万ドルで作業をすると提案されました。私たちが資金もさほどない小さなダンススクールであることを伝えましたが、業者は折り合いをつけてくれませんでした。1万ドルですよ！ きっともっとうまくやれると思います。ほかの業者を探してみます。それまでの間、こういう仕事をする知り合いがいないか、生徒たちに聞いてみていただけませんか？ 少なくとも試す価値はあります。

Vocab. 本文 □ **sand**「～を磨く」 □ **refinish**「～を再仕上げする」 □ **contracting**「(工事などの) 請負の」 □ **estimate**「見積もり」 □ **worth**「～の価値がある」 選択肢 □ **portrait**「肖像の」 □ **available**「利用できる」 □ **be disappointed with**「～に落胆して」 □ **honor**「(契約など) を守る」

77 According to the speaker, what needs to be renovated?
(A) An art gallery
(B) A portrait studio
(C) An auditorium
(D) A dance floor

話し手によると、何を改修する必要がありますか？
(A) 画廊
(B) 写真スタジオ
(C) 講堂
(D) ダンスフロア

正解 D
[正答率 70.6%]

冒頭で議題として挙げられているのは the renovations needed in the dance studio（ダンススタジオで必要な改修工事）である。話し手はダンススタジオを改修する必要があると述べているので、正解は (D)。

78 What does the speaker mean when she says, "I'm sure we can do better"?
(A) She expects to raise more money.
(B) She wants to improve an exhibition.
(C) She believes a cheaper service is available.
(D) She is disappointed with the quality of a performance.

話し手が「もっとうまくやれると思います」と言っているのはどういう意味ですか？
(A) 彼女はもっと資金を調達することを期待している。
(B) 彼女は展示をよりよくしたいと思っている。
(C) 彼女はより安価なサービスが利用可能だと信じている。
(D) 彼女は演技の質に失望している。

正解 C
[正答率 70.6%]

I'm sure we can do better. は、地元の業者の見積もりが1万ドルだったと告げた直後の発言。I'll keep searching for other contractors.（ほかの業者を探してみます）と続けていることから、もっと安価で引き受けてくれる業者がいるはずだと思っているものと推察できる。よって正解は (C)。

990点 講師の目
発言の意図を問う問題は、説明文の文脈を理解する必要があり、また長めの選択肢で瞬間的な読解力も必要であるため、やや手強いと感じられることと思います。そのような場合、選択肢が「肯定的」か「否定的」かを頭に入れておくと、ターゲットとなる英文の説明文中での使われ方が判断しやすくなるでしょう。

79 What does the speaker request that listeners do?
(A) Contribute money
(B) Share a space
(C) Speak to students
(D) Honor a contract

話し手は聞き手に何をするよう頼んでいますか？
(A) お金を寄付する
(B) 場所を一緒に使う
(C) 生徒に話す
(D) 契約を守る

正解 C
[正答率 79.4%]

話し手から聞き手への依頼を把握するには I want you to というフレーズを聞き取る必要がある。その内容は ask your students if they might know anyone who does that kind of work（こういう仕事をする知り合いがいないか、生徒たちに聞く）というもの。話し手は聞き手に、生徒たちにそのような仕事ができる知り合いがいないかどうか聞くように頼んでいることがわかるので、正解は (C)。

V3_T4-52 **Questions 80 through 82** refer to the following news report.

Yesterday, the newly constructed Boardwalk Fashion Complex at Hunter Beach opened its doors to the public for the first time. By the 10:00 A.M. opening time on Saturday morning, a crowd of several hundred people had gathered outside the mall's main entrance. In interviews with local news reporters on the opening day, many people stated that they were attracted more by the structure itself than by the high-end, designer fashions sold inside. In fact, Niles Bailey, the chief architect for the project, has already been nominated for an award based on the center's unique exterior design.

80-82番は次のニュース報道に関するものです。
昨日、ハンタービーチに新しく建設されたボードウォーク・ファッション・コンプレックスが初めて一般に公開されました。土曜日朝、営業開始時刻の午前10時までに数百人の人たちがモールの正面玄関の外に集まりました。開店初日、地元のニュース・レポーターのインタビューでは、多くの人たちが、中で売られている高級なデザイナーブランドのファッションより、建物自体に引きつけられたと話しました。実際、プロジェクトの主任建築士ナイルズ・ベイリー氏は、このショッピングセンターのユニークな外観のデザインで、すでに賞にノミネートされています。

Vocab. 本文 □**construct**「～を建設する」 □**the public**「一般の人々」 □**a crowd of**「一群の～」 □**gather**「集まる」 □**state**「～と述べる」 □**structure**「建築物、構造」 □**high-end**「高級な」 □**architect**「建築家」 □**nominate**「(賞などに) ～をノミネートする」 □**based on**「～に基づいた」 選択肢 □**luxury**「豪華な」 □**publicity**「宣伝」 □**present**「出席して」 □**noted**「著名な」

80 What opened recently at Hunter Beach?
(A) A luxury hotel
(B) A gourmet restaurant
(C) An amusement park
(D) A shopping center

ハンタービーチに最近何がオープンしましたか？
(A) 豪華なホテル
(B) グルメレストラン
(C) 遊園地
(D) ショッピングセンター

正解 D
[正答率 85.3%]

冒頭で the newly constructed Boardwalk Fashion Complex at Hunter Beach（ハンタービーチに新しく建設されたボードウォーク・ファッション・コンプレックス）と聞こえる。complexは「複合施設」という意味があるのでファッションを扱う複合施設と判断できる。また、the high-end, designer fashions sold insideというフレーズからもショッピングセンターとわかる。よって正解は(D)。

990点 講師の目
説明文で聞こえた単語が選択肢にないと、戸惑ってしまうかもしれません。ですが聞こえた単語の情報から選択肢を吟味し、どれが最も正解に近いか判断する力が求められます。

81 According to the report, what happened on the opening day?
(A) A publicity campaign was launched.
(B) Journalists conducted interviews.
(C) Discount prices were offered.
(D) Many celebrities were present.

この報道によると、開店日に何が起きましたか？
(A) 宣伝キャンペーンが始まった。
(B) 記者たちがインタビューをした。
(C) 割引価格が提供された。
(D) 大勢の有名人たちが現れた。

正解 B
[正答率 52.9%]

開店日には数百人の人が訪れたということのほか、In interviews with local news reporters on the opening day（開店初日、地元のニュース・レポーターのインタビューでは）というフレーズから、地元の記者がインタビューをしたことがわかる。よって正解は(B)。

82 Who most likely is Niles Bailey?
(A) A well-known actor
(B) A fashion designer
(C) A noted architect
(D) A news reporter

ナイルズ・ベイリーとはどういう人物だと思われますか？
(A) 有名な俳優
(B) ファッションデザイナー
(C) 有名な建築家
(D) 報道記者

正解 C
[正答率 85.3%]

ナイルズ・ベイリーという人物名は、In fact, Niles Bailey ... という箇所で聞こえ、その後、説明として the chief architect for the project（このプロジェクトの主任建築士）というフレーズが続いている。その後の説明で賞にノミネートされているとあり、著名であることも確認できるので、正解は(C)。

V3_T4-53 **Questions 83 through 85** refer to the following telephone message.

Hello, this is Luanne Dodge calling from Pimby's Shoe Store. We need to revise the promotional materials for our clearance sale in May. The Reebus boots have suddenly started selling well, so we've decided not to discount that line after all. Please remove all mention of that brand from the poster design. Just increase the font size of everything else to take up the extra space. If this means you can't get the final design to us by the end of the week, please let me know. We'd planned to have the posters printed next Monday, but we can do it a few days later if necessary. Thanks.

83-85 番は次の電話メッセージに関するものです。
もしもし、ピンビーズ靴店のルアン・ドッジと申します。5月の在庫一掃セール用の宣伝資料を変更する必要があります。リーバス・ブーツの売上が急に伸びてきたので、この製品は結局値引きしないことになりました。ポスターのデザインからこの製品に触れている箇所はすべて削除してください。そのほかの文字のサイズをすべて大きくして、余分なスペースを埋めてください。この変更により、週末までに最終的なデザインができない場合はお知らせください。来週の月曜日にポスターを印刷する予定でしたが、必要があれば数日後でも構いません。よろしくお願いいたします。

Vocab. 本文 □ **material**「素材」 □ **discount**「～を値下げする」 □ **remove**「～を取り除く、消去する」 □ **mention**「言及」 □ **take up**「(場所) を取る」 □ **have ... *done***「…を～してもらう」 □ **if necessary**「必要があれば」

83 What does the speaker say about the clearance sale?
(A) It will take place in May.
(B) It is held every three months.
(C) It is an annual event.
(D) It will last only one day.

話し手は在庫一掃セールについて何と言っていますか?
(A) 5月に行われる。
(B) 3カ月に1度開かれる。
(C) 年に1回のイベントだ。
(D) 1日しか行われない。

正解 A ［正答率 91.2%］
在庫一掃セールの開催に関しては our clearance sale in May (5月の在庫一掃セール) という情報が述べられている。よって正解は (A)。

84 Why does the speaker say, "The Reebus boots have suddenly started selling well"?
(A) To praise the effectiveness of a strategy
(B) To recommend a brand for purchase
(C) To explain a change in plan
(D) To credit the listener with a success

話し手はなぜ「リーバス・ブーツの売上が急に伸びてきた」と言っていますか?
(A) 方策の効果を称賛するため
(B) 購入するブランドをすすめるため
(C) 計画の変更を説明するため
(D) 成功は聞き手のおかげであるため

正解 C ［正答率 64.7%］
The Reebus boots have suddenly started selling well と述べられた後で so という単語が聞こえるため、この後に結果が述べられるものと判断したい。その内容は we've decided not to discount that line after all (この製品は結局値引きしないことになりました) というもの。当初は値引きする予定だった計画が変更されたことがわかるので、正解は (C)。

85 What does the speaker say can be extended?
(A) The business hours of a store
(B) The display area for discounted shoes
(C) The duration of a promotional event
(D) The print date for some posters

話し手は何を延ばすことができると言っていますか?
(A) 店の営業時間
(B) 値引きされた靴の展示エリア
(C) 販売促進イベントの期間
(D) ポスターの印刷日

正解 D ［正答率 55.9%］
extend は「～を延ばす」を意味するが、メッセージ中には使われていない。しかし、聞き手にポスターのデザイン変更を依頼した後で We'd planned to have the posters printed next Monday, but we can do it a few days later if necessary. (来週の月曜日にポスターを印刷する予定でしたが、必要があれば数日後でも構いません) とあることから、印刷日を延ばすことができるとわかる。よって正解は (D)。

これがエッセンス
この説明文の主題は「在庫一掃セールの宣伝資料の変更について」ですが、設問に主題を問うものがありません。説明文の主題を問う問題は、文全体を理解する必要があり、手強い問題形式の1つですから、少し労力を節約できたのではないでしょうか。

Questions 86 through 88 refer to the following talk.

V3_T4-54

Ladies and gentlemen, we have a very special visitor with us today, acclaimed novelist Chelsea Patel. Throughout her career, she has authored over twenty books and has received numerous literary awards. Between book projects, Ms. Patel visits colleges and universities to speak to students of creative writing. I'm sure her advice will help you not only in this class but in your future writing endeavors as well. Please welcome Ms. Chelsea Patel.

86-88 番は次の話に関するものです。
皆さま、本日は大変特別なお客様をお迎えしています。著名な小説家のチェルシー・パテルさんです。彼女はこれまでに 20 冊を超える数の本を執筆し、数々の文学賞を受賞しています。パテルさんは執筆の合間に、大学を訪問し学生たちに創作について講演しています。彼女のアドバイスはこのクラスだけではなく、今後の皆さんの執筆活動にもきっと役立つでしょう。チェルシー・パテルさんをお迎えしましょう。

Vocab. 本文 □ **acclaimed**「名声のある」 □ **novelist**「小説家」 □ **throughout**「～を通して」 □ **career**「経歴」 □ **author**「～を執筆する」 □ **numerous**「多数の」 □ **literary**「文学の」 □ **creative**「創造的な」 □ **endeavor**「努力」
選択肢 □ **novel**「小説」 □ **multiple**「多数の」 □ **occasion**「機会」 □ **critic**「批評家」

86 What is the purpose of the talk?
(A) To promote a new novel
(B) To express appreciation for employees
(C) To present an award
(D) To introduce a guest lecturer

このスピーチの目的は何ですか？
(A) 新しい小説を宣伝すること
(B) 従業員に謝意を表すこと
(C) 賞を授与すること
(D) ゲスト講演者を紹介すること

正解 D
[正答率 61.8%]

冒頭で we have a very special visitor with us today（本日は大変特別なお客様をお迎えしています）と言った後、それがチェルシー・パテルであると述べている。その後、her advice will help you not only in this class という発言が続くことから、授業のゲスト講演者を紹介していたことがわかる。よって正解は (D)。

87 What does the speaker indicate about Chelsea Patel?
(A) She has published multiple works.
(B) She has spoken to the listeners on previous occasions.
(C) She is a well-known literary critic.
(D) She has twenty years of experience.

話し手はチェルシー・パテルについて何と述べていますか？
(A) 多数の作品を出版した。
(B) 以前聞き手に講演をしたことがある。
(C) 有名な文学評論家だ。
(D) 20 年の経験がある。

正解 A
[正答率 47.1%]

話し手がチェルシー・パテルの名前を紹介した後の Throughout her career, she has authored over twenty books（彼女はこれまでに 20 冊を超える数の本を執筆した）という発言から、多くの作品を出版したということがわかる。よって正解は (A)。

990点 講師の目

Part 4 の設問には詳細内容を聞くものがあります。説明文の中で長い時間をかけて述べられている情報、いわば主要な情報が正解というわけではなく、短い時間で述べられる、いわばマイナーな情報が正解になっています。したがって、聞く側としては強調される箇所ばかりではなく、記憶に残りにくい箇所にも注意しなくてはなりません。

88 Who most likely are the listeners?
(A) Students in a writing course
(B) Employees at a publishing firm
(C) Faculty members of a university
(D) Attendees at a book-signing event

聞き手はどういう人物だと思われますか？
(A) ライティングのクラスの学生
(B) 出版社の従業員
(C) 大学の教員
(D) 本のサイン会の参加者

正解 A
[正答率 58.8%]

話し手は Ms. Patel visits colleges and universities（パテルさんは大学を訪問している）と発言したうえで I'm sure her advice will help you not only in this class ...（彼女のアドバイスはこのクラスだけではなく…きっと役立つでしょう）と述べていることから、聞き手は話し手の授業の受講生であると推測できる。よって正解は (A)。

V3_T4-55 **Questions 89 through 91** refer to the following telephone message.

Hi, Heather. This is Ambrose. Sorry I didn't answer when you called; I was on another line speaking with a business associate of mine. I listened to your voicemail message and to reply to your question, yes, I'd be happy to meet with you this week to go over the contract details. I'm free at either of the times you suggested in the message, so I'll leave it up to you to decide. Just let me know. You should be able to reach me by telephone now, but e-mail or text would be fine too. Thanks. Goodbye.

89-91番は次の電話メッセージに関するものです。
もしもし、ヘザー。アンブローズです。電話に出られなくてごめんなさい。仕事仲間と電話で話していました。ボイスメールのメッセージを聞きました。ご質問のお返事ですが、はい、契約書の細部を見直すために今週ぜひお会いしましょう。メッセージの中で提案していただいた時間のどちらも空いています。なので、あなたにお任せしますので、決まったらお知らせください。今なら電話でお話することもできますし、メールやショートメッセージでも大丈夫です。よろしくお願いします。失礼します。

Vocab. 本文 □ **go over**「～を再検討する」 □ **either of**「～のどちらか」 □ **leave ... up to〈人〉**「…を〈人〉に任せる」
選択肢 □ **agreement**「契約」 □ **clarification**「明確化」

89 Why was the speaker unable to answer the listener's call?
(A) He was running errands.
(B) He was busy talking with someone else.
(C) He was out to lunch.
(D) He was visiting a client's office.

話し手はなぜ聞き手の電話に出ることができなかったのですか?
(A) 用事に出かけていた。
(B) ほかの人と話していて忙しかった。
(C) 昼食に出かけていた。
(D) 顧客のオフィスを訪ねていた。

正解 B
[正答率 94.1%]

話し手は電話に出られなかった理由として、I was on another line speaking with a business associate of mine.(仕事仲間と電話で話していました)と述べている。よって正解は(B)。be on another lineで、「ほかの電話に出ている」という意味になる。

90 Why will the speaker most likely meet with the listener this week?
(A) To process an order
(B) To upgrade a system
(C) To discuss an agreement
(D) To prepare a presentation

話し手が聞き手と今週会う理由は何だと思われますか?
(A) 注文を処理するため
(B) システムをアップグレードするため
(C) 契約について話し合うため
(D) プレゼンの準備をするため

正解 C
[正答率 76.5%]

話し手が聞き手と会う理由を判断できる箇所は、話し手のI'd be happy to meet with you this week to go over the contract details.(契約書の細部を見直すために今週ぜひお会いしましょう)という発言。聞き手が話し手に契約書の細部を見直すための面会を求めたのに対して、話し手が承諾し、今週会うことにしたことがわかる。よって正解は(C)。

990点 講師の目
設問文にmost likelyとあるものは、推測して解答するものです。また、説明文の中ではっきりと述べられていないということにもなります。確かに設問文と同じ単語やフレーズが説明文の中に使われていないかもしれませんが、解答の根拠は必ず聞こえてくる説明文の中にあります。リスニングに求められているのが「英語が聞こえること」ではなく「英語を聞いて理解すること」である証です。

91 What does the speaker mean when he says, "Just let me know"?
(A) He is willing to offer his assistance.
(B) He needs clarification on a policy issue.
(C) He is ready to begin work on an assignment.
(D) He wants to receive confirmation of a time.

話し手が「お知らせください」と言っているのはどういう意味ですか?
(A) 彼は手伝いを申し出ている。
(B) 彼は方針の問題について説明を求めている。
(C) 彼は課題に取りかかる準備ができている。
(D) 彼は時間の確認を受けたいと思う。

正解 D
[正答率 61.8%]

面会することを承認した話し手はI'm free at either of the times you suggested in the message(メッセージの中で提案していただいた時間のどちらも空いています)と言い、so I'll leave it up to you to decide(なので、あなたにお任せします)と発言している。Just let me know.はそれを受けてのものなので、面会する時間を決めたら知らせてほしいという意味である。よって正解は(D)。

V3_T4-56 **Questions 92 through 94** refer to the following announcement.

Effective January of next year, the city's public transportation networks will become fully integrated. One individual ticket will cost about fifty percent more, but will remain valid for three hours. During that time, the ticket may be used as often as desired on all city-run buses, subway lines, and the light rail system. Based on responses to the surveys we carried out last month, we expect some passengers to complain about the price increase. That's why we're planning to run a major publicity campaign close to the end of this year. The campaign will show how the average user of public transportation will actually save money with the new plan, and will emphasize the convenience of the single-ticket system.

92-94 番は次のアナウンスに関するものです。
来年1月より、市内の公共交通網が完全に統合されます。チケット1枚の料金は約50%値上げされますが、3時間有効となります。その時間内は、チケットは市営のバス、地下鉄、路面電車を何度でも利用できるようになります。先月行った調査の回答を踏まえると、一部の乗客は値上げに対して不満を抱くことが予想されます。そのため、年末に大々的な広報キャンペーンを行う予定です。キャンペーンでは平均的な利用者の場合、実際は新しいプランで節約につながることを伝え、統合チケットの仕組みの便利さを強調します。

Vocab. 本文 □ **effective**「～から施行されて」 □ **integrate**「～を統合する」 □ **individual**「個別の」 □ **city-run**「市営の」 □ **light rail**「路面電車」 □ **response**「回答」 □ **carry out**「～を実施する」 □ **convenience**「便利さ」
選択肢 □ **disruption**「中断」

92 What topic is the speaker mainly addressing?
(A) A ticketing policy
(B) A service disruption
(C) A route extension
(D) A station opening

話し手はおもに何について述べていますか？
(A) チケットに関する規則
(B) サービスの中断
(C) 路線の延長
(D) 駅の開業

正解 **A**
[正答率 79.4%]

話し手は市内の公共交通網が統一されることを述べたうえで One individual ticket will cost about fifty percent more, but will remain valid for three hours.（チケット1枚の料金は約50%値上げされますが、3時間有効となります）と統合チケットの紹介をしている。よって正解は(A)。

990点 講師の目
説明文の主題を問う問題は、説明文全体を理解する必要があることが多いのですが、この問題のようにannouncementではtopicが明確に説明文の中で述べられます。そうでなければannouncementの役割が果たされないのです。どのような種類の説明文かを認識することによって、問題に対する心構えを変えて臨みましょう。

93 According to the speaker, what happened last month?
(A) Travel fares were raised.
(B) New rules were implemented.
(C) Construction was completed.
(D) Surveys were conducted.

話し手によると、先月何が起こりましたか？
(A) 運賃が値上げされた。
(B) 新しい規則が導入された。
(C) 建設が完了した。
(D) 調査が行われた。

正解 **D**
[正答率 52.9%]

先月に起きたことはlast monthというフレーズを手がかりにすることになるが、起きたことを知るには、そのフレーズの直前のthe surveys we carried outを聞き取る必要がある。ここから、先月に調査を行ったことがわかるので、正解は(D)。

94 What will be highlighted in the publicity campaign?
(A) Increased safety
(B) More frequent service
(C) Greater convenience
(D) Improved fuel efficiency

広報キャンペーンでは何が強調されますか？
(A) 安全性の強化
(B) より頻繁な運行サービス
(C) 利便性の向上
(D) 燃料効率の向上

正解 **C**
[正答率 82.4%]

年末に行われる広報キャンペーンでは、値上げに対する不満を踏まえて、平均的な利用者は新プランで節約ができることを伝え、emphasize the convenience of the single-ticket system（統合チケットの仕組みの便利さを強調する）と述べている。よって正解は(C)。highlightとemphasizeはどちらも「～を強調する」という意味。

TEST 1 TEST 2 TEST 3 TEST 4 TEST 5

V3_T4-57 **Questions 95 through 97** refer to the following radio broadcast and map.

The Better Way Foundation is holding its annual charity auction this Saturday from 10:00 A.M. to 4:00 P.M. at the fairgrounds in Riverside Park, just one mile south of Stone Brook Shopping Mall. Plenty of parking will be available and admission is free. Proceeds from the event will help fund construction of new athletics facilities at the Springdale Community Center. Those wishing to contribute items to be sold can visit our Web site at www.betterway.org for a complete listing of the various drop-off sites located throughout the city.

95-97 番は次のラジオ放送と地図に関するものです。

ベターウェイ財団は、来たる土曜日の午前 10 時から午後 4 時まで、ストーン・ブルック・ショッピングモールからちょうど南へ 1 マイルのところにあるリバーサイドパークの催事会場で毎年恒例のチャリティーオークションを開催します。駐車スペースは十分あり、入場は無料です。イベントの収益金は、スプリングデール・コミュニティセンターの新しい運動施設の建設資金に充てられます。競売される品物を寄贈したい方は、当財団のウェブサイト www.betterway.org で市内各所にある回収場所の全リストをご覧ください。

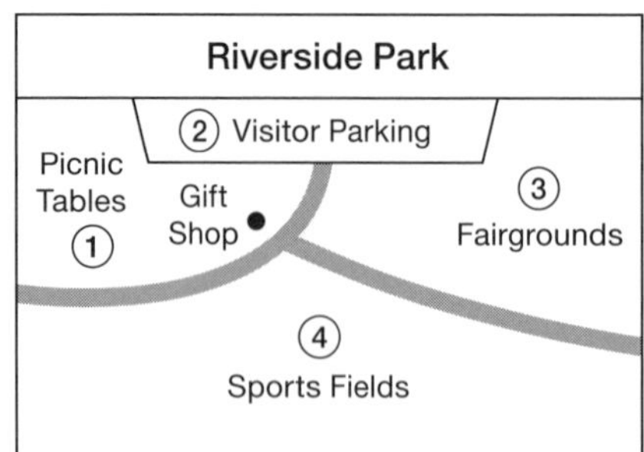

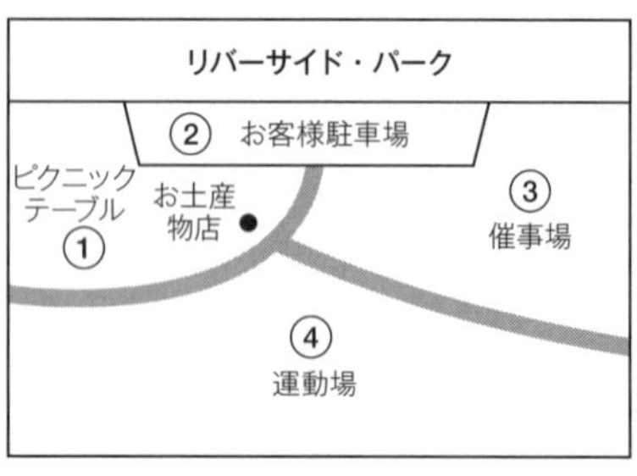

Vocab. 本文 □ **fairgrounds**「催事場」 □ **proceed**「収益」 □ **fund**「～に資金を提供する」 □ **athletics**「運動」 □ **contribute**「～を寄付する」 □ **drop-off**「持ち込み」 選択肢 □ **resurface**「～を再舗装する」 □ **leave**「～を置いていく」

95 Look at the graphic. In which section of the park will the event be held?

(A) Section 1
(B) Section 2
(C) Section 3
(D) Section 4

図表を見てください。イベントは公園のどの場所で行われますか？

(A) 1 番の場所
(B) 2 番の場所
(C) 3 番の場所
(D) 4 番の場所

正解 C ［正答率 47.1%］

イベントが開かれる場所として、放送では at the fairgrounds in Riverside Park（リバーサイド公園の催事会場）と説明されている。この fairgrounds が聞き取れれば、図表の中に同じ単語を見つけられるはず。よって正解は (C)。

96 How will money raised at the event be used?

(A) To purchase new uniforms
(B) To resurface a parking area
(C) To expand a research facility
(D) To fund a construction project

イベントで集められたお金はどのように使われますか？

(A) 新しい制服を購入するため
(B) 駐車場を再舗装するため
(C) 研究施設を拡張するため
(D) 建設プロジェクトに資金提供するため

正解 D ［正答率 58.8%］

収益金の用途については、Proceeds from the event will help fund construction of new athletics facilities at the Springdale Community Center.（イベントの収益金は、スプリングデール・コミュニティセンターの新しい運動施設の建設資金に充てられます）と説明している。proceed は「利益」や「売上」を意味する。よって正解は (D)。

97 What is listed on the organization's Web site?
(A) Items to be sold at auction
(B) Names of participating shops
(C) Places to leave contributions
(D) Projects requiring volunteers

この団体のウェブサイトには何が掲載されていますか?
(A) オークションで販売される品物
(B) 参加店舗の名前
(C) 寄贈物を預ける場所
(D) ボランティアが必要なプロジェクト

正解 C
[正答率 38.2%]

ウェブサイトに関する情報は our Web site at www.betterway.org というフレーズの前後で確認できる。このフレーズの前の Those wishing to contribute items to be sold の部分から、サイトを見る必要がある人は「競売される品物を寄贈したい方」であること、フレーズ後の a complete list of the various drop-off sites ... から「回収場所の全リスト」が掲載されていることがわかるので、(C) が正解。

これがエッセンス

図表が地図の場合は、それぞれの位置関係を把握しましょう。地図に何らかの単語が書かれている場合は、そのいずれかが解答のためのキーワードになることを予測し、注意深く聞き取りましょう。

V3_T4-58 **Questions 98 through 100** refer to the following recorded message and schedule.

Thank you for calling the Pickford Museum. We are currently closed as we relocate to our new gallery facilities. Following our move, we will reopen our doors to the general public during our regular operating hours on Saturday, September 3rd. Prior to this, an exclusive grand reopening celebration will be held on the evening of Friday, September 2nd. This special event is for members only, and a $100 donation is required to attend. The evening will feature live musical entertainment, and refreshments will be served. For additional details on the event, including how to register to attend, please contact museum director Gwyneth Harper at 555-0135.

98-100 番は次の録音メッセージとスケジュールに関するものです。
ピックフォード美術館にお電話いただき、ありがとうございます。現在、当館は新しい展示施設へ移転するため、閉館しております。移転完了後、一般の皆様には 9 月 3 日土曜日に通常の開館時間内で営業を再開いたします。これに先立ちまして、9 月 2 日金曜日の夜に開館特別祝賀会を開催いたします。この特別なイベントは会員の方に限定したもので、出席には 100 ドルの寄付をお願いいたします。当日は音楽の生演奏や軽食をご用意いたします。参加申し込み方法など、祝賀会に関するさらに詳しい情報につきましては、555-0135 の館長グウィネス・ハーパーまでご連絡ください。

Pickford Museum
Regular Operating Hours
Monday - Thursday: 10:00 A.M. to 7:00 P.M.
Friday: 11:00 A.M. to 6:00 P.M.
Saturday: 9:00 A.M. to 9:00 P.M.
Sunday: 12:00 P.M. to 8:00 P.M.

ピックフォード美術館
通常開館時間
月曜日から木曜日まで：午前 10 時より午後 7 時まで
金曜日：午前 11 時より午後 6 時まで
土曜日：午前 9 時より午後 9 時まで
日曜日：午後 12 時より午後 8 時まで

Vocab. 本文 □ **relocate to**「～に移転する」 □ **following**「～に続いて」 □ **prior to**「～に先立って」 □ **exclusive**「特別な」 □ **feature**「～を呼び物にする」 □ **refreshment**「軽食」 □ **register**「申し込む」 選択肢 □ **waive**「～を免除する」 □ **celebratory**「お祝いの」 □ **catering**「仕出し」

98 Look at the graphic. When will the museum open on the third of September?
(A) At 9:00 A.M.
(B) At 10:00 A.M.
(C) At 11:00 A.M.
(D) At 12:00 P.M.

図表を見てください。美術館 9 月 3 日のいつ開館しますか？
(A) 午前 9 時
(B) 午前 10 時
(C) 午前 11 時
(D) 午後 12 時

正解 A
［正答率 67.6%］

9 月 3 日という日付は we will reopen our doors to the general public during our regular operating hours on Saturday, September 3rd.（9 月 3 日土曜日に通常の開館時間内で営業を再開いたします）という発言の中で言及されている。図表を見ると、土曜日の通常の開館時間は午前 9 時であることがわかるので、正解は (A)。

990点 講師の目
日付や時間を表す数字を含む説明文では、しっかり聞こうという意識は働くのですが、それが何を示すものなのかを見失ってしまい、説明文の意味がわからなかったという人が少なくありません。one, two, three というような基数詞と、first, second, third というような序数詞が、何をどのように表しているのか注意深く聞き取りましょう。

99 What will the museum do in early September?
(A) Waive the usual fees for admission
(B) Host a celebratory event
(C) Begin work on a renovation project
(D) Collaborate with a charitable organization

美術館は 9 月の初旬に何を行いますか？
(A) 入場料を免除する
(B) 祝賀会を催す
(C) 改装に着工する
(D) 慈善団体と協力する

正解 B
［正答率 79.4%］

初旬を表すフレーズは録音メッセージから聞き取ることはできないが、美術館が開催することについて an exclusive grand reopening celebration will be held on the evening of Friday, September 2nd.（9 月 2 日金曜日の夜に開館特別祝賀会を開催いたします）と述べられている。9 月 2 日は 9 月初旬であるから、祝賀会が開かれるとわかる。よって正解は (B)。

100 Who most likely is Gwyneth Harper?
(A) The owner of a catering service
(B) A well-known musical entertainer
(C) A featured artist at the new gallery
(D) The director of the Pickford Museum

グウィネス・ハーパーはどういう人物だと思われますか?
(A) ケータリングサービスのオーナー
(B) 有名な音楽芸人
(C) 新しい展示室で特集される芸術家
(D) ピックフォード美術館の館長

正解 **D**
[正答率 88.2%]

グウィネス・ハーパーという名前は最後の文で聞こえるが、その名前の直前で museum director と説明されているのを聞き取る必要がある。グウィネス・ハーパーはピックフォード美術館の館長なので、正解は (D)。

TEST 4 正解一覧

チェックボックスは答え合わせや習熟度確認のためにお使いください。

No.	正解	チェック	No.	正解	チェック	No.	正解	チェック
1	C	□□□	35	C	□□□	69	A	□□□
2	A	□□□	36	B	□□□	70	D	□□□
3	D	□□□	37	D	□□□	71	D	□□□
4	A	□□□	38	D	□□□	72	C	□□□
5	C	□□□	39	A	□□□	73	A	□□□
6	B	□□□	40	B	□□□	74	A	□□□
7	B	□□□	41	A	□□□	75	B	□□□
8	C	□□□	42	B	□□□	76	C	□□□
9	A	□□□	43	A	□□□	77	D	□□□
10	A	□□□	44	C	□□□	78	C	□□□
11	B	□□□	45	A	□□□	79	C	□□□
12	B	□□□	46	D	□□□	80	D	□□□
13	B	□□□	47	B	□□□	81	B	□□□
14	A	□□□	48	A	□□□	82	C	□□□
15	B	□□□	49	C	□□□	83	A	□□□
16	C	□□□	50	B	□□□	84	C	□□□
17	A	□□□	51	C	□□□	85	D	□□□
18	A	□□□	52	D	□□□	86	D	□□□
19	B	□□□	53	C	□□□	87	A	□□□
20	C	□□□	54	A	□□□	88	A	□□□
21	C	□□□	55	B	□□□	89	B	□□□
22	B	□□□	56	B	□□□	90	C	□□□
23	C	□□□	57	A	□□□	91	D	□□□
24	A	□□□	58	D	□□□	92	A	□□□
25	C	□□□	59	B	□□□	93	D	□□□
26	C	□□□	60	B	□□□	94	C	□□□
27	A	□□□	61	D	□□□	95	C	□□□
28	B	□□□	62	D	□□□	96	D	□□□
29	C	□□□	63	C	□□□	97	C	□□□
30	A	□□□	64	C	□□□	98	A	□□□
31	B	□□□	65	C	□□□	99	B	□□□
32	B	□□□	66	A	□□□	100	D	□□□
33	A	□□□	67	C	□□□			
34	B	□□□	68	B	□□□			

TEST 5 の解答・解説

V3_T5-02

1

(A) She's folding a blanket.
(B) She's closing the cabinets.
(C) She's wiping the countertop.
(D) She's rinsing a coffee pot.

(A) 彼女は毛布をたたんでいる。
(B) 彼女はキャビネットを閉じている。
(C) 彼女は調理台を拭いている。
(D) 彼女はコーヒーポットをすすいでいる。

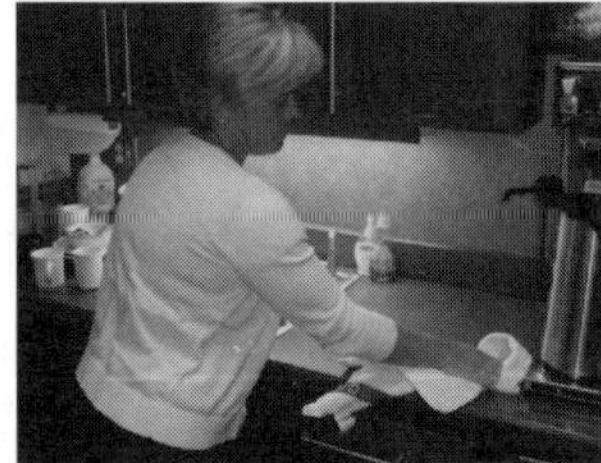

正解 C ［正答率 96.4%］

女性は布巾で調理台の表面を拭いている。よって (C) が正解。(B) の cabinets（戸棚）、(D) の coffee pot（コーヒーポット）は写真に写っているが、それぞれ closing（閉じている）、rinsing（すすいでいる）という〈動作〉が女性の行動と一致しない。

Vocab.
□ **fold**「～をたたむ」
□ **wipe**「～を拭く」
□ **countertop**「調理台」
□ **rinse**「～をさっと洗う、すすぐ」

V3_T5-03

2

(A) Some people are hiking in the forest.
(B) Some people are gathered in separate groups.
(C) Some people are trimming the shrubbery.
(D) Some people are building a structure.

(A) 人々は森の中をハイキングしている。
(B) 人々は別々のグループになって集合している。
(C) 人々は植え込みを刈り込んでいる。
(D) 人々は建造物を造っている。

正解 B ［正答率 89.3%］

人々が2つのグループに分かれて集まっている様子を (B) が適切に表している。(C) の shrubbery（低木）の意味がわからなくても trimming（刈っている）の意味がわかれば、〈動作〉が写真と違うので (C) は不正解だと判断できる。

Vocab.
□ **separate**「別々の」
□ **trim**「～を刈り込む」
□ **shrubbery**「低木（の植え込み）」
□ **structure**「骨組み、建造物」

V3_T5-04

3

(A) A man is speaking into a microphone.
(B) The people are viewing an art exhibit.
(C) A woman is working at a reception desk.
(D) People have formed a long line at an entrance.

(A) 男性がマイクに話しかけている。
(B) 人々が美術展を見ている。
(C) 女性が受付で働いている。
(D) 人々が入り口で長い列を作っている。

正解 C ［正答率 89.3%］

受付カウンターの中の女性が接客をしている様子を (C) が正しく表している。(B) の an art exhibit「美術品の展示」は写真の中に写っているが、写真の男性と女性はそれを眺めて (viewing) はいない。

Vocab.
□ **art exhibit**「美術展」
□ **reception desk**「受付カウンター、フロント」
□ **line**「列」

4 🇬🇧 **(A) A woman is leaning back in her seat.**
(B) A wheel has fallen off a cart.
(C) A shopper is buying some sunglasses.
(D) A vendor is distributing newspapers.

V3_T5-05

(A) 女性はいすの背にもたれて座っている。
(B) 車輪がカートから外れ落ちた。
(C) 買い物客がサングラスを買っている。
(D) 物売りが新聞を配っている。

正解 A ［正答率 57.1%］

いすに座っている女性が背中を背もたれにあずけている状態を(A)が的確に伝えている。(B)のa wheel（車輪）も(C)のsome sunglasses（サングラス）も写真に写っているが、それぞれhas fallen off（外れ落ちた）、buying（買っているところだ）という〈状態〉や〈動作〉が写真と一致していない。

Vocab.
- □ **lean back**「後ろに寄りかかる」
- □ **fall off**「～から落ちる」
- □ **vendor**「(街頭の) 物売り」
- □ **distribute**「～を配布する」

5 (A) Food is being taken out of a pantry.
(B) A worker is peeling some vegetables.
(C) Some containers are under a vendor's stand.
(D) People are seated around a table for a meal.

V3_T5-06

(A) 食品が食料貯蔵室から取り出されている。
(B) 労働者が野菜の皮をむいている。
(C) 物売りの台の下にいくつかの容器がある。
(D) 人々は食事のためにテーブルを囲んで座っている。

正解 C ［正答率 60.7%］

屋台スタンドの下にいくつかの容器が置かれているので(C)が正解。(C)以外の描写や〈動作〉はすべて写真と合っていない。選択肢で述べられた〈動作〉をしている人物は写っていない点を確認しておこう。

Vocab.
- □ **pantry**「食料貯蔵室」
- □ **peel**「～の皮をむく」
- □ **container**「容器」

これがエッセンス

写真の中心は人物でも、周辺にあるモノを描写した文が正解になることがあります。人物に注意を引きつけておいて予想外の部分で不意をつく出題に対応できるように、写真を隅々まで見ておくことが大切です。また本書で描写文と動作文の出題形式にも慣れておきましょう。

6 🇨🇦 (A) The benches are fully occupied.
(B) A horse is tied to a wooden post.
(C) Pedestrians are exiting a crosswalk.
(D) A statue is standing between rows of trees.

V3_T5-07

(A) ベンチは人でいっぱいだ。
(B) 馬が木製の柱につながれている。
(C) 歩行者は横断歩道から出て行っている。
(D) 像は並木の間に立っている。

正解 D ［正答率 96.4%］

並木の間に、馬にまたがった人物の像が立っているので、(D)が正解。(A)のbench（ベンチ）、(B)のhorse（馬）は写真に写っているので、〈動作〉や〈状態〉を表す述語部分を正しく聞き取り、正誤を判断する必要がある。ただし、聞き取れなかった部分や知らない単語に引っかかって、次の選択肢を聞き逃さないよう注意しよう。

Vocab.
- □ **occupied**「使用中の」
- □ **pedestrian**「歩行者」
- □ **statue**「像」
- □ **row**「列」

V3_T5-09

7 Let me carry one of your bags.
(A) To claim my suitcase.
(B) Thanks, they're getting heavy.
(C) Directly to the airport.

あなたのカバンを1つ運びましょうか?
(A) スーツケースを受け取りに。
(B) ありがとうございます。重たくなってきました。
(C) 直接空港に。

正解 B [正答率 85.7%]

Let me ... は「…させてください」と積極的に手伝いを申し出る表現。申し出を Thanks と受けて、申し出を受けた理由を「荷物が重くなってきた」と説明している (B) が適切な応答。(A) は〈目的〉、(C) は〈行き先〉を答えているので、問いかけとは内容がかみ合わない。

Vocab.
□ claim「~を求める、受け取る」

V3_T5-10

8 When will the research be completed?
(A) Nothing in particular.
(B) Go right ahead.
(C) By the end of this spring.

調査はいつ完了しますか?
(A) とくにありません。
(B) どうぞ進めてください。
(C) 今春の終わりまでには。

正解 C [正答率 75.0%]

When will ...? で「いつ…ですか」と〈時〉の情報を求めている。(C) が〈期限〉を表す前置詞 by (~までに) を用いて By the end of ... (…の終わりまでに) と的確に〈時〉を答えている。(B) の Go (right) ahead は May I borrow your phone? (電話をお借りできますか) などと〈許可〉を求められたときに「どうぞ」と快諾する場合の表現。

Vocab.
□ complete「~を完成させる」
□ particular「特別の」
□ go ahead「(命令形で) どうぞ、構いませんよ」

990点 講師の目

「右の」、「正しい」などの意味で形容詞としておなじみの right が (B) では副詞として使われています。形容詞の意味から推測できるとおり「右へ」や「正しく」といった意味も表しますが、(B) の right は「すぐに」という意味になるので覚えておきましょう。

V3_T5-11

9 Did you leave this mobile phone in the conference room?
(A) Yes, it's already booked.
(B) Brenda mentioned hers was missing.
(C) They weren't expecting my call.

会議室にこの携帯電話を忘れましたか?
(A) はい、すでに予約が入っています。
(B) ブレンダが自分のを失くしたと言っていました。
(C) 先方は私からの電話を待っていませんでした。

正解 B [正答率 67.9%]

なぜ質問者が Did you leave this mobile phone in ...? (この携帯を…に忘れたか) と聞いたのか、考えてみよう。正解は、もちろん携帯の落とし主を見つけるため。(B) が hers was missing (彼女のが見当たらない) と失くし物をした人の情報を伝え、質問の意図をくんだ応答をしている。

Vocab.
□ expect「~を期待する」

V3_T5-12

10 Where did Ms. Harrison go?
(A) I hadn't realized she'd left.
(B) At about five o'clock.
(C) There's some on the top shelf.

ハリソンさんはどこに行きましたか?
(A) 彼女が出かけたことに気がつきませんでした。
(B) 5時ごろです。
(C) いちばん上の棚にいくつかあります。

正解 A [正答率 67.9%]

Where で Ms. Harrison の行き先を尋ねる質問。行き先を知っているのであれば、〈場所〉を答えられるが、知らない場合はどのように答えるか? I have no idea. (見当もつかない) や Why don't you ask Mr. Harrison? (ご主人に聞いたら) と答えたり、(A) のように、「不在にすら気づいていなかった」と答えても会話は成立する。

Vocab.
□ realize「~だと気づく」

V3_T5-13

11

Who's in charge of making the window display?
(A) Fifty-five dollars each.
(B) When we close the shop.
(C) Katy, from marketing.

ショーウィンドウの陳列を担当しているのはだれですか?
(A) それぞれ55ドルです。
(B) 店を閉めるとき。
(C) マーケティング部のケイティです。

正解 C [正答率 90.3%]

Who's in charge of ? は「~の担当者はだれですか」と〈人〉を尋ねる疑問文。(C) が人名を的確に答えている。(A) は問いかけの charge (管理) が動詞で使われると「~を請求する」という意味を表すことを利用した誤答。(B) は When で〈時〉を尋ねられた場合の答え方。

Vocab.
□ **in charge of**「~の責任者で」
□ **display**「展示」

V3_T5-14

12

Has Ms. Peterson approved the document format?
(A) I'm waiting to hear back.
(B) It's a financial statement.
(C) By improving the cover design.

ピーターソンさんは書類のフォーマットを承認しましたか?
(A) 返事を待っているところです。
(B) 財務報告書です。
(C) 表紙のデザインを改善することによって。

正解 A [正答率 07.9%]

Has +〈主語〉+〈過去分詞〉...? の形で「~し終えましたか」と〈完了〉したかどうかを尋ねる Yes/No 疑問文。ここでは承認をしたかどうかを聞かれているので、返答をもらうのを待っていると答える (A) が適切な応答をしている。(B) は What で〈何か〉を、(C) は How で〈手段〉を問われた場合の答え方。

Vocab.
□ **approve**「~を承認する」
□ **financial statement**「財務報告書」

これがエッセンス

ビジネスシーンで頻繁に使われる動詞 approve (~を承認する) は、TOEIC 頻出単語です。〈行為者〉を表す接尾辞 -er が付くと approver (承認者)、「~すること」を表す接尾辞 -al が付けば approval (承認)、-ing 形に副詞を作る -ly を付けると approvingly (満足げに) となります。

V3_T5-15

13

Could you arrange the catering for the ceremony?
(A) When did we replace it?
(B) Only an hour or so.
(C) Sure—how many will attend?

祝賀会のケータリングを手配していただけますか?
(A) いつそれを交換しましたか?
(B) わずか1時間程度です。
(C) もちろん——何人出席する予定ですか?

正解 C [正答率 92.9%]

Could you ...? (…していただけますか) は、〈依頼〉をするときに用いる表現。ケータリングの手配 (arrange the catering) を頼む相手に、Sure と快諾したうえで、how many で依頼の詳細を確認する質問を返す (C) が的確な応答。(B) は How long ...? で〈時間〉を問われた場合の答え方。

Vocab.
□ **catering**「ケータリング」

V3_T5-16

14

How often do you travel on business?
(A) Once or twice a year.
(B) At the end of the month.
(C) Mainly by air.

どのくらいの頻度で出張があるのですか?
(A) 年に1、2回です。
(B) 月末にです。
(C) おもに飛行機でです。

正解 A [正答率 92.9%]

How often ...? で〈頻度〉を聞く疑問文には、always (いつも) や sometime (時々) などの頻度を表す副詞で大まかな頻度を答えてもよいし、〈回数〉+〈期間〉の形で具体的な頻度を答えてもいい。(A) が once or twice a year と〈回数〉+〈期間〉の形で的確な応答をしている。(B) は When に対して〈時〉を、(C) は How に対して〈方法〉を伝える返答。

Vocab.
□ **by air**「飛行機で」

V3_T5-17

15

Aren't we expecting any supply deliveries today?
(A) Roger could probably tell you.
(B) Write it on the calendar.
(C) I never learned how.

今日は備品の配達が予定されていませんか？
(A) ロジャーが知っていると思います。
(B) カレンダーに書いておいて。
(C) その方法を教わったことがありません。

正解 A ［正答率 42.9%］

問いかけは、Aren't we ...? の形で配達予定の有無を確認する否定疑問文。予定を知っていればYes/Noで応じればいいが、知らない場合は、①知らないと答える、②予定を確認する方法を教えるなどの応答が考えられる。(A) が②のパターンで、予定を把握していそうな人物を教えている。

Vocab.
□ **supply**「必需品」

これがエッセンス

否定疑問の応答などは、いくら理屈を理解していても、慣れていないととっさの判断ができず、学習者を悩ます疑問文の代表格でしょう。日常英語に触れる機会が少ない方は、英語のドラマや映画などを見て、否定疑問が出てきたら応答を考え、応答の瞬発力を高めましょう。

V3_T5-18

16

The presenter seems very knowledgeable about the topic.
(A) I haven't seen it, either.
(B) She's considered an expert.
(C) Mostly in the tropics.

司会者はこのテーマにとても精通しているようです。
(A) 私もまだ見ていません。
(B) 彼女は専門家と目されています。
(C) 大体は熱帯地方です。

正解 B ［正答率 75.0%］

presenter（司会者）が深い知識を持っているようだと話す相手に、She's considered an expert.（専門家として認められている）と応じ、相手の見解が正しいことを伝えている (B) が正解。(A) はseemとseen、(C) はtopicとtropicsの音の類似を使って混同を誘っている誤答。

Vocab.
□ **consider A B**「AをBと見なす」
□ **the tropics**「熱帯（地方）」

V3_T5-19

17

When can you have the quarterly report ready?
(A) Probably as early as tomorrow.
(B) Well, I can certainly try.
(C) Due to a scheduling conflict.

四半期報告書は、いつ用意できますか？
(A) おそらく、早ければ明日にも。
(B) ええと、もちろん努力してみます。
(C) 予定が重なってしまったためです。

正解 A ［正答率 96.2%］

Whenで〈時〉を尋ねているので、tomorrowという〈時〉を明示している (A) が正解。as early asは「早ければ」という意味。(B) はCan you have the report ready by tomorrow?（明日までに報告書を用意できますか）などと期限を切って依頼された場合の応答。(C) はWhyなどで〈理由〉を聞かれた場合の答え方。

Vocab.
□ **quarterly**「年4回の」

V3_T5-20

18

Would you mind if I invited Ms. Williamson to our meeting?
(A) What was their answer?
(B) She said she really enjoyed it.
(C) Any particular reason?

ウィリアムソンさんを会議へ招待したら、お嫌ですか？
(A) 彼らは何と答えましたか？
(B) 彼女は本当に楽しんだと言っていました。
(C) 何か特別な理由があるんですか？

正解 C ［正答率 55.9%］

Would you mind if I *do*?（～したらお嫌ですか）は丁寧に〈許可〉を求める表現。Yesで却下を、Noで許可を伝えてもいいが、(C) のように、Yes/Noのどちらを選択したかが伝わるような応対をしても会話は成立する。Any particular reason? は、Why do you want to invite her?（なぜ〔彼女を〕招待したいのか）と同じ意味合いを持ち、暗に招待を賛成してはいないことを伝えている。

Vocab.
□ **particular**「特別の」

V3_T5-21

19 Why haven't you returned the prospective customer's call yet?
(A) I suppose I'll buy this one.
(B) Oh, I'm glad you said something.
(C) It's beside the telephone.

どうしてまだ見込み客に折り返し電話をかけていないのですか？
(A) これを買おうかと思います。
(B) ああ、言ってくれて嬉しいです。
(C) それは電話の横です。

正解 B ［正答率 28.6%］

Why haven't you ...? (なぜまだ…していないの) と問いかけているので、〈理由〉を答えるのが一般的な対応。だが、(B) のように、「相手が話題にしてくれたことによって電話をかけなければいけないことを思い出せてよかった」と応じても対話は成立する。

Vocab.
□ suppose「～だと思う」

V3_T5-22

20 How much of a budget are you requesting for the project?
(A) Only if you have enough time.
(B) She's on the budget committee.
(C) I put an estimate on your desk.

プロジェクトにはいくらぐらいの予算を要求しているのですか？
(A) あなたに十分なお時間がある場合にかぎり。
(B) 彼女は予算委員会の委員です。
(C) あなたの机に見積もりを置いておきました。

正解 C ［正答率 78.6%］

How much of 〈モノ〉...? (いくらぐらいの〈モノ〉を…ですか) の形で金額を尋ねる疑問文。ここでは問われているのが budget (予算) なので、「見積もりを机に置いた」と答える (C) が適切な応答。(B) は問いかけの budget を繰り返すことで誤答を誘っている。

Vocab.
□ estimate「見積もり」

V3_T5-23

21 When will the lobby be under renovation?
(A) Where are they going?
(B) That's an interesting hobby.
(C) Didn't you see the notice?

ロビーはいつ改装中になりますか？
(A) 彼らはどこへ行くんですか？
(B) それは興味深い趣味ですね。
(C) 掲示を見ませんでしたか？

正解 C ［正答率 70.2%］

When でロビーが改装中 (under renovation) になる〈時〉を尋ねている。相手の疑問に直接的には答えず、疑問を解く方法を示唆する応答でも会話は成り立つ。(C) が「notice (掲示) を見なかったのか」と問い返すことで、改装期間は掲示物に書かれていると教えている。(B) の hobby と問いかけの lobby の音の類似を確認しておこう。

Vocab.
□ notice「通達」

これがエッセンス

「～の下」という意味でおなじみの前置詞 under は、〈影響･支配〉を表し、「～を受けて、～にしたがって」という意味でもよく使われます。under the law (法の下) や get ... under control (…を制御する)、drive under the influence (飲酒運転をする) などをセットで覚えておきましょう。

V3_T5-24

22 We've started running the advertisements, haven't we?
(A) No, it came from sales.
(B) Only the print ads.
(C) We're about to run out.

広告の掲載はもう始まったんですよね？
(A) いいえ、営業部から来ました。
(B) 紙媒体の広告だけです。
(C) もうすぐ足りなくなります。

正解 B ［正答率 32.1%］

文末に haven't we? を付けて「～しましたよね」と〈完了〉を確認する付加疑問形の問いかけ。焦点は、広告が開始されたか否かにあるので、「印刷物での広告 (print ads) だけ」と応じる (B) が、一部ではあるが開始されたことを暗に伝え、質問に的確に答えている。

Vocab.
□ run「～を掲載する」
□ advertisement「広告」
□ run out「使い果たす」

V3_T5-25

23 Which office would be best for our discussion with the publisher?
(A) He's still working at his desk.
(B) The vacant one upstairs is nice and private.
(C) It's at the top of the best-seller list.

我々と出版社との協議は、どのオフィスで開くのが最適でしょうか?
(A) 彼はまだデスクで仕事をしています。
(B) 上の階の空きオフィスが快適で静かです。
(C) それはベストセラーのリストの上位に入っています。

正解 B [正答率 82.1%]

Which office ...? (どのオフィスが…ですか) と〈選択・指定〉を求められ、The vacant one (= office) upstairs (上階の空きオフィス) と指定をしている (B) が的確な応答。nice and private (快適で静か) と選択理由を添えている。publisher と関連のある単語 best-seller を用いる (C) に惑わされないように注意しよう。

Vocab.
□ publisher「出版社」
□ vacant「空いている」
□ upstairs「上階の」

これがエッセンス

at *one*'s desk (在席して、執務中で) はオフィスでよく使われる表現です。電話を受けた際、相手の求めている人物が不在であれば、He's not here now. (今いません) ではなく、I'm afraid he's not at his desk right now. (ちょっと離席しております) のほうが感じのよい応答です。

V3_T5-26

24 Why don't we attend the trade exhibition in London this year?
(A) No, it shouldn't take that long.
(B) Were you able to get their attention?
(C) Yes, that might be possible.

今年はロンドンでの貿易見本市に参加しませんか?
(A) いいえ、そんなに長くはかからないと思います。
(B) 彼らの関心を引くことができましたか?
(C) ええ、それは実現できるかもしれませんね。

正解 C [正答率 60.7%]

Why don't we *do*? (~しませんか) と〈提案〉をした相手に、Yes と同意を示し、プラスアルファの情報として、might be possible (実現できるかも) と自身の見解を述べている (C) が適切な応答。(B) は We attended the trade exhibition. (見本市に参加しました) などと言われた場合の返し方。

Vocab.
□ exhibition「展示会」
□ attention「注目」

V3_T5-27

25 Do you prefer morning shifts or would you rather work afternoons?
(A) That's usually my busiest day.
(B) It's actually rather enjoyable.
(C) I'm fine with either.

朝のシフトがいいですか、それとも午後に勤務したいですか?
(A) たいてい、その日はいちばん忙しいです。
(B) 実は、むしろ楽しんでいます。
(C) どちらでも結構です。

正解 C [正答率 66.7%]

A or B の形でシフトの希望を聞かれている。A が morning shifts (朝のシフト)、B が work afternoons (午後の勤務) だが、(C) のように either (どちらも) を用いて「A と B どちらでもよい」と返しても会話は成立する。(B) は Isn't it tough to work early mornings? (早朝の仕事はきつくないですか) などと懸念を示されたのであれば話がかみ合う。

Vocab.
□ enjoyable「愉快な」
□ either「どちら」

V3_T5-28

26 Were the clients concerned about the price increases?
(A) I wasn't the one to inform them.
(B) By nearly twenty percent.
(C) In the new supply catalog.

顧客は値上げについて心配していましたか?
(A) 私は彼らに伝える担当ではありませんでした。
(B) 20パーセント近く。
(C) 新しい製品カタログの中で。

正解 A [正答率 46.4%]

顧客が値上げを気にしていたかと尋ねる Yes/No 疑問文。Yes か No かは自分ではわからない旨を I wasn't the one to inform (伝えた人物は自分ではない) と告げている (A) が質問にかみ合う応答。(B) は price increases (値上げ) との関連性を匂わせて誤答を誘っている。

Vocab.
□ concerned「心配している、重視している」
□ nearly「ほぼ」

V3_T5-29

27

We're still having trouble with the new software.
(A) Shall I contact technical support?
(B) No, we found it easily.
(C) An accounting program, I believe.

新しいソフトウェアでまだ問題が起きています。
(A) 技術サポートに連絡しましょうか?
(B) いいえ、難なく見つけられました。
(C) 会計プログラムだと思います。

正解 A [正答率 82.1%]

ソフトウェアの問題が続いているとの相手の発言を受け、Shall I ...? (…しましょうか) と〈申し出〉の表現を使って手伝う姿勢を伝えている (A) が正解。(B) は Did you have trouble finding the venue? (会場を見つけるのに苦労しましたか) などと聞かれた場合の答え方。

Vocab.
□ contact「~と連絡をとる」

V3_T5-30

28

Janet's been employed in this field for a long time, hasn't she?
(A) Her entire career.
(B) About 700 employees.
(C) As long as you get approval first.

ジャネットさんはこの業界で長く勤めているんですよね?
(A) 職に就いてずっと。
(B) 従業員 700 名ほど。
(C) 最初に承認を得るかぎりは。

正解 A [正答率 17.9%]

問いかけは、ジャネットの業界歴が長いことについて、... hasn't she? の付加疑問の形で〈同意〉を求めている。これに対し、Her entire career. (彼女の職歴全体) と「ずっとこの業界にいる」ことを伝え、相手の認識に同意を示している (A) が適切な応答。(B) については、類似する employed と employee の音の違いを確認しておこう。

Vocab.
□ approval「承認」

V3_T5-31

29

Why did the personnel director decide to retire early?
(A) I can find it for you.
(B) Every member of the department.
(C) She wants to move out of the city.

どうして人事部長は早期退職を決断したのですか?
(A) 探してあげますよ。
(B) 部署のメンバー全員です。
(C) 彼女はその市から引っ越したいんです。

正解 C [正答率 85.7%]

personnel director (人事部長) の退職の理由を Why で尋ねられ、want to *do* を用いて「~したい」からだと〈理由〉を伝えている (C) が的確に相手の疑問に答えている。(A) は、I can find it out for you. (解明してあげましょう) であれば、質問にかみ合う応答として成り立つ。

Vocab.
□ personnel「人事 (課)」

これがエッセンス

(B) にかみ合う疑問文を考えてみましょう。Every member of (~の全員) と〈人物〉を答えているので、Who 疑問文の Who has decided to retire early? (早期退職を決めたのはだれですか) であれば会話は成立しますが、部内全員が退職…と考えると穏やかな話ではありませんね。

V3_T5-32

30

Do you export your merchandise, or is it only distributed domestically?
(A) Yes, it's just down the street.
(B) Our products are sold worldwide.
(C) It was rather important, actually.

御社は商品を輸出していますか、それとも国内で販売しているだけですか?
(A) はい、通りのすぐ先にあります。
(B) 私たちの製品は世界中で売られています。
(C) 実はかなり重要だったのです。

正解 B [正答率 67.9%]

A or B 型の疑問文で、相手の会社が輸出をしているか国内販売だけなのかを尋ねている。export (~を輸出する) を sold worldwide (世界中で販売される) と言い換えて、A であると答えた (B) が適切な応答。(C) は export の反意語 import と音が近い important を用いた誤答。

Vocab.
□ distribute「~を流通させる、販売する」
□ domestically「国内で」

V3_T5-33

31 Will the new employee handbook be very costly to produce?

(A) I couldn't say for certain.
(B) Yes, his name's Michael Cho.
(C) You'll find them on page twenty-six.

新しい従業員ハンドブックを作るにはすごく費用がかかりますか?
(A) 確かなことはお伝えできません。
(B) はい、彼の名前はマイケル・チョウです。
(C) それは 26 ページに書いてあります。

正解 A [正答率 57.1%]

Yes/No 疑問文でハンドブックの作成費用が高いか尋ねている。Yes か No か断言できない場合は、(A) のように I couldn't say for certain.(確かなことはお伝えできない)と応じても会話は成立する。(C) は handbook と関連性のある単語 page(ページ)を用いて誤答を誘っている。

Vocab.
□ **costly**「費用のかかる」
□ **for certain**「確かに」

V3_T5-35 **Questions 32 through 34** refer to the following conversation.

W: Welcome. If you have questions about anything on display, please ask.

M: Thank you. Actually, I was just walking past and saw the paintings through your window. They're very striking. I thought I'd come in and take a closer look.

W: Sure. Those works by Ernest Marcos attract a lot of people into the gallery. He's pretty well known locally. He painted that big mural on the Audiotron Music Store building.

M: Oh, I've seen that. It's amazing. So, is everything here for sale?

W: Yes, everything. Hold on—I have a price list right over here.

32-34 番の次の会話に関するものです。

女：ようこそ。もし展示について何か質問があれば、どうぞ何でも聞いてください。

男：ありがとうございます。実は、ちょうど通りかかって窓越しに絵を見たのです。とても衝撃的でした。それで中に入ってよく見てみようと思ったのです。

女：そうですか。これらアーネスト・マルコスの作品に魅了されてたくさんの方が画廊にいらっしゃいます。彼は地元ではとてもよく知られています。彼がオーディオトロン・ミュージック・ストアのビルのあの大きな壁画を描いたのです。

男：ああ、見たことがあります。素晴らしいですね。それで、ここにあるものすべてが売り物ですか？

女：はい、すべてです。お待ちください――こちらに価格表がございます。

Vocab 本文 □ **striking**「非常に魅力的な」 □ **mural**「壁画」 □ **amazing**「素晴らしい」 選択肢 □ **hardware**「金物類」 □ **obtain**「～を手に入れる」

32 Where does the woman probably work?
(A) At a hardware store
(B) At gift shop
(C) At a music store
(D) At an art gallery

女性はおそらくどこで働いていますか？
(A) 金物店で
(B) 贈答品店で
(C) 楽器屋で
(D) 画廊で

正解 D
[正答率 96.4%]

絵を見に入ってきた男性に対し、女性が Those works by Ernest Marcos attract a lot of people into the gallery.（これらアーネスト・マルコスの作品を見にたくさんの方が画廊にいらっしゃいます）と応答していることから、女性は gallery で働いていることがわかる。よって正解は (D)。

33 Who most likely is Ernest Marcos?
(A) A musician
(B) A business manager
(C) A painter
(D) An interior decorator

アーネスト・マルコスはどういう人物だと思われますか？
(A) 音楽家
(B) 営業部長
(C) 画家
(D) 室内装飾家

正解 C
[正答率 82.1%]

女性は、Ernest Marcos の作品を目当てに多くの人が画廊を訪れると述べた後で、He painted that big mural on the Audiotron Music Store building.（彼がオーディオトロン・ミュージック・ストアのビルのあの大きな壁画を描いたのです）と加えている。Earnest Marcos が壁画を描いた人物であるという情報から、彼は画家であることが推察できるので、正解は (C)。

34 What will the woman probably do next?
(A) Make a purchase
(B) Gather merchandise
(C) Obtain a list
(D) Make a phone call

女性はおそらく次に何をするつもりですか？
(A) 購入する
(B) 商品を集める
(C) 一覧表を手に取る
(D) 電話をかける

正解 C
[正答率 82.1%]

女性は最後に Hold on—I have a price list right over here.（お待ちください――こちらに価格表がございます）と発言していることから、価格表を手にとろうとしているのがうかがえる。よって正解は (C)。

990点 講師の目

登場人物が次にすることを聞く問題は、発言の意図と流れを理解する必要があります。突発的な行動をするわけはないので、聞こえてきた発言から想定される自然な行動を選びます。発言を聞きながらも、自分がその発言をしているかのように考える主体的なトレーニングをしましょう。

V3_T5-36 **Questions 35 through 37** refer to the following conversation.

M: Did you notice the new French restaurant down the street? It just opened up last week.
W: Yes, and I've heard the food there is outstanding. I was thinking about making a dinner reservation sometime soon so I can try it.
M: You might consider going this Saturday or Sunday, then. They're giving away discount vouchers for the French film festival that's being held in town next week. You can get fifty percent off the price of admission.
W: Oh, then I'll definitely go this weekend. I'd planned to attend the film festival anyway. Jean Dupree is showing his new film there, and he's one of my favorite directors.

35-37番の次の会話に関するものです。
男：通りを行ったところに新しいフランス料理店ができたのはご存じでしたか？ 先週オープンしたばかりです。
女：ええ、料理が素晴らしいと聞きました。近々ディナーの予約をとって食べに行こうと思っていました。
男：それなら、今週の土曜日か日曜日に行くといいですよ。来週この町で開催されるフランス映画祭の割引券が配られます。入場料が50パーセント割引になるそうですよ。
女：あら、それなら絶対に今週末に行きます。映画祭にはどちらにしても行こうと思っていたので。ジャン・デュプレーがそこで新しい映画を上映するんです。彼は私が好きな監督の一人です。

Vocab. 本文 □ **notice**「～に気づく」 □ **outstanding**「傑出した」 □ **give away**「(賞品など) を配る」 □ **definitely**「絶対に」 □ **favorite**「お気に入りの」 選択肢 □ **complimentary**「無料の」 □ **refreshment**「軽い飲食物」 □ **free**「無料の」 □ **accompany**「～と一緒に行く」

35 What type of organization are the speakers discussing?
(A) A film studio
(B) A language school
(C) A movie theater
(D) A restaurant

話し手はどんな組織について話し合っていますか？
(A) 映画撮影所
(B) 語学学校
(C) 映画館
(D) レストラン

正解 D
[正答率 92.9%]

冒頭で男性が Did you notice the new French restaurant down the street? (通りを行ったところに新しいフランス料理店ができたのはご存じでしたか) と尋ね、女性が Yes, and I've heard the food there is outstanding. (ええ、そして料理が素晴らしいと聞きました) と答えていることから、話し手はフランス料理店について話し合っていることがわかる。よって正解は (D)。

36 What does the man say will be available this weekend?
(A) Complimentary refreshments
(B) Free admission to an event
(C) Special group lessons
(D) Discount vouchers

男性は今週末何が利用できると言っていますか？
(A) 無料の軽食
(B) イベントへの無料入場
(C) 特別なグループレッスン
(D) 割引券

正解 D
[正答率 90.9%]

そのフランス料理店に行こうと考えている女性に対し、男性は今週の土曜日か日曜日に行くようにすすめ、続けて They're giving away discount vouchers for the French film festival that's being held in town next week. (来週この町で開催されるフランス映画祭の割引券が配られます) と発言していることから、フランス映画祭の割引券が提供されるとわかる。よって正解は (D)。

990点 講師の目
通常、時を表すフレーズは文末に置かれます。したがって、ある特定の時に起きることを聞く問題は、キーワードより前の情報から正解を導き出します。文全体、発言全体を理解するように聞き取る練習や、聞こえてくる英文を記憶に残す「リテンション」という練習が有効です。

37 What does the woman say about Jean Dupree?
(A) He is her former instructor.
(B) He will accompany her to a dinner.
(C) He will show his work at a festival.
(D) He is a well-known chef.

女性はジャン・デュプレーについて何と言っていますか？
(A) 彼女の元講師だ。
(B) 彼女を夕食に連れて行く予定だ。
(C) 祭典で作品を上映する。
(D) 有名なシェフだ。

正解 C
[正答率 66.7%]

女性の最後の発言に Jean Dupree is showing his new film there, and he's one of my favorite directors. (ジャン・デュプレーが新しい映画を上映するんです。彼は私が好きな監督の一人です) とあることから、女性はジャン・デュプレーがフランス映画祭で新しい映画を上映すると言っているのがわかる。よって正解は (C)。

V3_T5-37 **Questions 38 through 40** refer to the following conversation.

W: Hello, Vince? This is Greta from the office. This isn't about work. I'm just calling to ask you a question.
M: Hi, Greta. Sure, what can I do for you?
W: Well, I found a great place in a neighborhood close to the office. I signed the lease today. I know you recently got a new apartment. Would you recommend the moving company you used?
M: KLT? Definitely. They did a great job. I have some large, fragile items, and the KLT workers handled them all very carefully. Nothing got damaged, not even a scratch.
W: That sounds good.
M: Yeah. And the whole process was very convenient. It was amazing how fast they packed everything up and loaded it into the truck.

38-40番の次の会話に関するものです。

女：もしもし、ビンスさんですか？ 会社のグレタです。仕事についてのことではなくて、ちょっと聞きたいことがあるんです。
男：こんにちは、グレタさん。もちろんいいですよ。どんな用件ですか？
女：ええと、会社の近くによい物件を見つけて、今日契約してきたのです。あなたは最近新しいアパートを購入しましたよね。あなたが使った運送会社はおすすめですか？
男：KLTですか？ もちろん。彼らは素晴らしい仕事ぶりでしたよ。私にはいくつか大型の壊れやすいものがあったのですが、彼らはとても慎重に取り扱ってくれました。壊れもしなければ傷ひとつありませんでした。
女：それはいいですね。
男：ええ。それから全体の作業もとても都合がよかったです。あまりに速く全部を梱包してトラックに積み込んだので驚きました。

Vocab. 本文 □ **neighborhood**「近所」 □ **lease**「賃貸契約」 □ **fragile**「壊れやすい」 □ **scratch**「ひっかき傷」 □ **convenient**「便利な」 □ **load**「～を積む」 選択肢 □ **referral**「紹介、推薦」 □ **respond**「返答する」 □ **caution**「注意」 □ **reasonably**「ほどよく」 □ **back**「～を支援する」

38 Why is the woman calling?
(A) To confirm a location
(B) To get a referral
(C) To suggest a company
(D) To respond to a message

なぜ女性は電話をかけていますか？
(A) 場所を確認するため
(B) 紹介を受けるため
(C) 会社をすすめるため
(D) メッセージに返事をするため

正解 B
[正答率 39.3%]

女性は男性に、聞きたいことがあると言った後でWould you recommend the moving company you used?（あなたが使った運送会社はおすすめですか）と尋ねている。運送会社を紹介してほしいことがわかるので、正解は(B)。

990点 講師の目
選択肢のうち、正解の(B)は女性の立場ですが、(C)は男性の立場です。どの話者について出題されているのか、設問をよく確認しましょう。

39 What does the man say about KLT employees?
(A) They worked with caution.
(B) They arrived ahead of schedule.
(C) They were very friendly.
(D) They covered the cost of some damage.

男性はKLTの従業員について何と言っていますか？
(A) 彼らは気をつけて仕事をした。
(B) 彼らは予定より前に到着した。
(C) 彼らはとても友好的だった。
(D) 彼らは損傷の費用を負担した。

正解 A
[正答率 71.4%]

男性がKLTの従業員について会話の中盤で、the KLT workers handled them all very carefully（彼らはとても慎重に取り扱ってくれました）と述べていることから、注意深く仕事をしていたことがわかる。よって正解は(A)。

40 What does the man emphasize about KLT's service?
(A) It is reasonably priced.
(B) It is convenient.
(C) It is widely used.
(D) It is backed by a guarantee.

男性はKLTのサービスの何を強調していますか？
(A) 値段が手ごろである。
(B) 便利である。
(C) 広く使われている。
(D) 保証に裏付けられている。

正解 B
[正答率 82.1%]

男性がKLTのサービスを受けた感想としてAnd the whole process was very convenient.（全体の作業もとても都合がよかったです）と述べていることから、KLTのサービスの便利さを強調していることがわかる。よって正解は(B)。

V3_T5-38 **Questions 41 through 43** refer to the following conversation with three speakers.

M1: That's odd. I don't see Mr. Kramer's flight listed on the monitor.

M2: I don't see it either. I wonder if we wrote down the wrong flight number.

M1: Let's ask this woman at the information desk ... Excuse me. We're here to pick up a colleague but we don't see his flight on the monitor. It's Omega Air Flight 26 out of Brighton.

W: Hold on. I'll check the computer ... OK, that flight was cancelled. It says here that all passengers were boarded onto Flight 99 instead, with an estimated arrival time of 3:00 P.M.

M1: All right. That's not too long from now. Thank you very much.

41-43 番の次の 3 人の会話に関するものです。

男 1：おかしいですね。モニターにクレイマーさんの便が載っていません。

男 2：私も見つけられません。間違った便名を書き留めてしまったかもしれません。

男 1：案内所の女性に聞いてみましょう…すみません。同僚を迎えに来たのですが、彼の便名がモニターに表示されていません。オメガ航空 26 便ブライトン発です。

女：お待ちください。コンピュータを確認します……はい、そちらのフライトはキャンセルになりました。乗客の皆様は代わりに 99 便に搭乗していただきました。到着予定時刻は午後 3 時です。

男 1：わかりました。今からそれほど長くかかりませんね。どうもありがとうございます。

Vocab. 本文 □ **odd**「奇妙な」 □ **passenger**「乗客」 □ **estimated**「推定の」 選択肢 □ **travel agent**「旅行代理業者」 □ **attendant**「添乗員」 □ **repair**「～を修理する」

41 Who most likely is the woman?
(A) A travel agent
(B) A help desk employee
(C) A flight attendant
(D) An airline passenger

女性はだれだと思われますか？
(A) 旅行代理店の職員
(B) 案内所の社員
(C) 客室乗務員
(D) 飛行機の乗客

正解 B
［正答率 71.4%］

一人目の男性の発言に Let's ask this woman at the information desk.（案内所の女性に聞いてみましょう）とあり、女性がフライトの情報を伝えていることから、女性は空港の社員で、案内所で仕事をしていることがわかる。よって正解は (B)。

42 What are the men probably planning to do today?
(A) Take a flight to Brighton
(B) Visit some clients out of town
(C) Repair broken equipment
(D) Pick up a colleague

今日、男性たちはおそらく何をする予定ですか？
(A) ブライトン行きの飛行機に乗る
(B) 市外で顧客を訪問する
(C) 壊れた設備を修理する
(D) 同僚を迎えに行く

正解 D
［正答率 35.7%］

一人目の男性の発言に We're here to pick up a colleague（同僚を迎えに来ました）とあることから、男性二人は同僚を出迎える予定であることがわかる。よって正解は (D)。

990点 講師の目

会話を思い込みで聞き流してしまうのは危険です。空港でフライトの時刻を尋ねているからといって、その人物が乗客であるとはかぎりません。正解の根拠は必ず会話の中にありますから、聞きもらしのないようにしましょう。

43 What does the woman say about Omega Air Flight 26?
(A) It has been cancelled.
(B) It is the only flight available.
(C) It will depart from a different gate.
(D) It will arrive sooner than expected.

女性はオメガ航空 26 便について何と言っていますか？
(A) キャンセルになった。
(B) 唯一運航しているフライトだ。
(C) 別のゲートから出発する。
(D) 予定よりも早く到着する。

正解 A
［正答率 71.4%］

オメガ航空 26 便がモニターに表示されていないことを尋ねられた女性が that flight was cancelled（そちらのフライトはキャンセルになりました）と答える。女性はオメガ航空 26 便はキャンセルになったと言っているので正解は (A)。

V3_T5-39 **Questions 44 through 46** refer to the following conversation.

M: I don't think I'm going to be able to finish the annual shareholders report on time. I've written the text, but I'm still waiting for Donald Ross to get back to me with his revisions. I guess it's because his department is so short-staffed at the moment.

W: Don't worry. We don't actually need the finalized version until next Thursday. Ms. Anderson has pushed back the publication to the first week of May.

M: Well, in that case, I should be able to meet the deadline. I'll call Donald and let him know he has a little more time to proofread the document.

44-46 番は次の会話に関するものです。

男：年次株主報告書は期日どおりには終えられないと思います。文章は書き終えましたが、ドナルド・ロスから修正が戻ってくるのを待っているんです。彼の部署が今、とても人手不足だからだと思うのですが。

女：心配しないでください。実際には、最終稿は来週の木曜日まで必要ありません。アンダーソンさんが発行を５月の第１週目に先送りにしましたから。

男：それなら締め切りに間に合うと思います。ドナルドに電話をして、もう少し書類の校正をする時間があることを伝えます。

Vocab. 本文 □ **shareholder**「株主」 □ **short-staffed**「人手不足の」 □ **finalized**「仕上げられた」 □ **publication**「発行」 □ **meet**「～を満たす、かなえる」 □ **proofread**「～を校正する」 選択肢 □ **negotiate with 〈人〉**「〈人〉と交渉する」 □ **recruit**「～を新規採用する」 □ **paperwork**「事務書類」

44 What is the man concerned about?
(A) Making errors in a report
(B) Missing a deadline
(C) Negotiating with a client
(D) Recruiting new staff

男性は何を心配していますか？
(A) 報告書でミスをすること
(B) 締め切りに間に合わないこと
(C) 顧客と交渉すること
(D) 新しいスタッフを採用すること

正解 B
[正答率 89.3%]

男性の冒頭の発言に I don't think I'm going to be able to finish the annual shareholders report on time.（年次株主報告書は期日どおりには終えられないと思います）とあることから、男性は年次株主報告書が期日に間に合わないことを心配していることがわかる。よって正解は (B)。

990点 講師の目
心配、不満、怒りなど、話し手の感情の内容を聞く設問は、会話文のフレーズに大きなヒントがあります。いろいろな感情を表す表現を覚えておきましょう。

45 What has Ms. Anderson done?
(A) Canceled a project
(B) Changed a publication date
(C) Finalized a document
(D) Discounted a subscription

アンダーソンさんは何をしましたか？
(A) プロジェクトを中止した
(B) 発行日を変更した
(C) 書類を完成させた
(D) 定期購読を値引きした

正解 B
[正答率 71.4%]

アンダーソンさんについては女性の発言に Ms. Anderson has pushed back the publication to the first week of May.（アンダーソンさんが発行を５月の第１週目に先送りにしました）とあることから、年次株主報告書の発行日を変更したことがわかる。よって正解は (B)。

46 What will the man probably do next?
(A) Contact a colleague
(B) Fill out some paperwork
(C) Look through a briefcase
(D) Confirm an appointment time

男性はおそらく次に何をするつもりですか？
(A) 同僚に連絡する
(B) 書類に記入する
(C) ブリーフケースを調べる
(D) 約束の時間を確認する

正解 A
[正答率 64.3%]

男性の最後の発言に I'll call Donald and let him know he has a little more time to proofread the document.（ドナルドに電話をして、もう少し書類の校正をする時間があることを伝えます）とあることから、男性はこの後ドナルド・ロスに電話をすることが推測できる。よって正解は (A)。

V3_T5-40 **Questions 47 through 49** refer to the following conversation.

W: Hello. Human Resources. This is Maya Woo speaking.
M: Hi, Maya. It's Richard. I want to make sure all our materials are perfect before we meet with the executive committee next week. Have our handouts been finalized yet?
W: Yes, I double-checked each one this morning. They all looked great, so I told my assistant to go ahead and make enough copies for each executive at the meeting, plus a few extra. She'll have them ready by the end of the day.
M: Excellent. I decided to pay to have our color charts printed on glossy paper. The colors will look much brighter and more attractive. I thought it would be worth the extra expense.

47-49 番は次の会話に関するものです。
女：もしもし、人事部のマヤ・ウーです。
男：マヤ、こんにちは。リチャードです。来週役員会で会う前に、資料がすべて完璧かどうかを確かめておきたいのです。配布資料はもう仕上がっていますか？
女：はい、今朝、各資料を再確認しました。どれもよかったので、会議に出席する役員全員分に加え、いくつか余分に印刷するようアシスタントに指示しました。今日中に用意できるはずです。
男：素晴らしいですね。カラーの図表はお金を払って光沢紙に印刷してもらうことにしました。そちらのほうがより色が鮮やかで目を引きますから。追加費用をかける価値はあると思いました。

Vocab. 本文 □ **executive**「重役」 □ **glossy**「光沢のある」 □ **attractive**「魅力的な」 選択肢 □ **inquire**「尋ねる」 □ **review**「評価」 □ **compliment**「～をほめる」 □ **convince**「～を説得する」

47 What does the man inquire about?
(A) Performance reviews
(B) The opening of a business
(C) An upcoming workshop
(D) Preparations for a meeting

男性は何について尋ねていますか？
(A) 勤務評価
(B) 会社の設立
(C) もうすぐ行われる研修会
(D) 会議の準備

正解 D
[正答率 71.4%]

冒頭で男性が女性に I want to make sure all our materials are perfect before we meet with the executive committee next week.（来週役員会で会う前に、資料がすべて完璧かどうかを確かめておきたいのです）と聞いていることから、男性は役員会で使う資料の準備について尋ねていることがわかる。よって正解は (D)。

990点 講師の目
だれかに何かを尋ねる言い方は、疑問文ばかりではありません。予想される英語表現を待ち構える聞き方で解ける問題もありますが、発言全体を理解しないと解けない問題もあります。リスニングの練習をするときには、文の形式ではなく内容を意識して聞き取るようにしましょう。

48 What has the woman asked her assistant to do?
(A) Design a few charts
(B) Make some extra copies
(C) Speak with a group of executives
(D) Get a conference room ready

女性はアシスタントに何をするように頼みましたか？
(A) いくつかの図表をデザインする
(B) 余分にコピーする
(C) 役員たちと話す
(D) 会議室の準備をする

正解 B
[正答率 85.7%]

中盤の女性の発言に I told my assistant to go ahead and make enough copies for each executive at the meeting, plus a few extra.（会議に出席する役員全員分に加え、いくつか余分に印刷するようアシスタントに指示しました）とあることから、女性はアシスタントに配布資料を人数分より多く印刷するように依頼したことがわかる。よって正解は (B)。

49 Why does the man say, "The colors will look much brighter and more attractive"?
(A) To provide the reason for his action
(B) To compliment a colleague's idea
(C) To recommend using a professional service
(D) To convince the woman to make a change

男性はなぜ「カラーのほうがより色が鮮やかで目を引きます」と言いましたか？
(A) 彼の行為の理由を伝えるため
(B) 同僚のアイデアを称賛するため
(C) 専門的なサービスの利用をすすめるため
(D) 女性に変更を加えるように説得するため

正解 A
[正答率 35.7%]

男性は配布資料に関して I decided to pay to have our color charts printed on glossy paper.（カラーの図表はお金を払って光沢紙に印刷してもらうことにしました）と述べた後で The colors will look much brighter and more attractive. と発言していることから、光沢紙に印刷することに決めた理由を伝えたいのだと考えられる。よって正解は (A)。

V3_T5-41 **Questions 50 through 52** refer to the following conversation.

M: I heard a rumor that Carl Spears plans to take a leave of absence. Do you know if it's true?

W: It is, actually. Carl and I had lunch together yesterday and he told me all about it. He's going on an extensive African safari.

M: Wow, I bet that'll be a memorable experience. Who'll head public relations while he's away?

W: They'll be restructuring the department temporarily once Carl leaves in November. His duties will be split among a few different people.

50-52 番は次の会話に関するものです。

男：カール・スピアーズさんが休職する予定だといううわさを聞いたのですが、本当かどうか知っていますか？

女：実は本当です。カールと私で昨日一緒にお昼ご飯を食べたのですが、詳しく話してくれました。本格的なアフリカのサファリ旅行に行くそうですよ。

男：ほう、それは思い出深い経験になるでしょうね。彼が不在の間、広報活動はだれが仕切るのですか？

女：11 月にカールがいなくなったら、一時的に部署を再編するようです。彼の仕事は何人かに振り分けられるようです。

Vocab. 本文 □ **rumor**「うわさ」 □ **leave of absence**「休職」 □ **extensive**「長い、広大な」 □ **restructure**「～を再構築する」 □ **duty**「仕事」 □ **split**「～を分ける」 選択肢 □ **absent**「欠席の」 □ **time off**「休み」 □ **public relations**「広報活動、宣伝活動」

50 What do the speakers say about Carl Spears?

(A) He was absent from a recent meeting.
(B) He is currently out to lunch.
(C) He will transfer to a different branch.
(D) He intends to take some time off.

話し手たちはカール・スピアーズについて何と言っていますか？

(A) 彼は最近の会議を欠席した。
(B) 彼は今昼食に行っている。
(C) 彼は別の支社に異動する予定である。
(D) 彼は休暇を取るつもりである。

正解 D
[正答率 35.7%]

男性が冒頭で I heard a rumor that Carl Spears plans to take a leave of absence.（カール・スピアーズさんが休職する予定だといううわさを聞きました）と言い、女性は Carl and I had lunch together yesterday and he told me all about it.（カールと私で昨日一緒にお昼ご飯を食べたのですが、詳しく話してくれました）と応じているので、カールの休暇を話題にしている。よって正解は (D)。

990点 講師の目

Part 3 の選択肢は、会話文の中の表現を同意語で言い換えたものがよく登場します。語彙の学習をするときには同義語も併せて覚えておくとよいでしょう。選択肢を選ぶときに、聞こえてきた英語表現が選択肢にないと戸惑いますが、最初から言い換えがあるものと考えておけば冷静に対処できます。

51 In which part of the company does Carl Spears probably work?

(A) In the public relations department
(B) In the personnel department
(C) In the marketing department
(D) In the research department

カール・スピアーズはおそらく会社のどの部署で働いていますか？

(A) 広報部
(B) 人事部
(C マーケティング部
(D) 調査部

正解 A
[正答率 67.9%]

男性の中盤の発言に Who'll head public relations while he's away?（彼が不在の間、広報活動はだれが仕切るのですか）とあることから、カールは広報部で働いていることがわかる。よって正解は (A)。

52 According to the woman, what will happen in November?

(A) A recruiting campaign will begin.
(B) Some staff will take on extra duties.
(C) An employee's contract will expire.
(D) Some colleagues will return from abroad.

女性によれば、11 月に何が起きますか？

(A) 採用活動が始まる。
(B) 何人かのスタッフが追加の仕事を請け負う。
(C) 従業員の契約が切れる。
(D) 何人かの同僚が海外から戻ってくる。

正解 B
[正答率 64.3%]

女性の発言によれば 11 月には部署の再編があり、His duties will be split among a few different people.（彼の仕事は何人かに振り分けられるようです）とのことなので、11 月にはカールの仕事は何人かに振り分けられることがわかる。つまり、何人かは余分に仕事を担うことになるので、正解は (B)。

V3_T5-42 **Questions 53 through 55** refer to the following conversation with three speakers.

M1: Where's Charlie? He should have been here by now.
W: Oh, here he comes. Hi, Charlie. We were starting to worry about you.
M2: Sorry I'm late. My car had a flat tire, and I had to replace it with the spare.
W: Oh, that's too bad. Well, we're glad you could make it.
M2: Me too. I've never attended a performance here. I was worried I wouldn't be able to find you.
M1: That's why we waited. But come on. Let's go inside. The orchestra is getting ready to start.
W: It's my first time here too. I didn't realize there were so many seats. There must be enough room for five hundred people here.

53-55 番は次の 3 人の会話に関するものです。
男 1：チャーリーはどこですか？ もうここに来ているはずですが。
女：ああ、来ましたよ。こんにちは、チャーリー。あなたのことを心配し始めたところでした。
男 2：遅れてごめんなさい。車のタイヤがパンクしてしまって、予備のタイヤと交換しなければなりませんでした。
女：あら、それはお気の毒。まあ、間に合ってよかったです。
男 2：私もそう思います。ここでの公演に来たことがありませんから、お二人を見つけられないのではないかと心配していました。
男 1：だからあなたを待っていたんです。さあ、中に入りましょう。オーケストラが始める準備をしています。
女：私もここが初めてなんです。こんなに座席がたくさんあるとは思いませんでした。500 人以上が十分に入れる広さですね。

Vocab. 本文 □ **flat tire**「パンクしたタイヤ」 □ **replace A with B**「A を B と交換する」 □ **realize**「～ということをわかっている」 □ **room**「空間、場所」 選択肢 □ **cause**「～の原因となる」 □ **heavy traffic**「渋滞」 □ **comfortable**「快適な」 □ **confusing**「混乱させるような」

53 What caused Charlie to arrive late?
(A) He was delayed by heavy traffic.
(B) He received an important phone call.
(C) He needed to replace a tire.
(D) He forgot about the appointment.

チャーリーの到着が遅れた原因は何ですか？
(A) 渋滞で遅れた。
(B) 大事な電話を受けた。
(C) タイヤを交換する必要があった。
(D) 約束を忘れてしまった。

正解 C
[正答率 94.1%]

遅刻したことを謝罪したチャーリーが、My car had a flat tire, and I had to replace it with the spare.（車のタイヤがパンクしてしまって、予備のタイヤと交換しなければなりませんでした）と述べているので、正解は (C)。

54 Where most likely are the speakers?
(A) At a banquet hall
(B) At a conference center
(C) At a sports facility
(D) At a concert hall

話し手たちはおそらくどこにいますか？
(A) 宴会場
(B) 会議場
(C) スポーツ施設
(D) コンサートホール

正解 D
[正答率 58.8%]

終盤の男性の発言に The orchestra is getting ready to start.（オーケストラは始める準備をしています）とあることから、話し手たちはオーケストラが演奏する会場にいることがわかる。よって正解は (D)。

55 What does the woman say about the venue?
(A) It is larger than she expected.
(B) It has comfortable chairs.
(C) It is especially crowded today.
(D) It has a confusing layout.

女性はこの会場について何と言っていますか？
(A) 予想していたよりも広い。
(B) いすが快適だ。
(C) 今日はとくに混雑している。
(D) わかりにくい配置をしている。

正解 A
[正答率 52.9%]

会話の最後に女性がI didn't realize there were so many seats.（こんなに座席がたくさんあるとは思いませんでした）と述べた後でThere must be enough room for five hundred people here.（500人以上が十分に入れる広さですよ）と発言していることから、会場が予想以上に広く、多くの人を収容できると言っていることがわかる。よって正解は(A)。

これがエッセンス
現行のTOEICでは、アメリカ以外の主要英語圏のスピーカーによる出題も含まれます。多少の違いはありますが、内容理解に影響するほどではないので、安心してください。

TEST 1
TEST 2
TEST 3
TEST 4
TEST 5

V3_T5-43 **Questions 56 through 58** refer to the following conversation.

M: Well, we're already fully booked for next weekend. We won't have any more rooms available unless the renovations on the fourth floor are completed ahead of schedule.

W: That's too bad. With so many people visiting the city for the business exposition, I bet we could fill those rooms easily. Has anyone spoken to the contractor to ask if there's any way to speed up the work?

M: I have, actually. He said he could finish early if he hired more workers, but he'd have to charge us extra.

W: Then let's agree to pay more. The income from the rooms would make up for the additional cost.

56-58 番は次の会話に関するものです。

男：ええと、来週の週末はすでに予約が埋まっています。4 階の改装が予定より早く完了しないかぎり、空いている部屋がありません。

女：残念です。多くの方がビジネスの展示会のために市を訪れるので、それらの部屋は簡単に埋められると思います。作業を早める方法はないか請負業者に聞いた人はいませんか？

男：実は聞きました。作業員をもっと雇えば早く終わると言っていましたが、追加料金がかかるそうです。

女：それなら多く払うことを承諾しましょう。部屋の収入で追加コストを補うことができるでしょう。

Vocab. 本文 □ **bet**「～だと断言する」 □ **charge A B**「A に B を請求する」 □ **make up for**「～を埋め合わせる」
選択肢 □ **term**「条件」 □ **site**「現場」 □ **lecture**「講義」

56 Who most likely are the speakers?
(A) Market researchers
(B) Interior designers
(C) Construction workers
(D) Hotel employees

話し手たちはどういう人物だと思われますか？
(A) 市場調査員
(B) インテリアデザイナー
(C) 建設作業員
(D) ホテルの社員

正解 D
[正答率 60.7%]

冒頭の男性の発言に We won't have any more rooms available（空いている部屋がありません）とあること、女性の発言に I bet we could fill those rooms easily.（それらの部屋は簡単に埋められると思います）とあることから、話し手はホテルの従業員であると推察される。よって正解は (D)。

57 According to the woman, why will people soon be coming to the city?
(A) To attend an exposition
(B) To finalize contract terms
(C) To tour a construction site
(D) To listen to a lecture

女性によると、人々はなぜ近々市に来ることになっているのですか？
(A) 展示会に出席するため
(B) 契約条件をまとめるため
(C) 建設現場を見学するため
(D) 講義を聞くため

正解 A
[正答率 50.0%]

女性の最初の発言に With so many people visiting the city for the business exposition（多くの方がビジネスの展示会のために市を訪れるので）とあるので正解は (A)。

58 Why are the speakers considering paying more money?
(A) They want to use better materials.
(B) They want a project to finish faster.
(C) They want to reserve a larger venue.
(D) They want access to additional data.

話し手はなぜお金を多く払うことを検討していますか？
(A) もっと良質な資材を使用したい。
(B) もっと早くプロジェクトを終わらせたい。
(C) もっと広い会場を予約したい。
(D) 追加のデータを入手したい。

正解 B
[正答率 60.7%]

終盤で男性が請負業者との話を、He said he could finish early if he hired more workers, but he'd have to charge us extra.（作業員をもっと雇えば早く終わると言っていましたが、追加料金がかかるそうです）と伝えていることから、お金を払うことで作業員をもっと雇い、改装工事を早く終わらせようと考えていることがわかる。よって正解は (B)。

これがエッセンス

Part 3 の問題は、会話の中のキーワードが聞き取れれば正解が出せる問題と、発言全体または会話全体を理解しないと正解が出せない問題が混在します。解答に与えられる時間はわずかですから、次の問題の先読みに影響が出るようなら迷わず解答を終え、次の問題に向けて気持ちを切り替えるのも作戦の 1 つでしょう。

Questions 59 through 61 refer to the following conversation.

V3_T5-44

M: I really appreciate all the help you've given me with my presentation, Natalie.
W: My pleasure.
M: The slide show you created looks very professional. Where did you learn to do that?
W: Mostly I just taught myself. Our computers have a built-in application for that.
M: I know, but it looks kind of complicated. And until recently, I've only needed to use my computer for word processing and spreadsheets.
W: There are some great how-to videos online. I'll email you with a couple of links. It's really much simpler than it looks.
M: Thanks, Natalie. I'll give that a try. Maybe next time I won't have to ask for your help.

59-61番は次の会話に関するものです。
男：ナタリー、プレゼンを手伝ってくれて本当にありがとう。
女：どういたしまして。
男：あなたが作成したスライドはとてもプロフェッショナルに見えます。どこで作り方を学んだのですか？
女：おもに独学です。コンピュータにこれを作成できる内蔵アプリがあるんですよ。
男：知っていますが、複雑そうです。最近まで、私はワープロとスプレッドシートしか使う必要がありませんでした。
女：素晴らしいハウツー動画がオンラインにいくつかありますよ。いくつかリンクを貼ってメールします。本当に見かけ以上に単純ですよ。
男：ありがとう、ナタリー。試してみます。次回はあなたに手伝いをお願いする必要がなくなるかもしれません。

Vocab. 本文 □ **complicated**「複雑な」 □ **spreadsheet**「表計算ソフト」 選択肢 □ **challenging**「やりがいのある」 □ **be satisfied with**「～に満足する」 □ **memorandum**「メモ、(社内の) 回覧状」 □ **tutorial**「指導、チュートリアル」

59 What have the speakers probably been doing together?
(A) Taking a course
(B) Installing computers
(C) Creating a presentation
(D) Developing a Web site

話し手は一緒におそらく何をしていますか？
(A) 講座を受けている
(B) コンピュータを設置している
(C) プレゼンテーションを作成している
(D) ウェブサイトを開発している

正解 C
[正答率 85.7%]

冒頭、男性は女性に対して I really appreciate all the help you've given me with my presentation（プレゼンを手伝ってくれて本当にありがとう）と感謝し、加えて The slide show you created looks very professional.（あなたが作成したスライドはとてもプロフェッショナルに見えます）と述べていることから、話し手たちはプレゼン用のスライドを作っていることがわかる。よって正解は (C)。

60 What does the man imply when he says, "I've only needed to use my computer for word processing and spreadsheets"?
(A) He cannot answer the woman's question.
(B) He is unfamiliar with some software.
(C) He wants more challenging assignments.
(D) He is satisfied with his current equipment.

男性の「私はワープロとスプレッドシートしか使う必要がありませんでした」という発言にはどういう意味の含みがありますか？
(A) 彼は女性の質問に答えられない。
(B) 彼はあるソフトウェアに精通していない。
(C) 彼はもっとやりがいのある課題を望んでいる。
(D) 彼は現在の設備に満足している。

正解 B
[正答率 78.6%]

男性は中盤、I know, but it looks kind of complicated.（知っていますが、複雑そうです）と述べた後で、これまでワープロとスプレッドシートしか使ってこなかったと続けていることから、プレゼンのソフトは知っているが使ったことがないということを示唆している。よって正解は (B)。

990点 講師の目
ある発言が示唆する意図や意味を聞く問題は、文脈から判断するのが鉄則です。該当する文がいつ現れるかわかりませんから、文脈を追いながら聞こえてくるのを待ちましょう。

61 What does the woman suggest the man do?
(A) Ask a colleague for assistance
(B) Send a memorandum
(C) Download an application
(D) View video tutorials

女性は男性に何をするよう提案していますか?
(A) 同僚に助けを求める
(B) 社内連絡を送る
(C) アプリケーションをダウンロードする
(D) チュートリアル動画を見る

正解 D
[正答率 39.3%]

男性に対して女性は終盤に There are some great how-to videos online. (素晴らしいハウツー動画がオンラインにいくつかありますよ) と述べていることから、オンラインの動画を見ることを提案しているのがわかる。よって正解は (D)。

990点 講師の目

この会話の中に、How about ... ?や Why don't you ... ?といった提案の表現が使われていないことにお気づきでしょうか。この設問の解答を導いた There are some great ... (素晴らしい…がありますよ) という表現のように、よいと思う物事や人物の存在を教えることでも提案になる点を確認しておきましょう。

Questions 62 through 64 refer to the following conversation and floor plan.

V3_T5-45

W: I'm having trouble with this label maker. It isn't printing correctly. Do you have any idea what might be wrong with it?

M: None of our repair technicians use it much—I bet it just needs to be cleaned. I'll go get some cotton swabs from the supply room.

W: Thanks. Mr. Reeves asked me to put labels on the proper storage spots for every single tool. He hired two new mechanics, and he wants to get the work area organized before they start work here next week.

M: I see. I guess that's why he asked me to mount a set of shelves beside the vehicle entrance today.

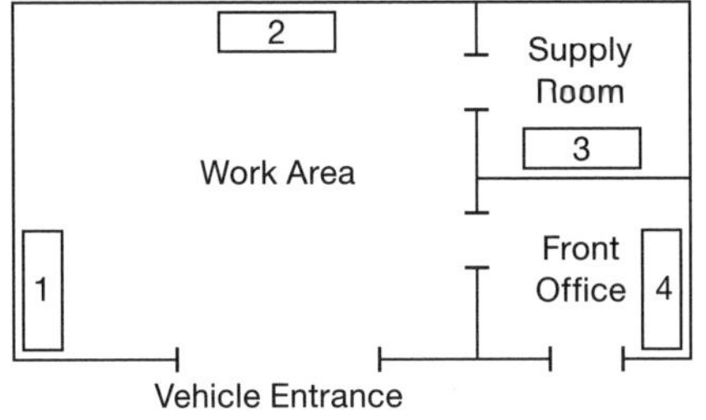

62-64 番は次の会話とフロアプランに関するものです。

女：このラベルメーカーがうまく使えません。印刷がきちんとできないのです。何がおかしいんだと思いますか？

男：我が社の修理技師はあまりそれを使いません。きれいにすればいいだけだと思います。備品室から綿棒を何本か持ってきますね。

女：ありがとう。リーブスさんにすべての道具の正しい置き場所にラベルを貼るように頼まれたのです。新しい整備士を二人雇ったので、来週、彼らが働き始める前に作業場を整理整頓しておきたいようです。

男：なるほど。だから彼は今日、車両出入口のそばに棚を取り付けるようにと私に頼んだのですね。

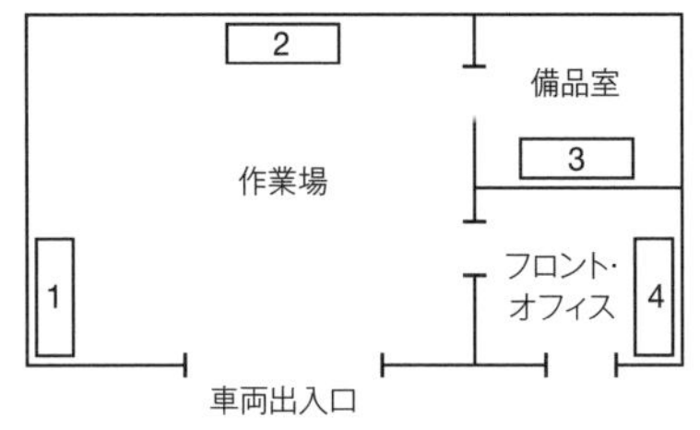

Vocab. 本文 □ **cotton swab**「綿棒」 □ **supply**「供給」 □ **proper**「適切な」 □ **organize**「～を整理する」 □ **mount**「～を取り付ける」 選択肢 □ **unavailable**「手が空いていない」

62 What is the woman's problem?
(A) A component is out of stock.
(B) A document is missing.
(C) A technician is unavailable.
(D) A device is not working properly.

女性の問題は何ですか？
(A) 部品の在庫が切れている。
(B) 書類が見当たらない。
(C) 技術者の手が空いてない。
(D) 機器が正常に動いていない。

正解 D ［正答率 67.9%］

女性の最初の発言に I'm having trouble with this label maker. It isn't printing correctly.（このラベルメーカーがうまく使えません。印刷がきちんとできないのです）とあることから、女性の問題はラベルメーカーがうまく作動しないことであるとわかる。よって正解は (D)。

63 What has the woman been assigned to do?
(A) Organize some paperwork
(B) Label storage locations
(C) Clean the supply room
(D) Order more materials

女性は何をするように命じられましたか？
(A) 書類を整理する
(B) 収納場所にラベルを貼る
(C) 備品室を掃除する
(D) 用具をもっと注文する

正解 B ［正答率 28.6%］

中盤の女性の発言に Mr. Reeves asked me to put labels on the proper storage spots for every single tool.（リーブスさんにすべての道具の正しい置き場所にラベルを貼るように頼まれたのです）とあることから、道具の収納場所にラベルを貼るように言われたことがわかる。よって正解は (B)。

64 Look at the graphic. Where did Mr. Reeves ask the man to install shelves?
(A) Location 1
(B) Location 2
(C) Location 3
(D) Location 4

図を見てください。リーブスさんは男性に棚をどこに設置するよう頼みましたか？
(A) 1番の場所
(B) 2番の場所
(C) 3番の場所
(D) 4番の場所

正解 A
[正答率 70.6%]

男性の最後の発言に I guess that's why he asked me to mount a set of shelves beside the vehicle entrance today.（だから彼は今日、車両出入口のそばに棚を取り付けるようにと私に頼んだのですね）とあるので、棚は車両出入口のそばに設置することがわかる。図表を見ると、車両出入口のそばに該当するのは1番の場所である。よって正解は (A)。

990点 講師の目
図の中の数字は何だと思いましたか？ 設問文を見ると正しい「棚の位置」の選択肢だということがわかります。図表と併せて解く設問の最初には Look at the graphic. とありますから、図表と設問との関連をあらかじめ把握しておくようにしましょう。

Questions 65 through 67 refer to the following conversation and list.

V3_T5-46

M: Hi, Joanne. Is that our first monthly issue of *Present Journal* you're reading?

W: Yes, it is. I'm glad you suggested that we subscribe. There are some great articles about trends in the gift industry and good advice on running retail shops like ours.

M: It might help us find some new suppliers, too.

W: Oh, that reminds me ... All-Star Packaging called about their size C3 gift boxes. They're offering discounts for bulk purchases. We'd planned to order 50, but we'll get a better price if we order 100.

M: Sounds good. Let's do that. C3 is the size we use most.

All-Star Packaging – Special Offer Boxes: Size C3	
Quantity	Price Per Unit
1 to 49	$3.50
50 to 99	$3.00
100 to 199	$2.50
200 or more	$2.00

65-67番は次の会話とリストに関するものです。

男：こんにちは、ジョアン。あなたが読んでいるのは『プレゼント・ジャーナル』の最初の月刊号ですか？

女：はい、そうです。あなたが定期購読をすすめてくれてよかったです。ギフト業界の傾向についての素晴らしい記事や、当店のような小売店の経営についていいアドバイスが載っています。

男：新しい納入業者を探すのにも役立つかもしれません。

女：ああ、それで思い出しました…オールスター・パッケージング社から、C3サイズのギフトボックスについて電話がありました。大口購入の場合は割引を提供するとのことです。50箱注文しようとしていましたが、100箱注文すれば安くなるようです。

男：いいですね。そうしましょう。C3は当店で最も使うサイズですから。

オールスター・パッケージング──特別価格 箱：C3サイズ	
個数	単価
1～49	3ドル50セント
50～99	3ドル
100～199	2ドル50セント
200以上	2ドル

Vocab.

本文 □ **subscribe**「定期購読する」 □ **industry**「産業」 □ **run**「～を経営する」 □ **bulk**「大量の」

選択肢 □ **manufacturing**「製造の」 □ **plant**「工場設備」 □ **transport**「運送」

65 What did the man probably recommend?

(A) Presenting a gift to a colleague
(B) Shopping at a particular store
(C) Meeting with an advisor
(D) Subscribing to a magazine

男性はおそらく何をすすめましたか？

(A) 同僚に贈り物をすること
(B) 特定の店で買い物すること
(C) アドバイザーに会うこと
(D) 雑誌を定期購読すること

正解 D
[正答率 46.4%]

女性の冒頭の発言にI'm glad you suggested that we subscribe.（あなたが定期購読をすすめてくれてよかったです）とあることから、男性は『プレゼント・ジャーナル』を定期購読するようすすめたことがわかる。よって正解は(D)。

66 What type of organization do the speakers most likely work for?

(A) A retail outlet
(B) A publishing firm
(C) A manufacturing plant
(D) A transport company

話し手はおそらくどんな会社で働いていますか？

(A) 小売店
(B) 出版社
(C) 製造工場
(D) 運送会社

正解 A
[正答率 39.3%]

女性の発言の中にgood advice on running retail shops like ours（当店のような小売店の経営についていいアドバイス）とあることから、話し手は小売店で働いていることがわかる。よって正解は(A)。

67 Look at the graphic. How much will the speakers pay for each size C3 box in their order?
(A) $2.00
(B) $2.50
(C) $3.00
(D) $3.50

図表を見てください。話し手はC3サイズの箱の注文で1箱あたりいくら支払いますか?
(A) 2ドル
(B) 2ドル50セント
(C) 3ドル
(D) 3ドル50セント

正解 **B**
[正答率 60.7%]

女性がWe'd planned to order 50, but we'll get a better price if we order 100.（50箱注文しようとしていましたが、100箱注文すれば安くなるようです）と述べ、男性はSounds good. Let's do that.（いいですね。そうしましょう）と賛成していることから、注文数は100箱だとわかる。図表によれば、100箱注文した場合の1箱あたりの値段は2ドル50セント。よって正解は(B)。

これがエッセンス
図表が数の範囲を表す場合、会話文の中には確実に数字が使われますから、その数字がどの範囲に入るのかを確認しながら会話を聞きましょう。

V3_T5-47 **Questions 68 through 70** refer to the following conversation and graph.

M: Hi, Emma. What's that you're working on?
W: Um … well … last week the students filled out survey forms to evaluate their classes. I'm making graphs to show the results. This one's for Reiko Morita.
M: Oh, uh … hers is the computer-programming course, right?
W: Yes, that's right.
M: Looks like she did well overall.
W: Well, only this bar, the highest one, is for the teacher. But yeah, her students like her a lot. You can see that they're also happy with the textbook and the classroom computers.
M: How about that low bar?
W: That's for the classroom itself. A few students complained about the room temperature and the comfort of the chairs.

68-70 番は次の会話とグラフに関するものです。

男：こんにちは、エマ。今取り組んでいるそれは何ですか？
女：ええと、先週、生徒たちが授業を評価するためのアンケート用紙に記入したんです。その結果を示すグラフを作っているんです。これはレイコ・モリタのものです。
男：おお、彼女の講座はコンピュータプログラミングでしたよね？
女：はい、そうです。
男：総合的によくできたようですね。
女：ええと、講師の評価はこのいちばん高いグラフだけなんです。でも、そうですね。生徒たちは彼女をとても気に入っています。教材や教室のコンピュータについても満足していたことがわかります。
男：この低い棒グラフは何ですか？
女：これは、教室自体の評価です。数人の生徒が、部屋の温度といすの座り心地について苦情を言っていました。

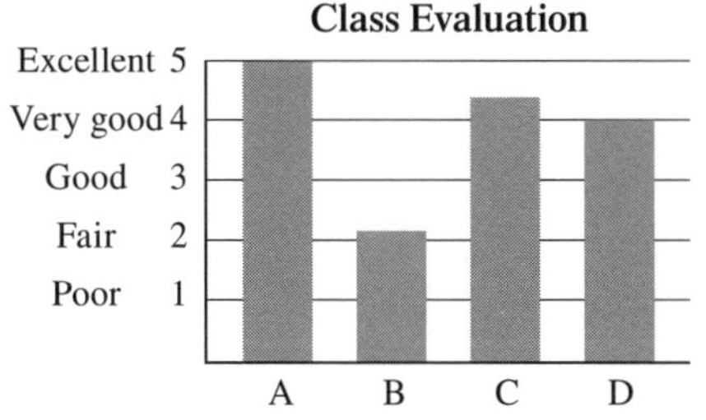

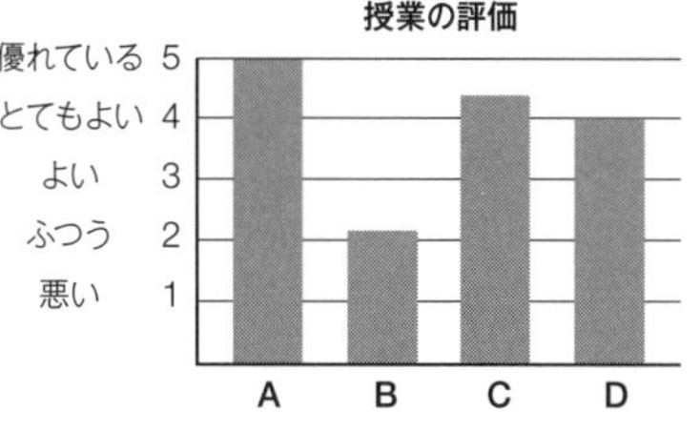

Vocab. 本文 □ **overall**「全体としては」 □ **temperature**「温度」 □ **comfort**「快適さ」 選択肢 □ **subject**「科目」 □ **instructor**「指導者」

68 When did students complete the survey forms?
(A) Today
(B) Yesterday
(C) Last week
(D) Two weeks ago

生徒はいつアンケート用紙に記入しましたか？
(A) 今日
(B) 昨日
(C) 先週
(D) 2 週間前

正解 C
[正答率 85.7%]

冒頭の女性の発言に last week the students filled out survey forms to evaluate their classes（先週、生徒たちが授業を評価するためのアンケート用紙に記入したんです）とあるので、正解は (C)。

69 According to the speakers, what subject does Reiko Morita teach?
(A) Internet marketing
(B) Graphic design
(C) Computer repair
(D) Computer programming

話し手によると、レイコ・モリタは何の科目を教えていますか？
(A) インターネットマーケティング
(B) グラフィックデザイン
(C) コンピュータの修理
(D) コンピュータプログラミング

正解 D
[正答率 89.3%]

女性が This one's for Reiko Morita.（これはレイコ・モリタさんのものです）と言うと、男性が hers is the computer-programming course, right?（彼女の講座はコンピュータプログラミングでしたよね）と尋ね、女性が肯定している。よって、レイコ・モリタはコンピュータプログラミングを教えていることがわかるので、正解は (D)。

70 Look at the graphic. What does bar B probably represent?
(A) Quality of the facility
(B) Quality of the textbook
(C) Quality of the computers
(D) Quality of the instructor

図表を見てください。棒グラフBはおそらく何を示していますか?
(A) 施設の質
(B) 教材の質
(C) コンピュータの質
(D) 講師の質

正解 A
[正答率 78.6%]

図表で棒グラフBがいちばん低いことを確認する。男性がHow about that low bar?と棒グラフBについて質問をし、女性がThat's for the classroom itself.(これは、教室自体の評価です)と答えていることから、Bは施設に対する満足度を示していることがわかる。よって正解は(A)。

これがエッセンス
(数値のない)図表問題は、最大と最小、そして同じくらいの値を確認するのでしたね。極端な違いがあるときはそこにも注目しておきましょう。

V3_T5-49

Questions 71 through 73 refer to the following talk.

Hi. My name's Elaine and I'll be your server this evening. Our head chef Pierre told me he saw you eating here last week and wanted me to thank you for coming back so soon. He's a little busy right now, but he'd like to speak to you personally if he gets a moment. Here are your food and beverage menus. By the way, we've recently added some new dishes to our selection that aren't shown on these. They are all listed on this chalkboard right behind me. Now, is there anything I can get you to drink while you look everything over?

71-73 番は次の話に関するものです。
いらっしゃいませ。今夜私、イレーヌがお客様のテーブルを担当させていただきます。当店の料理長のピエールから、お客様が先週もいらしてくださったとのことで、時をおかずにご来店いただいたことを感謝するよう言付かっております。只今少々手が離せないのですが、時間ができたら直接ご挨拶に伺いたいと申しております。こちらがお食事とお飲み物のメニューでございます。また、メニューに載っていないお料理を最近いくつか追加いたしまして、すべて私の後ろの黒板に記載しています。では、メニューをお選びいただく間に何かお飲み物をお持ちいたしましょうか？

Vocab. 本文 □ **server**「接客係」 □ **head chef**「料理長」 □ **speak to 〈人〉**「〈人〉に話しかける」 □ **add A to B**「A を B に加える」 □ **dish**「料理」 □ **chalkboard**「黒板」

71 What does the speaker say about Pierre?
(A) He is undergoing training.
(B) He was hired a week ago.
(C) He is employed as chef.
(D) He is late for an appointment.

女性はピエールについて何と言っていますか？
(A) 彼は訓練中である。
(B) 彼は 1 週間前に採用された。
(C) 彼は料理人として雇われている。
(D) 彼は約束に遅れる。

正解 C [正答率 75.0%]

ピエールという人物名は、Our head chef Pierre というフレーズで聞こえてくる。この chef という単語を聞き逃さなければ、ピエールがこのレストランの料理人であるとわかる。よって正解は (C)。

72 According to the speaker, what does Pierre want to do?
(A) Talk to the listeners in person
(B) Conduct a customer survey
(C) Finish a program quickly
(D) Issue an apology

話し手によれば、ピエールは何をしたいと考えていますか？
(A) 聞き手と直接話をする
(B) 顧客の調査を実施する
(C) プログラムを早く終わらせる
(D) 謝罪の意を表す

正解 A [正答率 46.4%]

話し手はピエールからの言付けを述べた後で he'd like to speak to you personally（彼はお客様に直接ご挨拶したいと申しています）と伝えている。he'd like to が聞こえたら、彼がしたいことを述べるものと心構えをしておきたい。よって正解は (A)。

73 What has recently been expanded at the restaurant?
(A) The dining area
(B) The food selection
(C) The kitchen facilities
(D) The size of the staff

最近レストランで何が拡大されましたか？
(A) 食事のエリア
(B) 食事の品ぞろえ
(C) 台所施設
(D) 従業員の規模

正解 B [正答率 71.4%]

expand は「～を拡大する」という意味で、大きさだけでなく数量や程度にも使われる。話の中で何かが拡大するという意味に受け取れるのは、we've recently added some new dishes to our selection that aren't shown on these（メニューに載っていない料理を最近いくつか追加しました）という箇所である。料理が追加されたことにより、メニューの品ぞろえの幅が広がることになる。よって正解は (B)。

これがエッセンス

Part 4 の難しさの 1 つに、選択肢に含まれる言い換えがあります。ここでも add some new dishes to our selection が (expand) the food selection と言い換えられている点を確認しておきましょう。

Questions 74 through 76 refer to the following speech.
V3_T5-50

When I founded Sparrow, my goal was to provide travelers in Dorchester with an alternative to making the long drive to Blenham International Airport. Long ago, Dorchester's own airport was used by several domestic airlines, but its runways were too short for larger jet aircraft. Until Sparrow came along, Dorchester Airport handled only commuter flights using propeller-driven planes. Sparrow flies the newest generation of small passenger jets, allowing access to smaller airports like Dorchester's, whose urban location prevents the possibility of expansion. We also offer the shortest flight times of any airline flying out of Dorchester, Rock Ridge, or Middleton airports.

74-76 番は次のスピーチに関するものです。
スパローを創業した際、弊社の目標はドーチェスター市の旅行者に対してブレンハム国際空港までの長時間の車移動に代わる新たな選択肢を提供することでした。かなり前はドーチェスター市の空港にはいくつかの国内便が乗り入れていましたが、大型ジェット機が飛行するには滑走路が短すぎました。スパローが現れるまで、ドーチェスター空港はプロペラ飛行機を使用した定期便のみを扱っていました。スパローは最新型の小型ジェット旅客機を運航し、それはドーチェスターのような都市部にあることで拡張が難しい小さな空港で利用できます。さらに、弊社はドーチェスター、ロック・リッジ、ミドルトンの空港を発つどの航空会社よりも短い飛行時間を提供いたします。

Vocab. 本文 □ **found**「～を創設する」 □ **provide A with B**「A に B を提供する」 □ **alternative to**「～に代わるもの」 □ **domestic**「国内の」 □ **runway**「滑走路」 □ **come along**「やって来る」 □ **commuter flight**「定期便」 □ **urban**「都市の」 □ **location**「立地」 □ **prevent**「～を妨げる」 選択肢 □ **founder**「創業者」 □ **be situated in**「～に位置する」

74 Who most likely is the speaker?
(A) A company founder
(B) A travel agent
(C) An airline pilot
(D) An airport official

話し手はどういう人物だと思われますか？
(A) 会社の創業者
(B) 旅行代理業者
(C) 航空機のパイロット
(D) 空港の職員

正解 A
[正答率 28.6%]

話の冒頭で When I founded Sparrow と述べられていることから、この時点で Sparrow が何かはわからなくとも、何かを創立したことがわかる。よって正解は (A)。

990点 講師の目
話し手の属性を説明文の中の単語から推測するタイプの問題も出されます。聞いた情報からさまざまなことを類推する練習をしておきましょう。

75 What does the speaker say about Dorchester Airport?
(A) It handles international flights.
(B) It is situated in an urban area.
(C) It has plans for future expansion.
(D) It has only a single runway.

話し手はドーチェスター空港について何と言っていますか？
(A) 国際線を扱っている。
(B) 都市部にある。
(C) 今後、拡張する予定だ。
(D) 滑走路が 1 つしかない。

正解 B
[正答率 35.7%]

話し手はドーチェスター空港について複数のことを述べており、選択肢にあるかどうかを照合しながら解答する必要がある。いくつかの国内便が乗り入れていたこと、滑走路が短いため大型ジェット機は使用できないこと、プロペラ機が運航していたこと、拡張が難しいことは、選択肢の内容に合致しない。選択肢にあるのは Dorchester's, whose urban location ... の部分なので正解は (B)。

76 What advantage of Sparrow does the speaker mention?
(A) It has short flight durations.
(B) It charges the lowest fares.
(C) It has a frequent-flyer program.
(D) It offers spacious seating.

話し手はスパローの強みは何だと言っていますか？
(A) 航行時間が短い。
(B) 最安値の運賃である。
(C) マイレージプログラムがある。
(D) 座席が広い。

正解 A
[正答率 82.1%]

話し手はスパローが最新型の小型ジェット旅客機を運航していることを述べたうえで、その利点をいくつか紹介しているが、その 1 つに We also offer the shortest flight times of any airline（どの航空会社よりも短い飛行時間を提供いたします）とある。time は「時間」「回数」を意味するが、the shortest time と言っているので時間と理解すべき。その場合、duration と同義なので正解は (A)。

V3_T5-51 **Questions 77 through 79** refer to the following radio broadcast.

Eagle Radio, in partnership with local conservation groups, is proud to cosponsor a cleanup project this Sunday at Lake Tatowacca. Volunteers are needed to pick up bottles, cans, and other litter along the once pristine shoreline. Registration is set to remain open until 5:00 P.M. on Saturday. But if you feel strongly about getting involved, don't take any chances. Participation will be limited to fifty volunteers to help ensure minimal negative impact on the natural surroundings. To sign up, simply visit our Web site at www.eagleradio.com. We hope to see you Sunday!

77-79 番は次のラジオ放送に関するものです。
イーグル・ラジオは、地元の環境保護グループと連携し、今度の日曜日にタトワッカ湖での清掃活動を共催することを光栄に思います。かつては美しかった湖岸沿いの瓶、缶、その他のゴミを拾うボランティアが必要です。土曜日の午後5時まで登録の受付を行いますが、もし参加を強く希望されるのであれば、この機会を逃しませんように。自然環境への悪影響を最小限に抑えるため、ご参加いただけるボランティアは50名様に限らせていただきます。お申し込みは、www.eagleradio.com へアクセスしてください。それでは日曜日にお目にかかりましょう!

Vocab. 本文 □ **in partnership with**「～と協力して、連携して」 □ **conservation**「環境保護」 □ **cosponsor**「～を共催する」 □ **pick up**「～を拾う」 □ **pristine**「手つかずの」 □ **shoreline**「海岸線」 □ **feel strongly about**「～に対する思いが強い」 □ **get involved**「参加する」 □ **not take any chances**「運任せにしない」 選択肢 □ **merger**「合併」 □ **initiative**「取り組み」 □ **solicit**「～を求める」

77 What is being announced?
(A) A business merger
(B) A fundraising event
(C) A product trial
(D) An environmental initiative

何が宣伝されていますか?
(A) 経営統合
(B) 資金集めの行事
(C) 製品の試用
(D) 環境への取り組み

正解 D
[正答率 75.0%]

be proud to *do* は「～できて光栄だ」という意味なので、その後で何かがアピールされるものと予想して聞きたい。その内容は cosponsor a cleanup project ...(清掃活動を共催する)なので、環境に対する取り組みが宣伝されているとわかる。よって正解は (D)。

990点 講師の目
宣伝の内容は通常、明確に述べられます。そうでなければ宣伝の意味をなさないわけですが、この設問では a cleanup project を聞き取ったうえで、その言い換え表現を選ぶようになっています。リスニング力に加え、語彙力が試される問題なのです。

78 What will volunteers be asked to do?
(A) Distribute beverage samples
(B) Solicit financial donations
(C) Remove litter from an outdoor area
(D) Arrive at a venue ahead of time

ボランティアは何をするように依頼されますか?
(A) 飲み物の試供品を配布する
(B) 資金援助を請願する
(C) 屋外からゴミをなくす
(D) 時間より前に会場に着く

正解 C
[正答率 57.1%]

ボランティアに関する箇所については Volunteers are needed というフレーズが聞き取ろう。to pick up bottles, cans, and other litter(瓶、缶、その他のゴミを拾う)という表現から、ボランティアの内容はゴミ拾いであるとわかる。よって正解は (C)。litter は「ゴミ」を意味する。

79 What does the speaker imply when he says, "don't take any chances"?
(A) People should do careful research.
(B) People should leave early enough.
(C) People should register soon.
(D) People should try to exceed a goal.

話し手の「この機会を逃しませんように」という発言にはどういう意味の含みがありますか?
(A) 人々は注意深く研究するべきである。
(B) 人々は十分早く立ち去るべきである。
(C) 人々はすぐ登録するべきである。
(D) 人々は目標を超えようとするべきである。

正解 C
[正答率 82.1%]

話し手は、if you feel strongly about getting involved(参加を強く希望するのであれば)と言った後で don't take any chances と発言し、50名限定だと伝えている。この chance は「危険性」という意味を表し、don't take any chances で「リスクをおかさないように」という意味。確実に参加したければ参加枠が埋まるリスクを避け、早く登録したほうがいいということなので、正解は (C)。

Questions 80 through 82 refer to the following talk.
V3_T5-52

Good morning. I'm Alice Chung, and I'll be your guide today. We'll start our tour at one of the city's most notable pieces of architecture, the Town Hall building in the city center. After that, we'll go to the recently opened nautical museum where we'll see an amazing outdoor exhibit—a full-scale replica of a 16th-century sailing vessel. There's also a great seafood restaurant at the museum where we'll have lunch before moving on. Make sure to hold onto your ticket, as it allows access to all the sites we'll be visiting today.

80-82 番は次の話に関するものです。
おはようございます。私は本日皆さんのガイドを務めるアリス・チャンと申します。この見学ツアーは市内で最も知られた建築物の 1 つである市中心部のタウンホールから出発します。その後、最近オープンした船舶博物館へ向かい、屋外にある素晴らしい展示品、16世紀の帆船の実物大の模型を見学します。博物館にはおいしいシーフードレストランもあり、そこで昼食を取ってから移動します。本日の行き先はすべて入場にチケットが必要ですので、必ずご持参ください。

Vocab. 本文 □ **notable**「有名な」 □ **nautical**「船舶の」 □ **replica**「模型」 □ **vessel**「船」 □ **move on**「先へ進む」 □ **hold onto**「～をしっかり持つ」 □ **access to**「～へ入る権利」 選択肢 □ **marina**「マリーナ（ヨットなどの波止場）」 □ **sailboat**「ヨット」

80 What will be the first stop on the tour?
(A) A new museum
(B) The Town Hall building
(C) The local marina
(D) An outdoor market

見学ツアーの最初の見学先はどこですか？
(A) 新しい博物館
(B) タウンホールの建物
(C) 地元のマリーナ
(D) 屋外マーケット

正解 B
[正答率 86.7%]

この話では、挨拶と自己紹介の後で見学ツアーのコースを説明していることが聞き取れる。その中で、We'll start our tour at ... the Town Hall building と述べられていることから、最初の見学先はタウンホールであることがわかる。よって正解は (B)。

81 Where will the group eat lunch?
(A) At a city park
(B) On a sailboat
(C) In a fishing village
(D) At a museum

この団体はどこで昼食を取りますか？
(A) 市の公園で
(B) ヨットで
(C) 漁村で
(D) 博物館で

正解 D
[正答率 78.6%]

昼食に関する情報を得るには where we'll have lunch before moving on というフレーズを聞き取る必要がある。この箇所はその前に述べられている a great seafood restaurant at the museum を説明するもの。したがって、この団体は博物館の中にあるシーフードレストランで昼食を取ることがわかる。よって正解は (D)。

82 What does the speaker say about tickets?
(A) They are being held at the building entrance.
(B) They were purchased at a group rate.
(C) They are needed to access each site.
(D) They should be given to the guide now.

話し手はチケットについて何と言っていますか？
(A) ビルの入口に置いてある。
(B) 団体料金で購入された。
(C) それぞれの施設に入るために必要だ。
(D) 今ガイドに渡さなければならない。

正解 C
[正答率 71.7%]

ticket という単語は Make sure to hold onto your ticket というフレーズの中で初めて使われている。チケットについては必ず持っているように伝え、その後で as it allows access to all the sites we'll be visiting today（本日の行き先はすべて入場にチケットが必要ですので）と理由を伝えている。よって正解は (C)。

990点 講師の目
この設問では説明文の中の all (the sites) を聞き取り、選択肢の each (site) を選ぶようになっています。all、each、every の違いは Part 5 でもよく問われる項目です。それぞれの意味や用法を今一度確認しておきましょう。

V3_T5-53 **Questions 83 through 85** refer to the following telephone message.

Hello, this is Heather Phillips calling for Sean Bennett. Sean, I've been looking over the sample version of the magazine advertisement for our hotel that you sent me. In your e-mail you asked for my impression, so that's why I'm calling. Overall, I'm very pleased. The copy is cleverly worded, and the color scheme is very attractive. I like the choice of photographs, but I want to suggest enlarging them a little. The scenery surrounding the resort is one of our major selling points. I'd like the images of the outdoor areas to be bigger so they appear more prominently on the page. Thanks, Sean. Bye.

83-85 番は次の電話メッセージに関するものです。
もしもし、ヘザー・フィリップスよりショーン・ベネットさんへの伝言です。ショーン、あなたが送ってくれた当ホテルの雑誌広告のサンプルに目を通しました。あなたがメールで私の感想を尋ねていたので電話しています。全体的にとても気に入っています。広告文は巧みに書かれていますし、色合いも魅力的です。写真の選択もいいと思いますが、もう少しだけ大きくしたいと思います。リゾートを囲む景観が我々の最大のセールスポイントの１つなので、屋外のイメージを大きくして、そのページでもっと目立つようにしたいのです。よろしくお願いします、ショーン。それでは。

Vocab. 本文 □ **pleased**「満足している」 □ **cleverly**「巧みに」 □ **enlarge**「～を拡大する」 □ **scenery**「景色」 □ **prominently**「目立って」 選択肢 □ **landscaper**「造園家」

83 What is the purpose of the message?
(A) To give feedback
(B) To request a sample
(C) To change a reservation
(D) To respond to an offer

このメッセージの目的は何ですか？
(A) 感想を述べること
(B) サンプルを頼むこと
(C) 予約を変更すること
(D) 申し出に答えること

正解 A
[正答率 53.6%]

この電話メッセージの目的として、話し手は In your e-mail you asked for my impression, so that's why I'm calling.（あなたがメールで私の感想を尋ねていたので電話しています）と述べているため、感想を伝えることが目的であるとわかる。よって正解は (A)。

84 What does the speaker propose?
(A) Taking new photographs
(B) Using different colors
(C) Enlarging some photos
(D) Discounting the price

話し手は何を提案していますか？
(A) 新たに写真を撮ること
(B) 違う色を使うこと
(C) 画像を拡大すること
(D) 値引きをすること

正解 C
[正答率 64.3%]

話し手の提案が問われているので、I want to suggest というフレーズを聞き取りたい。enlarging them a little（もう少しだけ大きくする）と続けていることから、画像を拡大することであるとわかる。ここを聞き逃してもその後の I'd like the images of the outdoor areas to be bigger（屋外のイメージを大きくしたい）という発言からも判断できる。よって正解は (C)。

85 Why does the speaker say, "The scenery surrounding the resort is one of our major selling points"?
(A) She is suggesting a suitable location.
(B) She is explaining the need for caution.
(C) She is giving the reason for a request.
(D) She is pleased with the work of landscapers.

話し手はなぜ「リゾートを囲む景観が我々の最大のセールスポイントの１つです」と発言していますか？
(A) 彼女は適切な場所を示唆している。
(B) 彼女は注意の必要性を説明している。
(C) 彼女は要求の理由を述べている。
(D) 彼女は庭師の仕事に満足している。

正解 C
[正答率 60.7%]

この発言は I want to suggest enlarging them a little（〔画像を〕もう少しだけ大きくしたいと思います）という発言に続くもの。後で I'd like the images of the outdoor areas to be bigger（屋外のイメージを大きくしたい）と繰り返していることからも、画像の拡大を聞き手に求める理由を説明しているものと考えられる。よって正解は (C)。

990点 講師の目

説明文の中の英文が引用されている設問は、その英文の意味を解釈しても正解には結びつきません。前後の文脈をつかむことが正解への道筋です。

V3_T5-54 **Questions 86 through 88** refer to the following excerpt from a meeting.

As to our goal of reducing our production costs by ten percent this year, we're almost there. We owe much of our progress to Mr. O'Malley's recommendation to purchase raw materials in larger quantities. By doing this we've taken greater advantage of bulk discounts offered by suppliers. And since we already had ample warehouse space available, our overhead expenses haven't increased as a result. I'd suggest that our next step should be to find ways to improve efficiency along the assembly line.

86-88番は次の会議の一部に関するものです。
年内に生産費を10%削減するという目標については、あと一歩です。この進歩は、原材料を大量購入するというオーマレーさんの提案のおかげです。これを実行したことで、納入業者が提供する大量購入割引をうまく利用できるようになりました。そして、当社には倉庫スペースが十分にあるので、その結果として経費が増加しているということはありません。次の段階としては、組み立てラインの効率を高める方法を探すことを提案します。

Vocab. 本文 □ **owe ... to 〈人〉**「…は〈人〉のおかげである」 □ **recommendation**「推奨」 □ **raw**「生の、未加工の」 □ **quantity**「量」 □ **ample**「豊富な」 □ **overhead**「諸経費の」 □ **expense**「出費」 □ **as a result**「その結果」 選択肢 □ **indicate**「～を示す」 □ **remind 〈人〉 of**「～を〈人〉に思い出させる」 □ **machinery**「機械類」

86 Why does the speaker say, "we're almost there"?
(A) To indicate progress toward a financial goal
(B) To inform listeners that they will arrive at a factory shortly
(C) To point out a location on a map
(D) To remind listeners of a deadline

話し手はなぜ「あと一歩です」と言っていますか？
(A) 財政目標への進展を示すため
(B) 聞き手に、彼らが工場にすぐ到着することを知らせるため
(C) 地図上の位置を指摘するため
(D) 聞き手に締め切りを思い起こさせるため

正解 A
[正答率 67.9%]

話し手の we're almost there という発言は、その前の As to our goal of reducing our production costs by ten percent this year（年内に生産費を10%削減するという目標については）という発言を受けているので、目標が年内に達成できるところに近づいていることを意味しているのがわかる。よって正解は(A)。

990点 講師の目
Part 3とPart 4では、口語表現のニュアンスや意図を問う問題がよく出題されます。同じ表現でも場面に応じて意味が変わりますから、説明文の中での文脈を捉えることが大切です。

87 According to the speaker, what did Mr. O'Malley recommend?
(A) Expanding a storage facility
(B) Offering discounts to customers
(C) Replacing outdated machinery
(D) Buying larger quantities of materials

話し手によると、オーマレーさんは何をすすめましたか？
(A) 倉庫設備を大きくする
(B) 顧客に割引を提供する
(C) 老朽化した機械を交換する
(D) 原材料を大量購入する

正解 D
[正答率 39.3%]

Mr. O'Malley という人物の名前は、We owe much of our progress to Mr. O'Malley's recommendation（この進歩はオーマレーさんの提案のおかげです）という箇所で聞こえる。彼が何をすすめたかに関してはその後で to purchase raw materials in larger quantities（原材料を大量購入する）と言っていることから、原材料の大量購入を提案したことがわかる。よって正解は(D)。

88 What does the speaker suggest doing next?
(A) Contacting various suppliers
(B) Developing a new product line
(C) Trying to increase efficiency
(D) Assembling some equipment

話し手は次に何をすることを提案していますか？
(A) いろいろな納入業者に連絡する
(B) 新しい製品群を開発する
(C) 効率の向上を試みる
(D) 機器を組み立てる

正解 C
[正答率 60.7%]

話し手が次に提案することを話しているのは、I'd suggest that our next step should be ... に続く箇所。find ways to improve efficiency along the assembly line（組立ラインの効率を高める方法を探す）と言っているので、効率を向上させる方法を見つけることだとわかる。よって正解は(C)。

V3_T5-55

Questions 89 through 91 refer to the following announcement.

Attention, please. In a few minutes, a demonstration will be offered in the building supplies section of the store. Mr. Peter Knolls, owner of Knolls & Sons Construction Contracting, will be presenting some basic wallpapering techniques that you can put to use in your own home-improvement projects. With over twenty-five years of experience in the industry, Mr. Knolls can offer valuable advice for both professionals and amateurs alike. Additionally, Mr. Knolls has just published a book on home renovation, maintenance, and repair projects. This and other how-to books are displayed at the checkout counters near the front of the store.

89-91番は次のアナウンスに関するものです。
ご案内申し上げます。まもなく建築資材コーナーで実演を行います。ノールズ・アンド・サンズ建設請負会社の経営者、ピーター・ノールズさんがあなたの住宅リフォーム計画にもご活用いただける壁紙貼りの基本的な方法を披露します。この業界で25年以上の経験をもつノールズさんが、プロの方々にも素人の方々にも同様に有益なアドバイスを提供いたします。さらに、ノールズさんは住宅リフォーム、メンテナンス、修理計画に関する本を出版したばかりです。この本とその他の実用書は店舗の正面近くにあるレジカウンターに陳列してあります。

Vocab. 本文 □ **present**「～を示す、プレゼンテーションする」 □ **put to use**「活用する」 □ **improvement**「改良」 □ **valuable**「価値ある」 □ **maintenance**「維持管理」 □ **repair**「補修」 □ **checkout**「会計、レジ」 選択肢 □ **method**「方法」 □ **home appliance**「家電製品」

89 According to the announcement, what will be demonstrated in the store?
(A) The safe use of hand-held power tools
(B) Methods for applying wallpaper
(C) The effectiveness of a new brand of home appliance
(D) A procedure for constructing cabinets

アナウンスによれば、店舗で何が実演されますか?
(A) 携帯型電動工具の安全な使用法
(B) 壁紙を貼る方法
(C) 家電の新ブランドの効率性
(D) 戸棚を作る手順

正解 B
[正答率 64.3%]

アナウンスの冒頭で a demonstration will be offered (実演を行います) と伝えられ、次にその実演はピーター・ノールズによる some basic wallpapering techniques (壁紙貼りの基本的な方法) と言っている。よって正解は (B)。

90 What does the speaker emphasize about Peter Knolls?
(A) His innovative design ideas
(B) His industry experience
(C) His managerial skills
(D) His use of high-quality materials

ピーター・ノールズについて何が強調されていますか?
(A) 斬新なデザイン
(B) 業界での経験
(C) 管理能力
(D) 質の高い資材の使用

正解 B
[正答率 60.7%]

アナウンスではピーター・ノールズによる実演が行われることを案内した後で、彼の紹介として With over twenty-five years of experience in the industry (この業界で25年以上の経験をもつ) と言っている。したがって、彼の業界での長い経験を強調しているものと考えられる。よって正解は (B)。

91 According to the announcement, where are publications displayed?
(A) In the building supplies section
(B) Outside the front entrance
(C) Near the checkout area
(D) In a particular aisle of the store

アナウンスによれば、出版物はどこに陳列されますか?
(A) 建築資材コーナーに
(B) 正面玄関の外側に
(C) 会計エリアの近くに
(D) 店舗のある特定の通路に

正解 C
[正答率 50.0%]

アナウンスの最後で話し手は This and other how-to books are displayed at the checkout counters near the front of the store. (この本とその他の実用書は店舗の正面近くにあるレジカウンターに展示してあります) と述べている。したがって出版物は会計エリアに陳列されていることがわかる。よって正解は (C)。

これがエッセンス

リスニングに自信のない人は、設問の疑問詞に着目しましょう。物事を聞く what、場所を聞く where など、説明文の中で聞き取るべき情報を把握することができます。

V3_T5-56 **Questions 92 through 94** refer to the following telephone message.

This is Marilyn Holder from Rifkin Industrial Technology. I received your message about your scheduling conflict on May 23rd. I'll be busy making sales calls to other clients all that week. The earliest I could stop by your offices would be the beginning of next month. I'll try to reach you again later, or you can call me on my mobile phone whenever you get this message. I've mailed you our catalog and highlighted the items that may be of interest to your organization. If you have time, please take a look at it and let me know which products you'd like me to bring along to our meeting. Thanks, bye.

92-94 番は次の電話メッセージに関するものです。
こちらはリフキン産業テクノロジーのマリリン・ホルダーです。5月23日はご都合がつかないとのメッセージを承りました。私はその週ずっとほかのお客様に対する営業電話に忙しく、あなたのオフィスにお伺いできるのは早くて来月の初めになってしまいます。のちほどこちらから再度ご連絡します。またはこのメッセージをお聞きになられましたら、いつでも私の携帯にお電話していただいて構いません。御社で興味を持っていただけそうな品物に印を付けた弊社のパンフレットを郵送しました。お時間がありましたらご覧いただき、どの商品を打ち合わせの際にお持ちしたらよいか、お知らせください。よろしくお願いいたします。

Vocab. 本文 □ **scheduling conflict**「スケジュールの調整がつかないこと」 □ **sales call**「営業電話、営業訪問」 □ **highlight**「～に（マーカーペンなどで）印を付ける」 □ **of interest to**「～が興味をもつ」 □ **take a look at**「～を見る」 □ **bring along to**「～に持って行く」 選択肢 □ **arrange**「（日時など）を調整する」 □ **content**「内容」

92 Who most likely is the speaker?
(A) A production manager
(B) A sales representative
(C) A receptionist
(D) An event organizer

話し手はだれだと思われますか？
(A) 製造部長
(B) 営業担当者
(C) 受付係
(D) イベントの主催者

正解 B
[正答率 64.3%]

I'll be busy making sales calls to other clients（ほかの顧客に営業の電話をかけるのに忙しい）、which products you'd like me to bring along to our meeting（どの商品を打ち合わせの際にお持ちしたらよいか）というフレーズから、営業の電話をかけ、打ち合わせに商品を持って行く仕事であることがわかる。よって正解は (B)。

93 Why is the speaker calling?
(A) To explain a production delay
(B) To place an order
(C) To arrange a visit
(D) To ask about available positions

話し手はなぜ電話していますか？
(A) 製造の遅れを説明するため
(B) 注文するため
(C) 訪問の予定を決めるため
(D) 空いている職について尋ねるため

正解 C
[正答率 60.7%]

聞き手から5月23日は都合が悪いと伝えられ、話し手はその週忙しく、オフィスを訪問できるのは早くて来月初頭だと述べている。したがって、話し手が電話をしているのは、打ち合わせのできる日を再度調整することだと考えられる。よって正解は (C)。

94 What has the speaker already done?
(A) Delivered some product samples
(B) Sent a catalog to the listener
(C) Installed a piece of equipment
(D) Changed the content of a presentation

話し手はすでに何をしましたか？
(A) 商品のサンプルを配達した
(B) 聞き手にカタログを送った
(C) 機器を設置した
(D) プレゼンテーションの内容を変更した

正解 B
[正答率 64.3%]

終盤で I've mailed you our catalog（弊社のパンフレットを郵送しました）と述べていることから、聞き手にパンフレットを送ったことがわかる。よって正解は (B)。

これがエッセンス

リスニングセクションで高得点を上げるには、リスニング力ももちろん重要ですが、集中力も欠かせません。同じような作業を何度も繰り返していると、集中力が下がりがちです。設問番号で前半、中盤、後半を意識するなどの工夫をして、集中力の維持に努めましょう。

Questions 95 through 97 refer to the following news report and picture.

V3_T5-57

Tonight in local sports, the Silverton Storm basketball team extended its current winning streak to six games with a victory over the Kingfield Lions. The win puts the Storm just two games behind the division leader, the Rock Ridge Rustlers. While the Storm's star forward Alan Holt excited fans with his high scoring, the outstanding defensive play of Ethen Chan earned him the Most Valuable Player Award for tonight's contest. Tickets are still on sale for the Storm's next game on Saturday, but you'd better hurry. They won't last long.

95-97 番は次のニュース報道と絵に関するものです。

地域のスポーツニュースです。今夜、バスケットボールのシルバートン・ストームがキングフィールド・ライオンズに勝利し、現在の連勝記録を更新して 6 連勝となりました。この勝利により、同チームは地区首位のロック・リッジ・ラスラーズにわずかあと 2 勝と迫りました。ストームの人気フォワード選手アラン・ホルトが高得点でファンを沸かせましたが、イーサン・チャンが素晴らしいディフェンスを見せ、今夜の MVP 賞を獲得しました。土曜に行われるストームの次の試合のチケットはまだ発売中ですが、ぜひお急ぎください。完売になる見込みです。

Vocab. 本文 □ **winning streak**「連勝」 □ **division**「地区」 □ **excite**「～を興奮させる」 □ **outstanding**「見事な」 □ **defensive**「防御の」 □ **earn**「～に（賞などを）獲得させる」 □ **on sale**「販売中で」 □ **hurry**「急ぐ」 □ **last**「持続する」
選択肢 □ **consecutive**「連続の」 □ **defending champion**「前回優勝者」 □ **go on sale**「発売される」 □ **sell out**「売り切れる」

95 What is stated about the Silverton Storm basketball team?

(A) It has won several consecutive games.
(B) It currently leads its division.
(C) It has recently signed a famous player.
(D) It is the league's defending champion.

バスケットボールチームのシルバートン・ストームについて何が述べられていますか？

(A) 何試合か連勝した。
(B) 現在地区の首位である。
(C) 最近有名な選手と契約した。
(D) 前回リーグ優勝したチームである。

正解 A
[正答率 67.9%]

シルバートン・ストームについて、ニュース報道の中で the Silverton Storm basketball team extended its current winning streak to six games（現在の連勝記録を更新して 6 連勝となりました）と述べられていることから、連勝記録を伸ばしたことがわかる。よって正解は (A)。consecutive は「連続した」という意味である。

96 Look at the graphic. What is the jersey number of tonight's award-winning player?
(A) Number 11
(B) Number 24
(C) Number 33
(D) Number 50

図表を見てください。今夜、賞を獲得した選手の背番号は何番ですか？
(A) 11番
(B) 24番
(C) 33番
(D) 50番

正解 A
[正答率 82.1%]

アラン・ホルト選手が会場を沸かせたことを伝えた後で、the outstanding defensive play of Ethen Chan earned him the Most Valuable Player Award for tonight's contest と述べられている。この Chan という MVP を獲得した選手名の背番号を図表で確認し、11番の (A) を選ぶ。

990点 講師の目
ニュースや天気予報、交通情報などの出題では、特有の語彙や表現が使われます。インターネットラジオや動画でニュースダイジェストを聞いて、慣れておきましょう。聞き取りに自信がない場合は、英語字幕付きの動画や英語の書き起こし無料アプリなどの活用もおすすめです。

97 What does the speaker say about tickets for the Storm's next game?
(A) They will go on sale starting Saturday.
(B) They were discounted for a limited time.
(C) They will be offered as a contest prize.
(D) They are likely to sell out quickly.

話し手はストームの次の試合のチケットについて何と言っていますか？
(A) 土曜日から発売される。
(B) 期間限定で割引された。
(C) コンテストの賞として提供される。
(D) すぐに完売する見込みだ。

正解 D
[正答率 60.7%]

最後のほうで、次の試合のチケットに関して Tickets are still on sale（試合チケットはまだ発売中です）ということと They won't last long.（完売になる見込みです）ということが述べられている。この後者の内容を sell out quickly（早々に完売する）と言い換えている (D) が正解。

V3_T5-58 **Questions 98 through 100** refer to the following excerpt from a meeting and map.

Our accommodations are booked for the trip to Littleton. We'll be staying at the Emerald Tower Hotel, which is on Main Street directly across from the Gold Star Diner. We'll be within walking distance of Pyramid Plaza, the famous shopping center. If you want to get on the subway, there's a bus to Unity Station. It's much cheaper than a taxi and usually just as fast. It's definitely too far to walk. There's a lot to see and do in Littleton, but please get plenty of sleep. The training we'll be undergoing throughout the week is long and complex, so we're in for some hard work.

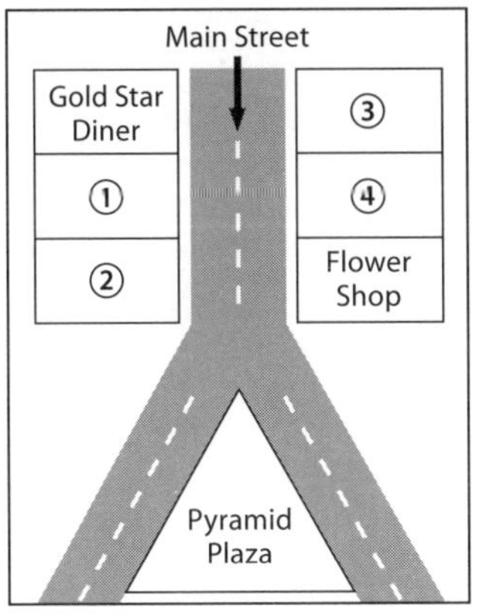

98-100 番は次の会議の一部と地図に関するものです。

リトルトン旅行のための宿泊施設が予約できました。私たちはメインストリートのゴールド・スター・ダイナーの真向かいにある、エメラルド・タワー・ホテルに宿泊します。有名なピラミッド・プラザというショッピングセンターまで歩いていける距離のところです。地下鉄に乗るには、ユニティー駅までバスの便があります。タクシーで行くよりもはるかに安く、そして同じくらいの速さです。歩くには遠すぎます。リトルトンには見るものもすることもたくさんありますが、十分に睡眠はとってくださいね。私たちが 1 週間受ける研修は長く複雑なものですから、ある意味重労働をすることになるでしょう。

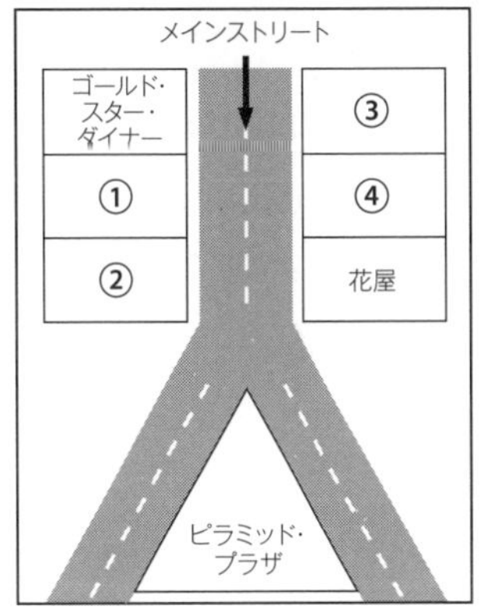

Vocab. 本文 □ **across from**「～の道向かいに」 □ **distance**「距離」 □ **get on**「～に乗る」 □ **cheap**「安い」 □ **fast**「速い」 □ **too ... to *do***「あまりにも…で～できない」 □ **complex**「複雑な」

98 Look at the graphic. Where is the Emerald Tower Hotel most likely located?

(A) Building 1
(B) Building 2
(C) Building 3
(D) Building 4

図表を見てください。エメラルド・タワー・ホテルはおそらくどこにありますか？

(A) 1 番のビル
(B) 2 番のビル
(C) 3 番のビル
(D) 4 番のビル

正解 **C**

[正答率 50.0%]

エメラルド・タワー・ホテルについて、話し手は which is on Main Street directly across from the Gold Star Diner（メインストリートのゴールド・スター・ダイナーの真向かいにある）と発言している。地図を見ると、メインストリートにある Gold Star Diner の真向かいにあるのは 3 番のビルである。よって正解は (C)。

990点 講師の目

地図を含む問題の対策として、位置関係を表す英語表現を押さえておきましょう。前後左右だけでなく、向かい側 (across from)、はす向かい (diagonally across from) といった表現も確認しましょう。

TEST 1 TEST 2 TEST 3 TEST 4 **TEST 5**

99 How does the speaker recommend getting to Unity Station?
(A) By walking
(B) By catching a taxi
(C) By taking a bus
(D) By riding a bicycle

話し手はどんな方法でユニティー駅に行くことをすすめていますか?
(A) 徒歩で
(B) タクシーを使って
(C) バスに乗って
(D) 自転車に乗って

正解 C
[正答率 57.1%]

話し手は地下鉄ユニティー駅へ行くのに there's a bus to Unity Station (ユニティー駅までバスの便があります) と言っていることから、バスに乗っていくことをすすめているのがわかる。よって正解は (C)。

100 What most likely is the main purpose of the listeners' trip to Littleton?
(A) To try to sell merchandise
(B) To participate in a sightseeing tour
(C) To carry out market research
(D) To take part in a training session

聞き手がリトルトンに行く主な目的はおそらく何ですか?
(A) 商品を売ること
(B) 観光ツアーに参加すること
(C) 市場調査を行うこと
(D) 研修会に参加すること

正解 D
[正答率 82.1%]

最後のほうで、The training we'll be undergoing throughout the week (私たちが 1 週間にわたって受ける研修) と言っていることから、リトルトンに行く目的は研修であると考えられる。よって正解は (D)。

TEST 5 正解一覧

チェックボックスは答え合わせや習熟度確認のためにお使いください。

1	C	□□□
2	B	□□□
3	C	□□□
4	A	□□□
5	C	□□□
6	D	□□□
7	B	□□□
8	C	□□□
9	B	□□□
10	A	□□□
11	C	□□□
12	A	□□□
13	C	□□□
14	A	□□□
15	A	□□□
16	B	□□□
17	A	□□□
18	C	□□□
19	B	□□□
20	C	□□□
21	C	□□□
22	B	□□□
23	B	□□□
24	C	□□□
25	C	□□□
26	A	□□□
27	A	□□□
28	A	□□□
29	C	□□□
30	B	□□□
31	A	□□□
32	D	□□□
33	C	□□□
34	C	□□□
35	D	□□□
36	D	□□□
37	C	□□□
38	B	□□□
39	A	□□□
40	B	□□□
41	B	□□□
42	D	□□□
43	A	□□□
44	B	□□□
45	B	□□□
46	A	□□□
47	D	□□□
48	B	□□□
49	A	□□□
50	D	□□□
51	A	□□□
52	B	□□□
53	C	□□□
54	D	□□□
55	A	□□□
56	D	□□□
57	A	□□□
58	B	□□□
59	C	□□□
60	B	□□□
61	D	□□□
62	D	□□□
63	B	□□□
64	A	□□□
65	D	□□□
66	A	□□□
67	B	□□□
68	C	□□□
69	D	□□□
70	A	□□□
71	C	□□□
72	A	□□□
73	B	□□□
74	A	□□□
75	B	□□□
76	A	□□□
77	D	□□□
78	C	□□□
79	C	□□□
80	B	□□□
81	D	□□□
82	C	□□□
83	A	□□□
84	C	□□□
85	C	□□□
86	A	□□□
87	D	□□□
88	C	□□□
89	B	□□□
90	B	□□□
91	C	□□□
92	B	□□□
93	C	□□□
94	B	□□□
95	A	□□□
96	A	□□□
97	D	□□□
98	C	□□□
99	C	□□□
100	D	□□□

予想スコア算出表

5つの模試それぞれの正答数から、実際のTOEICでのスコアが予測できます。学習記録をつけて、目標スコアの達成を目指しましょう。表中の「素点」とは正解数のことです。

TEST 1

正答数	スコア	正答数	スコア	正答数	スコア
100	495	66	345	32	175
99	495	65	340	31	165
98	490	64	335	30	155
97	485	63	330	29	145
96	485	62	325	28	130
95	480	61	320	27	115
94	475	60	315	26	100
93	470	59	310	25	予想不可
92	470	58	305	24	予想不可
91	465	57	300	23	予想不可
90	460	56	295	22	予想不可
89	460	55	290	21	予想不可
88	455	54	285	20	予想不可
87	450	53	280	19	予想不可
86	445	52	275	18	予想不可
85	440	51	270	17	予想不可
84	435	50	265	16	予想不可
83	430	49	260	15	予想不可
82	425	48	255	14	予想不可
81	420	47	250	13	予想不可
80	415	46	245	12	予想不可
79	410	45	240	11	予想不可
78	405	44	235	10	予想不可
77	400	43	230	9	予想不可
76	395	42	225	8	予想不可
75	390	41	220	7	予想不可
74	385	40	215	6	予想不可
73	380	39	210	5	予想不可
72	375	38	205	4	予想不可
71	370	37	200	3	予想不可
70	365	36	195	2	予想不可
69	360	35	190	1	予想不可
68	355	34	185	0	予想不可
67	350	33	180		

■ 学習記録

1回目	年　月　日	点
2回目	年　月　日	点
3回目	年　月　日	点

TEST 2

正答数	スコア	正答数	スコア	正答数	スコア
100	495	66	350	32	180
99	495	65	345	31	175
98	490	64	340	30	165
97	485	63	335	29	155
96	485	62	330	28	145
95	480	61	325	27	120
94	475	60	320	26	100
93	475	59	315	25	予想不可
92	475	58	310	24	予想不可
91	470	57	305	23	予想不可
90	470	56	300	22	予想不可
89	465	55	295	21	予想不可
88	460	54	290	20	予想不可
87	455	53	285	19	予想不可
86	450	52	280	18	予想不可
85	445	51	275	17	予想不可
84	440	50	270	16	予想不可
83	435	49	265	15	予想不可
82	430	48	260	14	予想不可
81	425	47	255	13	予想不可
80	420	46	250	12	予想不可
79	415	45	245	11	予想不可
78	410	44	240	10	予想不可
77	405	43	235	9	予想不可
76	400	42	230	8	予想不可
75	395	41	225	7	予想不可
74	390	40	220	6	予想不可
73	385	39	215	5	予想不可
72	380	38	210	4	予想不可
71	375	37	205	3	予想不可
70	370	36	200	2	予想不可
69	365	35	195	1	予想不可
68	360	34	190	0	予想不可
67	355	33	185		

■ 学習記録

1回目	年　月　日	点
2回目	年　月　日	点
3回目	年　月　日	点

TEST 3

正答数	スコア	正答数	スコア	正答数	スコア
100	495	66	350	32	180
99	495	65	345	31	170
98	495	64	340	30	160
97	490	63	335	29	140
96	490	62	330	28	130
95	485	61	325	27	115
94	480	60	320	26	100
93	480	59	315	25	予想不可
92	475	58	310	24	予想不可
91	475	57	305	23	予想不可
90	470	56	300	22	予想不可
89	465	55	295	21	予想不可
88	460	54	290	20	予想不可
87	455	53	285	19	予想不可
86	450	52	280	18	予想不可
85	445	51	275	17	予想不可
84	440	50	270	16	予想不可
83	435	49	265	15	予想不可
82	430	48	260	14	予想不可
81	425	47	255	13	予想不可
80	420	46	250	12	予想不可
79	415	45	245	11	予想不可
78	410	44	240	10	予想不可
77	405	43	235	9	予想不可
76	400	42	230	8	予想不可
75	395	41	225	7	予想不可
74	390	40	220	6	予想不可
73	385	39	215	5	予想不可
72	380	38	210	4	予想不可
71	375	37	205	3	予想不可
70	370	36	200	2	予想不可
69	365	35	195	1	予想不可
68	360	34	190	0	予想不可
67	355	33	185		

■学習記録

1回目　　年　　月　　日　　　点

2回目　　年　　月　　日　　　点

3回目　　年　　月　　日　　　点

TEST 4

正答数	スコア	正答数	スコア	正答数	スコア
100	495	66	350	32	180
99	495	65	345	31	170
98	495	64	340	30	160
97	495	63	335	29	140
96	490	62	330	28	130
95	490	61	325	27	115
94	485	60	320	26	100
93	485	59	315	25	予想不可
92	480	58	310	24	予想不可
91	475	57	305	23	予想不可
90	470	56	300	22	予想不可
89	465	55	295	21	予想不可
88	460	54	290	20	予想不可
87	455	53	285	19	予想不可
86	450	52	280	18	予想不可
85	445	51	275	17	予想不可
84	440	50	270	16	予想不可
83	435	49	265	15	予想不可
82	430	48	260	14	予想不可
81	425	47	255	13	予想不可
80	420	46	250	12	予想不可
79	415	45	245	11	予想不可
78	410	44	240	10	予想不可
77	405	43	235	9	予想不可
76	400	42	230	8	予想不可
75	395	41	225	7	予想不可
74	390	40	220	6	予想不可
73	385	39	215	5	予想不可
72	380	38	210	4	予想不可
71	375	37	205	3	予想不可
70	370	36	200	2	予想不可
69	365	35	195	1	予想不可
68	360	34	190	0	予想不可
67	355	33	185		

■学習記録

1回目　　年　　月　　日　　　点

2回目　　年　　月　　日　　　点

3回目　　年　　月　　日　　　点

TEST 5

正答数	スコア	正答数	スコア	正答数	スコア
100	495	66	350	32	180
99	495	65	345	31	170
98	490	64	340	30	160
97	490	63	335	29	140
96	485	62	330	28	130
95	485	61	325	27	115
94	480	60	320	26	100
93	480	59	315	25	予想不可
92	475	58	310	24	予想不可
91	470	57	305	23	予想不可
90	470	56	300	22	予想不可
89	465	55	295	21	予想不可
88	460	54	290	20	予想不可
87	455	53	285	19	予想不可
86	450	52	280	18	予想不可
85	445	51	275	17	予想不可
84	440	50	270	16	予想不可
83	435	49	265	15	予想不可
82	430	48	260	14	予想不可
81	425	47	255	13	予想不可
80	420	46	250	12	予想不可
79	415	45	245	11	予想不可
78	410	44	240	10	予想不可
77	405	43	235	9	予想不可
76	400	42	230	8	予想不可
75	395	41	225	7	予想不可
74	390	40	220	6	予想不可
73	385	39	215	5	予想不可
72	380	38	210	4	予想不可
71	375	37	205	3	予想不可
70	370	36	200	2	予想不可
69	365	35	195	1	予想不可
68	360	34	190	0	予想不可
67	355	33	185		

■ 学習記録

1 回目　　年　月　日　　点

2 回目　　年　月　日　　点

3 回目　　年　月　日　　点

■ 監修者・著者紹介

中村紳一郎（なかむら・しんいちろう）

東京都立大法学部卒業。コロラド大学とエジンバラ大学で経営学を学ぶ。エッセンス イングリッシュ スクール学校長。TOEIC 990 点、TOEFL (PBT) 657点、英検1級、GMAT数学満点。『TOEIC® TEST完全攻略3000語』（語研）、『TOEIC® テスト 990 点新・全方位』シリーズ、『精選模試』シリーズ（ジャパンタイムズ出版）など著書・監修書多数。趣味は旅行と登山。

Susan Anderton（スーザン・アンダトン）

コロラド大学卒業。スペイン語専攻。エッセンス イングリッシュ スクール副校長。TOEIC 990 点。『TOEIC® TEST 完全攻略 3000 語』（語研）、『TOEIC® テスト 990 点新・全方位』シリーズ、『精選模試』シリーズ（ジャパンタイムズ出版）など著書・監修書多数。趣味はサイクリングと家庭菜園。

小林美和（こばやし・みわ）

白百合女子大文学部卒業。TOEIC 990 点、英検 1 級、JBS ビジネス・コンピュータ 1 級、元エッセンス イングリッシュ スクール講師。共著書に『TOEIC® テスト 990 点新・全方位』シリーズ、『精選模試』シリーズ（ジャパンタイムズ出版）などがある。趣味は卓球とソーイング。

Bradley Towle（ブラッドリー・トール）

テキサス大学卒業。財政学専攻。TOEIC 990 点。エッセンス イングリッシュ スクール講師。豊富なビジネスバックグラウンドを生かした授業は受講生から高く評価されている。作成した教材が多くの TOEIC 専門書で使用されている。共著書に『精選模試』シリーズ（ジャパンタイムズ出版）などがある。趣味はチェスと街歩き。

〈執筆協力〉原功／武方加枝

エッセンス イングリッシュ スクール（www.essence.co.jp）

TOEIC 指導の専門校。講師陣全員 990 点満点。ネイティヴ講師も日本人講師とともに常時 TOEIC を受験。最新傾向をオリジナル教材に生かした指導が好評で、多くの高得点者を輩出している。得点アップコース（対象：500 点前後～ 800 点）、900 点クラブ（対象：800 点前後～ 990 点）、プレミアムクラス（少人数制）、弱点補強クラス、短期集中講座などを開講。オンライン受講も可能で、全国どこからでも授業が受けられる。

TOEIC® L&R テスト 精選模試 リスニング 3

2020 年 7 月 5 日　初版発行
2024 年 5 月20日　第 7 刷発行

監修者　中村紳一郎／ Susan Anderton

著者　小林美和／ Bradley Towle

発行者　伊藤秀樹

発行所　株式会社 ジャパンタイムズ出版
〒102-0082 東京都千代田区一番町 2-2 一番町第二 TG ビル 2F
ウェブサイト　https://jtpublishing.co.jp/

印刷所　日経印刷株式会社

本書の内容に関するお問い合わせは、上記ウェブサイトまたは郵便でお受けいたします。
定価はカバーに表示してあります。
万一、乱丁落丁のある場合は、送料当社負担でお取り替えいたします。
(株) ジャパンタイムズ出版・出版営業部あてにお送りください。

Printed in Japan　ISBN978-4-7890-1761-9

TOEIC® L&Rテスト
精選模試
リスニング3

別冊TEST
1〜5

the japan times出版

TEST 1

▶ 正解一覧は本冊の 40 ページ、解答・解説は 2 ～ 39 ページに掲載されています。

LISTENING TEST

V3_T1-01 ~ V3_T1-07

In the Listening test, you will be asked to demonstrate how well you understand spoken English. The entire Listening test will last approximately 45 minutes. There are four parts, and directions are given for each part. You must mark your answers on the separate answer sheet. Do not write your answers in your test book.

PART 1

Directions: For each question in this part, you will hear four statements about a picture in your test book. When you hear the statements, you must select the one statement that best describes what you see in the picture. Then find the number of the question on your answer sheet and mark your answer. The statements will not be printed in your test book and will be spoken only one time.

Statement (C), "They're sitting at a table," is the best description of the picture, so you should select answer (C) and mark it on your answer sheet.

1.

2.

GO ON TO THE NEXT PAGE

3.

4.

5.

6.

GO ON TO THE NEXT PAGE

PART 2

V3_T1-08 ~ V3_T1-33

Directions: You will hear a question or statement and three responses spoken in English. They will not be printed in your test book and will be spoken only one time. Select the best response to the question or statement and mark the letter (A), (B), or (C) on your answer sheet.

7. Mark your answer on your answer sheet.

8. Mark your answer on your answer sheet.

9. Mark your answer on your answer sheet.

10. Mark your answer on your answer sheet.

11. Mark your answer on your answer sheet.

12. Mark your answer on your answer sheet.

13. Mark your answer on your answer sheet.

14. Mark your answer on your answer sheet.

15. Mark your answer on your answer sheet.

16. Mark your answer on your answer sheet.

17. Mark your answer on your answer sheet.

18. Mark your answer on your answer sheet.

19. Mark your answer on your answer sheet.

20. Mark your answer on your answer sheet.

21. Mark your answer on your answer sheet.

22. Mark your answer on your answer sheet.

23. Mark your answer on your answer sheet.

24. Mark your answer on your answer sheet.

25. Mark your answer on your answer sheet.

26. Mark your answer on your answer sheet.

27. Mark your answer on your answer sheet.

28. Mark your answer on your answer sheet.

29. Mark your answer on your answer sheet.

30. Mark your answer on your answer sheet.

31. Mark your answer on your answer sheet.

PART 3

V3_T1-34 ~ V3_T1-47

Directions: You will hear some conversations between two or more people. You will be asked to answer three questions about what the speakers say in each conversation. Select the best response to each question and mark the letter (A), (B), (C), or (D) on your answer sheet. The conversations will not be printed in your test book and will be spoken only one time.

32. Why is the man calling?
(A) To inquire about a charge
(B) To schedule a visit
(C) To request a payment
(D) To make a purchase

33. Who most likely is Jillian Blanche?
(A) A retail manager
(B) A video game developer
(C) A factory supervisor
(D) A school administrator

34. What does Jillian Blanche ask the man to provide?
(A) Time preferences
(B) A customer code
(C) Contact information
(D) An invoice number

---

35. What does the woman say she is considering doing?
(A) Enrolling in a class
(B) Renting an apartment
(C) Joining a fitness club
(D) Purchasing sports equipment

36. What does the man invite the woman to do?
(A) Visit a Web site
(B) Sign up for a trial membership
(C) Take home a sample
(D) Tour the premises

37. When will the woman most likely return?
(A) In about an hour
(B) Tomorrow afternoon
(C) A few days from now
(D) The start of next month

---

38. Who most likely are the speakers?
(A) Electronics store staff
(B) Bookstore clerks
(C) Gift shop employees
(D) Grocery market workers

39. What does Carol agree to do?
(A) Work extra hours
(B) Operate a register
(C) Answer the telephone
(D) Check a storage area

40. What will the man most likely do next?
(A) Assist a customer
(B) Fill out a form
(C) Look for a key
(D) Restock displays

---

41. What does the man say about his book?
(A) He has read half of it.
(B) He did not bring it today.
(C) He has two days to return it.
(D) He knows the author personally.

42. What does the man recommend the woman do?
(A) Meet one of his acquaintances
(B) Borrow a book from her colleague
(C) Purchase series of novels
(D) Watch a mystery movie

43. What does the man say about the works of Kyle Seth?
(A) They have been made into films.
(B) They are available at the library.
(C) They should be read in order.
(D) They can be purchased online.

GO ON TO THE NEXT PAGE

44. What are the speakers mainly discussing?
(A) A branch opening
(B) A photography competition
(C) A departing colleague
(D) An employment opportunity

45. What are the speakers trying to decide?
(A) Where to hold an event
(B) What to present as a gift
(C) When to make an announcement
(D) How to evaluate submissions

46. What does the man suggest?
(A) Changing a schedule
(B) Writing an agreement
(C) Consulting with staff members
(D) Looking through brochures

---

47. What are the speakers preparing to do?
(A) Meet with company directors
(B) Conduct marketing research
(C) Manufacture a new device
(D) Produce promotional posters

48. What is the problem?
(A) Some results are not available.
(B) A design flaw has been found.
(C) The wrong colors were used.
(D) A machine is not working properly.

49. What does the man mean when he says, "don't worry about the graphs"?
(A) Some files are stored securely.
(B) The woman is not required to perform a task.
(C) Illustrations are not essential.
(D) The woman should not feel bad about her mistake.

---

50. According to the woman, what is being shown at the museum?
(A) Nature photography
(B) A documentary film
(C) Historical inventions
(D) Models of ancient architecture

51. What do the speakers indicate about Monday?
(A) It is the opening day of an exhibit.
(B) It is a holiday.
(C) It is the day a museum is usually closed.
(D) It is a busy day at the office.

52. What does the man suggest?
(A) Accessing a Web site
(B) Rescheduling a visit
(C) Making a phone call
(D) Looking for a newspaper

---

53. What is the man concerned about?
(A) Meeting a deadline
(B) Negative comments
(C) Creating a survey
(D) Lack of participation

54. How does the woman offer to help the man?
(A) By printing out a document
(B) By conducting some trials
(C) By filling out a form
(D) By speaking to his supervisor

55. What does the woman say the man must do?
(A) Print out some questionnaires
(B) Create a list of instructions
(C) Sort responses into groups
(D) Prepare for a business trip

---

56. Why is the woman calling?
(A) To ask about a product
(B) To report a problem with a Web site
(C) To reply to a voicemail
(D) To change an appointment time

57. Why most likely is Mr. Bell currently unavailable?
(A) He is making a sales call.
(B) He is at a staff meeting.
(C) He is out of town.
(D) He is conducting an interview.

58. What does the woman say she will provide?
(A) An updated résumé
(B) A telephone number
(C) An e-mail address
(D) A work schedule

---

59. Why does the woman say, "I had to wait for a maintenance worker to come and make repairs"?
(A) To point out a problem with some office equipment
(B) To complain about an assignment
(C) To explain her absence from an event
(D) To give her reason for attending a workshop

60. What does the man say about Susan Chung?
(A) She used to work in his department.
(B) She taught management methods.
(C) She will return next year.
(D) She arrived late this morning.

61. Who does the man suggest contacting?
(A) An educational institution
(B) Building maintenance
(C) The reception desk
(D) Human resources

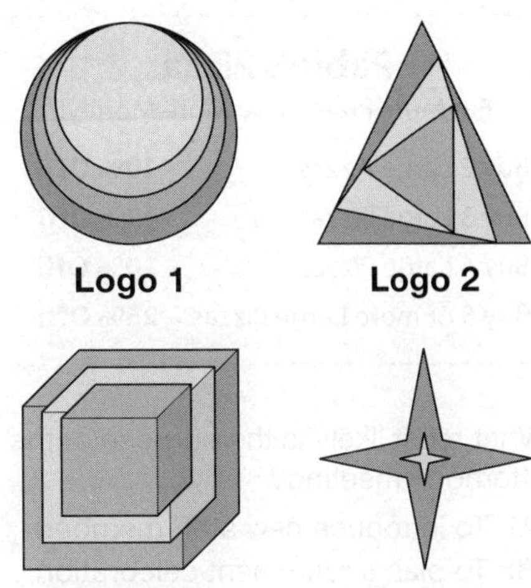

62. What is the woman in the process of designing?
(A) A sign
(B) A package
(C) Promotional brochures
(D) Business cards

63. Look at the graphic. Which logo does the man say he prefers?
(A) Logo 1
(B) Logo 2
(C) Logo 3
(D) Logo 4

64. What does the woman imply about her job?
(A) She has a lot of competition.
(B) She is required to have a license.
(C) She intends to relocate her office.
(D) She will soon depart on a business trip.

GO ON TO THE NEXT PAGE

Pablo's Pizza

Eat More Pizza, Save More Money!

Buy 2 Large Pizzas	– **10% Off!**
Buy 3 Large Pizzas	– **15% Off!**
Buy 4 Large Pizzas	– **20% Off!**
Buy 5 or more Large Pizzas	– **25% Off!**

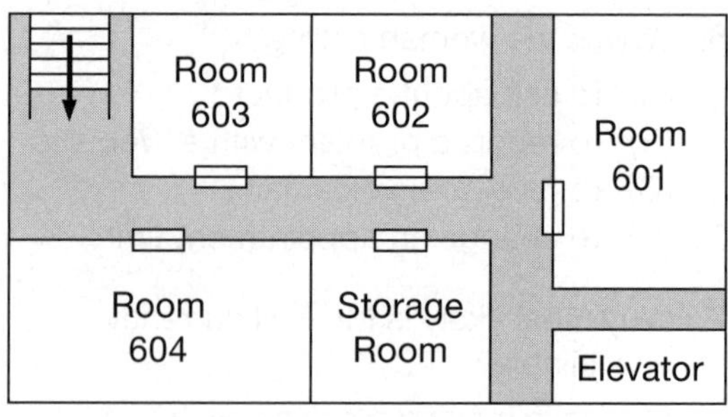

65. What most likely is the purpose of the afternoon meeting?
(A) To introduce new staff members
(B) To plan a retirement celebration
(C) To announce new procedures
(D) To discuss a potential delay

66. What does the woman suggest doing?
(A) Changing a training process
(B) Rewarding employees for their efforts
(C) Paying for faster service
(D) Buying from a particular business

67. Look at the graphic. How much of a discount will the speakers receive on their order?
(A) 10 percent
(B) 15 percent
(C) 20 percent
(D) 25 percent

68. What will the man most likely do on Wednesday?
(A) Deliver some merchandise
(B) Make a presentation
(C) Install some equipment
(D) Check an alarm system

69. Look at the graphic. To which room does the woman direct the man?
(A) Room 601
(B) Room 602
(C) Room 603
(D) Room 604

70. What does the man say he needs?
(A) A security password
(B) A piece of software
(C) A power outlet
(D) A key to a room

PART 4

V3_T1-48 ~ V3_T1-58

Directions: You will hear some talks given by a single speaker. You will be asked to answer three questions about what the speaker says in each talk. Select the best response to each question and mark the letter (A), (B), (C), or (D) on your answer sheet. The talks will not be printed in your test book and will be spoken only one time.

71. What is being advertised?
(A) Computers
(B) Audio equipment
(C) Photocopiers
(D) Internet service

72. What is emphasized in the advertisement?
(A) High speed
(B) Durability
(C) Technical support
(D) Low prices

73. According to the speaker, why should listeners visit the Web site?
(A) To obtain a discount
(B) To see demonstration videos
(C) To find branch locations
(D) To read customer testimonials

---

74. Where is the talk probably taking place?
(A) At a school
(B) At a retail store
(C) At a restaurant
(D) At a factory

75. What does the speaker mean when she says, "there's nothing more satisfying"?
(A) She is pleased with some feedback.
(B) She wants to offer more choices.
(C) She prefers one particular dish.
(D) She expected better results.

76. What does the speaker intend to do?
(A) Submit a recommendation
(B) Establish an additional branch
(C) Employ more personnel
(D) Remodel a facility

---

77. What is the speaker mainly discussing?
(A) A renovation project
(B) A budget proposal
(C) A new business
(D) A local politician

78. What is the goal of the Amberwell Foundation?
(A) Assisting disadvantaged children
(B) Restoring historic areas
(C) Finding housing for residents
(D) Providing funding for research

79. According to the speaker, what does the Amberwell Foundation intend to do?
(A) Create a video
(B) Hold a fundraiser
(C) Make a proposal
(D) Print a brochure

---

80. Who most likely are the listeners?
(A) Landscape architects
(B) Real estate agents
(C) Prospective tenants
(D) Tour participants

81. What does the speaker imply when she says, "Unfortunately, there won't be enough time"?
(A) A planned activity must be canceled.
(B) There is more information than she can provide.
(C) A site is too far away to be accessible.
(D) She has many clients to see today.

82. What does the speaker encourage listeners to do?
(A) Check every room
(B) Ask questions
(C) Look at photographs
(D) Take a free item

GO ON TO THE NEXT PAGE

83. What is Ms. Patel probably planning to do?

(A) Relocate her offices
(B) Install new software
(C) Replace some machinery
(D) Put in new carpeting

84. According to the speaker, what would reduce the cost?

(A) Negotiating with the supplier
(B) Doing the work on a weekday
(C) Training the office staff
(D) Improving energy efficiency

85. Why does the speaker want to meet with Ms. Patel?

(A) To demonstrate some procedures
(B) To schedule a training session
(C) To present a progress report
(D) To show her some samples

---

86. What is causing a delay?

(A) Electrical problems
(B) An auto accident
(C) Current weather conditions
(D) A road closure

87. What will happen tomorrow morning?

(A) A roadway will become accessible again.
(B) A crew will resume repair work.
(C) A storm will hit the area.
(D) Water damage will be assessed.

88. According to the speaker, why should listeners visit the Web site?

(A) To report traffic problems
(B) To arrange for transportation
(C) To view alternate routes
(D) To check for updates

---

89. What does the speaker imply when he says, "and we don't want to lose their business"?

(A) He thinks customers should receive an apology.
(B) He wishes to open a new location.
(C) He is worried about a new competitor.
(D) He wants to limit the impact of a change.

90. What is not meeting financial expectations at the salon?

(A) Hair cutting
(B) Product sales
(C) Coloring treatments
(D) Manicures

91. What does the speaker ask listeners to do?

(A) Emphasize high quality
(B) Participate in a workshop
(C) Conduct a survey
(D) Nominate their colleagues

---

92. What type of organization does the speaker most likely work for?

(A) A shipping company
(B) A retail outlet
(C) A manufacturing firm
(D) A research laboratory

93. What are the listeners asked to do?

(A) Follow safety procedures
(B) Reply to an invitation soon
(C) Load packages into a vehicle
(D) Respond to questions honestly

94. What does the speaker want OMC solutions to help do?

(A) Increase the productivity of a facility
(B) Design a new set of packages
(C) Keep records better organized
(D) Conduct repairs on some equipment

Montfort Herald Movie Reviews - Recent Releases		
Title	**Genre**	**Rating**
Dear You	Drama	★★
No Time	Comedy	★★★
True Life	Drama	★★★
One Day	Musical	★★★★

Training Workshop Schedule		
Date	**Department**	**Time**
May 23	Customer Support	2-4 P.M.
May 30	Sales	2-4 P.M.
June 6	Customer Support	1-3 P.M.
June 13	Sales	1-3 P.M.

95. According to the speaker, what has Maki Okada recently done?

(A) She received an industry award.
(B) She completed an educational program.
(C) She gave a speech at a media event.
(D) She attended a movie premiere.

96. Look at the graphic. Which film was most likely directed by Maki Okada?

(A) *Dear You*
(B) *No Time*
(C) *True Life*
(D) *One Day*

97. What will listeners probably hear next?

(A) A series of advertisements
(B) A message from the station owner
(C) A song from a movie soundtrack
(D) A number of news briefs

98. Look at the graphic. When would a caller most likely hear this message?

(A) May 23
(B) May 30
(C) June 6
(D) Juno 13

99. According to the speaker, what should callers do to report an urgent problem?

(A) Dial a different number
(B) Wait on the line
(C) Visit a Web site
(D) Send an e-mail

100. Why should a caller press 2?

(A) To access a language menu
(B) To listen to the message again
(C) To speak with a sales representative
(D) To leave a voicemail

This is the end of the Listening test.

TEST 2

▶ 正解一覧は本冊の 80 ページ、解答・解説は 42 ～ 79 ページに掲載されています。

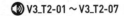

V3_T2-01 ~ V3_T2-07

LISTENING TEST

In the Listening test, you will be asked to demonstrate how well you understand spoken English. The entire Listening test will last approximately 45 minutes. There are four parts, and directions are given for each part. You must mark your answers on the separate answer sheet. Do not write your answers in your test book.

PART 1

Directions: For each question in this part, you will hear four statements about a picture in your test book. When you hear the statements, you must select the one statement that best describes what you see in the picture. Then find the number of the question on your answer sheet and mark your answer. The statements will not be printed in your test book and will be spoken only one time.

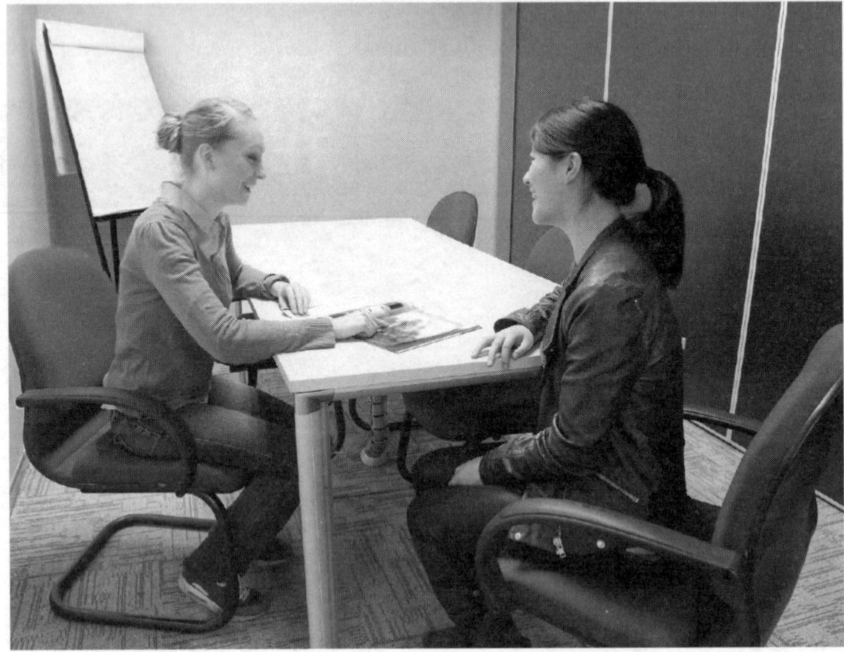

Statement (C), "They're sitting at a table," is the best description of the picture, so you should select answer (C) and mark it on your answer sheet.

1.

2.

GO ON TO THE NEXT PAGE

3.

4.

5.

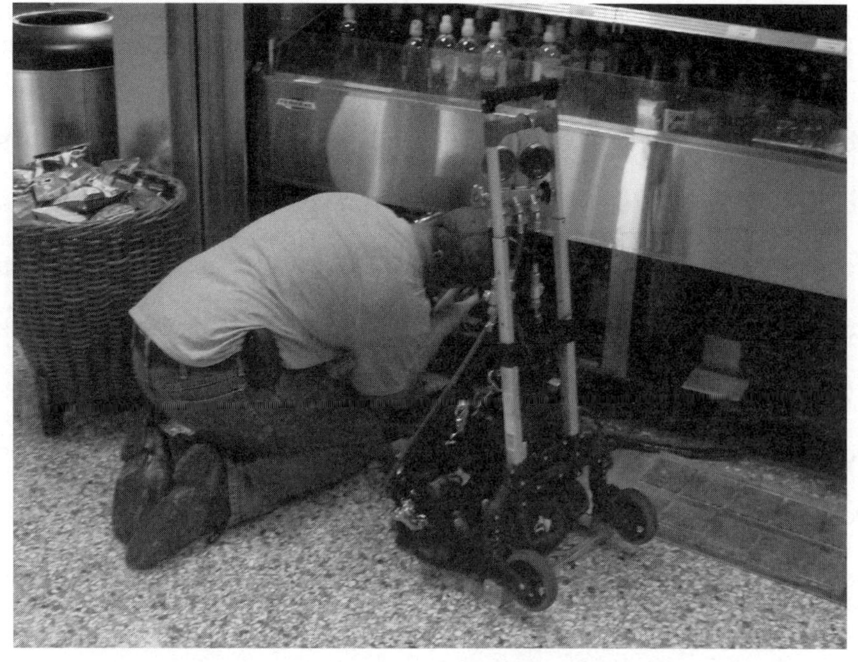

6.

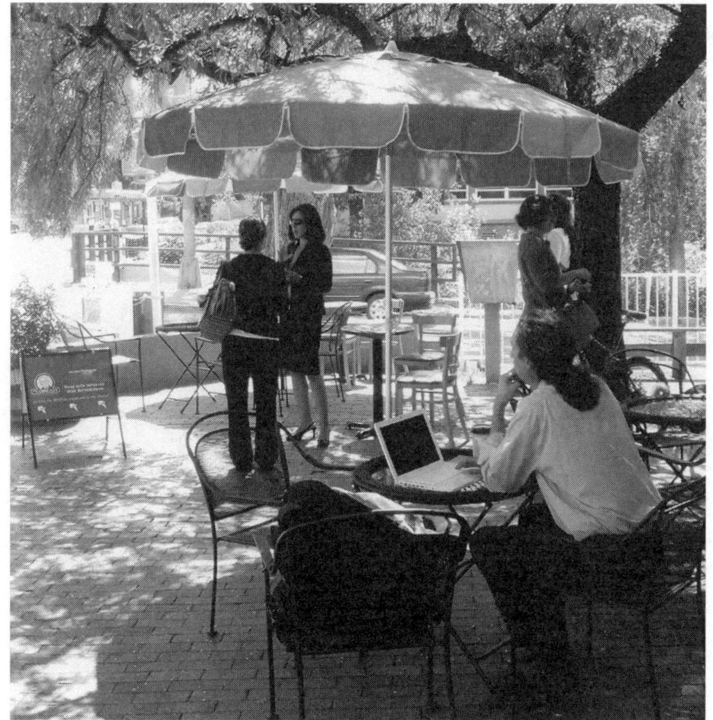

GO ON TO THE NEXT PAGE

V3_T2-08 ~ V3_T2-33

PART 2

Directions: You will hear a question or statement and three responses spoken in English. They will not be printed in your test book and will be spoken only one time. Select the best response to the question or statement and mark the letter (A), (B), or (C) on your answer sheet.

7. Mark your answer on your answer sheet.

8. Mark your answer on your answer sheet.

9. Mark your answer on your answer sheet.

10. Mark your answer on your answer sheet.

11. Mark your answer on your answer sheet.

12. Mark your answer on your answer sheet.

13. Mark your answer on your answer sheet.

14. Mark your answer on your answer sheet.

15. Mark your answer on your answer sheet.

16. Mark your answer on your answer sheet.

17. Mark your answer on your answer sheet.

18. Mark your answer on your answer sheet.

19. Mark your answer on your answer sheet.

20. Mark your answer on your answer sheet.

21. Mark your answer on your answer sheet.

22. Mark your answer on your answer sheet.

23. Mark your answer on your answer sheet.

24. Mark your answer on your answer sheet.

25. Mark your answer on your answer sheet.

26. Mark your answer on your answer sheet.

27. Mark your answer on your answer sheet.

28. Mark your answer on your answer sheet.

29. Mark your answer on your answer sheet.

30. Mark your answer on your answer sheet.

31. Mark your answer on your answer sheet.

PART 3

V3_T2-34 ~ V3_T2-47

Directions: You will hear some conversations between two or more people. You will be asked to answer three questions about what the speakers say in each conversation. Select the best response to each question and mark the letter (A), (B), (C), or (D) on your answer sheet. The conversations will not be printed in your test book and will be spoken only one time.

32. What most likely caused a delay?
(A) Mechanical problems
(B) Heavy traffic
(C) Severe weather
(D) Long lines

33. According to the man, how often do express trains depart to Mount McIver?
(A) Every ten minutes
(B) Every thirty minutes
(C) Every hour
(D) Every two hours

34. What will the man probably do next?
(A) Issue a ticket
(B) Refund some money
(C) Board a train
(D) Make a purchase

---

35. What are the speakers mainly discussing?
(A) A recent shipment
(B) A quality concern
(C) A prospective client
(D) A business launch

36. What type of goods do the speakers probably sell?
(A) Consumer electronics
(B) Fashion accessories
(C) Cosmetics
(D) Travel bags

37. What does the woman suggest sending?
(A) A discount offer
(B) Product reviews
(C) A satisfaction guarantee
(D) Merchandise samples

---

38. What does the woman intend to do?
(A) Apply for a promotion
(B) Take an examination
(C) Present a proposal
(D) Lead a committee

39. What does the woman ask the man to do?
(A) Offer some advice
(B) Prepare some equipment
(C) Make some inquiries
(D) Create some documents

40. Why does the man say, "the directors have always been very supportive toward the employees"?
(A) To provide encouragement
(B) To explain a policy
(C) To recommend an advisor
(D) To express surprise

---

41. What does the woman say about the store?
(A) It has moved from its original location.
(B) It will soon undergo renovation.
(C) It has only been open for a month.
(D) It has recently rearranged its merchandise.

42. What is the woman looking for?
(A) Interior house paint
(B) A new apartment
(C) A piece of artwork
(D) An office building

43. Why is William unable to assist the woman?
(A) He needs to take a phone call.
(B) He is unfamiliar with the new layout.
(C) He must get permission first.
(D) He has not been fully trained.

GO ON TO THE NEXT PAGE

44. Why is the man calling?

(A) To report a problem
(B) To ask for directions
(C) To reserve a table
(D) To promote a service

45. What does the man inquire about?

(A) The size of a facility
(B) The street address
(C) The business hours
(D) The payment options

46. When will the man most likely arrive at the restaurant tomorrow?

(A) At 5 o'clock
(B) At 6 o'clock
(C) At 7 o'clock
(D) At 8 o'clock

---

47. What does the man say about his recent project?

(A) It was given a small budget.
(B) It was conducted at headquarters.
(C) It was taken over by someone else.
(D) It was delayed by staff shortages.

48. What does the woman imply when she says, "Steve's got plenty of experience"?

(A) She approves of a selection.
(B) She is confident about her suggestion.
(C) She does not want an assignment.
(D) She is confused by a decision.

49. What will the man probably do next?

(A) Submit an application
(B) Interview a candidate
(C) Speak to a supervisor
(D) Delegate some tasks

---

50. What are the speakers concerned about?

(A) Some guests have not arrived.
(B) Some figures have not been reported.
(C) Some supplies have not been received.
(D) Some employees are not at the office.

51. What does the man say he needs to do today?

(A) Deliver an order to a business
(B) Mail contracts to new personnel
(C) Send payments to certain workers
(D) Attend a meeting with department members

52. What does the woman say she will do?

(A) Inform a coworker of a delay
(B) Purchase some items at a store
(C) Skip her lunch break
(D) Contact some clients

---

53. What is the problem?

(A) A delivery has been delayed.
(B) A package was misplaced.
(C) An item has been discontinued.
(D) A Web site is malfunctioning.

54. What does the woman ask the man to do?

(A) Speak to a manufacturer
(B) Provide his name
(C) Send proof of purchase
(D) Consider a substitute product

55. What did the woman's company most likely do this morning?

(A) It launched some merchandise.
(B) It canceled a delivery.
(C) It reimbursed the man's account.
(D) It shipped the man's order.

---

56. What happened this morning?
(A) A construction project began.
(B) A memo was distributed.
(C) A new business opened.
(D) A job position was advertised.

57. What does the man want to know?
(A) Whether he will be reassigned
(B) How a decision will be made
(C) When the work will be completed
(D) Where a store will be located

58. What does the man say about his sister?
(A) She is seeking employment.
(B) She lives north of Sydney.
(C) She started her own company.
(D) She is visiting from abroad.

---

59. What are the speakers mainly discussing?
(A) The man's work assignment
(B) A newspaper article
(C) Yesterday's sales meeting
(D) An upcoming deadline

60. What problem does the woman mention?
(A) There is a scheduling conflict.
(B) Some documents have been misplaced.
(C) There is a shortage of staff.
(D) Some numbers are incorrect.

61. According to the man, what information is missing from the report?
(A) The latest sales data
(B) Some pages of graphs
(C) An updated schedule
(D) Some expense totals

Stellar Suites - Single Room Rates	
Winter	$65 per night
Spring	$85 per night
Summer	$125 per night
Fall	$95 per night

62. Look at the graphic. When is the woman most likely traveling to Donner Bay?
(A) During the winter
(B) During the spring
(C) During the summer
(D) During the fall

63. How did the woman learn about the hotel?
(A) From a guidebook
(B) From a colleague
(C) From a family member
(D) From a travel agency

64. What will the woman probably do next?
(A) Look for a different hotel
(B) Contact an acquaintance
(C) Provide payment details
(D) Check a directory

GO ON TO THE NEXT PAGE

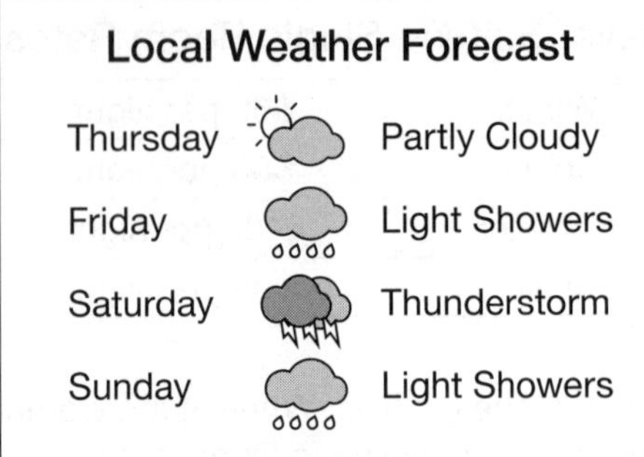

Local Weather Forecast
Thursday Partly Cloudy
Friday Light Showers
Saturday Thunderstorm
Sunday Light Showers

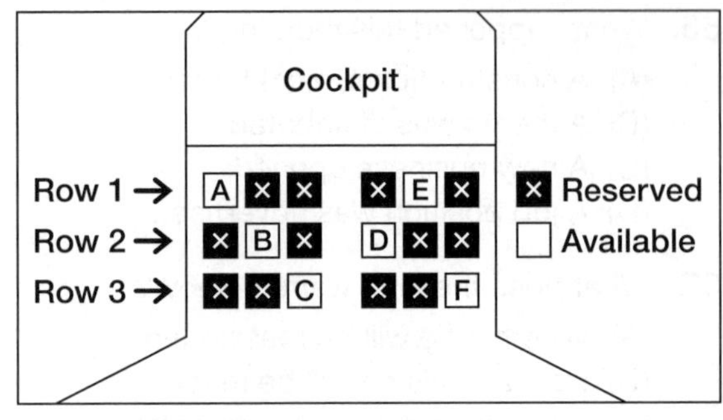

65. What type of event have the speakers been planning?

(A) A party for office staff
(B) A reception for clients
(C) An orientation for new recruits
(D) A fundraiser for a charitable organization

66. Look at the graphic. When has the event most likely been scheduled to take place?

(A) On Thursday
(B) On Friday
(C) On Saturday
(D) On Sunday

67. What does the woman say she will do?

(A) Cancel the event
(B) Find a different venue
(C) Revise the invitation card
(D) Issue a warning

68. What does the man offer to provide to the woman?

(A) His passport
(B) His employee number
(C) His boarding pass
(D) His membership card

69. Look at the graphic. Which seat would the man most likely prefer?

(A) Seat 1A
(B) Seat 2D
(C) Seat 3C
(D) Seat 3F

70. What does the man ask about?

(A) A restaurant location
(B) A flight number
(C) A boarding time
(D) A departure gate

PART 4

V3_T2-48 ~ V3_T2-58

Directions: You will hear some talks given by a single speaker. You will be asked to answer three questions about what the speaker says in each talk. Select the best response to each question and mark the letter (A), (B), (C), or (D) on your answer sheet. The talks will not be printed in your test book and will be spoken only one time.

71. Where does the listener probably work?
(A) At a school
(B) At a research facility
(C) At a factory
(D) At a dental clinic

72. What will the speaker most likely do tomorrow morning?
(A) Undergo an examination
(B) Attend a meeting
(C) Conduct an inspection
(D) Teach a class

73. What does the speaker ask the listener to do?
(A) Cover her shift
(B) Send her an e-mail
(C) Call her at work
(D) Stay after hours

---

74. According to the speaker, what has Mr. Kim been doing over the past month?
(A) Speaking with potential customers
(B) Developing the company Web site
(C) Conducting training sessions
(D) Reviewing marketing options

75. What does the speaker imply when he says, "We'll have to wait and see"?
(A) It is too early to evaluate an effect.
(B) A colleague might not take part in a discussion.
(C) A Web site is not yet operational.
(D) The contents of a package are unknown.

76. What does the speaker request that listeners do?
(A) Ask callers a particular question
(B) Suggest ideas for a campaign
(C) Make corrections to a document
(D) Promote some new services

---

77. What is the purpose of the announcement?
(A) To outline a production schedule
(B) To respond to previous questions
(C) To introduce a department manager
(D) To propose a business plan

78. According to the speaker, what has not yet been determined?
(A) The cause of a software problem
(B) The budget for a new project
(C) The number of employees needed
(D) The date of a meeting

79. According to the speaker, what will happen in March?
(A) Work for a new client will begin.
(B) The company will open a new branch.
(C) A software update will be available.
(D) A new product will be released.

---

80. What is the talk mainly about?
(A) An assembly procedure
(B) A marketing campaign
(C) A package design
(D) A distribution system

81. What is represented by blue dots on the map?
(A) Construction sites
(B) Regional warehouses
(C) Customer locations
(D) Manufacturing facilities

82. What does the speaker say about the company's products?
(A) They are competitively priced.
(B) They are expensive to produce.
(C) They are shipped abroad.
(D) They consume less energy.

GO ON TO THE NEXT PAGE

83. What will be taught at the workshop?
(A) How to purchase real estate
(B) How to make investments in the stock market
(C) How to obtain funding for a new business
(D) How to find qualified employees

84. What will be covered in the first part of the workshop?
(A) Creating a plan
(B) Writing job advertisements
(C) Analyzing economic trends
(D) Selecting an agency

85. Why does the speaker say, "I see we have a few more people joining us"?
(A) Instructors were added to the schedule.
(B) Additional staff has been hired.
(C) Some extra tables have been set up.
(D) Some attendees are entering the room.

---

86. How was the news originally reported?
(A) At a press conference
(B) On a television program
(C) In a magazine article
(D) At a shareholders meeting

87. According to the report, what will likely happen in June?
(A) A facility will be demolished.
(B) A property will be sold.
(C) A venue will be upgraded.
(D) A new restaurant will open.

88. What are some residents disappointed about?
(A) The lack of nearby shops
(B) The loss of a landmark
(C) The cost of a plan
(D) The duration of a project

---

89. What will the Stradbrook Community Association probably send to the listener today?
(A) A meeting agenda
(B) A street map
(C) A telephone number
(D) An application form

90. Why does the speaker say he is calling?
(A) To arrange an interview
(B) To sign up for an event
(C) To extend an invitation
(D) To promote a candidate

91. What does the speaker ask the listener to do?
(A) Park on a particular road
(B) Reply with schedule options
(C) Participate in a vote
(D) Arrive at a meeting promptly

---

92. What has the speaker recently done?
(A) She became a member of the board.
(B) She requested a larger budget.
(C) She made a presentation to a client.
(D) She started using a new supplier.

93. What does the speaker imply when she says, "Would you believe that?"
(A) She is dissatisfied with a service.
(B) She thinks a report is not accurate.
(C) She was surprised by a decision.
(D) She was upset about a price.

94. According to the speaker, what will probably happen next week?
(A) A contract will be signed.
(B) A board meeting will be held.
(C) New merchandise will be delivered.
(D) Additional funding will be granted.

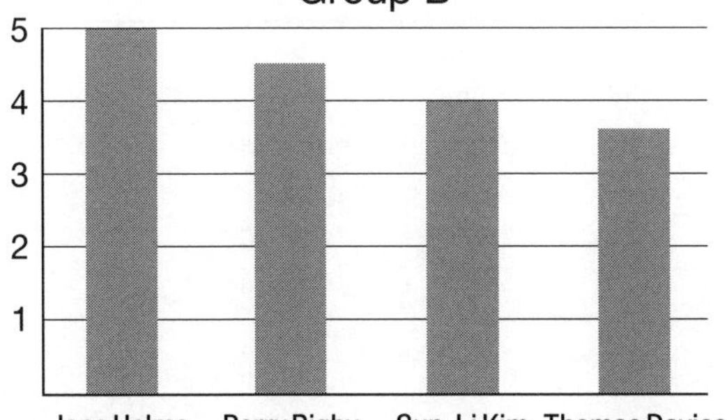

95. What are listeners auditioning for today?

(A) A role in a film
(B) A place in a competition
(C) A part in a play
(D) A job in an orchestra

96. How many rounds of auditions will take place before final selections are made?

(A) One
(B) Two
(C) Three
(D) Four

97. Look at the graphic. Who will most likely be contacted by e-mail later today?

(A) Jane Helms
(B) Perry Rigby
(C) Sun-Li Kim
(D) Thomas Davies

Henderson's Floor Guide	
First Floor	Digital Cameras & Recorders
Second Floor	Desktop Computers & Monitors
Third Floor	Laptop Computers & Tablets
Fourth Floor	Copiers & Printers

98. What aspect of Henderson's is mentioned in the announcement?

(A) Its convenient branch locations
(B) Its knowledgeable staff members
(C) Its wide selection of merchandise
(D) Its customer satisfaction guarantee

99. Look at the graphic. Where is a discount being offered for this weekend only?

(A) On the first floor
(B) On the second floor
(C) On the third floor
(D) On the fourth floor

100. What most likely is Tectron?

(A) A piece of software
(B) A manufacturing firm
(C) An electronic device
(D) A synthetic material

This is the end of the Listening test.

TEST 3

▶ 正解一覧は本冊の 120 ページ、解答・解説は 82 ～ 119 ページに掲載されています。

LISTENING TEST

V3_T3-01 ~ V3_T3-07

In the Listening test, you will be asked to demonstrate how well you understand spoken English. The entire Listening test will last approximately 45 minutes. There are four parts, and directions are given for each part. You must mark your answers on the separate answer sheet. Do not write your answers in your test book.

PART 1

Directions: For each question in this part, you will hear four statements about a picture in your test book. When you hear the statements, you must select the one statement that best describes what you see in the picture. Then find the number of the question on your answer sheet and mark your answer. The statements will not be printed in your test book and will be spoken only one time.

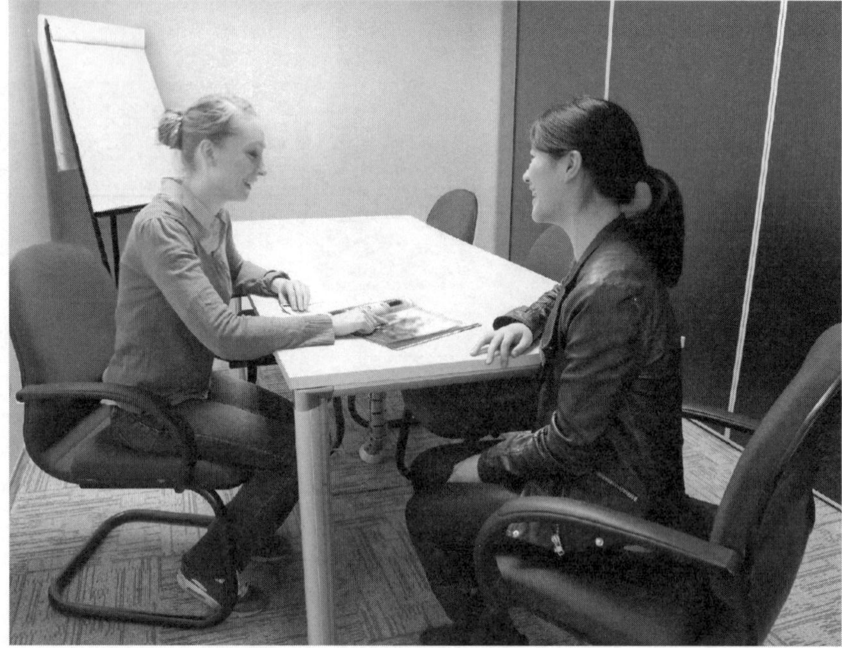

Statement (C), "They're sitting at a table," is the best description of the picture, so you should select answer (C) and mark it on your answer sheet.

1.

2.

GO ON TO THE NEXT PAGE →

TEST 1 TEST 2 TEST 3 TEST 4 TEST 5

3.

4.

5.

6.

GO ON TO THE NEXT PAGE

PART 2

V3_T3-08 ~ V3_T3-33

Directions: You will hear a question or statement and three responses spoken in English. They will not be printed in your test book and will be spoken only one time. Select the best response to the question or statement and mark the letter (A), (B), or (C) on your answer sheet.

7. Mark your answer on your answer sheet.

8. Mark your answer on your answer sheet.

9. Mark your answer on your answer sheet.

10. Mark your answer on your answer sheet.

11. Mark your answer on your answer sheet.

12. Mark your answer on your answer sheet.

13. Mark your answer on your answer sheet.

14. Mark your answer on your answer sheet.

15. Mark your answer on your answer sheet.

16. Mark your answer on your answer sheet.

17. Mark your answer on your answer sheet.

18. Mark your answer on your answer sheet.

19. Mark your answer on your answer sheet.

20. Mark your answer on your answer sheet.

21. Mark your answer on your answer sheet.

22. Mark your answer on your answer sheet.

23. Mark your answer on your answer sheet.

24. Mark your answer on your answer sheet.

25. Mark your answer on your answer sheet.

26. Mark your answer on your answer sheet.

27. Mark your answer on your answer sheet.

28. Mark your answer on your answer sheet.

29. Mark your answer on your answer sheet.

30. Mark your answer on your answer sheet.

31. Mark your answer on your answer sheet.

PART 3

V3_T3-34 ~ V3_T3-47

Directions: You will hear some conversations between two or more people. You will be asked to answer three questions about what the speakers say in each conversation. Select the best response to each question and mark the letter (A), (B), (C), or (D) on your answer sheet. The conversations will not be printed in your test book and will be spoken only one time.

32. Where most likely are the speakers?
(A) At a bookstore
(B) At an electronics shop
(C) At a publishing firm
(D) At a library

33. What does the man say requires paying a fee?
(A) Becoming a member
(B) Making a printout
(C) Missing a deadline
(D) Scheduling a delivery

34. What does the man say the women must do?
(A) Pay with a credit card
(B) Review a handbook
(C) Create a password
(D) Access a Web site

---

35. What is the woman planning to do tonight?
(A) Attend a talk
(B) View a film
(C) Take a survey
(D) Watch a game

36. Who is Takeshi Murata?
(A) A movie director
(B) A marketing employee
(C) A university professor
(D) A software developer

37. Why does the man suggest the subway?
(A) They have missed the bus.
(B) His car is under repair.
(C) He wants to avoid traffic.
(D) It is less expensive than a taxi.

---

38. What are the speakers discussing?
(A) A sales target
(B) A work opportunity
(C) A project timeline
(D) A business closure

39. What has management decided to do?
(A) Decline a marketing proposal
(B) Introduce a new travel policy
(C) Establish a new branch office
(D) Offer higher pay levels

40. Why does the woman say, "I know you enjoyed helping set up our Hong Kong office last year"?
(A) To encourage the man to pursue an opening
(B) To show understanding of the man's disappointment
(C) To express surprise about a job offer
(D) To congratulate the man for his success

---

41. What most likely happened yesterday?
(A) A parking area was full.
(B) A driveway was blocked.
(C) A delivery truck broke down.
(D) A scooter was damaged.

42. What does the man say about Motopia?
(A) It has several locations in town.
(B) It offers the lowest prices.
(C) It has a good reputation.
(D) It maintains high security.

43. What does the woman decide to do?
(A) Visit a nearby dealership
(B) Contact an acquaintance
(C) Set up an appointment
(D) Borrow a vehicle

GO ON TO THE NEXT PAGE

44. Why does the man want to return the lamp?
(A) It is defective.
(B) It is not big enough.
(C) It uses too much energy.
(D) Its style does not match his office decor.

45. What does the woman ask to see?
(A) A packaging label
(B) A product warranty
(C) An identification card
(D) Proof of purchase

46. What does the woman say she will do?
(A) Check a policy manual
(B) Look in the back of the store
(C) Refund a payment
(D) Set a selection aside

---

47. What are the speakers mainly discussing?
(A) The ingredients of a drink
(B) The response to a survey
(C) The creation of advertisements
(D) The reaction to a promotional offer

48. What is the woman pleased about?
(A) A cost is lower than expected.
(B) A project is ahead of schedule.
(C) An evaluation score is high.
(D) A product is selling well.

49. What does the man say he will do?
(A) Consult a coordinator
(B) Arrange an appointment
(C) Schedule more product trials
(D) Speak with some customers

---

50. What problem does the woman mention?
(A) A computer system has shut down.
(B) A name has been spelled incorrectly.
(C) A booking is for a different date.
(D) A deadline has already passed.

51. What does the man say happened today?
(A) He received a confirmation.
(B) He purchased a ticket for a flight.
(C) He accepted a promotional offer.
(D) He made a change to his original schedule.

52. What does the woman offer to do for the man?
(A) Issue him a credit voucher
(B) Contact another establishment
(C) Check with the person in charge
(D) Give him a better room

---

53. When will health officials visit the restaurant?
(A) Monday morning
(B) Monday evening
(C) Tuesday morning
(D) Tuesday evening

54. What does the woman imply when she says, "I'm still working out how to allocate cleaning assignments"?
(A) She is running behind schedule.
(B) She is unfamiliar with a procedure.
(C) She is troubled by a staff shortage.
(D) She is too busy to handle a task herself.

55. What does the woman say she must do before the health officials arrive?
(A) Create a list
(B) Unlock a door
(C) Check a storage room
(D) Test some equipment

---

56. What does Stephanie say about Clarence Powel?
(A) He is a former colleague.
(B) He is a political figure.
(C) He is a business owner.
(D) He is a famous athlete.

57. Where do the speakers probably work?
(A) At a sports club
(B) At a department store
(C) At a news organization
(D) At a food court in a mall

58. What will the man most likely do next?
(A) Make a telephone call
(B) Look at some photographs
(C) Assist a customer
(D) Meet with the manager

---

59. What most likely is the purpose of the man's visit?
(A) To conduct training
(B) To consult with executives
(C) To observe a procedure
(D) To interview for a job

60. According to the woman, what will the quality control manager do?
(A) Deliver instructions
(B) Choose a replacement
(C) Make an assessment
(D) Provide transportation

61. Why does the man apologize?
(A) He misunderstood an e-mail.
(B) He arrived behind schedule.
(C) He forgot to send a document.
(D) He went to the wrong location.

Primo Internet
Costs to Begin Service for New Customers

Start-up Fee	$100
Router	$75
Cable Installation	$200
Total	$375

62. What does the woman say she intends to do?
(A) Start a business
(B) Purchase a home
(C) Work abroad
(D) Take a long vacation

63. Look at the graphic. How much will the woman save by following the man's suggestion?
(A) $75
(B) $100
(C) $200
(D) $375

64. What does the man ask the woman to provide?
(A) Her contact information
(B) A copy of an invoice
(C) Her latest credit card statement
(D) A letter from her employer

GO ON TO THE NEXT PAGE

XF1 Photocopier Operator's Manual
Table of Contents

65. What does the man say about the copier?
(A) It is currently under repair.
(B) It was recently purchased.
(C) It should be replaced.
(D) It is working properly again.

66. What does the woman most likely intend to do tomorrow?
(A) Take part in a conference
(B) Call a manufacturer
(C) Buy some office supplies
(D) Revise some documents

67. Look at the graphic. Which section of the manual does the man say he will check?
(A) Section 1
(B) Section 2
(C) Section 3
(D) Section 4

68. What most likely was the purpose of the woman's trip to Vietnam?
(A) To meet with potential investors
(B) To help train new workers
(C) To conduct an inspection
(D) To attend a convention

69. According to the woman, what will happen by the end of this month?
(A) The terms of a contract will be finalized.
(B) Some new safety equipment will be delivered.
(C) A factory will begin manufacturing products.
(D) A supply of materials will be ordered.

70. Look at the graphic. Which equipment design does Jane Wheeler most likely want to change?
(A) The glove design
(B) The coat design
(C) The hardhat design
(D) The boot design

PART 4

V3_T3-48 ~ V3_T3-58

Directions: You will hear some talks given by a single speaker. You will be asked to answer three questions about what the speaker says in each talk. Select the best response to each question and mark the letter (A), (B), (C), or (D) on your answer sheet. The talks will not be printed in your test book and will be spoken only one time.

71. Where did the caller meet Elizabeth Watts?
(A) On a boat ride
(B) At a bookstore
(C) On a ski trip
(D) At a conference

72. What most likely is the caller's occupation?
(A) A ski instructor
(B) A travel writer
(C) A hotel manager
(D) A store clerk

73. What does the caller say he wants to do?
(A) Arrange a stay
(B) Climb a mountain
(C) Apply for a job opening
(D) Verify some details

---

74. What is probably taking place?
(A) A photography workshop
(B) A research study
(C) A cleanup project
(D) A nature hike

75. What are listeners encouraged to do at Wiggon Creek?
(A) Photograph unique flowers
(B) Pick up litter along the shore
(C) Take samples of the water
(D) Stop for a picnic lunch

76. Why does the speaker say, "there's one more thing"?
(A) To point out an item
(B) To mention the final activity
(C) To demonstrate a feature
(D) To draw attention to a rule

---

77. Where is the announcement probably being made?
(A) At a restaurant
(B) At a food processing plant
(C) At a supermarket
(D) At a cooking school

78. What is being announced?
(A) The expansion of a department
(B) Extended hours of operation
(C) A revised course schedule
(D) The opening of a new location

79. According to the announcement, what can listeners do near the front entrance?
(A) Redeem a voucher
(B) Obtain an application
(C) Sample some food
(D) Arrange a delivery

---

80. Why does the caller ask for assistance?
(A) Her hotel is overbooked.
(B) Her car has broken down.
(C) Her flight will be late.
(D) Her order has not arrived.

81. What does the caller ask the listener to do?
(A) Set an appointment
(B) Call the office
(C) Meet with a client
(D) Install some equipment

82. What does the caller say she did last week?
(A) Sent a catalog
(B) Rented a van
(C) Showed some samples
(D) Wrote an e-mail

GO ON TO THE NEXT PAGE

83. Who did the speaker talk to this morning?
(A) A furniture dealer
(B) A prospective client
(C) A department head
(D) A repair technician

84. What does the speaker mean when he says, "We should have an answer soon"?
(A) The listeners need to work more quickly.
(B) A matter will be dealt with promptly.
(C) The pace of progress is disappointing.
(D) Someone is expecting to receive a telephone call.

85. What does the speaker say he wants to recommend?
(A) A particular product model
(B) Some revisions to a format
(C) A new project timeline
(D) Some alternative suppliers

---

86. What does Bartlett College plan to do next fall?
(A) Replace some departing faculty members
(B) Widen its variety of courses
(C) Reduce its tuition rates
(D) Offer online degree programs

87. For what subject are instructors needed?
(A) Computer studies
(B) Graphic arts
(C) Business management
(D) Architectural design

88. According to the announcement, what do applicants need in order to qualify?
(A) Previous experience as an instructor
(B) Familiarity with specific software
(C) An official teaching certification
(D) A list of references

---

89. Where does the speaker probably work?
(A) A design firm
(B) A manufacturing facility
(C) A home furnishings store
(D) A shipping service

90. What is the problem?
(A) An invoice has been misplaced.
(B) A payment has not been received.
(C) An item is currently out of stock.
(D) A driver cannot find a residence.

91. What is the listener asked to do?
(A) Confirm her street address
(B) Stop by the showroom
(C) Provide documentation
(D) Reply by a specific time

---

92. What is the purpose of the talk?
(A) To report a problem
(B) To request a substitute
(C) To suggest a venue
(D) To set an appointment

93. What does the speaker's company intend to do tomorrow?
(A) Cancel a session
(B) Launch a product
(C) Record an advertisement
(D) Interview candidates

94. What does the speaker imply when he says, "Nora and Thea are from the same part of Norway"?
(A) Communications should proceed smoothly.
(B) A switch will not make a major difference.
(C) Some colleagues are well acquainted with each other.
(D) A group is not diverse enough.

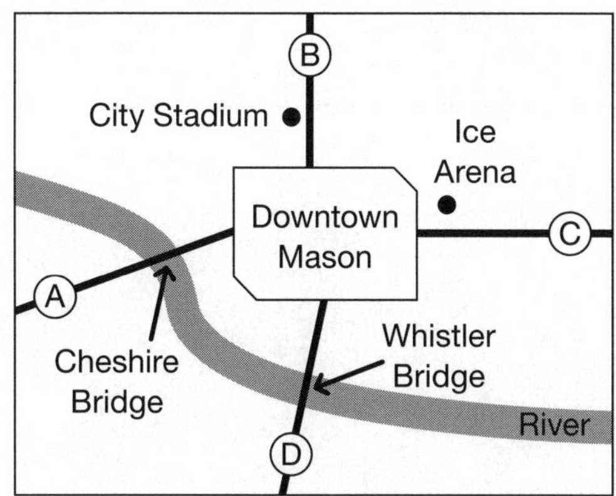

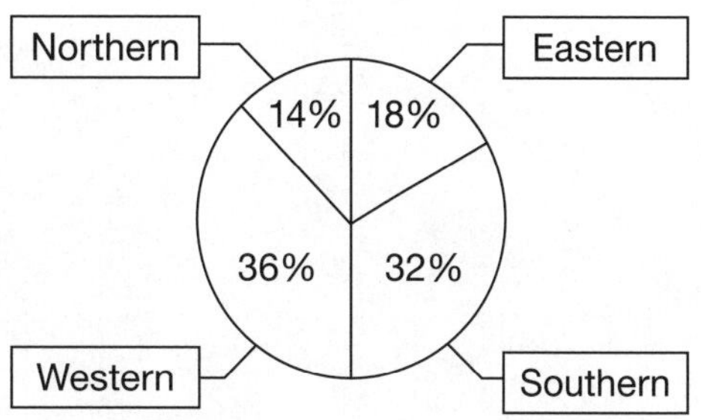

95. What is mainly being reported?

(A) An upcoming roadwork project
(B) The evening weather
(C) A sports competition
(D) Current traffic conditions

96. Look at the graphic. Which road do city officials advise that commuters avoid?

(A) Road A
(B) Road B
(C) Road C
(D) Road D

97. What will the listeners most likely hear next?

(A) A popular new song
(B) An interview with a local politician
(C) A commercial message from a sponsor
(D) A report on area business topics

98. Who most likely are the listeners?

(A) The Galaxis board of directors
(B) Prospective clients of the firm
(B) A group of company shareholders
(D) Some recently hired personnel

99. What does the speaker say about her workplace?

(A) It is the company's newest branch.
(B) It will soon implement a policy change.
(C) It has been affected by staff shortages.
(D) It is undergoing office renovations.

100. Look at the graphic. Where is the Altmond City branch probably located?

(A) In the Northern Region
(B) In the Eastern Region
(C) In the Western Region
(D) In the Southern Region

This is the end of the Listening test.

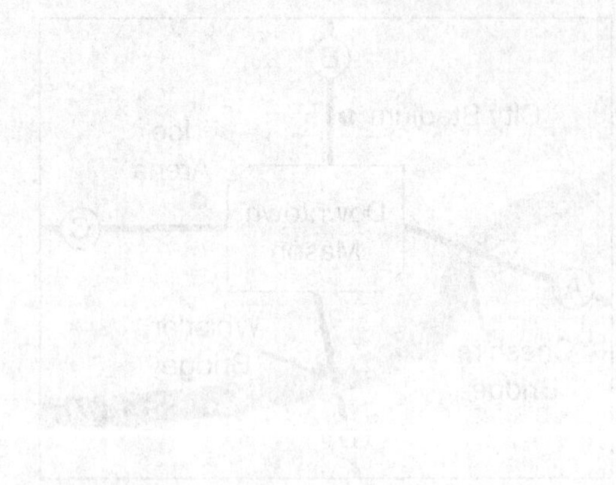

TEST 4

▶ 正解一覧は本冊の 160 ページ、解答・解説は 122 ～ 159 ページに掲載されています。

V3_T4-01 ~ V3_T4-07

LISTENING TEST

In the Listening test, you will be asked to demonstrate how well you understand spoken English. The entire Listening test will last approximately 45 minutes. There are four parts, and directions are given for each part. You must mark your answers on the separate answer sheet. Do not write your answers in your test book.

PART 1

Directions: For each question in this part, you will hear four statements about a picture in your test book. When you hear the statements, you must select the one statement that best describes what you see in the picture. Then find the number of the question on your answer sheet and mark your answer. The statements will not be printed in your test book and will be spoken only one time.

Statement (C), "They're sitting at a table," is the best description of the picture, so you should select answer (C) and mark it on your answer sheet.

1.

2.

GO ON TO THE NEXT PAGE

3.

4.

5.

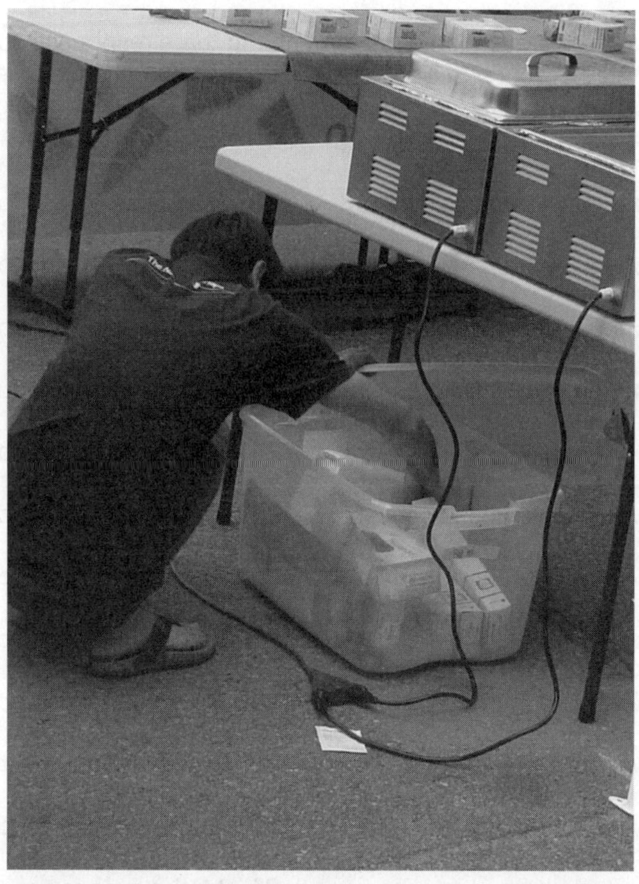

6.

GO ON TO THE NEXT PAGE

PART 2

V3_T4-08 ~ V3_T4-33

Directions: You will hear a question or statement and three responses spoken in English. They will not be printed in your test book and will be spoken only one time. Select the best response to the question or statement and mark the letter (A), (B), or (C) on your answer sheet.

7. Mark your answer on your answer sheet.

8. Mark your answer on your answer sheet.

9. Mark your answer on your answer sheet.

10. Mark your answer on your answer sheet.

11. Mark your answer on your answer sheet.

12. Mark your answer on your answer sheet.

13. Mark your answer on your answer sheet.

14. Mark your answer on your answer sheet.

15. Mark your answer on your answer sheet.

16. Mark your answer on your answer sheet.

17. Mark your answer on your answer sheet.

18. Mark your answer on your answer sheet.

19. Mark your answer on your answer sheet.

20. Mark your answer on your answer sheet.

21. Mark your answer on your answer sheet.

22. Mark your answer on your answer sheet.

23. Mark your answer on your answer sheet.

24. Mark your answer on your answer sheet.

25. Mark your answer on your answer sheet.

26. Mark your answer on your answer sheet.

27. Mark your answer on your answer sheet.

28. Mark your answer on your answer sheet.

29. Mark your answer on your answer sheet.

30. Mark your answer on your answer sheet.

31. Mark your answer on your answer sheet.

PART 3

V3_T4-34 ~ V3_T4-47

Directions: You will hear some conversations between two or more people. You will be asked to answer three questions about what the speakers say in each conversation. Select the best response to each question and mark the letter (A), (B), (C), or (D) on your answer sheet. The conversations will not be printed in your test book and will be spoken only one time.

32. Where most likely are the speakers?
(A) At a department store
(B) At a dry cleaning business
(C) At a concert venue
(D) At a convenience store

33. What has the man misplaced?
(A) A pair of tickets
(B) A jacket
(C) A receipt
(D) A credit card

34. What does the woman offer to do?
(A) Look throughout the building
(B) Ask someone to investigate
(C) Post a notice on a Web site
(D) Check some records

---

35. What does the woman inquire about?
(A) A product launch
(B) A printing date
(C) Promotional materials
(D) Some business associates

36. What will most likely happen on Wednesday?
(A) A shipment will arrive at the speakers' workplace.
(B) The woman will leave on a trip out of town.
(C) A committee will make a final decision.
(D) A new marketing campaign will begin.

37. What does the man say he will do on Friday?
(A) Review an agreement
(B) Meet with a customer
(C) Place an order
(D) Mail a brochure

---

38. What are the speakers discussing?
(A) A new product line
(B) An expansion plan
(C) A prospective client
(D) A company policy

39. What did the board of directors decide to do?
(A) Adopt a proposal
(B) Postpone a launch date
(C) Hire temporary employees
(D) Use a new supplier

40. According to the woman, what will happen after a trial period?
(A) A contract will be signed.
(B) A vote will be held.
(C) A price will be set.
(D) A study will be conducted.

---

41. Where does the woman probably work?
(A) At a publishing firm
(B) At a charitable foundation
(C) At a scientific institute
(D) At an advertising agency

42. Why is the woman calling?
(A) To request a donation
(B) To give a reminder
(C) To confirm a figure
(D) To extend a deadline

43. What does the man say about his company?
(A) It has a library for its workers.
(B) It handles its own advertising.
(C) It was mentioned in a journal article.
(D) It contributes to a variety of causes.

GO ON TO THE NEXT PAGE

44. Why is the man calling?
(A) To ask about a product design
(B) To request some shipping labels
(C) To announce a delivery
(D) To fulfill a client's request

45. What does the woman say about Absolute Solutions?
(A) It is collaborating on a project.
(B) It has hired a new engineer.
(C) It requested technical data.
(D) It has recently relocated.

46. What does the woman imply when she says, "I'm about to leave the office to run some errands in town"?
(A) She plans to visit Absolute Solutions today.
(B) She will be able to take a parcel to the post office.
(C) She will not be available to speak on the telephone.
(D) She does not need a package right now.

---

47. Who most likely are the speakers?
(A) Factory personnel
(B) Laboratory technicians
(C) Construction contractors
(D) Event organizers

48. What does the woman say about Dr. Hussein?
(A) He acquired some funding.
(B) He rejected a proposal.
(C) He completed his research.
(D) He appeared on a television show.

49. What has Dr. Hussein most likely been doing this week?
(A) Gathering some materials
(B) Inspecting a new facility
(C) Taking part in a conference
(D) Conducting some trials

---

50. What type of organization is the woman calling?
(A) A hair salon
(B) A fitness center
(C) A travel agency
(D) A consulting firm

51. What does the man say about Jenna Cassidy?
(A) She no longer works at the company.
(B) She is currently away on holiday.
(C) She will be busy with clients all day.
(D) She only works during the afternoon.

52. What does the man say the woman can do?
(A) Receive reimbursement
(B) Refer to a brochure
(C) Obtain some free merchandise
(D) Choose between schedule options

---

53. What has CCI most likely done?
(A) Provided a project status
(B) Released survey findings
(C) Made an advertising proposal
(D) Shared ideas for new products

54. Why does the woman say, "It's mostly younger people who buy our products"?
(A) To reveal her doubts about a strategy
(B) To emphasize her satisfaction with a result
(C) To show her support for a recommendation
(D) To express her surprise at a price

55. Who did the company recently hire?
(A) Product designers
(B) A marketing consultant
(C) Sales representatives
(D) A new department manager

---

56. What does the woman mention about Sky Stream?
(A) It has only afternoon flights available.
(B) It is less expensive than other airlines.
(C) It gives seat upgrades to club members.
(D) It will serve a meal on the flight.

57. Why do the men prefer flying in the morning?
(A) To arrive in time for a reception
(B) To take advantage of a promotional offer
(C) To avoid long lines at the airport
(D) To be alert enough to work on the plane

58. What do the men decide to do?
(A) Postpone an appointment
(B) Seek advice from a colleague
(C) Research other airlines
(D) Travel on separate flights

---

59. Who most likely is the man?
(A) An author
(B) A radio host
(C) An economist
(D) A tour guide

60. What has Samantha Chan done recently?
(A) She has received an award.
(B) She has published a book.
(C) She has started a business.
(D) She has taken a tour.

61. What does the man mention about Melbourne?
(A) He attended college there.
(B) He has never traveled there.
(C) He accepted a job there.
(D) He has relatives there.

Fresh Strudel	
Apple Caramel	$40
Sour Cherry	$35
Apple Cinnamon	$28
Creamy Cheese	$24

Allow at least 1 hour between order and pickup.
555-0199

62. Why is the party being held?
(A) To honor a retiring employee
(B) To commend the marketing team
(C) To mark the opening of a new branch
(D) To celebrate a colleague's promotion

63. Look at the graphic. What type of strudel does the man decide to order?
(A) Apple Caramel
(B) Sour Cherry
(C) Apple Cinnamon
(D) Creamy Cheese

64. When does the man say he wants to pick up his strudel?
(A) An hour from now
(B) At 5:00 P.M. this evening
(C) Tomorrow morning
(D) Tomorrow afternoon

GO ON TO THE NEXT PAGE

Director	Department
Kylie Munson	Sales
Ted Hopper	Research
Juan Valdez	Marketing
Virginia Cook	Personnel

65. Why is the woman traveling to London?
(A) To interview for a position
(B) To take a vacation
(C) To work as a consultant
(D) To visit some clients

66. What does the woman request?
(A) The minutes of a meeting
(B) A flight schedule
(C) A list of company names
(D) A hotel recommendation

67. Look at the graphic. Whose assistant is Hakeem Ali?
(A) Kylie Munson
(B) Ted Hopper
(C) Juan Valdez
(D) Virginia Cook

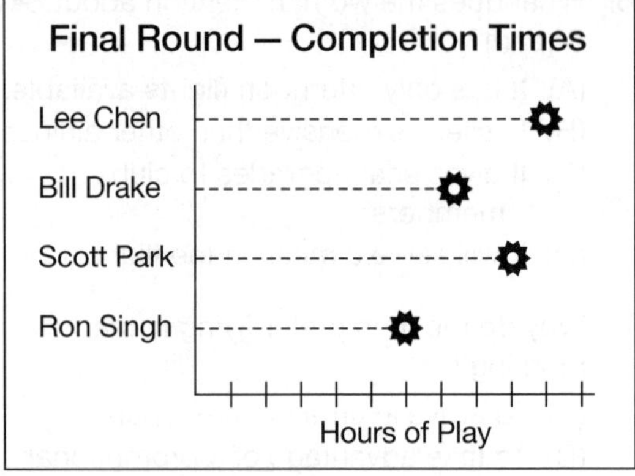

68. According to the woman, what increased during the past month?
(A) The number of tournament participants
(B) The downloads of a computer game
(C) The speed of an operating system
(D) The value of a competition prize

69. What does the man say about the final round of the competition?
(A) It was shown on a Web site.
(B) It was held at Gammacom headquarters.
(C) It was broadcast on television.
(D) It took place on a weekend.

70. Look at the graphic. Which player most likely won the overall competition?
(A) Lee Chen
(B) Bill Drake
(C) Scott Park
(D) Ron Singh

PART 4

V3_T4-48 ~ V3_T4-58

Directions: You will hear some talks given by a single speaker. You will be asked to answer three questions about what the speaker says in each talk. Select the best response to each question and mark the letter (A), (B), (C), or (D) on your answer sheet. The talks will not be printed in your test book and will be spoken only one time.

71. Who most likely are the listeners?
(A) Corporate recruiters
(B) Job seekers
(C) New employees
(D) Business owners

72. What does the speaker emphasize about the seminar?
(A) Its spacious venue
(B) Its affordable price
(C) Its range of topics
(D) Its strict policies

73. According to the speaker, what information on the program is a mistake?
(A) The name of an instructor
(B) The time of a workshop
(C) The location of a conference
(D) The subject of a lecture

---

74. What is being announced?
(A) An internship program
(B) A transfer opportunity
(C) A new marketing strategy
(D) A cost-cutting measure

75. Why should listeners contact Kenneth Barnes?
(A) To nominate colleagues
(B) To volunteer as a leader
(C) To obtain customer files
(D) To arrange transportation

76. What are managers asked to do?
(A) Reduce payroll
(B) Postpone projects
(C) Review budgets
(D) Offer incentives

---

77. According to the speaker, what needs to be renovated?
(A) An art gallery
(B) A portrait studio
(C) An auditorium
(D) A dance floor

78. What does the speaker mean when she says, "I'm sure we can do better"?
(A) She expects to raise more money.
(B) She wants to improve an exhibition.
(C) She believes a cheaper service is available.
(D) She is disappointed with the quality of a performance.

79. What does the speaker request that listeners do?
(A) Contribute money
(B) Share a space
(C) Speak to students
(D) Honor a contract

---

80. What opened recently at Hunter Beach?
(A) A luxury hotel
(B) A gourmet restaurant
(C) An amusement park
(D) A shopping center

81. According to the report, what happened on the opening day?
(A) A publicity campaign was launched.
(B) Journalists conducted interviews.
(C) Discount prices were offered.
(D) Many celebrities were present.

82. Who most likely is Niles Bailey?
(A) A well-known actor
(B) A fashion designer
(C) A noted architect
(D) A news reporter

GO ON TO THE NEXT PAGE

83. What does the speaker say about the clearance sale?
(A) It will take place in May.
(B) It is held every three months.
(C) It is an annual event.
(D) It will last only one day.

84. Why does the speaker say, "The Reebus boots have suddenly started selling well"?
(A) To praise the effectiveness of a strategy
(B) To recommend a brand for purchase
(C) To explain a change in plan
(D) To credit the listener with a success

85. What does the speaker say can be extended?
(A) The business hours of a store
(B) The display area for discounted shoes
(C) The duration of a promotional event
(D) The print date for some posters

---

86. What is the purpose of the talk?
(A) To promote a new novel
(B) To express appreciation for employees
(C) To present an award
(D) To introduce a guest lecturer

87. What does the speaker indicate about Chelsea Patel?
(A) She has published multiple works.
(B) She has spoken to the listeners on previous occasions.
(C) She is a well-known literary critic.
(D) She has twenty years of experience.

88. Who most likely are the listeners?
(A) Students in a writing course
(B) Employees at a publishing firm
(C) Faculty members of a university
(D) Attendees at a book-signing event

---

89. Why was the speaker unable to answer the listener's call?
(A) He was running errands.
(B) He was busy talking with someone else.
(C) He was out to lunch.
(D) He was visiting a client's office.

90. Why will the speaker most likely meet with the listener this week?
(A) To process an order
(B) To upgrade a system
(C) To discuss an agreement
(D) To prepare a presentation

91. What does the speaker mean when he says, "Just let me know"?
(A) He is willing to offer his assistance.
(B) He needs clarification on a policy issue.
(C) He is ready to begin work on an assignment.
(D) He wants to receive confirmation of a time.

---

92. What topic is the speaker mainly addressing?
(A) A ticketing policy
(B) A service disruption
(C) A route extension
(D) A station opening

93. According to the speaker, what happened last month?
(A) Travel fares were raised.
(B) New rules were implemented.
(C) Construction was completed.
(D) Surveys were conducted.

94. What will be highlighted in the publicity campaign?
(A) Increased safety
(B) More frequent service
(C) Greater convenience
(D) Improved fuel efficiency

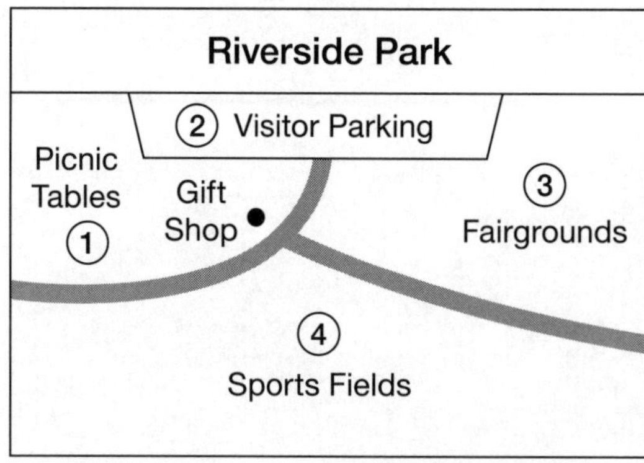

Pickford Museum
Regular Operating Hours
Monday - Thursday: 10:00 A.M. to 7:00 P.M.
Friday: 11:00 A.M. to 6:00 P.M.
Saturday: 9:00 A.M. to 9:00 P.M.
Sunday: 12:00 P.M. to 8:00 P.M.

95. Look at the graphic. In which section of the park will the event be held?
(A) Section 1
(B) Section 2
(C) Section 3
(D) Section 4

96. How will money raised at the event be used?
(A) To purchase new uniforms
(B) To resurface a parking area
(C) To expand a research facility
(D) To fund a construction project

97. What is listed on the organization's Web site?
(A) Items to be sold at auction
(B) Names of participating shops
(C) Places to leave contributions
(D) Projects requiring volunteers

98. Look at the graphic. When will the museum open on the third of September?
(A) At 9:00 A.M.
(B) At 10:00 A.M.
(C) At 11:00 A.M.
(D) At 12:00 P.M.

99. What will the museum do in early September?
(A) Waive the usual fees for admission
(B) Host a celebratory event
(C) Begin work on a renovation project
(D) Collaborate with a charitable organization

100. Who most likely is Gwyneth Harper?
(A) The owner of a catering service
(B) A well-known musical entertainer
(C) A featured artist at the new gallery
(D) The director of the Pickford Museum

This is the end of the Listening test.

TEST 5

▶ 正解一覧は本冊の 201 ページ、解答・解説は 162 ～ 200 ページに掲載されています。

LISTENING TEST

V3_T5-01 ~ V3_T5-07

In the Listening test, you will be asked to demonstrate how well you understand spoken English. The entire Listening test will last approximately 45 minutes. There are four parts, and directions are given for each part. You must mark your answers on the separate answer sheet. Do not write your answers in your test book.

PART 1

Directions: For each question in this part, you will hear four statements about a picture in your test book. When you hear the statements, you must select the one statement that best describes what you see in the picture. Then find the number of the question on your answer sheet and mark your answer. The statements will not be printed in your test book and will be spoken only one time.

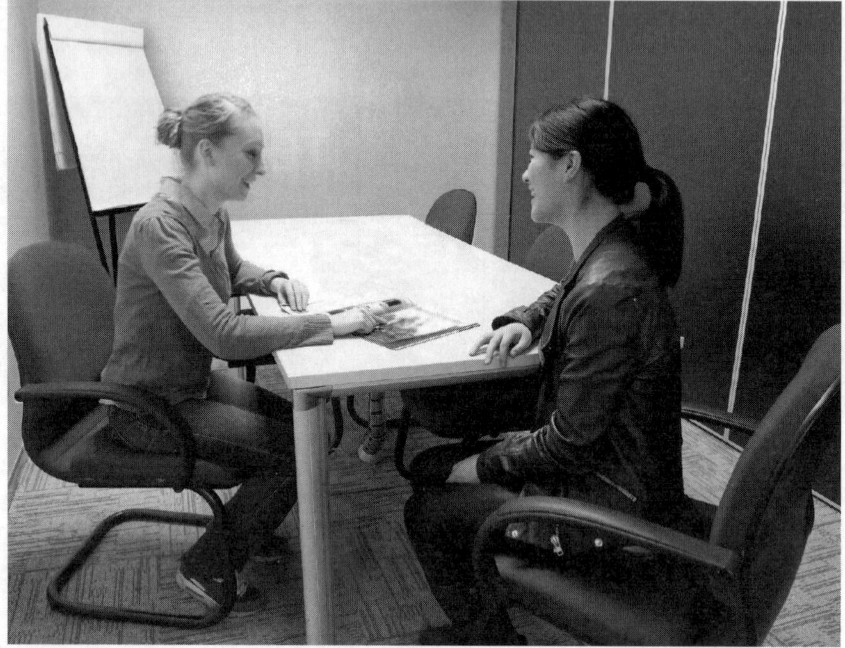

Statement (C), "They're sitting at a table," is the best description of the picture, so you should select answer (C) and mark it on your answer sheet.

1.

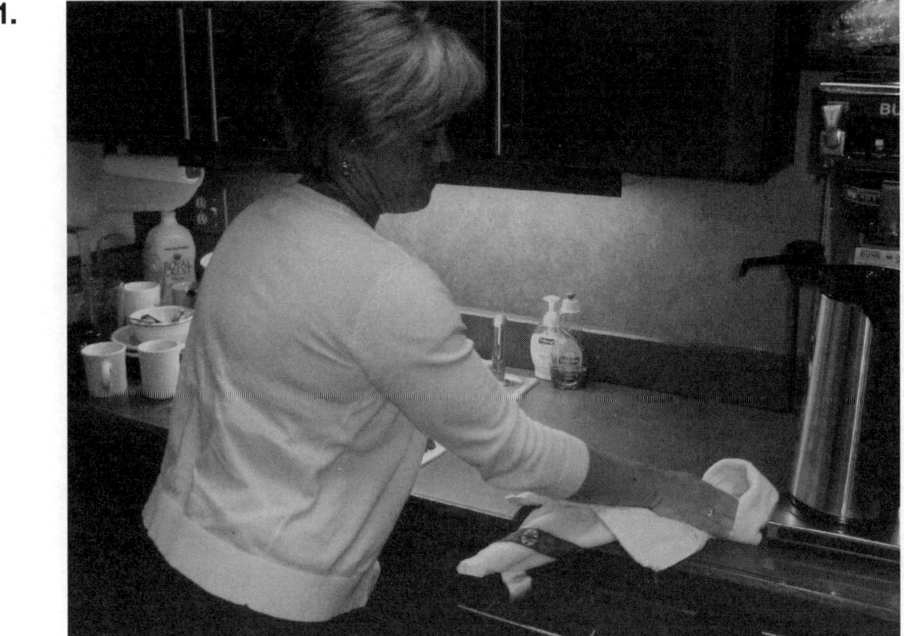

2.

GO ON TO THE NEXT PAGE →

3.

4.

5.

6.

GO ON TO THE NEXT PAGE

PART 2

V3_T5-08 ~ V3_T5-33

Directions: You will hear a question or statement and three responses spoken in English. They will not be printed in your test book and will be spoken only one time. Select the best response to the question or statement and mark the letter (A), (B), or (C) on your answer sheet.

7. Mark your answer on your answer sheet.

8. Mark your answer on your answer sheet.

9. Mark your answer on your answer sheet.

10. Mark your answer on your answer sheet.

11. Mark your answer on your answer sheet.

12. Mark your answer on your answer sheet.

13. Mark your answer on your answer sheet.

14. Mark your answer on your answer sheet.

15. Mark your answer on your answer sheet.

16. Mark your answer on your answer sheet.

17. Mark your answer on your answer sheet.

18. Mark your answer on your answer sheet.

19. Mark your answer on your answer sheet.

20. Mark your answer on your answer sheet.

21. Mark your answer on your answer sheet.

22. Mark your answer on your answer sheet.

23. Mark your answer on your answer sheet.

24. Mark your answer on your answer sheet.

25. Mark your answer on your answer sheet.

26. Mark your answer on your answer sheet.

27. Mark your answer on your answer sheet.

28. Mark your answer on your answer sheet.

29. Mark your answer on your answer sheet.

30. Mark your answer on your answer sheet.

31. Mark your answer on your answer sheet.

PART 3

V3_T5-34 ~ V3_T5-47

Directions: You will hear some conversations between two or more people. You will be asked to answer three questions about what the speakers say in each conversation. Select the best response to each question and mark the letter (A), (B), (C), or (D) on your answer sheet. The conversations will not be printed in your test book and will be spoken only one time.

32. Where does the woman probably work?
(A) At a hardware store
(B) At gift shop
(C) At a music store
(D) At an art gallery

33. Who most likely is Ernest Marcos?
(A) A musician
(B) A business manager
(C) A painter
(D) An interior decorator

34. What will the woman probably do next?
(A) Make a purchase
(B) Gather merchandise
(C) Obtain a list
(D) Make a phone call

---

35. What type of organization are the speakers discussing?
(A) A film studio
(B) A language school
(C) A movie theater
(D) A restaurant

36. What does the man say will be available this weekend?
(A) Complimentary refreshments
(B) Free admission to an event
(C) Special group lessons
(D) Discount vouchers

37. What does the woman say about Jean Dupree?
(A) He is her former instructor.
(B) He will accompany her to a dinner.
(C) He will show his work at a festival.
(D) He is a well-known chef.

---

38. Why is the woman calling?
(A) To confirm a location
(B) To get a referral
(C) To suggest a company
(D) To respond to a message

39. What does the man say about KLT employees?
(A) They worked with caution.
(B) They arrived ahead of schedule.
(C) They were very friendly.
(D) They covered the cost of some damage.

40. What does the man emphasize about KLT's service?
(A) It is reasonably priced.
(B) It is convenient.
(C) It is widely used.
(D) It is backed by a guarantee.

---

41. Who most likely is the woman?
(A) A travel agent
(B) A help desk employee
(C) A flight attendant
(D) An airline passenger

42. What are the men probably planning to do today?
(A) Take a flight to Brighton
(B) Visit some clients out of town
(C) Repair broken equipment
(D) Pick up a colleague

43. What does the woman say about Omega Air Flight 26?
(A) It has been cancelled.
(B) It is the only flight available.
(C) It will depart from a different gate.
(D) It will arrive sooner than expected.

GO ON TO THE NEXT PAGE

44. What is the man concerned about?
(A) Making errors in a report
(B) Missing a deadline
(C) Negotiating with a client
(D) Recruiting new staff

45. What has Ms. Anderson done?
(A) Canceled a project
(B) Changed a publication date
(C) Finalized a document
(D) Discounted a subscription

46. What will the man probably do next?
(A) Contact a colleague
(B) Fill out some paperwork
(C) Look through a briefcase
(D) Confirm an appointment time

---

47. What does the man inquire about?
(A) Performance reviews
(B) The opening of a business
(C) An upcoming workshop
(D) Preparations for a meeting

48. What has the woman asked her assistant to do?
(A) Design a few charts
(B) Make some extra copies
(C) Speak with a group of executives
(D) Get a conference room ready

49. Why does the man say, "The colors will look much brighter and more attractive"?
(A) To provide the reason for his action
(B) To compliment a colleague's idea
(C) To recommend using a professional service
(D) To convince the woman to make a change

---

50. What do the speakers say about Carl Spears?
(A) He was absent from a recent meeting.
(B) He is currently out to lunch.
(C) He will transfer to a different branch.
(D) He intends to take some time off.

51. In which part of the company does Carl Spears probably work?
(A) In the public relations department
(B) In the personnel department
(C) In the marketing department
(D) In the research department

52. According to the woman, what will happen in November?
(A) A recruiting campaign will begin.
(B) Some staff will take on extra duties.
(C) An employee's contract will expire.
(D) Some colleagues will return from abroad.

---

53. What caused Charlie to arrive late?
(A) He was delayed by heavy traffic.
(B) He received an important phone call.
(C) He needed to replace a tire.
(D) He forgot about the appointment.

54. Where most likely are the speakers?
(A) At a banquet hall
(B) At a conference center
(C) At a sports facility
(D) At a concert hall

55. What does the woman say about the venue?
(A) It is larger than she expected.
(B) It has comfortable chairs.
(C) It is especially crowded today.
(D) It has a confusing layout.

---

56. Who most likely are the speakers?
(A) Market researchers
(B) Interior designers
(C) Construction workers
(D) Hotel employees

57. According to the woman, why will people soon be coming to the city?
(A) To attend an exposition
(B) To finalize contract terms
(C) To tour a construction site
(D) To listen to a lecture

58. Why are the speakers considering paying more money?
(A) They want to use better materials.
(B) They want a project to finish faster.
(C) They want to reserve a larger venue.
(D) They want access to additional data.

---

59. What have the speakers probably been doing together?
(A) Taking a course
(B) Installing computers
(C) Creating a presentation
(D) Developing a Web site

60. What does the man imply when he says, "I've only needed to use my computer for word processing and spreadsheets"?
(A) He cannot answer the woman's question.
(B) He is unfamiliar with some software.
(C) He wants more challenging assignments.
(D) He is satisfied with his current equipment.

61. What does the woman suggest the man do?
(A) Ask a colleague for assistance
(B) Send a memorandum
(C) Download an application
(D) View video tutorials

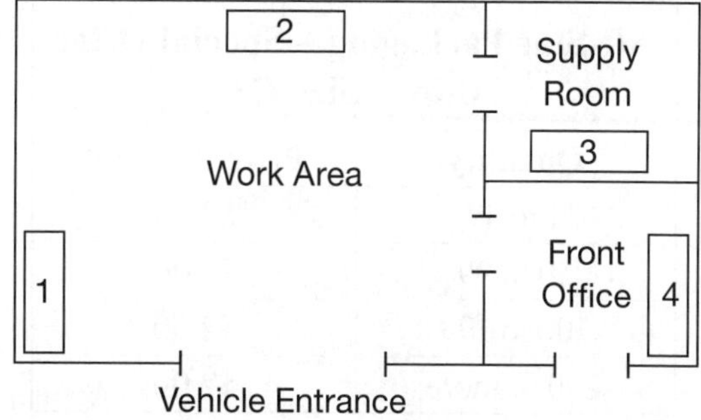

62. What is the woman's problem?
(A) A component is out of stock.
(B) A document is missing.
(C) A technician is unavailable.
(D) A device is not working properly.

63. What has the woman been assigned to do?
(A) Organize some paperwork
(B) Label storage locations
(C) Clean the supply room
(D) Order more materials

64. Look at the graphic. Where did Mr. Reeves ask the man to install shelves?
(A) Location 1
(B) Location 2
(C) Location 3
(D) Location 4

GO ON TO THE NEXT PAGE

All-Star Packaging – Special Offer Boxes: Size C3	
Quantity	**Price Per Unit**
1 to 49	$3.50
50 to 99	$3.00
100 to 199	$2.50
200 or more	$2.00

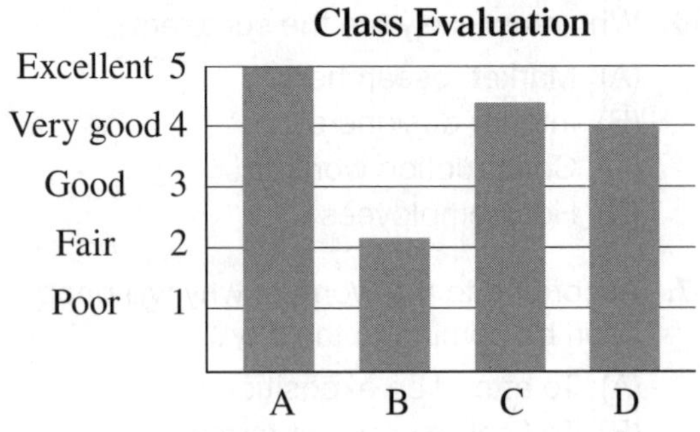

65. What did the man probably recommend?
(A) Presenting a gift to a colleague
(B) Shopping at a particular store
(C) Meeting with an advisor
(D) Subscribing to a magazine

66. What type of organization do the speakers most likely work for?
(A) A retail outlet
(B) A publishing firm
(C) A manufacturing plant
(D) A transport company

67. Look at the graphic. How much will the speakers pay for each size C3 box in their order?
(A) $2.00
(B) $2.50
(C) $3.00
(D) $3.50

68. When did students complete the survey forms?
(A) Today
(B) Yesterday
(C) Last week
(D) Two weeks ago

69. According to the speakers, what subject does Reiko Morita teach?
(A) Internet marketing
(B) Graphic design
(C) Computer repair
(D) Computer programming

70. Look at the graphic. What does bar B probably represent?
(A) Quality of the facility
(B) Quality of the textbook
(C) Quality of the computers
(D) Quality of the instructor

PART 4

V3_T5-48 ~ V3_T5-58

Directions: You will hear some talks given by a single speaker. You will be asked to answer three questions about what the speaker says in each talk. Select the best response to each question and mark the letter (A), (B), (C), or (D) on your answer sheet. The talks will not be printed in your test book and will be spoken only one time.

71. What does the speaker say about Pierre?
(A) He is undergoing training.
(B) He was hired a week ago.
(C) He is employed as chef.
(D) He is late for an appointment.

72. According to the speaker, what does Pierre want to do?
(A) Talk to the listeners in person
(B) Conduct a customer survey
(C) Finish a program quickly
(D) Issue an apology

73. What has recently been expanded at the restaurant?
(A) The dining area
(B) The food selection
(C) The kitchen facilities
(D) The size of the staff

---

74. Who most likely is the speaker?
(A) A company founder
(B) A travel agent
(C) An airline pilot
(D) An airport official

75. What does the speaker say about Dorchester Airport?
(A) It handles international flights.
(B) It is situated in an urban area.
(C) It has plans for future expansion.
(D) It has only a single runway.

76. What advantage of Sparrow does the speaker mention?
(A) It has short flight durations.
(B) It charges the lowest fares.
(C) It has a frequent-flyer program.
(D) It offers spacious seating.

---

77. What is being announced?
(A) A business merger
(B) A fundraising event
(C) A product trial
(D) An environmental initiative

78. What will volunteers be asked to do?
(A) Distribute beverage samples
(B) Solicit financial donations
(C) Remove litter from an outdoor area
(D) Arrive at a venue ahead of time

79. What does the speaker imply when he says, "don't take any chances"?
(A) People should do careful research.
(B) People should leave early enough.
(C) People should register soon.
(D) People should try to exceed a goal.

---

80. What will be the first stop on the tour?
(A) A new museum
(B) The Town Hall building
(C) The local marina
(D) An outdoor market

81. Where will the group eat lunch?
(A) At a city park
(B) On a sailboat
(C) In a fishing village
(D) At a museum

82. What does the speaker say about tickets?
(A) They are being held at the building entrance.
(B) They were purchased at a group rate.
(C) They are needed to access each site.
(D) They should be given to the guide now.

GO ON TO THE NEXT PAGE

83. What is the purpose of the message?
(A) To give feedback
(B) To request a sample
(C) To change a reservation
(D) To respond to an offer

84. What does the speaker propose?
(A) Taking new photographs
(B) Using different colors
(C) Enlarging some photos
(D) Discounting the price

85. Why does the speaker say, "The scenery surrounding the resort is one of our major selling points"?
(A) She is suggesting a suitable location.
(B) She is explaining the need for caution.
(C) She is giving the reason for a request.
(D) She is pleased with the work of landscapers.

---

86. Why does the speaker say, "we're almost there"?
(A) To indicate progress toward a financial goal
(B) To inform listeners that they will arrive at a factory shortly
(C) To point out a location on a map
(D) To remind listeners of a deadline

87. According to the speaker, what did Mr. O'Malley recommend?
(A) Expanding a storage facility
(B) Offering discounts to customers
(C) Replacing outdated machinery
(D) Buying larger quantities of materials

88. What does the speaker suggest doing next?
(A) Contacting various suppliers
(B) Developing a new product line
(C) Trying to increase efficiency
(D) Assembling some equipment

---

89. According to the announcement, what will be demonstrated in the store?
(A) The safe use of hand-held power tools
(B) Methods for applying wallpaper
(C) The effectiveness of a new brand of home appliance
(D) A procedure for constructing cabinets

90. What does the speaker emphasize about Peter Knolls?
(A) His innovative design ideas
(B) His industry experience
(C) His managerial skills
(D) His use of high-quality materials

91. According to the announcement, where are publications displayed?
(A) In the building supplies section
(B) Outside the front entrance
(C) Near the checkout area
(D) In a particular aisle of the store

---

92. Who most likely is the speaker?
(A) A production manager
(B) A sales representative
(C) A receptionist
(D) An event organizer

93. Why is the speaker calling?
(A) To explain a production delay
(B) To place an order
(C) To arrange a visit
(D) To ask about available positions

94. What has the speaker already done?
(A) Delivered some product samples
(B) Sent a catalog to the listener
(C) Installed a piece of equipment
(D) Changed the content of a presentation

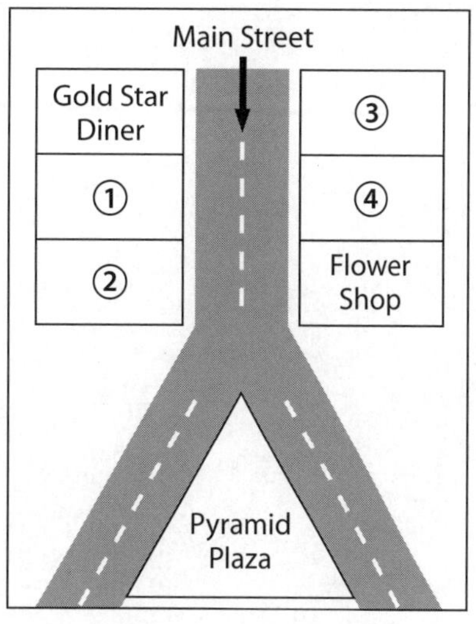

95. What is stated about the Silverton Storm basketball team?

(A) It has won several consecutive games.
(B) It currently leads its division.
(C) It has recently signed a famous player.
(D) It is the league's defending champion.

96. Look at the graphic. What is the jersey number of tonight's award-winning player?

(A) Number 11
(B) Number 24
(C) Number 33
(D) Number 50

97. What does the speaker say about tickets for the Storm's next game?

(A) They will go on sale starting Saturday.
(B) They were discounted for a limited time.
(C) They will be offered as a contest prize.
(D) They are likely to sell out quickly.

98. Look at the graphic. Where is the Emerald Tower Hotel most likely located?

(A) Building 1
(B) Building 2
(C) Building 3
(D) Building 4

99. How does the speaker recommend getting to Unity Station?

(A) By walking
(B) By catching a taxi
(C) By taking a bus
(D) By riding a bicycle

100. What most likely is the main purpose of the listeners' trip to Littleton?

(A) To try to sell merchandise
(B) To participate in a sightseeing tour
(C) To carry out market research
(D) To take part in a training session

This is the end of the Listening test.

キリトリ

TOEIC® L&R テスト 精選模試 リスニング 3 TEST 1

Answer Sheet

実施日	年　月　日

Part 1					Part 2														Part 3				
No.	ANSWER				No.	ANSWER			No.	ANSWER			No.	ANSWER					No.	ANSWER			
	A	B	C	D		A	B	C		A	B	C		A	B	C	D			A	B	C	D
1	A	B	C	D	11	A	B	C	21	A	B	C	31	A	B	C			41	A	B	C	D
2	A	B	C	D	12	A	B	C	22	A	B	C	32	A	B	C	D		42	A	B	C	D
3	A	B	C	D	13	A	B	C	23	A	B	C	33	A	B	C	D		43	A	B	C	D
4	A	B	C	D	14	A	B	C	24	A	B	C	34	A	B	C	D		44	A	B	C	D
5	A	B	C	D	15	A	B	C	25	A	B	C	35	A	B	C	D		45	A	B	C	D
6	A	B	C	D	16	A	B	C	26	A	B	C	36	A	B	C	D		46	A	B	C	D
7	A	B	C		17	A	B	C	27	A	B	C	37	A	B	C	D		47	A	B	C	D
8	A	B	C		18	A	B	C	28	A	B	C	38	A	B	C	D		48	A	B	C	D
9	A	B	C		19	A	B	C	29	A	B	C	39	A	B	C	D		49	A	B	C	D
10	A	B	C		20	A	B	C	30	A	B	C	40	A	B	C	D		50	A	B	C	D

Part 3										Part 4														
No.	ANSWER				No.	ANSWER				No.	ANSWER				No.	ANSWER				No.	ANSWER			
	A	B	C	D		A	B	C	D		A	B	C	D		A	B	C	D		A	B	C	D
51	A	B	C	D	61	A	B	C	D	71	A	B	C	D	81	A	B	C	D	91	A	B	C	D
52	A	B	C	D	62	A	B	C	D	72	A	B	C	D	82	A	B	C	D	92	A	B	C	D
53	A	B	C	D	63	A	B	C	D	73	A	B	C	D	83	A	B	C	D	93	A	B	C	D
54	A	B	C	D	64	A	B	C	D	74	A	B	C	D	84	A	B	C	D	94	A	B	C	D
55	A	B	C	D	65	A	B	C	D	75	A	B	C	D	85	A	B	C	D	95	A	B	C	D
56	A	B	C	D	66	A	B	C	D	76	A	B	C	D	86	A	B	C	D	96	A	B	C	D
57	A	B	C	D	67	A	B	C	D	77	A	B	C	D	87	A	B	C	D	97	A	B	C	D
58	A	B	C	D	68	A	B	C	D	78	A	B	C	D	88	A	B	C	D	98	A	B	C	D
59	A	B	C	D	69	A	B	C	D	79	A	B	C	D	89	A	B	C	D	99	A	B	C	D
60	A	B	C	D	70	A	B	C	D	80	A	B	C	D	90	A	B	C	D	100	A	B	C	D

キリトリ

TOEIC® L&R テスト 精選模試 リスニング3 TEST 2

Answer Sheet

実施日	年　月　日

Part 1					Part 2													Part 3															Part 4														
No.	ANSWER				No.	ANSWER			No.	ANSWER			No.	ANSWER				No.	ANSWER				No.	ANSWER				No.	ANSWER				No.	ANSWER				No.	ANSWER				No.	ANSWER			
	A	B	C	D		A	B	C		A	B	C		A	B	C	D		A	B	C	D		A	B	C	D		A	B	C	D		A	B	C	D		A	B	C	D		A	B	C	D
1	Ⓐ	Ⓑ	Ⓒ	Ⓓ	11	Ⓐ	Ⓑ	Ⓒ	21	Ⓐ	Ⓑ	Ⓒ	31	Ⓐ	Ⓑ	Ⓒ		41	Ⓐ	Ⓑ	Ⓒ	Ⓓ	51	Ⓐ	Ⓑ	Ⓒ	Ⓓ	61	Ⓐ	Ⓑ	Ⓒ	Ⓓ	71	Ⓐ	Ⓑ	Ⓒ	Ⓓ	81	Ⓐ	Ⓑ	Ⓒ	Ⓓ	91	Ⓐ	Ⓑ	Ⓒ	Ⓓ
2	Ⓐ	Ⓑ	Ⓒ	Ⓓ	12	Ⓐ	Ⓑ	Ⓒ	22	Ⓐ	Ⓑ	Ⓒ	32	Ⓐ	Ⓑ	Ⓒ	Ⓓ	42	Ⓐ	Ⓑ	Ⓒ	Ⓓ	52	Ⓐ	Ⓑ	Ⓒ	Ⓓ	62	Ⓐ	Ⓑ	Ⓒ	Ⓓ	72	Ⓐ	Ⓑ	Ⓒ	Ⓓ	82	Ⓐ	Ⓑ	Ⓒ	Ⓓ	92	Ⓐ	Ⓑ	Ⓒ	Ⓓ
3	Ⓐ	Ⓑ	Ⓒ	Ⓓ	13	Ⓐ	Ⓑ	Ⓒ	23	Ⓐ	Ⓑ	Ⓒ	33	Ⓐ	Ⓑ	Ⓒ	Ⓓ	43	Ⓐ	Ⓑ	Ⓒ	Ⓓ	53	Ⓐ	Ⓑ	Ⓒ	Ⓓ	63	Ⓐ	Ⓑ	Ⓒ	Ⓓ	73	Ⓐ	Ⓑ	Ⓒ	Ⓓ	83	Ⓐ	Ⓑ	Ⓒ	Ⓓ	93	Ⓐ	Ⓑ	Ⓒ	Ⓓ
4	Ⓐ	Ⓑ	Ⓒ	Ⓓ	14	Ⓐ	Ⓑ	Ⓒ	24	Ⓐ	Ⓑ	Ⓒ	34	Ⓐ	Ⓑ	Ⓒ	Ⓓ	44	Ⓐ	Ⓑ	Ⓒ	Ⓓ	54	Ⓐ	Ⓑ	Ⓒ	Ⓓ	64	Ⓐ	Ⓑ	Ⓒ	Ⓓ	74	Ⓐ	Ⓑ	Ⓒ	Ⓓ	84	Ⓐ	Ⓑ	Ⓒ	Ⓓ	94	Ⓐ	Ⓑ	Ⓒ	Ⓓ
5	Ⓐ	Ⓑ	Ⓒ	Ⓓ	15	Ⓐ	Ⓑ	Ⓒ	25	Ⓐ	Ⓑ	Ⓒ	35	Ⓐ	Ⓑ	Ⓒ	Ⓓ	45	Ⓐ	Ⓑ	Ⓒ	Ⓓ	55	Ⓐ	Ⓑ	Ⓒ	Ⓓ	65	Ⓐ	Ⓑ	Ⓒ	Ⓓ	75	Ⓐ	Ⓑ	Ⓒ	Ⓓ	85	Ⓐ	Ⓑ	Ⓒ	Ⓓ	95	Ⓐ	Ⓑ	Ⓒ	Ⓓ
6	Ⓐ	Ⓑ	Ⓒ	Ⓓ	16	Ⓐ	Ⓑ	Ⓒ	26	Ⓐ	Ⓑ	Ⓒ	36	Ⓐ	Ⓑ	Ⓒ	Ⓓ	46	Ⓐ	Ⓑ	Ⓒ	Ⓓ	56	Ⓐ	Ⓑ	Ⓒ	Ⓓ	66	Ⓐ	Ⓑ	Ⓒ	Ⓓ	76	Ⓐ	Ⓑ	Ⓒ	Ⓓ	86	Ⓐ	Ⓑ	Ⓒ	Ⓓ	96	Ⓐ	Ⓑ	Ⓒ	Ⓓ
7	Ⓐ	Ⓑ	Ⓒ		17	Ⓐ	Ⓑ	Ⓒ	27	Ⓐ	Ⓑ	Ⓒ	37	Ⓐ	Ⓑ	Ⓒ	Ⓓ	47	Ⓐ	Ⓑ	Ⓒ	Ⓓ	57	Ⓐ	Ⓑ	Ⓒ	Ⓓ	67	Ⓐ	Ⓑ	Ⓒ	Ⓓ	77	Ⓐ	Ⓑ	Ⓒ	Ⓓ	87	Ⓐ	Ⓑ	Ⓒ	Ⓓ	97	Ⓐ	Ⓑ	Ⓒ	Ⓓ
8	Ⓐ	Ⓑ	Ⓒ		18	Ⓐ	Ⓑ	Ⓒ	28	Ⓐ	Ⓑ	Ⓒ	38	Ⓐ	Ⓑ	Ⓒ	Ⓓ	48	Ⓐ	Ⓑ	Ⓒ	Ⓓ	58	Ⓐ	Ⓑ	Ⓒ	Ⓓ	68	Ⓐ	Ⓑ	Ⓒ	Ⓓ	78	Ⓐ	Ⓑ	Ⓒ	Ⓓ	88	Ⓐ	Ⓑ	Ⓒ	Ⓓ	98	Ⓐ	Ⓑ	Ⓒ	Ⓓ
9	Ⓐ	Ⓑ	Ⓒ		19	Ⓐ	Ⓑ	Ⓒ	29	Ⓐ	Ⓑ	Ⓒ	39	Ⓐ	Ⓑ	Ⓒ	Ⓓ	49	Ⓐ	Ⓑ	Ⓒ	Ⓓ	59	Ⓐ	Ⓑ	Ⓒ	Ⓓ	69	Ⓐ	Ⓑ	Ⓒ	Ⓓ	79	Ⓐ	Ⓑ	Ⓒ	Ⓓ	89	Ⓐ	Ⓑ	Ⓒ	Ⓓ	99	Ⓐ	Ⓑ	Ⓒ	Ⓓ
10	Ⓐ	Ⓑ	Ⓒ		20	Ⓐ	Ⓑ	Ⓒ	30	Ⓐ	Ⓑ	Ⓒ	40	Ⓐ	Ⓑ	Ⓒ	Ⓓ	50	Ⓐ	Ⓑ	Ⓒ	Ⓓ	60	Ⓐ	Ⓑ	Ⓒ	Ⓓ	70	Ⓐ	Ⓑ	Ⓒ	Ⓓ	80	Ⓐ	Ⓑ	Ⓒ	Ⓓ	90	Ⓐ	Ⓑ	Ⓒ	Ⓓ	100	Ⓐ	Ⓑ	Ⓒ	Ⓓ

キリトリ

TOEIC® L&R テスト 精選模試 リスニング3 TEST 3

Answer Sheet

実施日	年	月	日

Part 1

No.	A	B	C	D
1	A	B	C	D
2	A	B	C	D
3	A	B	C	D
4	A	B	C	D
5	A	B	C	D
6	A	B	C	D
7	A	B	C	
8	A	B	C	
9	A	B	C	
10	A	B	C	

Part 2

No.	A	B	C	No.	A	B	C	No.	A	B	C	D
11	A	B	C	21	A	B	C	31	A	B	C	
12	A	B	C	22	A	B	C	32	A	B	C	D
13	A	B	C	23	A	B	C	33	A	B	C	D
14	A	B	C	24	A	B	C	34	A	B	C	D
15	A	B	C	25	A	B	C	35	A	B	C	D
16	A	B	C	26	A	B	C	36	A	B	C	D
17	A	B	C	27	A	B	C	37	A	B	C	D
18	A	B	C	28	A	B	C	38	A	B	C	D
19	A	B	C	29	A	B	C	39	A	B	C	D
20	A	B	C	30	A	B	C	40	A	B	C	D

Part 3

No.	A	B	C	D	No.	A	B	C	D	No.	A	B	C	D
41	A	B	C	D	51	A	B	C	D	61	A	B	C	D
42	A	B	C	D	52	A	B	C	D	62	A	B	C	D
43	A	B	C	D	53	A	B	C	D	63	A	B	C	D
44	A	B	C	D	54	A	B	C	D	64	A	B	C	D
45	A	B	C	D	55	A	B	C	D	65	A	B	C	D
46	A	B	C	D	56	A	B	C	D	66	A	B	C	D
47	A	B	C	D	57	A	B	C	D	67	A	B	C	D
48	A	B	C	D	58	A	B	C	D	68	A	B	C	D
49	A	B	C	D	59	A	B	C	D	69	A	B	C	D
50	A	B	C	D	60	A	B	C	D	70	A	B	C	D

Part 4

No.	A	B	C	D	No.	A	B	C	D	No.	A	B	C	D
71	A	B	C	D	81	A	B	C	D	91	A	B	C	D
72	A	B	C	D	82	A	B	C	D	92	A	B	C	D
73	A	B	C	D	83	A	B	C	D	93	A	B	C	D
74	A	B	C	D	84	A	B	C	D	94	A	B	C	D
75	A	B	C	D	85	A	B	C	D	95	A	B	C	D
76	A	B	C	D	86	A	B	C	D	96	A	B	C	D
77	A	B	C	D	87	A	B	C	D	97	A	B	C	D
78	A	B	C	D	88	A	B	C	D	98	A	B	C	D
79	A	B	C	D	89	A	B	C	D	99	A	B	C	D
80	A	B	C	D	90	A	B	C	D	100	A	B	C	D

キリトリ

TOEIC® L&R テスト 精選模試 リスニング 3 TEST 4

Answer Sheet

実施日	年　月　日

Part 1

No.	A	B	C	D
1	Ⓐ	Ⓑ	Ⓒ	Ⓓ
2	Ⓐ	Ⓑ	Ⓒ	Ⓓ
3	Ⓐ	Ⓑ	Ⓒ	Ⓓ
4	Ⓐ	Ⓑ	Ⓒ	Ⓓ
5	Ⓐ	Ⓑ	Ⓒ	Ⓓ
6	Ⓐ	Ⓑ	Ⓒ	Ⓓ
7	Ⓐ	Ⓑ	Ⓒ	
8	Ⓐ	Ⓑ	Ⓒ	
9	Ⓐ	Ⓑ	Ⓒ	
10	Ⓐ	Ⓑ	Ⓒ	

Part 2

No.	A	B	C	No.	A	B	C	No.	A	B	C	D
11	Ⓐ	Ⓑ	Ⓒ	21	Ⓐ	Ⓑ	Ⓒ	31	Ⓐ	Ⓑ	Ⓒ	
12	Ⓐ	Ⓑ	Ⓒ	22	Ⓐ	Ⓑ	Ⓒ	32	Ⓐ	Ⓑ	Ⓒ	Ⓓ
13	Ⓐ	Ⓑ	Ⓒ	23	Ⓐ	Ⓑ	Ⓒ	33	Ⓐ	Ⓑ	Ⓒ	Ⓓ
14	Ⓐ	Ⓑ	Ⓒ	24	Ⓐ	Ⓑ	Ⓒ	34	Ⓐ	Ⓑ	Ⓒ	Ⓓ
15	Ⓐ	Ⓑ	Ⓒ	25	Ⓐ	Ⓑ	Ⓒ	35	Ⓐ	Ⓑ	Ⓒ	Ⓓ
16	Ⓐ	Ⓑ	Ⓒ	26	Ⓐ	Ⓑ	Ⓒ	36	Ⓐ	Ⓑ	Ⓒ	Ⓓ
17	Ⓐ	Ⓑ	Ⓒ	27	Ⓐ	Ⓑ	Ⓒ	37	Ⓐ	Ⓑ	Ⓒ	Ⓓ
18	Ⓐ	Ⓑ	Ⓒ	28	Ⓐ	Ⓑ	Ⓒ	38	Ⓐ	Ⓑ	Ⓒ	Ⓓ
19	Ⓐ	Ⓑ	Ⓒ	29	Ⓐ	Ⓑ	Ⓒ	39	Ⓐ	Ⓑ	Ⓒ	Ⓓ
20	Ⓐ	Ⓑ	Ⓒ	30	Ⓐ	Ⓑ	Ⓒ	40	Ⓐ	Ⓑ	Ⓒ	Ⓓ

Part 3

No.	A	B	C	D	No.	A	B	C	D	No.	A	B	C	D
41	Ⓐ	Ⓑ	Ⓒ	Ⓓ	51	Ⓐ	Ⓑ	Ⓒ	Ⓓ	61	Ⓐ	Ⓑ	Ⓒ	Ⓓ
42	Ⓐ	Ⓑ	Ⓒ	Ⓓ	52	Ⓐ	Ⓑ	Ⓒ	Ⓓ	62	Ⓐ	Ⓑ	Ⓒ	Ⓓ
43	Ⓐ	Ⓑ	Ⓒ	Ⓓ	53	Ⓐ	Ⓑ	Ⓒ	Ⓓ	63	Ⓐ	Ⓑ	Ⓒ	Ⓓ
44	Ⓐ	Ⓑ	Ⓒ	Ⓓ	54	Ⓐ	Ⓑ	Ⓒ	Ⓓ	64	Ⓐ	Ⓑ	Ⓒ	Ⓓ
45	Ⓐ	Ⓑ	Ⓒ	Ⓓ	55	Ⓐ	Ⓑ	Ⓒ	Ⓓ	65	Ⓐ	Ⓑ	Ⓒ	Ⓓ
46	Ⓐ	Ⓑ	Ⓒ	Ⓓ	56	Ⓐ	Ⓑ	Ⓒ	Ⓓ	66	Ⓐ	Ⓑ	Ⓒ	Ⓓ
47	Ⓐ	Ⓑ	Ⓒ	Ⓓ	57	Ⓐ	Ⓑ	Ⓒ	Ⓓ	67	Ⓐ	Ⓑ	Ⓒ	Ⓓ
48	Ⓐ	Ⓑ	Ⓒ	Ⓓ	58	Ⓐ	Ⓑ	Ⓒ	Ⓓ	68	Ⓐ	Ⓑ	Ⓒ	Ⓓ
49	Ⓐ	Ⓑ	Ⓒ	Ⓓ	59	Ⓐ	Ⓑ	Ⓒ	Ⓓ	69	Ⓐ	Ⓑ	Ⓒ	Ⓓ
50	Ⓐ	Ⓑ	Ⓒ	Ⓓ	60	Ⓐ	Ⓑ	Ⓒ	Ⓓ	70	Ⓐ	Ⓑ	Ⓒ	Ⓓ

Part 4

No.	A	B	C	D	No.	A	B	C	D	No.	A	B	C	D
71	Ⓐ	Ⓑ	Ⓒ	Ⓓ	81	Ⓐ	Ⓑ	Ⓒ	Ⓓ	91	Ⓐ	Ⓑ	Ⓒ	Ⓓ
72	Ⓐ	Ⓑ	Ⓒ	Ⓓ	82	Ⓐ	Ⓑ	Ⓒ	Ⓓ	92	Ⓐ	Ⓑ	Ⓒ	Ⓓ
73	Ⓐ	Ⓑ	Ⓒ	Ⓓ	83	Ⓐ	Ⓑ	Ⓒ	Ⓓ	93	Ⓐ	Ⓑ	Ⓒ	Ⓓ
74	Ⓐ	Ⓑ	Ⓒ	Ⓓ	84	Ⓐ	Ⓑ	Ⓒ	Ⓓ	94	Ⓐ	Ⓑ	Ⓒ	Ⓓ
75	Ⓐ	Ⓑ	Ⓒ	Ⓓ	85	Ⓐ	Ⓑ	Ⓒ	Ⓓ	95	Ⓐ	Ⓑ	Ⓒ	Ⓓ
76	Ⓐ	Ⓑ	Ⓒ	Ⓓ	86	Ⓐ	Ⓑ	Ⓒ	Ⓓ	96	Ⓐ	Ⓑ	Ⓒ	Ⓓ
77	Ⓐ	Ⓑ	Ⓒ	Ⓓ	87	Ⓐ	Ⓑ	Ⓒ	Ⓓ	97	Ⓐ	Ⓑ	Ⓒ	Ⓓ
78	Ⓐ	Ⓑ	Ⓒ	Ⓓ	88	Ⓐ	Ⓑ	Ⓒ	Ⓓ	98	Ⓐ	Ⓑ	Ⓒ	Ⓓ
79	Ⓐ	Ⓑ	Ⓒ	Ⓓ	89	Ⓐ	Ⓑ	Ⓒ	Ⓓ	99	Ⓐ	Ⓑ	Ⓒ	Ⓓ
80	Ⓐ	Ⓑ	Ⓒ	Ⓓ	90	Ⓐ	Ⓑ	Ⓒ	Ⓓ	100	Ⓐ	Ⓑ	Ⓒ	Ⓓ

キリトリ

TOEIC® L&R テスト 精選模試 リスニング 3 TEST 5

Answer Sheet

実施日	年　月　日

Part 1 / Part 2

No.	A	B	C	D	No.	A	B	C	No.	A	B	C	No.	A	B	C	D
1	Ⓐ	Ⓑ	Ⓒ	Ⓓ	11	Ⓐ	Ⓑ	Ⓒ	21	Ⓐ	Ⓑ	Ⓒ	31	Ⓐ	Ⓑ	Ⓒ	
2	Ⓐ	Ⓑ	Ⓒ	Ⓓ	12	Ⓐ	Ⓑ	Ⓒ	22	Ⓐ	Ⓑ	Ⓒ	32	Ⓐ	Ⓑ	Ⓒ	Ⓓ
3	Ⓐ	Ⓑ	Ⓒ	Ⓓ	13	Ⓐ	Ⓑ	Ⓒ	23	Ⓐ	Ⓑ	Ⓒ	33	Ⓐ	Ⓑ	Ⓒ	Ⓓ
4	Ⓐ	Ⓑ	Ⓒ	Ⓓ	14	Ⓐ	Ⓑ	Ⓒ	24	Ⓐ	Ⓑ	Ⓒ	34	Ⓐ	Ⓑ	Ⓒ	Ⓓ
5	Ⓐ	Ⓑ	Ⓒ	Ⓓ	15	Ⓐ	Ⓑ	Ⓒ	25	Ⓐ	Ⓑ	Ⓒ	35	Ⓐ	Ⓑ	Ⓒ	Ⓓ
6	Ⓐ	Ⓑ	Ⓒ	Ⓓ	16	Ⓐ	Ⓑ	Ⓒ	26	Ⓐ	Ⓑ	Ⓒ	36	Ⓐ	Ⓑ	Ⓒ	Ⓓ
7	Ⓐ	Ⓑ	Ⓒ		17	Ⓐ	Ⓑ	Ⓒ	27	Ⓐ	Ⓑ	Ⓒ	37	Ⓐ	Ⓑ	Ⓒ	Ⓓ
8	Ⓐ	Ⓑ	Ⓒ		18	Ⓐ	Ⓑ	Ⓒ	28	Ⓐ	Ⓑ	Ⓒ	38	Ⓐ	Ⓑ	Ⓒ	Ⓓ
9	Ⓐ	Ⓑ	Ⓒ		19	Ⓐ	Ⓑ	Ⓒ	29	Ⓐ	Ⓑ	Ⓒ	39	Ⓐ	Ⓑ	Ⓒ	Ⓓ
10	Ⓐ	Ⓑ	Ⓒ		20	Ⓐ	Ⓑ	Ⓒ	30	Ⓐ	Ⓑ	Ⓒ	40	Ⓐ	Ⓑ	Ⓒ	Ⓓ

Part 3

No.	A	B	C	D	No.	A	B	C	D	No.	A	B	C	D
41	Ⓐ	Ⓑ	Ⓒ	Ⓓ	51	Ⓐ	Ⓑ	Ⓒ	Ⓓ	61	Ⓐ	Ⓑ	Ⓒ	Ⓓ
42	Ⓐ	Ⓑ	Ⓒ	Ⓓ	52	Ⓐ	Ⓑ	Ⓒ	Ⓓ	62	Ⓐ	Ⓑ	Ⓒ	Ⓓ
43	Ⓐ	Ⓑ	Ⓒ	Ⓓ	53	Ⓐ	Ⓑ	Ⓒ	Ⓓ	63	Ⓐ	Ⓑ	Ⓒ	Ⓓ
44	Ⓐ	Ⓑ	Ⓒ	Ⓓ	54	Ⓐ	Ⓑ	Ⓒ	Ⓓ	64	Ⓐ	Ⓑ	Ⓒ	Ⓓ
45	Ⓐ	Ⓑ	Ⓒ	Ⓓ	55	Ⓐ	Ⓑ	Ⓒ	Ⓓ	65	Ⓐ	Ⓑ	Ⓒ	Ⓓ
46	Ⓐ	Ⓑ	Ⓒ	Ⓓ	56	Ⓐ	Ⓑ	Ⓒ	Ⓓ	66	Ⓐ	Ⓑ	Ⓒ	Ⓓ
47	Ⓐ	Ⓑ	Ⓒ	Ⓓ	57	Ⓐ	Ⓑ	Ⓒ	Ⓓ	67	Ⓐ	Ⓑ	Ⓒ	Ⓓ
48	Ⓐ	Ⓑ	Ⓒ	Ⓓ	58	Ⓐ	Ⓑ	Ⓒ	Ⓓ	68	Ⓐ	Ⓑ	Ⓒ	Ⓓ
49	Ⓐ	Ⓑ	Ⓒ	Ⓓ	59	Ⓐ	Ⓑ	Ⓒ	Ⓓ	69	Ⓐ	Ⓑ	Ⓒ	Ⓓ
50	Ⓐ	Ⓑ	Ⓒ	Ⓓ	60	Ⓐ	Ⓑ	Ⓒ	Ⓓ	70	Ⓐ	Ⓑ	Ⓒ	Ⓓ

Part 4

No.	A	B	C	D	No.	A	B	C	D	No.	A	B	C	D
71	Ⓐ	Ⓑ	Ⓒ	Ⓓ	81	Ⓐ	Ⓑ	Ⓒ	Ⓓ	91	Ⓐ	Ⓑ	Ⓒ	Ⓓ
72	Ⓐ	Ⓑ	Ⓒ	Ⓓ	82	Ⓐ	Ⓑ	Ⓒ	Ⓓ	92	Ⓐ	Ⓑ	Ⓒ	Ⓓ
73	Ⓐ	Ⓑ	Ⓒ	Ⓓ	83	Ⓐ	Ⓑ	Ⓒ	Ⓓ	93	Ⓐ	Ⓑ	Ⓒ	Ⓓ
74	Ⓐ	Ⓑ	Ⓒ	Ⓓ	84	Ⓐ	Ⓑ	Ⓒ	Ⓓ	94	Ⓐ	Ⓑ	Ⓒ	Ⓓ
75	Ⓐ	Ⓑ	Ⓒ	Ⓓ	85	Ⓐ	Ⓑ	Ⓒ	Ⓓ	95	Ⓐ	Ⓑ	Ⓒ	Ⓓ
76	Ⓐ	Ⓑ	Ⓒ	Ⓓ	86	Ⓐ	Ⓑ	Ⓒ	Ⓓ	96	Ⓐ	Ⓑ	Ⓒ	Ⓓ
77	Ⓐ	Ⓑ	Ⓒ	Ⓓ	87	Ⓐ	Ⓑ	Ⓒ	Ⓓ	97	Ⓐ	Ⓑ	Ⓒ	Ⓓ
78	Ⓐ	Ⓑ	Ⓒ	Ⓓ	88	Ⓐ	Ⓑ	Ⓒ	Ⓓ	98	Ⓐ	Ⓑ	Ⓒ	Ⓓ
79	Ⓐ	Ⓑ	Ⓒ	Ⓓ	89	Ⓐ	Ⓑ	Ⓒ	Ⓓ	99	Ⓐ	Ⓑ	Ⓒ	Ⓓ
80	Ⓐ	Ⓑ	Ⓒ	Ⓓ	90	Ⓐ	Ⓑ	Ⓒ	Ⓓ	100	Ⓐ	Ⓑ	Ⓒ	Ⓓ

100×5
questions sets

ゆっくり矢印のほうに引くとこの冊子を取り外すことができます。